问卷数据分析思路与方法
SPSSAU从入门到应用实战

周俊 马世澎 著

电子工业出版社
Publishing House of Electronics Industry
北京·BEIJING

内 容 简 介

本书系统介绍了使用 SPSSAU 进行问卷与量表数据分析的思路和方法，分为四部分，分别是问卷设计、八类问卷分析思路、数据分析方法在 SPSSAU 中的操作和答疑解惑。其中，问卷设计部分适用于所有读者，建议读者在设计问卷前仔细阅读。读者可以结合实际情况选读八类问卷分析思路部分中的分析思路、分析方法与案例解读的内容。数据分析方法在 SPSSAU 中的操作部分详细讲解了各类数据分析方法在 SPSSAU 中的操作细节，并且对输出结果进行了说明。答疑解惑部分罗列了使用各类分析方法时常见的疑难问题，并且提供了解决方法。本书主要介绍问卷与量表数据分析思路和方法的应用，力求让读者在最短的时间内掌握如何使用 SPSSAU 分析问卷与量表数据，并完成高质量的问卷数据分析报告。

本书将全面介绍使用 SPSSAU 替代 SPSS 完成学术研究中调查问卷或量表的数据分析的方法，使问卷分析思路和分析方法紧跟科研前沿需求，实现 SPSS 无法实现的分析思路和分析方法。本书适合高等院校的本科生和研究生，以及企事业单位使用问卷或量表进行调研的市场研究人员和其他从事问卷分析工作的读者学习参考。

未经许可，不得以任何方式复制或抄袭本书之部分或全部内容。
版权所有，侵权必究。

图书在版编目（CIP）数据

问卷数据分析思路与方法：SPSSAU 从入门到应用实战 / 周俊，马世澎著. -- 北京：电子工业出版社，2025. 6. -- ISBN 978-7-121-50246-0

Ⅰ. C915-03

中国国家版本馆 CIP 数据核字第 2025Z4Z392 号

责任编辑：张慧敏
印　　刷：北京天宇星印刷厂
装　　订：北京天宇星印刷厂
出版发行：电子工业出版社
　　　　　北京市海淀区万寿路 173 信箱　　邮编：100036
开　　本：720×1000　1/16　　印张：23.5　　字数：564 千字
版　　次：2025 年 6 月第 1 版
印　　次：2025 年 6 月第 1 次印刷
定　　价：99.00 元

凡所购买电子工业出版社图书有缺损问题，请向购买书店调换。若书店售缺，请与本社发行部联系，联系及邮购电话：（010）88254888，88258888。

质量投诉请发邮件至 zlts@phei.com.cn，盗版侵权举报请发邮件到 dbqq@phei.com.cn。
本书咨询联系方式：faq@phei.com.cn。

前　言

　　问卷与量表是获取研究数据的重要手段之一，要想获得良好的数据统计分析结果，应当特别重视问卷与量表的设计、调查及回收，并且应当合理选择恰当的统计分析方法。可惜事与愿违，我们经常遇到顾此失彼的情况，要么疑惑于方法的选择，要么失守于问卷与量表的设计。所以，笔者希望有一本书，既介绍问卷与量表的类型及设计注意事项，又介绍统计分析思路、分析方法与应用。

　　由于统计学方法枯燥晦涩，在学习和使用的过程中难免让人感到困惑、信心不足。如何较为轻松且不失准确性地介绍统计分析方法，让读者快速上手，并启发读者产生更多的主动思考，是图书写作者要努力的方向。有没有一个好的突破口呢？以问卷或量表数据为基础，选择一个操作简单但功能丰富的统计分析工具，以简洁通俗的书写方式，采用贴合实际研究环境的案例，减少公式推导，重点讲解分析思路和实际应用，这样的一本图书或许是市场上需要的，也是读者喜欢的。

　　《问卷数据分析——破解SPSS的六类分析思路》第1版和第2版，致力于介绍量表类问卷和非量表类问卷的设计和注意事项，并针对量表或问卷提出六类分析思路，介绍与分析思路对应的统计分析方法。这两本图书自出版以来，广受读者朋友青睐，收到了诸多感谢和意见、建议，这些反馈成为笔者创作的新动力。随着SPSSAU被越来越多的科研工作者熟知和使用，笔者萌生了新的图书创作计划，在电子工业出版社的大力支持下，《问卷数据分析思路与方法：SPSSAU从入门到应用实战》终于与大家见面了。

　　本书具有以下特点。

✓ 问卷数据分析类畅销图书的全新升级版。
✓ 将问卷研究的六类分析思路扩展至八类。
✓ 统计分析方法紧跟科研前沿的分析需求。
✓ 全面使用SPSSAU替代SPSS。
✓ SPSSAU操作更简捷、结果分析更智能。
✓ 附赠配套的案例分析视频。

　　众所周知，SPSS是世界知名统计软件，以窗口菜单操作、统计分析方法丰富著称，在诸多行业内被广泛使用。对于非量表类的普通问卷来说，使用SPSS进行数据分析是足够的。但是，目前量表在科研分析中的使用更为普遍，而SPSS是无法实现验证性因子分析、结构方程模型、中介效应分析和调节效应分析等针对潜变量数据的分析方法的。此外，对于基于问卷或量表数据的权重研究、市场研究，比如层次分析法（AHP）、熵值法、文本分析、KANO 模型、PSM 模型等分析方法，SPSS 同样无法实现。因此，在全面介绍问卷与量表数据的分析思路和分析方法时，SPSS 并不是最佳的工具选择，笔者推荐使用 SPSSAU。SPSSAU 是国内自主开发的数据科学分析平台，同样采用图形菜单，无须编写语法代码，在操作上极其简单友好，并且在结果输出、结果自动智能分析方面特点鲜明，非常适合科研工作者快速、准确地完成数据分析任务，提高科研效率。

本书第一部分介绍问卷设计，方便读者对统计术语、问卷与量表设计注意事项及分析思路有总体认知；第二部分介绍八类问卷分析思路，包括：①量表类问卷信效度研究、②量表类问卷影响关系研究、③量表类问卷中介效应和调节效应研究、④量表类问卷权重研究、⑤"类实验"类问卷研究、⑥聚类样本类问卷研究、⑦非量表类问卷研究、⑧市场调研类问卷研究，此部分内容是本书分析思路、分析方法及案例解读的核心；第三部分介绍数据分析方法在 SPSSAU 中的操作，方便读者快速掌握 SPSSAU 的使用方法；第四部分是答疑解惑，针对性地对问卷分析中的常见问题进行解答。

本书适合科研工作者、市场研究人员，以及在校的本科生、研究生阅读和使用，配套提供了书中案例分析的视频讲解，方便读者通过图书、视频两套资料快速掌握 SPSSAU 中的操作，并进行结果分析和实际应用。对于科研工作繁重、时间精力有限的读者来说，本书通俗易懂、平台操作友好、配套资料实用，能极大地缩短学习时间，提高学习效率，增强应用方法的信心。同时，本书分析思路完善、分析方法丰富，可作为工具书供读者快速查阅。

在本书写作过程中，笔者得到了电子工业出版社、SPSSAU 用户、《问卷数据分析——破解 SPSS 的六类分析思路》第 1 版和第 2 版读者的支持与鼓励，在此一并致谢。同时，感谢笔者的亲人，无私地为笔者的写作提供时间与环境上的支持。受笔者的知识水平限制，本书难免出现疏漏或不妥之处，如果读者朋友发现问题，请不吝批评指正。

周 俊
2025 年 3 月

目 录

第一部分 问卷设计

第1章 统计学基础知识 ... 2
    1.1 数据分析 ... 3
    1.2 样本特征描述分析方法 ... 5
    1.3 信度分析和效度分析 ... 5
    1.4 因子分析 ... 7
    1.5 变量关系研究分析方法 ... 9
    1.6 中介效应和调节效应 ... 12
    1.7 差异性研究分析方法 ... 14
    1.8 聚类分析 ... 16
    1.9 权重计算、文本分析及市场研究分析方法 ... 17

第2章 问卷设计和研究方法选择 ... 21
    2.1 量表题设计 ... 22
    2.2 非量表题设计 ... 24
    2.3 研究方法的选择 ... 25
        2.3.1 基本描述 ... 26
        2.3.2 影响关系 ... 27
        2.3.3 差异关系 ... 29
        2.3.4 其他关系 ... 30
        2.3.5 数据类型与研究方法 ... 31

第3章 量表类问卷设计 ... 33
    3.1 量表类问卷设计框架 ... 34

3.2　量表类问卷案例 35
　　　　3.2.1　案例1："90后"员工辞职倾向影响因素研究 36
　　　　3.2.2　案例2：旅游消费者样本细分情况研究 38

第4章　非量表类问卷设计 41
　　4.1　非量表类问卷设计框架 42
　　4.2　非量表类问卷案例 43
　　　　4.2.1　案例1：网购奢侈品消费情况研究 43
　　　　4.2.2　案例2：大学生理财情况研究 45

第二部分　八类问卷分析思路

第5章　量表类问卷信效度研究 51
　　5.1　分析思路 52
　　5.2　分析方法 54
　　　　5.2.1　项目分析方法 55
　　　　5.2.2　信度分析方法 55
　　　　5.2.3　内容效度分析方法 57
　　　　5.2.4　结构效度分析方法（探索性因子分析） 59
　　　　5.2.5　结构效度分析方法（验证性因子分析） 62
　　　　5.2.6　聚合与区分效度分析方法（验证性因子分析） 64
　　5.3　案例解读：在线英语学习网站课程购买意愿量表信效度分析 65
　　　　5.3.1　量表题项目分析 67
　　　　5.3.2　量表数据信度分析 69
　　　　5.3.3　题项与量表内容效度分析 70
　　　　5.3.4　结构效度分析（探索性因子分析） 72
　　　　5.3.5　结构效度分析（验证性因子分析） 77
　　　　5.3.6　聚合与区分效度分析 81

第6章　量表类问卷影响关系研究 84
　　6.1　分析思路 85
　　6.2　分析方法 86
　　　　6.2.1　样本背景分析 87

6.2.2　样本特征、行为分析 87
　　　6.2.3　因子结构初判 88
　　　6.2.4　信度分析和效度分析 88
　　　6.2.5　变量描述分析 89
　　　6.2.6　变量相关关系分析 89
　　　6.2.7　研究假设回归验证 90
　　　6.2.8　差异分析 95
　6.3　案例解读：在线英语学习网站各种因素对课程购买意愿的影响 97
　　　6.3.1　样本背景信息统计 97
　　　6.3.2　样本基本情况描述分析 98
　　　6.3.3　信度分析和效度分析 100
　　　6.3.4　各变量描述性分析 101
　　　6.3.5　各变量间的相关关系分析 102
　　　6.3.6　多元线性回归分析 103
　　　6.3.7　路径分析 106
　　　6.3.8　结构方程模型 108
　　　6.3.9　方差分析 111

第7章　量表类问卷中介效应和调节效应研究 113
　7.1　分析思路 114
　7.2　分析方法 115
　　　7.2.1　变量相关关系分析和变量影响关系分析 116
　　　7.2.2　中介效应分析 116
　　　7.2.3　调节效应分析 121
　7.3　案例解读：员工工作满意度对创新绩效的影响关系 126
　　　7.3.1　使用探索性因子分析进行结构效度分析 128
　　　7.3.2　分析员工工作满意度对创新绩效的影响关系 130
　　　7.3.3　分析团队合作是否具有中介效应 131
　　　7.3.4　分析性别的调节效应 134

第8章　量表类问卷权重研究 137
　8.1　分析思路 138
　8.2　分析方法 141
　　　8.2.1　探索性因子分析指标体系构建 141

		8.2.2　因子分析法权重计算 142
		8.2.3　层次分析法权重计算 144
		8.2.4　其他权重计算方法 146
	8.3　案例解读：构建员工满意度权重体系 150
		8.3.1　因子分析法效度分析与指标体系构建 151
		8.3.2　因子分析法权重计算 153
		8.3.3　层次分析法权重计算 156
		8.3.4　熵值法权重计算 157

第 9 章　"类实验"类问卷研究 160
	9.1　分析思路 161
	9.2　分析方法 162
		9.2.1　多因素/双因素方差分析 162
		9.2.2　简单效应分析 164
	9.3　案例解读：背景音乐、产品涉入度对消费者的品牌态度和
		　　购买意向的影响 166
		9.3.1　多因素方差分析 167
		9.3.2　简单效应分析 169

第 10 章　聚类样本类问卷研究 170
	10.1　分析思路 171
	10.2　分析方法 172
		10.2.1　常用聚类分析方法 173
		10.2.2　聚类分析步骤 175
		10.2.3　聚类类别样本差异分析 177
	10.3　案例解读：旅游消费者的类别特征分析 178
		10.3.1　探索性因子分析 180
		10.3.2　信度分析和效度分析 184
		10.3.3　聚类分析 185
		10.3.4　聚类类别样本命名及聚类效果评价验证 188
		10.3.5　不同聚类类别样本的卡方分析 190

第 11 章　非量表类问卷研究 192
	11.1　分析思路 193

11.2 分析方法 194
    11.2.1 样本基本现状分析和样本基本态度分析 195
    11.2.2 卡方分析 195
    11.2.3 Logistic 回归分析 196
11.3 案例解读：大学生理财情况研究 199
    11.3.1 样本基本现状分析和样本基本态度分析 200
    11.3.2 卡方分析 201
    11.3.3 Logistic 回归分析 202

第 12 章 市场调研类问卷研究 206

12.1 分析思路 207
12.2 分析方法 208
    12.2.1 文本分析 209
    12.2.2 Turf 模型需求调研 215
    12.2.3 KANO 模型需求调研 217
    12.2.4 联合分析模型需求调研 220
    12.2.5 IPA 模型满意度调研 223
    12.2.6 NPS 模型满意度调研 224
    12.2.7 PSM 模型价格调研 226
12.3 案例解读 228
    12.3.1 汉堡店消费者评论词云分析案例 228
    12.3.2 汉堡店消费者评论聚类与情感分析案例 231
    12.3.3 儿童手机颜色 Turf 模型案例 235
    12.3.4 智能锁 KANO 模型案例 238
    12.3.5 智能手机联合分析模型案例 240
    12.3.6 在线英语学习网站 IPA 模型案例 244
    12.3.7 图片软件 NPS 模型案例 247
    12.3.8 产品定价 PSM 模型案例 248

第三部分　数据分析方法在 SPSSAU 中的操作

第 13 章 SPSSAU 基础操作说明 252

13.1 SPSSAU 使用 253

13.2 生成变量 ... 255
13.3 数据编码 ... 258
13.4 筛选样本 ... 260
13.5 无效样本设置 ... 261
13.6 问卷分析模块速览 ... 262

第 14 章 频数分析和描述性分析在 SPSSAU 中的操作 ... 265

14.1 频数分析 ... 266
14.2 描述性分析 ... 267

第 15 章 德尔菲法与信效度分析在 SPSSAU 中的操作 ... 269

15.1 德尔菲法分析 ... 270
15.2 项目分析 ... 273
15.3 信度分析 ... 274
15.4 CVI 分析 ... 275
15.5 结构效度分析——EFA ... 276
15.6 结构效度分析——CFA ... 279

第 16 章 变量关系研究在 SPSSAU 中的操作 ... 282

16.1 相关分析 ... 283
16.2 线性回归分析 ... 283
16.3 分层线性回归分析 ... 287
16.4 结构方程模型分析 ... 288
16.5 路径分析 ... 291
16.6 中介效应分析 ... 293
16.7 调节效应分析 ... 296
16.8 Logistic 回归分析 ... 298

第 17 章 差异性研究在 SPSSAU 中的操作 ... 303

17.1 方差分析 ... 304
    17.1.1 单因素方差分析 ... 304
    17.1.2 多因素方差分析 ... 307
17.2 t 检验 ... 308
    17.2.1 独立样本 t 检验 ... 308

17.2.2 配对样本 t 检验 310
17.2.3 单样本 t 检验 311
17.3 卡方分析 312
17.3.1 单选题卡方分析 313
17.3.2 多选题卡方分析 314

第 18 章 聚类与因子分析和权重计算在 SPSSAU 中的操作 316

18.1 聚类分析 317
18.1.1 K-prototype 聚类分析 317
18.1.2 K-均值聚类分析 320
18.1.3 分层聚类分析 320
18.2 因子分析探索因子与指标权重计算 322
18.2.1 探索因子功能 322
18.2.2 指标权重计算功能 325
18.3 层次分析法权重计算 326
18.4 熵值法权重计算 328
18.5 CRITIC 权重计算及其他权重计算 329

第 19 章 市场调研在 SPSSAU 中的操作 331

19.1 文本分析 332
19.1.1 分词、词云清洗与分析 332
19.1.2 情感分析 335
19.1.3 聚类分析 337
19.1.4 社会网络分析 339
19.1.5 LDA 主题分析 341
19.2 需求调研方法 343
19.2.1 Turf 模型 343
19.2.2 KANO 模型 344
19.2.3 联合分析模型 345
19.3 满意度调研方法 346
19.3.1 IPA 模型 347
19.3.2 NPS 模型 348
19.4 价格调研方法 349

第四部分　答疑解惑

第 20 章　常见分析思路和分析方法问题 352
    20.1　问卷研究问题 353
    20.2　研究方法选择 354
    20.3　描述性方法 356
    20.4　信效度分析 356
    20.5　变量关系研究方法 358
    20.6　差异性研究方法 361
    20.7　因子分析和聚类分析 363

第一部分

问卷设计

本部分首先阐述统计学基础知识,然后介绍问卷设计和研究方法选择,最后分别针对量表和非量表两类问卷设计进行说明。笔者建议读者详细阅读第 1 章内容,以便对统计的基本概念、相关术语及统计分析方法有基本的认识。问卷是研究思路的具体体现,确认问卷的同时即确认了分析思路的框架。由于正式问卷在回收后几乎没有修改的可能性,因此研究人员需要高度重视问卷设计,避免出现问卷不能分析或分析与思路不一致的尴尬情况。本部分包括 4 章,分别为统计学基础知识、问卷设计和研究方法选择、量表类问卷设计和非量表类问卷设计。

第 1 章

统计学基础知识

　　本章对统计学基础知识进行说明，包括各种研究方法的基本理论、使用场景及相关术语，以便研究人员对各种分析方法有一定的了解，建议读者详细阅读。分析方法与问卷设计具有对应关系，问卷设计决定了分析方法的选择。研究人员需要重视问卷设计的质量，糟糕的问卷设计可能会导致无法选择合适的分析方法，或者分析方法单一枯燥甚至无法分析等尴尬局面。

1.1 数据分析

本节对数据分析常用的统计术语进行说明，如 P 值、量表、非量表、数据类型、样本等。常用的统计术语如表 1-1 所示。

表 1-1 常用的统计术语

编号	术语	相关名词
1	P 值	显著性、显著性差异、0.01 水平显著、0.05 水平显著
2	量表	李克特量表、定量数据
3	非量表	分类数据、多选题
4	数据类型	定量数据、分类数据
5	样本	样本量、无效样本

（1）P 值，也称显著性值或 Sig 值，用于描述某件事情发生的概率，其取值范围为 0～1，不包括 0 和 1。在通常情况下，P 值有 3 个判断标准，分别是 0.01、0.05 和 0.1。在绝大多数情况下，如果 P 值小于 0.01，则说明某件事情的发生至少有 99% 的概率；如果 P 值小于 0.05（且大于或等于 0.01），则说明某件事情的发生至少有 95% 的概率；如果 P 值小于 0.1（且大于或等于 0.05），则说明某件事情的发生至少有 90% 的概率。0.01 和 0.05 这两个判断标准的使用频率较高，0.1 这个判断标准则很少使用。

在使用统计学语言描述时，如果 P 值小于 0.01，则称为在 0.01 水平上呈现出显著性或者在 0.01 水平上具有统计学意义。例如，研究人员在分析 X 对 Y 是否存在影响关系时，如果 X 对应的 P 值为 0.00（由于小数位精度的要求，因此为 0.00），则说明 X 对 Y 存在影响关系至少有 99% 的概率，可以使用统计学语言描述为 X 在 0.01 水平上呈现出显著性。

如果 P 值小于 0.05（且大于或等于 0.01），则称为在 0.05 水平上呈现出显著性或者在 0.05 水平上具有统计学意义。例如，研究人员在研究不同性别人群的购买意愿是否有明显差异时，如果对应的 P 值为 0.02，则说明在 0.05 水平上呈现出显著性，即不同性别人群的购买意愿有明显差异，且此类差异的存在至少有 95% 的概率。在绝大多数情况下，研究人员希望 P 值小于 0.05，即研究对象之间有影响、有关系或有差异等。但个别地方需要 P 值大于 0.05，如在进行方差齐性检验时，需要 P 值大于 0.05（P 值大于 0.05 说明方差不相等）。

（2）量表，通常指李克特量表，用于衡量样本对某件事情的态度或看法。量表通常由多个选项构成，如"非常同意""同意""不一定""不同意""非常不同意"，或者"非常满意""比较满意""中立""比较不满意""非常不满意"等。量表被广泛应用于学术研究的各个领域，并且大多数统计分析方法只适用于量表，如信度分析、效度分析、探索性因子分析等。量表的尺度有多种形式，常见的是五级量表，即有 5 个选项，另外还有四级量表、七级量表和九级量表等，四级量表和九级量表的使用频率相对较低。

（3）非量表，本书约定此术语为除量表以外的普通问卷，常见题型包括单选题、多选题、基本事实现状题等。非量表类问卷更多地用于了解基本事实现状，研究人员可以通过此类题分析当前现状，并且提出相关建议、措施。

（4）数据类型，数据的分类标准并不统一，本书将数据分为两类，分别是定量数据和分类数据（或称定类数据），如表1-2所示。

表1-2 定量数据和分类数据

术语	说明	举例
定量数据	数值大小具有比较意义	对某平台的满意度（非常不满意、比较不满意、中立、比较满意、非常满意）；学生身高、体重
分类数据	数值大小代表分类	性别（男、女）；专业（文科、理科、工科）

定量数据和分类数据的区别在于数值大小是否具有比较意义。具体针对问卷来讲，定量数据通常指量表数据，即类似于"非常不满意""比较不满意""中立""比较满意""非常满意"等选项数据，通常1代表"非常不满意"，2代表"比较不满意"，3代表"中立"，4代表"比较满意"，5代表"非常满意"。也就是说，定量数据的数值大小具有比较意义，数值越高，代表样本的态度越满意。

本书约定分类数据代表类别数据，对应非量表数据，其特点为数值大小没有比较意义或比较意义很小。例如，1代表"男性"，2代表"女性"，数值大小仅用于区分类别，而不能理解为"数值越大，样本越女性化"。分类数据也可以是收入、年龄等数据。例如，将收入分为4个选项，1代表"5000元及以下"，2代表"5001~10000元"，3代表"10001~20000元"，4代表"20000元以上"。虽然此类数据的数值越高代表样本的收入水平越高，但更多时候会将其看作分类数据（有序分类数据），相当于将样本人群分成4个不同的类别。

（5）样本，通俗地讲就是填写问卷的人或受访者。对于样本量，统计学中并没有统一标准，在通常情况下，量表类问卷的样本量为量表选项个数的5倍或10倍以上。有时研究人员需要的样本比较特殊，如需要样本具有企业高管背景，此时由于企业高管人数占比低，样本量通常较少。样本常见要求说明如表1-3所示。

表1-3 样本常见要求说明

问卷/背景/学历	样本量
量表类问卷	量表选项个数的5倍或10倍以上
非量表类问卷	通常100以上（最好200以上）
企业高管	通常200以上

如果存在以下情况，那么样本为无效样本：样本有大篇幅选项没有填写，样本在所有或多数选项中填写同样的答案，样本本身并不具有研究的背景（例如，研究对象为"90后"，

但部分样本为"80 后",则"80 后"为无效样本),研究人员认为某部分样本的填写存在逻辑问题,等等。在分析问卷数据之前,需要将无效样本筛选出来并删除。

1.2 样本特征描述分析方法

下面介绍问卷数据分析涉及的描述分析方法及术语。描述分析方法通常分为频数分析和描述性分析,涉及的术语如表 1-4 所示。

表 1-4 频数分析和描述性分析涉及的术语

编号	方法	术语
1	频数分析	样本、有效样本、频数、百分比、累积百分比、有效百分比
2	描述性分析	平均值、标准差、中位数

(1)频数分析通常会涉及样本、有效样本、频数、百分比、累积百分比、有效百分比等术语。样本,即填写问卷的人;有效样本是指筛选掉无效样本(如随意填写问卷的人或没有资格填写问卷的人等)后剩下的样本;频数是指选择某选项的人数,如男性人数为 200 个;累积百分比是指多项百分比累积相加,如男性和女性的百分比加起来为 100%。如果问卷里面有个别样本没有填写,那么会涉及有效百分比。例如,总共有 400 个样本,其中有 200 个男性和 199 个女性,还有一个样本没有填写,那么这里男性样本的有效百分比就应该等于 200÷399×100%。

(2)描述性分析通常会涉及平均值、标准差、中位数等术语。平均值通常用于描述样本数据的整体情况;标准差用于判断样本数据的波动情况;中位数代表样本数据的中间情况。平均值与中位数是不同的概念,中位数是指所有的样本数据按升序排列后处于中间的那个值,如果样本数据中有异常值,那么使用中位数来描述其整体情况更为合理。例如,在填写样本的收入时,个别样本的收入非常高,此时平均值就有可能失去意义,原因在于平均值很可能受个别样本极值的干扰,而此时使用中位数表示所有样本收入的整体情况则更为合理。在分析问卷数据时,通常不会涉及异常值,因此平均值的使用频率会更高。

1.3 信度分析和效度分析

下面对问卷信度分析和效度分析涉及的术语进行阐述,如表 1-5 所示。

表 1-5 信度分析和效度分析涉及的术语

编号	方法	术语
1	信度分析	克隆巴赫系数、项已删除的克隆巴赫系数、校正项总计相关性、预调查
2	效度分析	内容效度分析、结构效度分析、探索性因子分析、验证性因子分析

（1）信度分析用于研究数据是否真实可靠，即研究样本是否真实回答了问题。在通常情况下，信度分析只能用于分析量表数据。信度分析涉及的相关术语包括克隆巴赫系数、项已删除的克隆巴赫系数、校正项总计相关性等。信度分析涉及的术语及说明如表 1-6 所示。

表 1-6　信度分析涉及的术语及说明

术语	说明
克隆巴赫系数	用于衡量信度水平，常见标准是大于 0.7
项已删除的克隆巴赫系数	删除某个题后的信度系数，常用于预调查
校正项总计相关性	题之间的相关关系，常用于预调查

克隆巴赫系数，也称信度系数、内部一致性系数、Cronbach's α 系数或 α 系数，其值一般大于 0.7。如果某个因子或变量对应 5 个题，那么删除某个题后余下的 4 个题的信度系数被称为"项已删除的克隆巴赫系数"，通常用于预调查。预调查（也叫预测试）是指在初步设计问卷之后，收集少量样本（通常在 100 个以内）进行信度分析或效度分析，以便发现题中可能存在的问题，并对问卷进行修正处理，从而得到正式问卷。对于校正项总计相关性（CITC），如果某个变量对应 5 个题，那么这 5 个题之间的相关关系可以使用此指标表示。若此指标的值大于 0.4，则说明某个题与另外的题有较强的相关关系。在进行预调查时通常会使用此指标。

（2）效度分析用于研究题是否有效地表达了研究变量或维度的概念信息，即研究题的设计是否合理，或者用某个题表示某个变量是否合适。在通常情况下，效度分析只能用于分析量表数据。效度分析通常分为 3 类，分别是内容效度分析、结构效度分析（探索性因子分析、验证性因子分析）和效标效度（本书暂不对其进行深入介绍）。效度分析类型及说明如表 1-7 所示。

表 1-7　效度分析类型及说明

效度分析类型	说明
内容效度分析	使用文字描述量表设计的合理性；内容效度指数评价
结构效度分析（探索性因子分析）	探索性因子分析结果，与专业预期进行对比
结构效度分析（验证性因子分析）	验证性因子分析结果，判断量表是否合理

内容效度分析，即使用文字叙述的形式或采用内容效度指数对问卷的合理性、科学性进行说明。此外，也可以从定量角度评价内容效度，比如邀请专家参与调查打分并计算内容效度指数（Content Validity Index，CVI）。CVI 适用于量表类问卷的内容效度定量评价，需要强调的是，如果一定要对非量表类问卷进行效度的评价，那么也可以使用 CVI。

结构效度分析通常使用探索性因子分析（Exploratory Factor Analysis，EFA）对题进行分析，如果输出结果显示题和变量的对应关系基本与预期一致，则说明结构效度良好。探索性因子分析涉及的术语将在 1.4 节进行阐述。

如果使用结构方程模型（Structural Equation Modeling，SEM）研究变量的关系，那么还需要使用验证性因子分析（Confirmatory Factor Analysis，CFA）进行结构效度分析。验证性因子分析是指先由研究人员提出理论上的潜变量与题的结构关系或者由探索性因子分析探索出结构关系，然后通过分析量表数据来验证该结构关系的真实性。要学习验证性因子分析和结构方程模型的相关知识，还需要掌握潜变量、观测变量（显变量）、模型拟合评价、模型修正，以及聚合效度与区分效度等概念，这些内容将在 1.4 节中进行阐述。

1.4　因子分析

因子分析在量表类问卷数据分析中具有非常重要的地位，可分为探索性因子分析和验证性因子分析。在统计学领域中，如果没有特别说明，那么因子分析代指探索性因子分析。

1. 探索性因子分析

探索性因子分析涉及的术语如表 1-8 所示。

表 1-8　探索性因子分析涉及的术语

编号	方法	术语
1	探索性因子分析	主成分法、结构效度分析、指标权重计算
2	探索性因子分析（检验指标）	KMO 值、巴特利特球形检验（也称 Bartlett 球形检验）
3	探索性因子分析（判断指标）	特征值、方差解释率、累积方差解释率、因子、因子载荷系数、共同度
4	方差旋转	方差旋转、最大方差旋转法

（1）探索性因子分析是一种从多个量表题中探索、提取出少数几个因子（也称内部结构）的处理方法。例如，探索性因子分析在 30 个量表题中最终提取出 5 个因子。探索性因子分析在具体的应用过程中，总共涉及 3 种功能，分别是探索因子（提取因子）、结构效度分析和指标权重计算。探索性因子分析的功能及说明如表 1-9 所示。

表 1-9　探索性因子分析的功能及说明

功能	说明
探索因子（提取因子）	从量表题中找到的内部结构称为因子，一般提取少数因子，比如 2~6 个
结构效度分析	利用因子与题的因子载荷系数结果，与理论结构关系进行对比，进行结构效度分析
指标权重计算	利用探索性因子分析的原理计算因子或指标的权重

探索因子（提取因子）是指从量表题中找到少数几个内部结构，这样的结构称为因子。例如，当研究人员设计出 30 个题，但是并不知道这些题的内部有哪些结构时，可以使用探索性因子分析进行科学判断。结构效度分析是指利用探索性因子分析的原理计算因子与题的因子载荷系数，以评价因子与题的对应关系，并且与理论上、专业上预期的结构关系进行对比，如果二者基本一致，则说明结构效度良好。指标权重计算是指利用探索性因子

分析的原理计算因子或指标的权重，主要是因子的权重。

探索性因子分析的 3 种功能在 SPSSAU 中的操作涉及两个不同的模块（用其中任意一个即可），实际输出的图表结果基本一致，只是在具体结果的解释和分析应用上有不同的侧重点。如果要使用探索性因子分析的探索因子功能，那么研究人员需要结合专业知识与主观判断进行综合分析。例如，当某个题与因子的对应关系出现严重偏差时，需要考虑将该题删除；当某个题的因子载荷系数值非常低（通常以小于 0.4 为标准）时，也需要考虑将该题删除。

如果希望通过探索性因子分析得到较好的分析结果，那么在设计问卷时可以将每个变量用 4~7 个题表示，并且在利用探索性因子分析将不合理的题删除后，每个变量依然对应至少 3 个题，此时相关指标达标的可能性更高。

（2）探索性因子分析涉及的术语包括 KMO 值、Bartlett 球形检验、特征值、方差解释率、累积方差解释率、因子、因子载荷系数、方差旋转等。KMO 值和 Bartlett 球形检验可以用于判断是否适合进行探索性因子分析，而适合进行探索性因子分析通常是基本前提，因此这两个指标较容易达标。KMO 值通常以大于 0.6 为判断标准，有时也以大于 0.5 为判断标准，如果 KMO 值大于 0.6（或 0.5），那么说明相应的题可以进行探索性因子分析。Bartlett 球形检验的判断标准是对应的 P 值小于 0.05，如果 P 值小于 0.05，那么说明相应的题可以进行探索性因子分析。

（3）在完成 KMO 值判断及 Bartlett 球形检验后，如果研究人员不进行特别的设置，那么软件会默认以特征值大于 1 为标准输出因子数量。在大多数情况下，当软件输出的因子数量与预期不相符时，研究人员可以结合主观判断进行因子数量设置。

方差解释率是指因子可以解释的题的信息量情况。例如，某个因子的方差解释率为 20.0%，说明该因子可以解释所有题 20.0% 的信息量。累积方差解释率是指多个因子方差解释率的累积。例如，3 个因子的累积方差解释率为 60.0%，表示 3 个因子总共可以解释所有题 60.0% 的信息量。所有因子方差解释率之和是指在进行探索性因子分析后，全部因子可以解释所有题的信息量总和情况。

（4）在确认探索因子的数量后，最后的关键步骤是看因子与题的对应关系，即方差旋转。方差旋转的目的是对题与因子的对应关系进行空间旋转，以便使同一个因子的题分布在同一个空间中（可以将其理解为魔方旋转，即将同一个颜色的方块旋转到同一个面上）。在问卷数据分析中，最常见的方差旋转方法为最大方差旋转法。因子载荷系数是判断题与因子对应关系的指标，如果某个题与某个因子对应的因子载荷系数较大（意味着该题与该因子有较强的相关关系），那么该题应当被归纳于该因子。因子载荷系数可以为负数，当判断因子与题的对应关系时，使用因子载荷系数的绝对值进行判断。共同度表示题总共被提取出的信息量情况，此指标越大越好，一般以大于 0.4 为标准。

2. 验证性因子分析

验证性因子分析与探索性因子分析的过程恰好是相反的，它是在有理论结构关系的基础上验证这种结构或理论与数据的情况是否契合的。验证性因子分析涉及的术语及说明如表 1-10 所示。

表 1-10 验证性因子分析涉及的术语及说明

术语	说明
潜变量、显变量	因子/构念是潜变量，量表题是显变量
路径图、载荷、测量残差	路径图反映因子与题的对应关系，载荷的平方反映因子对题的解释程度，不能解释的剩余部分是测量残差
协方差、相关系数	因子间的相关关系，残差间的相关关系
模型评价指标	用卡方自由度比、RMSEA、SRMR、GFI、TLI 等评价模型契合程度
模型修正	模型拟合欠佳时对模型进行适当的修正以改善拟合质量
CR、AVE、AVE 平方根	用于评价模型信度、聚合效度、区分效度

验证性因子分析的核心在于探究潜变量与显变量之间的关系。潜变量，是指我们无法直接观测但可以通过一系列观测指标来测量的抽象概念；而显变量，则是指我们能够直接测量到的、用于反映潜变量特征的指标。在量表中，潜变量就是我们要研究的概念或变量，也常称为因子、构念，显变量就是具体的量表题（在本书中，题、题目、题项均是一个意思）。

验证性因子分析模型（CFA 模型）的路径图可以展示因子与题的对应关系，这与探索性因子分析模型（EFA 模型）的路径图完全不同。在进行验证性因子分析时，研究人员已经基于理论设计出用哪些题来测量对应的因子，且用于测量因子 1 的题和用于测量因子 2 的题没有交叉载荷。由因子出发指向题的单箭头表达了影响关系，单箭头上的路径系数即标准化回归系数，此处称为载荷。

通常来说，因子之间会有一定程度的相关性，可以用双箭头连接两个因子来表达这种相关关系。如果因子间的相关性较强，则考虑在一阶因子的基础上构建二阶 CFA 模型。比如一些量表反映的是一个总概念，其下还有多个维度因子，此时可结合理论或专业研究来构建二阶 CFA 模型，验证总概念和分维度被测量的情况。

在进行 CFA 模型拟合质量的评价时，需要依靠一系列拟合指标，常用的有卡方自由度比、RMSEA、SRMR、GFI、TLI 等，如果综合分析多个指标数据后认为模型拟合良好，那么可以认为研究人员设计的量表能够准确衡量它所要表达的概念。此外，还可以基于因子载荷系数与测量残差的方差计算验证性因子分析的信度系数"CR"、聚合效度指标"AVE"及区分效度指标"AVE 平方根"，进一步评价量表的结构效度。

1.5 变量关系研究分析方法

本书约定变量关系研究分析方法包括相关分析、线性回归分析、Logistic 回归分析、路径分析、结构方程模型等。变量关系研究分析方法涉及的术语如表 1-11 所示。

表 1-11 变量关系研究分析方法涉及的术语

编号	方法	术语
1	相关分析	相关系数、Pearson 相关系数、Spearman 相关系数
2	线性回归分析（模型检验指标）	R^2、调整 R^2、F 值、VIF 值、D-W 值、多重共线性、自相关性
3	线性回归分析（显著性指标）	P 值、显著性、非标准化回归系数和标准化回归系数
4	Logistic 回归分析	二元 Logistic 回归分析、多元无序 Logistic 回归分析、多元有序 Logistic 回归分析
5	二元 Logistic 回归分析（模型检验指标）	Hosmer-Lemeshow 检验、Cox & Snell R^2、Nagelkerke R^2
6	二元 Logistic 回归分析（显著性指标）	P 值、回归系数、对数比 OR 值
7	路径分析（显变量数据资料）及结构方程模型（潜变量数据资料）	路径图、路径系数、内生变量、外生变量、测量模型、结构模型

（1）相关分析是一种最基本的变量关系研究分析方法，其目的在于分析两个变量之间的相关关系，包括二者是否存在相关关系及相关关系的紧密程度。相关关系的紧密程度由相关系数表示，量表类问卷研究中常用的线性相关系数有两种，分别是 Pearson 相关系数和 Spearman 相关系数。这两种相关系数均用于描述线性相关关系的紧密程度，判断标准也基本一致，通常当绝对值大于 0.7 时，两个变量之间表现出非常强的相关关系；当绝对值大于 0.4 时，相关关系较强；当绝对值小于 0.2 时，相关关系较弱；当绝对值非常低（小于 0.1）时，通常不会呈现出显著性，即两个变量之间没有相关关系。相关系数的正负决定相关关系为正相关还是负相关。

（2）线性回归分析是一种研究 X 对 Y 的影响关系的分析方法，其中 X 被称为自变量，Y 被称为因变量。这种分析方法在问卷研究中最为常见，在大多数情况下，可以使用线性回归分析进行研究假设回归验证。Logistic 回归分析也研究影响关系，其与线性回归分析的区别在于，线性回归分析的因变量 Y 为定量数据，而 Logistic 回归分析的因变量 Y 为分类数据，如选项为"有""无"之类的数据。线性回归分析涉及的指标包括 R^2、调整 R^2、F 值、VIF 值、D-W 值、非标准化回归系数和标准化回归系数等。

R^2 和调整 R^2 均代表所有自变量 X 构成的模型对因变量 Y 的解释程度。例如，R^2 为 0.5，说明所有自变量 X 可以解释因变量 Y 50%的值变化原因。通常 R^2 的使用频率更高，其取值范围为 0~1，该值越大越好。F 值用于检验是否所有自变量 X 中至少有一个会对因变量 Y 产生影响，如果 F 值对应的 P 值小于 0.05，则说明所有自变量 X 中至少有一个会对因变量 Y 产生影响，也可以理解为回归模型有效。

VIF 值用于判断是否有多重共线性，判断标准为小于 5（宽松标准为小于 10），如果达到标准，则说明没有多重共线性，即所有自变量 X 之间没有相互干扰的影响关系。D-W 值用于判断是否有自相关性，判断标准为 D-W 值在 2 左右（1.8～2.2），如果达到标准，则说明没有自相关性，即样本之间没有干扰关系。VIF 值和 D-W 值这两个指标在量表类问卷研究中较少使用，但仍然需要研究人员对它们进行关注。

（3）对指标解释完成后，继续分析自变量 X 是否呈现出显著性，即对应的 P 值是否小于 0.05，如果小于 0.05，则说明自变量 X 呈现出显著性，而具体是正向影响关系还是负向影响关系则需要对自变量 X 的回归系数的正负号进行判断。回归系数有两个，分别是非标准化回归系数和标准化回归系数，通常使用非标准化回归系数的情况较多，使用标准化回归系数的情况较少。如果研究人员想对比自变量 X 影响关系的强弱情况，则应当使用标准化回归系数，但首先需要保证自变量 X 对因变量 Y 具有影响关系（呈现出显著性，P 值小于 0.05）。

（4）Logistic 回归分析也用于研究自变量 X 对因变量 Y 的影响关系，此处涉及的因变量 Y 是分类数据。结合因变量 Y 的具体情况，Logistic 回归分析分为三类，分别是二元 Logistic 回归分析、多元无序 Logistic 回归分析和多元有序 Logistic 回归分析。Logistic 回归分析类型如表 1-12 所示。

表 1-12　Logistic 回归分析类型

Logistic 回归分析类型	因变量 Y 选项举例	说明
二元 Logistic 回归分析	有、无或发生、未发生	分类数据，并且仅为两类结局
多元无序 Logistic 回归分析	一线城市、二线城市、三线城市	分类数据，并且超过两类，类别之间没有对比意义
多元有序 Logistic 回归分析	不愿意、无所谓、愿意	分类数据，并且超过两类，类别之间具有对比意义

如果因变量 Y 仅有两个选项，分别是"有"和"无"之类的分类数据，则应该使用二元 Logistic 回归分析。如果因变量 Y 的选项有多个，并且选项之间没有对比意义，例如，选项有 3 个，分别是"一线城市"、"二线城市"和"三线城市"，则应该使用多元无序 Logistic 回归分析。如果因变量 Y 的选项有多个，并且选项之间具有对比意义，例如，选项有 3 个，分别是"不愿意"、"无所谓"和"愿意"，则应该使用多元有序 Logistic 回归分析。

（5）在问卷研究中，二元 Logistic 回归分析简单易懂，使用频率最高；多元无序 Logistic 回归分析和多元有序 Logistic 回归分析相对复杂，使用频率较低。本节仅对二元 Logistic 回归分析进行说明。

二元 Logistic 回归分析涉及的指标包括 Hosmer-Lemeshow 检验、Cox & Snell R^2 和 Nagelkerke R^2、对数比 OR 值等。Hosmer-Lemeshow 检验用于判断模型预期拟合情况与模型实际拟合情况是否一致，如果此检验对应的 P 值大于 0.05，则说明模型预期拟合情况与模型实际拟合情况一致。

Cox & Snell R^2 和 Nagelkerke R^2 代表所有自变量 X 对因变量 Y 的解释程度，研究人员自行选择使用即可，这两个指标值的差别很小。

（6）判断自变量 X 对因变量 Y 是否有影响关系，首先要判断自变量 X 是否呈现出显著性，如果呈现出显著性，则说明有影响关系，而具体是正向影响关系还是负向影响关系则需要根据非标准化回归系数进行判断。

在 Logistic 回归分析中，会涉及一个术语——对数比 OR 值，它的取值等于 Exp(B)，即非标准化回归系数 B 取自然常数 e 的指数函数值（e 的 B 次方），表示当自变量 X 增加一个单位时，因变量 Y 的变化倍数。例如，Exp(B)值为 1.3，当自变量 X 增加一个单位时，因变量 Y 会变成原值的 1.3 倍（此时自变量 X 的非标准化回归系数 B 大于 0），说明因变量 Y 发生某事件的可能性是参照项的 1.3 倍（例如，因变量 Y 为"有"或"无"，将因变量 Y 为"无"作为参照项，那么当自变量 X 增加一个单位时，因变量 Y 为"有"的可能性是因变量 Y 为"无"的 1.3 倍。）。

二元 Logistic 回归分析涉及预测准确率问题，即模型拟合情况与实际情况相比的具体预测情况，比如是否会将选择"有"的样本预测为选择"无"，或者将选择"无"的样本预测为选择"有"，SPSSAU 会默认输出预测准确率的汇总表格。

（7）路径分析及结构方程模型与前面介绍的普通线性回归相比，特点是可以在一个模型中同时研究多个因变量 Y，从总体上把握变量间互相影响的复杂关系。本书约定路径分析是结构方程模型的特例，在分析时采用显变量数据资料的为路径分析，采用潜变量数据资料的为结构方程模型。这两个模型中可以包括多个自变量和多个因变量，所以在具体分析时强调模型的路径图，通过路径图上的变量和箭头清晰展示变量间的影响关系。

针对量表类问卷数据，它首先是潜变量数据，应该优先进行潜变量的结构方程模型分析。在具体分析时，如果较多题的因子载荷系数的绝对值小于 0.5，或者题与因子的对应关系不稳定，导致结构效度不良时，则结构方程模型会出现拟合指标不合格的情况，即结构方程模型不能使用。此时可以考虑将数据由潜变量转换为显变量，从而进行路径分析。

结构方程模型总体上由测量模型和结构模型组成，测量模型即前面介绍的 CFA 模型，用于研究潜变量是否能被准确测量，而结构模型则用于研究潜变量之间的影响关系。在结构方程模型或路径分析中，自变量可被称为外生变量，因变量可被称为内生变量。量表更适用于潜变量数据分析方法，一般优先进行结构方程模型分析。在具体分析时，如果出现结构效度不佳、结构方程模型拟合指标不合格等情况，则可以考虑将数据由潜变量转换为显变量，从而进行路径分析。

1.6 中介效应和调节效应

在当前学术研究中，对中介效应和调节效应的研究都比较常见。中介效应和调节效应并非分析方法，而是对关系的描述，研究人员需要结合不同的数据分析方法对这两种关系进行检验和分析。根据学术规范，对中介效应和调节效应的研究需要较强的理论依据，即需要较多文献参考，研究人员不能仅凭经验判断。

中介效应和调节效应涉及的术语如表 1-13 所示。

表 1-13 中介效应和调节效应涉及的术语

编号	方法	术语
1	中介效应	中介变量、Sobel 检验、定量数据、Bootstrap 置信区间法
2	调节效应	调节变量、中心化、标准化、分类数据、简单斜率

（1）中介效应是指在自变量 X 对因变量 Y 产生影响时，会通过中介变量 M 的作用影响因变量 Y，此时中介变量 M 具有中介效应。例如，在研究组织信任对员工辞职意愿的影响过程中，组织承诺就具有中介效应。在通常情况下，中介变量 M 与自变量 X 或因变量 Y 有较强的相关关系。只有一个中介变量时称为简单中介效应，有多个中介变量时称为多重中介效应。多重中介效应又可以分为并行中介效应和链式中介效应。

在问卷研究中，中介变量 M 和因变量 Y 通常为定量数据（本书只介绍这种情况的中介效应，关于分类数据的中介变量和因变量的情况请参考其他专业书籍）。对于中介效应，还会涉及 Sobel 检验、Bootstrap 置信区间法等术语。Sobel 检验是中介效应检验步骤中可能涉及的一种检验，SPSSAU 不直接提供此项功能，研究人员可自行计算或通过 SPSSAU 的分析界面链接至相关网站来完成 Sobel 检验。Bootstrap 置信区间法是目前使用较为广泛的中介效应检验的方法，通过有放回抽样的方式建立 Bootstrap 样本集，并计算中介前半段路径系数 a 与后半段路径系数 b 的乘积项 $a \times b$ 及其 Bootstrap 置信区间，如果 Bootstrap 置信区间不包括 0，则说明中介效应成立，否则说明中介效应不成立。

（2）调节效应是指在自变量 X 对因变量 Y 产生影响时，当调节变量 Z 取不同值时，自变量 X 对因变量 Y 的影响程度有明显差异。也就是说，当调节变量 Z 取不同值时，自变量 X 对因变量 Y 的影响幅度不一致，说明调节变量 Z 具有调节效应。例如，在研究组织信任对员工辞职意愿的影响过程中不同性别的影响幅度是否一致时，如果不一致，则说明性别具有调节效应，否则说明性别没有调节效应。

调节变量 Z 通常为分类数据，也可以为定量数据，调节变量 Z 与自变量 X 或因变量 Y 的相关关系相对较弱。研究人员需要结合自变量 X、因变量 Y 和调节变量 Z 的数据类型，选择合适的分析方法，主要涉及线性回归分析。调节效应在统计模型上等价于交互作用，因此在调节效应检验时，主要关注自变量 X 与调节变量 Z 的乘积项 $X \times Z$ 是否具有统计学意义，如果呈现出显著性，则说明调节效应成立，否则说明调节效应不成立。此外，也可以根据分层线性回归分析，判断增加了交互项的高层模型与只有自变量与调节变量的底层模型的 R^2 变化量（ΔR^2），如果呈现出显著性，则表示调节效应显著。

对于调节效应，除了上面提及的调节变量，还会涉及中心化、标准化等术语。中心化是指自变量 X 减去自变量 X 的平均值；标准化是指自变量 X 减去自变量 X 的平均值后，除以自变量 X 的标准差。中心化和标准化有助于降低计算过程中的舍入误差，而舍入误差是导致多重共线性的原因之一，即中心化和标准化的目的在于减少多重共线性问题的发生。

当存在调节效应时，可以通过简单斜率和简单斜率图进一步分析调节的机制。简单斜率是调节变量 Z 取不同值时自变量 X 对因变量 Y 的回归斜率，反映的是自变量 X 对因变量 Y 的影响关系是如何被调节变量 Z 调节的。当调节变量 Z 取不同值时，简单斜率有不同的影响程度，即调节变量在不同条件下，自变量对因变量的影响关系的程度或大小发生改变。

通常采用"选点法"对简单斜率的显著性进行检验。所谓选点法，就是固定调节变量 Z 的几个取值，计算该条件下简单斜率的 t 值和 P 值，从而判断简单斜率的显著性。调节变量 Z 的固定取值点，一般取平均值 M、平均值减 1 倍标准差 $M-1\times SD$、平均值加 1 倍标准差 $M+1\times SD$ 这 3 个不同水平，对应中等调节水平、低调节水平、高调节水平，通常采用其中的高调节水平、低调节水平的取值点绘制简单斜率图。

调节效应分析总体上包括三大部分，第一部分是数据处理，第二部分是调节效应检验，第三部分是简单斜率分析。

1.7 差异性研究分析方法

在问卷研究中，差异性研究有 3 种分析方法，分别是方差分析、t 检验和卡方分析。如果要研究分类数据与定量数据之间的关系，则应该使用方差分析或 t 检验，如研究不同性别样本的满意度差异。如果要研究分类数据与分类数据之间的关系，则应该使用卡方分析。差异性研究分析方法涉及的术语如表 1-14 所示。

表 1-14 差异性研究分析方法涉及的术语

编号	方法	术语	说明
1	方差分析	单因素方差分析、双因素方差分析、多因素方差分析、P 值、F 值、事后检验、方差齐性检验、交互作用、简单效应分析	分类数据和定量数据关系研究
2	t 检验	方差齐性检验、t 值、P 值、单样本 t 检验、独立样本 t 检验、配对样本 t 检验	分类数据和定量数据关系研究
3	卡方分析	P 值、显著性、卡方值、分类数据	分类数据和分类数据关系研究

（1）方差分析。t 检验仅能研究两组样本的差异，如不同性别（男和女）样本对工作的满意度差异；方差分析可以研究多个组别（两组或更多）样本的差异，如不同学历（本科以下、本科、硕士研究生及以上，共 3 组）样本对工作的满意度差异。

根据自变量 X 的数量，可以分为只有一个自变量的单因素方差分析、有两个自变量的双因素方差分析及有多个自变量的多因素方差分析。此处自变量的数据类型必须是分类数据，而因变量的数据类型则必须是定量的连续型数据。

例如，要研究不同性别样本对工作的满意度差异，这里仅涉及"性别"一个分类数据，那么此类方差分析被称为单因素方差分析；要研究性别（男性和女性）与地区（北方和南方）样本对工作的满意度差异，如同性别、不同地区的样本对工作的满意度差异，或者同地区、不同性别的样本对工作的满意度差异,那么此类方差分析被称为双因素方差分析;多因素方差分析则可以研究多个分类数据对定量数据的满意度差异,以及多个分类数据之间的交互作用。

方差分析涉及的术语包括 P 值、F 值、事后检验、方差齐性检验、交互作用等。

方差分析在原理上主要有两种差异:一种是各个组别之间的差异(此类差异为研究人员进行研究的差异);另一种是各个组别内部的差异(此类差异为干扰性差异)。例如,在比较不同学历样本(本科以下、本科、硕士研究生及以上)对工作的满意度差异时,可能这 3 组样本的工作满意度平均值都一样(如平均值为 4 分,表示"满意"),其中本科以下的样本态度非常均匀(如基本上都选择"满意");本科或硕士研究生及以上的样本态度差异非常大(例如,有的选择"非常满意",有的选择"中立",最终态度也是"满意")。这种组内样本的态度波动情况明显不一样的现象被称为方差不齐(出现干扰性差异)。

在进行方差分析时,首先通过方差齐性检验检测各个组别样本内部的态度波动情况,如果这 3 个组别样本内部的态度波动情况基本一致,则说明方差齐。也就是说,如果最终这 3 个组别样本具有差异性态度,那么这种差异一定是由于这 3 个组别样本之间的态度差异导致的,不可能是由于这 3 个组别样本内部的态度差异(干扰性差异)导致的。

F 值用于表示是否存在差异,但最终都会被计算成 P 值(F 值和 P 值有一一对应关系),因此研究人员在分析 P 值时,不用单独对 F 值进行分析。事后检验是在方差分析(对多个组别进行差异对比)呈现出差异后,进一步分析两两组别之间差异的一种检验方法。例如,学历样本分为 3 组(本科以下、本科、硕士研究生及以上),具体是本科以下的样本与本科的样本有差异,还是本科以下的样本与硕士研究生及以上的样本有差异,或者两两组别之间均有差异,此时就需要通过事后检验具体分析组别之间的差异。

在进行双因素或多因素方差分析时,强调一个新概念——交互作用,用于研究多个分类数据之间的交互关系。例如,性别(男性和女性)与地区(北方和南方)交互时形成的 4 组样本(北方地区的男性、南方地区的男性、北方地区的女性、南方地区的女性)对定量数据的满意度差异,当性别相同时,不同地区样本的满意度不同;当地区相同时,不同性别样本的满意度也不同,说明性别与地区之间具有交互作用。一般会结合交互作用图对交互作用进行解释分析。

(2)与方差分析类似,t 检验也会涉及方差齐性检验、t 值和 P 值等术语。t 检验还可以具体分为单样本 t 检验、独立样本 t 检验和配对样本 t 检验,其中独立样本 t 检验在问卷研究中的使用频率最高。这 3 种方法的具体区别和说明将在第 6 章中详细说明。由于 t 值与 P 值也有对应关系,因此研究人员只需对 P 值进行分析即可。

(3)卡方分析是研究分类数据与分类数据之间关系的交叉分析方法,在问卷研究中,单选题、多选题数据均被定义为分类数据,适合采用卡方分析方法。常见的分析思路包括对单选题与单选题进行交叉分析,以及对单选题与多选题进行交叉分析。

对于单选题与单选题的交叉分析,比如分析性别和是否戴隐形眼镜之间的关系,卡方分析通常会涉及卡方值和 P 值两个术语。卡方值与 P 值也有对应关系,若 P 值小于 0.05,

则说明存在差异,即性别与是否戴隐形眼镜之间有关系。在进行具体差异分析的基础上,卡方分析还可以进一步分析不同性别样本戴隐形眼镜的百分比。例如,男性戴隐形眼镜的百分比为30%,而女性戴隐形眼镜的百分比为50%,说明女性样本戴隐形眼镜的百分比要明显高于男性样本。

对于单选题与多选题的交叉分析,比如导致雾霾的原因(多选题)有5个选项,分别是汽车污染、煤污染、工业污染、制造行业污染和其他原因,如果希望分析不同地区(北方和南方)样本对雾霾产生原因的态度差异,则应该使用卡方分析。

多选题的卡方分析与单选题的卡方分析在原理上一致,但在SPSSAU中操作时略有不同。多选题的卡方分析涉及多重响应,简单来讲就是将多选题的选项处理成一个整体,如将上述多选题的名称设为"导致雾霾的原因"。上述多选题有5个选项,那么在分析时数据会被存储为5列(通常的存储机制为1代表"选择",0代表"未选择"),但是如果研究人员希望研究不同地区样本对雾霾产生原因的态度差异(并非每个原因的态度差异),则需要将这5列(5个选项)处理为1列,此处理过程被称为多重响应。

1.8 聚类分析

聚类分析,通俗来讲就是分类分析。SPSSAU会按照相关指标进行计算,最终将样本分为几类,并且不同类别样本之间的差异很大,但相同类别样本之间的差异尽可能小。例如,电信公司结合消费者打电话时长、消费情况、打电话时间点等指标进行聚类分析,将样本分为3类,分别是商务型、家用型和普通型。由于每类样本均有自身特点,因此电信公司可以根据不同类别样本的特点提供不同的套餐服务。

在通常情况下,聚类分析用于样本细分,或者将样本细分后分析不同类别样本的差异,以便进一步分析并提供具体建议、措施等。聚类分析广泛应用于社会学、市场营销等专业领域。在企业中,使用聚类分析较多;在学术研究中,使用聚类分析较少。聚类分析涉及的术语如表1-15所示。

表1-15 聚类分析涉及的术语

编号	方法	术语
1	聚类分析(分类)	样本聚类(Q型聚类)、变量聚类(R型聚类)、K-prototype 聚类分析、K-均值聚类分析和分层聚类分析(系统聚类分析)
2	聚类分析(效果判断)	方差分析、卡方分析、判别分析、探索性因子分析

(1)聚类分析的分类方法有很多,按照功能划分,可以将聚类分析分为样本聚类(Q型聚类)和变量聚类(R型聚类)。在问卷研究中,样本聚类的使用频率远高于变量聚类。样本聚类是指将样本归纳为几类,类似于电信公司对消费者进行分类的例子。例如,研究人员收集了1000个样本,可以利用聚类分析将这1000个样本按照相关指标归纳为3类。

而变量聚类是指将问卷指标（题）归纳为几类。例如，研究人员设计的问卷中有 30 个指标（题），可以利用聚类分析将这 30 个指标（题）归纳为 3 类。

按照 SPSSAU 的功能划分，可以将聚类分析分为 K-prototype 聚类分析、K-均值聚类分析和分层聚类分析（系统聚类分析）。这 3 种聚类分析方法各有特点，其相关介绍及使用方法将在第 10 章中详细说明。在通常情况下，聚类分析是针对定量数据的，但如果分析项中有分类数据，则可以考虑使用 K-prototype 聚类分析（也可以考虑使用 SPSS 提供的两步聚类分析方法）。

（2）聚类分析的效果判断是指在得到聚类类别之后，判断各个类别的样本是否均匀，并且进行方差分析来对比不同类别样本的差异。如果结果全部呈现出显著性差异，并且研究人员结合专业知识可以对聚类类别进行命名，那么说明聚类效果较好。

聚类分析与探索性因子分析有共同点，也有不同点。聚类分析与探索性因子分析类似，但原理并不相同，前者为分类，后者为降维。研究人员可以首先进行探索性因子分析，探索并提取出几个因子，然后根据因子进行样本聚类，即根据提取出的因子进行聚类分析，得到几类样本，最后对不同类别的样本进行方差分析或卡方分析，以便进一步了解不同类别样本的差异。

聚类分析的目的非常明确，即对样本或变量进行分类，得到不同的类别。聚类分析有较多的专业术语，非专业分析人员不需要对这些专业术语进行深入理解，较为妥当的方法是直接使用 SPSSAU 的默认设置。这时仅需要主动设置聚类类别的数量及需要软件输出的分类信息数据（生成单独一列，这一列的数字代表样本或变量对应的类别编号），并且在得到聚类类别后对结果进行阐述，包括聚类方法说明、每个聚类类别的样本量等。接着需要对聚类效果进行说明，使用方差分析对比不同类别样本的差异，结合各个类别的特征对聚类类别进行命名。

1.9 权重计算、文本分析及市场研究分析方法

前文对常见的数据分析方法及其涉及的术语进行了阐述，然而在问卷研究的实际操作中可能还会涉及其他分析方法，比如权重计算、文本分析及市场研究等，涉及的术语如表 1-16 所示。

表 1-16 其他分析方法涉及的术语

编号	方法	术语
1	权重计算	层次分析法、熵值法、CRITIC 权重法、独立性权重法、变异系数法
2	文本分析	词云分析、文本情感分析、文本聚类分析、社会网络分析、LDA 主题分析

续表

编号	方法	术语
3	市场研究	RURF 模型、KANO 模型、联合分析、IPA 分析、NPS 模型、PSM 模型

（1）权重计算。权重计算的分析方法通常可以分为两类，即主观评价法和客观评价法。常见的主观评价法包括层次分析法；客观评价法包括因子分析法或主成分分析法、熵值法、CRITIC 权重法、独立性权重法、变异系数法等。

层次分析法（Analytic Hierarchy Process，AHP）作为一种主观赋权的方法，在多目标决策及综合评价研究中的应用比较广泛。在量表类问卷的权重计算中，可以使用层次分析法对指标体系各个层次的指标进行赋权。在计算层次分析法权重时，一般由若干位专家对某个层次的指标重要性进行两两比较和评分以获得判断矩阵，并采用和积法在判断矩阵的基础上计算权重系数。首先将判断矩阵的每一列数据归一化处理，具体就是将每一列的打分值除以该列所有打分值的和，此时原始的判断矩阵转化为归一化后的判断矩阵，矩阵内的数据具有可比性。接下来针对归一化判断矩阵按行求平均值，此时所得到的结果就是权重系数，反映的是各指标对上一层级的相对重要性。

由于判断矩阵是多位专家的主观评价数据，可能存在对指标相对重要性的判断逻辑不一致的情况，因此还需要进行一致性检验。一致性检验使用 CR 值进行分析，若 CR 值小于 0.1，则说明通过了一致性检验，否则说明没有通过一致性检验，需要专家调整对相对重要性打分的逻辑错误。

熵值法是一种根据指标反映的信息可靠程度来确定权重的方法。在信息论中，熵表示的是信息的不确定性或混乱程度。当某个指标的信息熵较小时，说明该指标的信息量较大，应被赋予较大的权重，否则应被赋予较小的权重。熵值法先计算各指标的信息熵，然后将其归一化，得到各指标的权重。

CRITIC 权重法的思想是利用观测指标数据的对比强度和冲突性综合衡量客观重要性。其中，对比强度可以被通俗地理解为数据的波动性，而冲突性则是以指标间的相关性为基础的。CRITIC 权重法在考虑指标变异性的同时兼顾指标之间的相关性。在计算 CRITIC 权重时，使用标准差表示对比强度，数据标准差越大，说明波动越大，因此指标被赋予的权重越大；使用 1 减去相关系数表示冲突性，指标之间的相关系数越大，说明相关指标的信息重叠性、冗余性越高，冲突性就越小，因此指标被赋予的权重越小。将对比强度标准差与冲突性相乘，之后进行归一化处理，即可获得 CRITIC 权重。

变异系数（也叫信息量权重）法是通过衡量数据的变异程度来确定权重的一种方法。指标的变异系数越大，说明其携带的信息量越多，因此被赋予的权重越大；变异系数越小，说明其携带的信息量越少，因此被赋予的权重越小。

与变异系数法类似，独立性权重法也是依据单一视角来计算权重系数的，其基本思想是利用观测指标之间的相关性来确定权重。在一组观测指标中，分别以每个指标作为因变量，其他指标作为自变量进行线性回归，计算每个指标与其他指标的复相关系数 R，之后取复相关系数 R 的倒数（即 $1/R$），最后将各指标的 $1/R$ 数据进行归一化处理后得到独立性权重。

（2）文本分析。在问卷研究中，有时会收集到文本数据，或者在市场研究中，会通过访谈、资料调查等方式获得文本数据。针对文本数据，可以进行文本分析。将文本分词后获得词汇，统计其词频，之后基于词汇、文本语句等进行一系列分析研究，常见的方法包括词云分析、文本情感分析、文本聚类分析、社会网络分析及 LDA 主题分析等。

词云分析，是文本分析中非常直观的一种手段，一般通过词云图将高频词汇以不同大小、颜色的字体展示出来，形成"词云"，帮助研究人员迅速捕捉到文本中的核心话题和关键词。

文本情感分析，是指针对词汇或文本进行情感分析，帮助研究人员理解文本中蕴含的情感倾向，比如正向、负向或中性。文本情感分析主要基于情感词典或机器学习来实现。基于情感词典的文本情感分析通过计算情感词出现的频率和权重来判断文本的情感倾向，计算过程简单。同时，情感词典中的词汇倾向是人工标注的，可解释性更强。

文本聚类分析，是指将大量词汇或逐条的文本语句按照内容或主题的相似性进行分类，常见的方式包括"按词"聚类和"按行"聚类。通过聚类，研究人员能够发现文本词汇之间的内在联系或者文本的表达者/参与者的不同类型，从而更好地组织和理解词汇的类型及文本的聚类特征。

基于词汇和共词词频矩阵数据，还可以对词汇绘制网络图以进行社会网络分析，揭示不同高频词汇之间的隐藏关联和关系模式。词汇可以作为网络的节点，而共词词频则可以体现两个词语之间的关联关系，作为网络节点的边线，从而绘制出社会网络图。节点的大小反映关键词的频次，边线的粗细反映词语关系的强度。

LDA 主题分析认为一个文本文档是多个主题的混合结果，每个主题又是由多个词汇构成的。简单来说，就是当我们阅读一个文本文档时，可以感受到该文本文档在讨论几个不同的主题，而 LDA 主题分析可以帮助我们自动识别出这些主题，以及每个主题下的关键词，从而揭示文本集中的隐含主题结构。主题个数通常为 2~8 较为合适，这种方法在内容分类、主题追踪等领域有广泛的应用。

（3）市场研究。本书主要介绍针对需求、满意度、价格等方面的市场研究方法，常见的包括 KANO 模型、Turf 组合模型、联合分析、IPA 模型、NPS 模型、PSM 模型等。

KANO 模型是一种量化分析用户对产品/服务功能需求的方法，用于分析用户对各类需求的分类及排序，在企业产品需求调研中被广泛应用；Turf 组合模型，通过优化组合需求属性，使得尽可能少的需求属性覆盖尽可能广的受众人群，它的核心目标是在目标受众中达到最大覆盖率的同时，尽量减少重复覆盖的情况；联合分析有多种类型，本书主要介绍常用的全轮廓联合分析方法。该方法向受访者提供一系列产品属性的组合，让受访者对每种组合进行评价以收集数据，并通过对数据进行分析来明确哪些产品属性是重要的，哪些组合是受欢迎的。

IPA 模型常应用于旅游、教育、农业等领域，侧重通过象限图展示各属性在重要性和满意度表现两个维度上的相对位置，从而帮助决策者识别出需要优先改进的领域；NPS 模型通过计算推荐者所占的百分比减去贬损者所占的百分比来得出一个 NPS 净推荐值指数，用于衡量客户忠诚度和推荐意愿。

PSM 模型可用于衡量购买者对不同价格的满意度或接受程度，是一种用于识别和优化产品或服务定价的实用工具，在市场研究中常用于确定产品最优价格和合理的价格区间。

第 2 章

问卷设计和研究方法选择

本章结合各类分析方法要点及笔者的问卷研究经验,详细剖析问卷设计的整体规范,并且对各种题的设计要点、注意事项等进行说明。本章分别从量表题和非量表题两个方面进行阐述,剖析如何选择合适的研究方法。

2.1 量表题设计

量表可以反映受访者对某件事情的态度或看法。问卷通常会使用李克特量表，里面包括"非常不满意"、"不满意"、"中立"、"满意"和"非常满意"之类的选项。在实际应用中，量表根据选项个数可以分为四级量表、五级量表、七级量表和九级量表等。例如，具有 5 个选项（"非常不满意"、"不满意"、"中立"、"满意"和"非常满意"）的量表为五级量表，在计算方式上，通常给这 5 个选项分别赋值 1、2、3、4、5，且数值越高，代表样本对题越满意。

量表被广泛应用于各个学术领域，有很多分析方法适用于量表题设计，如结构方程模型、因子分析、相关分析、回归分析、方差分析、t 检验、聚类分析等。在通常情况下，中介效应和调节效应也适用于量表题设计。如果需要使用某种分析方法，那么应当尽量合理地设计量表题。量表题设计的注意事项如表 2-1 所示。

表 2-1 量表题设计的注意事项

编号	注意事项	说明
1	量表题需要有文献作为参考依据	量表题设计是否有文献来源？是否需要预调查
2	量表题个数	每个变量应当用多少个题表示
3	因变量 Y 题设计	在研究影响关系时，是否缺少因变量 Y 对应的题
4	量表题设计要规范统一	量表题的尺度是否规范
5	反向题	如何处理反向题
6	排序题和打分题	如何处理排序题和打分题
7	其他	样本筛选问题

（1）量表题需要有文献作为参考依据。

量表题设计切勿随心所欲，建议研究人员尽可能参考和引用前人的成熟量表，或者在前人设计的量表题上进行适当修改。如果需要对量表题进行修改，那么研究人员需要有充分的依据。例如，根据当前实际研究对量表题进行少量改动：在进行预调查时发现某个题的问法不合理，在正式分析时发现因子分析部分的某个题应该被删除，等等。

优秀的量表是取得良好分析结果的基础，如果量表题设计随意，则很可能导致信度不达标、效度很差等尴尬情况。如果量表来自国外的文献，那么考虑到翻译和实际情况，需要对问卷进行预调查并多次修正问卷，以避免在正式分析时出现问题。如果研究人员需要编制和开发新的量表，则前期需要做大量的调查工作，并使用德尔菲法对初步入选的条目进行筛选，SPSSAU 中的具体操作请参考本书 15.1 节的内容。

在进行预调查时，可以使用项目分析方法进行研究，识别出质量较低的量表题。项目分析方法有很多种，比如高低分组区分度 t 检验、题与总量表得分相关系数分析等，可以使用 SPSSAU 进行研究，具体请参考 5.2.1 节和 15.2 节的内容。

(2）量表题个数。

根据笔者的经验，在使用量表对某个变量进行测量时，最好每个变量对应 4~7 个题，不能太少，也不能过多。以辞职倾向这一变量为例，可以使用 5 个题（"家人支持我离开现在的公司"，"我想寻找其他工作"，"有其他合适的工作就会辞职"，"我计划明年辞职"，"继续待在现在的公司的前景并不乐观"）进行测量。而具体每个变量由几个题表示，应该以文献为准。

在进行探索性因子分析时，建议每个变量对应 4 个题以上，否则很可能出现探索性因子分析结果较差的尴尬情况。根据笔者的经验，当某个变量仅由 2 个或 3 个题表示时，信度会较低；当某个变量仅由 1 个题表示时，则无法测量信度和效度。如果仅希望表达整体概念，如整体满意度，那么可以仅使用 1 个题表示。

一个变量对应的题的个数不能过多，当题的个数超过 10 时，很容易因整个问卷的题的个数过多而使受访者不愿意认真回答，从而导致数据不真实，最终分析结果较差。

(3）因变量 Y 题设计。

如果希望进行影响关系研究（自变量 X 影响因变量 Y），如使用回归分析研究多个因素对员工辞职倾向的影响，那么应该特别注意，因变量 Y 即辞职倾向，需要有对应的题。如果因变量 Y 没有对应的题，只有自变量 X 有对应的题，那么此类问卷无法进行回归分析，即无法进行影响关系研究。

另一类较为常见的问卷设计问题是将自变量 X 与因变量 Y 放在同一个题中。例如，"我不满意公司的领导就想辞职"，这句话包括了两个变量，自变量 X 为对领导的满意度，因变量 Y 为辞职倾向。此类问题在问卷设计中较为常见，科学的做法是将此类问题拆分为两个题，分别是"我对公司领导的满意度情况"和"我的辞职倾向情况"。将自变量 X 与因变量 Y 分别用题表示，而不能将它们放在同一个题中。

(4）量表题设计要规范统一。

量表题设计要规范统一，即同一个变量的题不能混合使用多级量表。例如，某个变量对应 4 个题，其中 2 个题使用五级量表，另外 2 个题使用四级量表，此类问卷会导致数据处理不准确，无法计算该变量对应的题的平均值，影响问卷分析的科学性。

(5）反向题。

如果某个变量对应 4 个题，其中 3 个题表示样本的正向态度，1 个题表示样本的反向态度，此时涉及反向题。例如，辞职倾向这一变量对应 4 个题，分别是"家人支持我留在现在的公司"，"我想寻找其他工作"，"有其他合适的工作就会辞职"，"我计划明年辞职"，其中"家人支持我留在现在的公司"这个题与另外 3 个题的意思相反，此题称为反向题。

出于对语言修辞的考虑，如果不是必须使用反向题或者量表来源中包含反向题（这种情况需要重新对数据进行编码处理），那么尽量不要使用反向题，更不要在问卷里面设置没有明确偏向（似乎是"反向"，又似乎不是"反向"）、模棱两可的题，如"我也不确定到底要不要辞职"。根据笔者的经验，反向题或模棱两可的题很容易导致信度和效度不达标，因子分析结果较差。

（6）排序题和打分题。

对选项进行排序通常有 3 种方法：第 1 种是直接让样本排序；第 2 种是使用五级量表或七级量表；第 3 种是将排序题设计成打分题，即直接对每个选项打分。这 3 种方法均可使用，但是笔者建议使用第 2 种或第 3 种方法，计算每个选项的平均值，通过平均值进行排序。如果使用第 1 种方法，那么可以通过计算平均排名进行排序。

（7）其他。

如果某个量表题的填写需要一定的条件，那么需要设置筛选题。例如，要研究"90 后"群体的辞职倾向，即限定样本为"90 后"，就可以设置筛选题，如果受访者不是"90 后"，则终止问卷的填写。

2.2 非量表题设计

本书约定非量表题为除量表题（或类似量表题）以外的题，在通常情况下，非量表题包括单选题、多选题、填空题等类型。在分析方法上，非量表题可以使用频数分析进行基本描述，使用卡方分析进行差异对比，使用 Logistic 回归分析研究影响关系，使用聚类分析将样本或变量细分为几个类别。非量表题设计的注意事项如表 2-2 所示。

表 2-2 非量表题设计的注意事项

编号	注意事项	说明
1	单选题选项设计	单选题相关注意事项
2	多选题选项设计	多选题选项个数和设计相关问题
3	填空题答项设计	如何处理填空题
4	逻辑跳转题	逻辑跳转题是否必要，如何处理逻辑跳转题

（1）单选题选项设计。

在问卷中，样本背景信息包括性别、年龄、学历、收入等，可以设置为单选题形式。针对年龄、学历、收入等问题，选项设置需要结合具体情况。例如，当预判样本的年龄范围为 20～40 岁时，可以设置选项为"20～25 岁"、"26～30 岁"、"31～35 岁"和"36～40 岁"，无须设置"20 岁以下"和"40 岁以上"等选项。收入选项与年龄选项的设置类似。

在其他非量表题设计方面，研究人员有时并不清楚选项的具体内容应该如何设计，或者对选项设计没有把握，此时可以先进行预调查，总结归纳选项的具体内容。非量表题可以使用卡方分析进行差异对比，但如果选项个数过多，就会导致每个选项对应的样本量很少（小于 30），因此需要结合样本量设置选项个数。例如，计划收集 150 个样本，若某个题对应 10 个选项，则很容易导致个别选项没有人选择或选择的人极少，以及分析方法不适用等问题。当然，非量表题的选项个数也不能过少，如果过少，则信息量不够充分，就会导致最终获取的结果价值有限。

（2）多选题选项设计。

在通常情况下，对多选题只能计算频数和百分比，而通过频数和百分比可以直观地展示每个选项的选择情况，并且通过对比百分比大小得出相关结论。除此之外，卡方分析可以用于研究多选题与分类数据之间的关系。多选题的选项通常非常多，因此如果样本量较少，则容易导致每个选项的平均样本量过少（小于30），也就没有代表意义了，通过卡方分析得出的结论也就不可靠了。研究人员需要提前知晓此类情况，平衡样本量与多选题选项个数之间的关系（尽量保证每个选项的样本量达到30或更多）。如果多选题选项个数较多，那么需要收集更多的样本。

（3）填空题答项设计。

在单选题或多选题中，通常会有一个选项为"其他"，并且让样本回答具体信息。根据笔者的经验，此类题的回答百分比非常低（通常低于10%），且即使样本回答，也会有很多无效答案，如"不知道""不清楚""无"等，此类文字答案没有研究意义。填空题答项可在讨论时使用，从中找出有价值的信息并进行讨论汇总。

填空题是一种开放式题，样本的回答可以随心所欲，但统计分析只能针对封闭式题，因此建议尽量少用填空题。例如，当问及年龄时，应直接让样本选择选项而非填写具体的数字。如果研究人员由于某种特殊要求需要设置填空题，那么在后续处理时需要手动将文字进行标准化处理，将表达同一个意思的文字答案进行统一，并且编码后再进行分析，这相当于将开放式的填空题处理成封闭式的单选题或多选题。

（4）逻辑跳转题。

非量表类问卷中经常会用到逻辑跳转题。逻辑跳转题是思维跳跃的一种体现，然而逻辑跳转题的选项个数过多会导致研究思路混乱，在使用SPSSAU分析时，需要进行多次数据筛选以匹配逻辑跳转，使看似简单的问卷分析变得异常复杂。因此，为了保证问卷逻辑清晰，应尽量减少逻辑跳转题的使用，如果必须使用，那么可以使跳转后的题紧挨在一起。

2.3 研究方法的选择

前两节针对量表题和非量表题设计进行了阐述，本节将讲解如何选择数据的研究方法。研究方法的选择从两个角度入手，分别是分析思路和数据类型。研究人员的分析思路与研究方法的选择有非常紧密的联系，一旦确认了分析思路，就会有与之对应的研究方法。根据笔者的经验，可以将问卷题的具体分析思路分为4种类型，分别是基本描述、影响关系、差异关系和其他关系。基本描述针对每个题的分布特征进行研究，影响关系针对题之间的影响情况进行研究，差异关系针对题之间的差异情况进行研究，其他关系涉及聚类、信息降维等研究方法。

除此之外，研究方法的选择与数据类型也有紧密的联系，因此在确定分析思路后，需要结合实际的数据类型，才能选出最适合的研究方法。本节从4种类型的分析思路入手，结合数据类型进行详细阐述。

2.3.1 基本描述

在问卷数据收集完成后，可以对数据的基本情况进行分析。在通常情况下，可以对人口统计学变量（人口统计学变量是指性别、专业、年龄、学历、收入、婚姻状况等个体属性）进行统计描述，如不同性别或专业的样本分布情况、样本对多选题的选择分布情况等。如果问卷中包括量表题，则还需要针对量表题进行描述分析，通过计算量表题的平均值，了解样本对量表题的整体态度。对于量表题，通常还需要进行信度分析和效度分析，以论证样本对量表题回答的可靠性和量表题设计的有效性。针对人口统计学变量，通常需要进行频数分析，即计算各个选项的选择百分比情况。基本描述研究方法的选择如表 2-3 所示。

表 2-3 基本描述研究方法的选择

举例	数据类型	研究方法
单选题（如性别、专业等）	分类数据	频数分析
多选题	分类数据	频数分析、多重响应
填空题（如年龄）	分类数据、定量数据	频数分析、描述性分析
排序题和打分题	定量数据	描述性分析
量表题	定量数据	描述性分析、信度分析、效度分析

前面已经提及数据可分为两类，分别是定量数据和分类数据。二者的区别在于数值大小是否具有比较意义，如果数值大小具有比较意义，则该数据为定量数据；如果数值大小仅代表类别，则该数据为分类数据。

对于问卷中的单选题，如果其数据为分类数据，如性别、专业的数值大小仅代表类别，那么需要使用频数分析分别统计各个选项的选择百分比，还可以使用饼图、圆环图、柱形图及条形图等统计图进行直观展示。

对于问卷中的多选题，通常使用数字 1 代表"选择"，数字 0 代表"未选择"，数值大小仅代表类别，即数据为分类数据，也可以使用频数分析进行研究，并且使用柱形图、条形图等统计图进行直观展示。多选题比较特殊，其在数据呈现上表现为一个选项占用一列，如果一个多选题有 5 个选项，则会呈现出 5 列数据，因此多选题的频数分布情况还可以使用多重响应进行研究。

对于问卷中的填空题，应该先确定其数据类型，再确定使用哪种分析方法。如果填空题的数据为分类数据，则应该使用频数分析，并且可以使用条形图、词云图等统计图进行直观展示。如果填空题的数据为定量数据，则应该使用描述性分析。例如，让样本填写自己的年龄，数值越大表示年龄越大，即年龄为定量数据，此时应该使用描述性分析计算样本的平均年龄、最小年龄、最大年龄等。通过填空题收集的数据通常无法直接使用，需要研究人员进行加工处理。例如，样本为 20 岁，他很可能填写"20 岁""二十岁"等答案，研究人员需要将此类开放数据全部统一为"20"才能进行分析。

对于问卷中的排序题和打分题，很明显，其数据为定量数据，数值大小具有比较意义，因此可以使用描述性分析进行研究。可以对排序题计算平均值，用于表示平均排名；对打分题计算打分平均值，同时使用折线图、柱形图及条形图等统计图直观展示平均值。

对于问卷中的量表题，其数据是典型的定量数据，因此可以使用描述性分析进行研究。可以利用平均值分析样本对量表题的整体态度，并使用折线图、柱形图及条形图等统计图直观展示数据的基本情况。很多时候，一个变量会对应多个量表题，此时可以计算对应量表题的平均值，用于概括表示对应的变量，接着针对变量进行描述性分析。除此之外，需要对量表题进行信度分析和效度分析，用于研究数据的可靠性和量表题设计的有效性。如果量表题的参考量表为成熟量表，具有权威性，则一般可以直接进行信度分析，不需要进行效度分析。信度分析和效度分析仅适用于量表题，对于非量表题，一般不使用研究方法研究其信度和效度，研究人员可以通过文字描述证明数据的可靠性和非量表题设计的有效性。

综上所述，对于问卷中的单选题、多选题、填空题（数据为分类数据），应该使用频数分析进行研究，并且结合饼图、圆环图、柱形图及条形图等统计图直观展示选项的选择百分比情况或填写情况。对于问卷中的填空题（数据为定量数据），应该使用描述性分析进行研究。对于问卷中的排序题和打分题，应该使用描述性分析进行研究，并且使用折线图、柱形图及条形图等统计图直观展示平均值。对于问卷中的量表题，应该使用描述性分析进行研究，同时需要使用信度分析研究数据的可靠性，使用效度分析研究量表题设计的有效性。

2.3.2 影响关系

2.3.1 节已经阐述了问卷具体研究方法的选择，但在实际研究中，研究人员更加希望挖掘数据之间的影响关系。例如，哪些因素会影响员工辞职，哪些因素会影响消费者购买 iPhone 手机，等等。影响关系涉及的研究方法包括线性回归分析、结构方程模型、路径分析和 Logistic 回归分析，需要结合因变量的数据类型选择合适的研究方法。影响关系研究方法的选择如表 2-4 所示。

表 2-4 影响关系研究方法的选择

因变量的数据类型	研究方法
定量数据（量表题加总求和或计算平均值）	线性回归分析
定量数据（量表题测量）	结构方程模型
定量数据（量表题加总求和或计算平均值）	路径分析
分类数据（类别数量为两类）	二元 Logistic 回归分析
分类数据（类别数量超过两类且无序）	多元无序 Logistic 回归分析
分类数据（类别数量超过两类且有序）	多元有序 Logistic 回归分析

如果因变量的数据类型为定量数据，则应该使用线性回归分析进行影响关系研究。

对于线性回归分析,如果自变量的数量仅为一个,则称为一元线性回归分析或简单线性回归分析;如果自变量的数量超过一个,则称为多元线性回归分析。在进行线性回归分析前,研究人员使用相关分析了解自变量与因变量之间的相关关系。如果相关分析显示某自变量和因变量之间没有显著的相关关系,则该自变量不会对该因变量产生影响;如果相关分析显示某自变量和因变量之间有显著的相关关系,则该自变量可能会对该因变量产生影响。

对于量表题的数据资料,从理论上建议采用结构方程模型进行分析。结构方程模型由测量模型和结构模型构成,测量模型通过验证性因子分析判断要研究的变量概念是否被准确测量,确保结构效度良好后,再通过结构模型来研究变量之间的影响关系或相关关系。结构方程模型对数据质量的要求较高,通常建议有效问卷样本量为 300 以上。如果遇到结构方程模型拟合质量一般、无法达标的情况,则可以考虑对结构方程模型进行简化,将潜变量转换为显变量并直接通过路径分析(仍然需要构建线性回归模型)来研究变量间的影响关系。

如果因变量的数据类型为分类数据,则应该使用 Logistic 回归分析进行影响关系研究。Logistic 回归分析分为二元 Logistic 回归分析、多元无序 Logistic 回归分析和多元有序 Logistic 回归分析 3 种类型,应结合因变量的具体情况进行选择。如果因变量的类别数量为两类,如"愿意"和"不愿意",那么应该使用二元 Logistic 回归分析;如果因变量的类别数量超过两类且无序,如因变量为手机品牌选择偏好(手机品牌选择偏好分为 3 类,分别是"iPhone"、"三星"和"小米"),那么应该使用多元无序 Logistic 回归分析;如果因变量的类别数量超过两类且有序,如因变量为 iPhone 手机偏好情况(iPhone 手机偏好情况分为 3 类,分别是"不喜欢"、"中立"和"喜欢"),那么应该使用多元有序 Logistic 回归分析。

上述因变量"iPhone 手机偏好情况"也可以被看作定量数据,那么可以考虑使用线性回归分析。对于这种可以被看作分类数据,也可以被看作定量数据的因变量,建议研究人员分别使用多元无序 Logistic 回归分析、多元有序 Logistic 回归分析和线性回归分析进行影响关系研究,并且结合这 3 种分析方法的结果和实际情况,选取最优结果。

在进行 Logistic 回归分析前,研究人员可以使用卡方分析了解自变量与因变量之间的关系。如果卡方分析显示某自变量与因变量之间没有关系,则在建立 Logistic 回归模型时可以直接忽略该自变量。

综上所述,在量表类问卷的研究中,如果因变量的数据类型为定量数据,那么可以根据情况使用线性回归分析、结构方程模型或路径分析;如果因变量的数据类型为分类数据,那么应该使用 Logistic 回归分析,并且在进行 Logistic 回归分析时结合因变量的类别数量选择具体的 Logistic 回归分析类型。在进行影响关系研究时,除了因变量的数据类型,还需要注意自变量的数据类型,如果自变量的数据类型为定量数据,则可以直接将其放入模型中;如果自变量的数据类型为分类数据,则需要进行虚拟变量设置,具体可参考本书 6.2.7 节、13.2 节的内容。

2.3.3 差异关系

2.3.2 节已经阐述了影响关系研究方法的选择，本节着重讲解差异关系研究方法的选择。在通常情况下，差异关系研究方法包括 4 种，分别是 t 检验、方差分析、卡方分析和非参数检验。研究人员需要结合自变量 X 和因变量 Y 的数据类型，确认研究方法的选择。差异关系研究方法的选择如表 2-5 所示。

表 2-5　差异关系研究方法的选择

自变量 X 的数据类型	因变量 Y 的数据类型	研究方法
分类数据（且类别数量为两类）	定量数据	t 检验
分类数据	定量数据	方差分析
分类数据	分类数据	卡方分析
分类数据	定量数据（且不服从正态分布）	非参数检验

如果自变量 X 的数据类型为分类数据且类别数量为两类（如性别分为"男"和"女"）、因变量 Y 的数据类型为定量数据，则可以使用 t 检验（具体为独立样本 t 检验）进行差异关系研究。如果两种类别间呈现出差异性，则需要对比当自变量 X 为不同类别时因变量 Y 的平均值差异。

如果自变量 X 的数据类型为分类数据且因变量 Y 的数据类型为定量数据，则可以使用方差分析（具体为单因素方差分析）进行差异关系研究。如果此时自变量 X 的数据类型为分类数据且类别数量为两类，则可以使用 t 检验或方差分析进行差异关系研究，在研究结论上并不会有区别。

如果自变量 X 和因变量 Y 的数据类型均为分类数据，则可以使用卡方分析进行差异关系研究。在使用卡方分析时，自变量 X 和因变量 Y 的数据类型均为分类数据，如果卡方分析结果呈现出显著性差异，则需要对比当自变量 X 为某类别、因变量 Y 为不同类别时的百分比（非平均值）差异。

除了 t 检验、方差分析和卡方分析这 3 种差异关系研究方法，在问卷研究中还会经常用到非参数检验。当自变量 X 的数据类型为分类数据且因变量 Y 的数据类型为定量数据时，可以使用方差分析进行差异关系研究，但使用方差分析的前提条件是因变量 Y 服从正态分布且方差齐。如果不满足使用方差分析的前提条件，则可以使用非参数检验进行差异关系研究。不同于方差分析，非参数检验用于对比不同类别数据的分布特征是否具有一致性，而且在进行具体差异对比时，如果呈现出差异性，则一般使用中位数（而非平均值）进行具体差异描述，但有时会出现非参数检验呈现出显著性差异但中位数却无明显差异的情况（原因在于非参数检验的原理是对比数据分布是否一致，而不是直接针对中位数进行差异对比，中位数只是判断数据分布是否一致的一个参考指标）。

根据笔者的经验，在实际研究中并不存在绝对的正态分布数据，但方差分析的检验效能相对较高，只需要数据基本服从正态分布即可使用方差分析，而不使用非参数检验。

综上所述，如果自变量 X 的数据类型为分类数据且类别数量为两类、因变量 Y 的数据类型为定量数据，则可以使用 t 检验进行差异关系研究；如果自变量 X 的数据类型为分类数据且因变量 Y 的数据类型为定量数据，则仅可以使用方差分析进行差异关系研究；如果自变量 X 和因变量 Y 的数据类型均为分类数据，则可以使用卡方分析进行差异关系研究；如果不满足方差分析的前提条件（如因变量 Y 的数据不服从正态分布或方差不齐），则可以使用非参数检验进行差异关系研究。

2.3.4 其他关系

在进行问卷研究时，除了对数据的基本描述、影响关系和差异关系的研究方法，还会涉及其他关系的研究方法，如信息降维、聚类、权重计算等。其他关系研究方法的选择如表 2-6 所示。

表 2-6 其他关系研究方法的选择

应用场景	数据类型	研究方法
信息降维	定量数据	因子分析法、主成分分析法
样本聚类（Q 型聚类）	定量数据	K-均值聚类分析、K-prototype 聚类分析
样本聚类（Q 型聚类）	定量数据和分类数据	两步聚类分析、K-prototype 聚类分析
变量聚类（R 型聚类）	定量数据	分层聚类分析（系统聚类分析）
权重计算	定量数据	因子分析法、熵值法等
权重计算	专家打分	层次分析法

如果研究数据中包括量表题，现在希望从量表题中提取出少数几个因子（实际应用时也称维度），则此时可以使用因子分析法或主成分分析法，多数时候使用因子分析法。例如，希望从 30 个量表题中提取出 5 个因子，在完成分析后，一个因子一般对应几个量表题，此时可以进一步计算出这几个量表题的平均值，用于表示该因子。还有一种处理方法是使用因子得分（或主成分得分）表示该因子，通常使用前者（使用平均值表示某个因子）。

如果研究中需要进行分类，则可以使用聚类分析。聚类分为两种，一种是 Q 型聚类，一种是 R 型聚类。Q 型聚类是指对样本进行聚类，如将 300 个样本聚类成几种类别。Q 型聚类可以使用 K-均值聚类分析、两步聚类分析、K-prototype 聚类分析等研究方法，其中 K-均值聚类分析的使用最为广泛，但是如果聚类分析项中包括分类数据，则只能使用两步聚类分析（可由 SPSS 实现）或 K-prototype 聚类分析。R 型聚类是指对变量进行聚类，如将 30 个题聚类成几种类别。R 型聚类使用的研究方法为分层聚类分析（系统聚类分析）。

如果在问卷研究中希望进行权重计算，尤其是针对量表题进行权重计算，则可以使用因子分析法、熵值法、CRITIC 权重法等。因子分析法可以从量表题内部探索并提取出几个因子，计算出每个因子的权重；而熵值法可以计算出具体每个题的权重。结合因子分析法和熵值法进行权重计算，最终可以构建出完整的权重体系。在研究中有时会用到专家打分，如果涉及此类数据的权重计算，则可以使用层次分析法。

综上所述，如果数据需要进行因子浓缩，则可以使用因子分析法或主成分分析法；如果数据需要进行聚类分析，则可以使用 K-均值聚类分析、两步聚类分析、K-prototype 聚类分析、分层聚类分析（系统聚类分析）等方法；如果需要进行权重计算，则可以使用因子分析法、熵值法和 CRITIC 权重法等；如果需要进行权重计算且数据类型为专家打分，则可以使用层次分析法。

2.3.5 数据类型与研究方法

本节从数据类型的角度阐述研究方法的选择情况。本书约定数据分为定量数据和分类数据两种类型，结合数据类型及研究需要即可选择正确的研究方法。数据类型与研究方法的选择如表 2-7 所示。

表 2-7 数据类型与研究方法的选择

自变量 X 的数据类型	因变量 Y 的数据类型	研究方法	研究场景
分类数据	—	频数分析	计算选项的选择百分比
分类数据（多选题）	—	多重响应	计算多选题各选项的选择百分比
—	定量数据	描述分析	计算平均值等（包括排序题和打分题）
定量数据	定量数据	相关分析	数据间相关关系研究
定量数据/分类数据	定量数据	线性回归分析 结构方程模型/路径分析	数据间影响关系研究
定量数据/分类数据	分类数据（两类）	二元 Logistic 回归分析	数据间影响关系研究
定量数据/分类数据	分类数据（多类且无序）	多元无序 Logistic 回归分析	数据间影响关系研究
定量数据/分类数据	分类数据（多类且有序）	多元有序 Logistic 回归分析	数据间影响关系研究
分类数据	分类数据	卡方分析	数据间差异关系研究
分类数据（两类）	定量数据	t 检验	两组类别数据间差异关系研究
分类数据	定量数据	方差分析	两组或多组类别数据间差异关系研究
分类数据	定量数据	非参数检验	差异性研究（因变量 Y 的数据不服从正态分布或方差不齐）
定量数据（量表题）	—	信度分析	研究量表题数据的可靠性
定量数据（量表题）	—	效度分析	研究量表题设计的有效性

续表

自变量 X 的数据类型	因变量 Y 的数据类型	研究方法	研究场景
定量数据	—	聚类分析	样本聚类和变量聚类
定量数据	—	因子分析法、熵值法等	权重计算

备注：—表示没有该项，即分析时不需要区分自变量和因变量。

表 2-7 列出了数据类型与研究方法的选择对应关系，表格内容为对 2.3 节内容的概括。当然，表 2-7 仅列出了常见的数据类型与研究方法的选择对应关系，在实际研究中还应结合具体情况进一步选择。例如，在进行相关分析时，如果数据服从正态分布，则可以使用 Pearson 相关系数；如果数据不服从正态分布，则需要使用 Spearman 相关系数。

第 3 章

量表类问卷设计

本书约定量表类问卷是指大部分题（60%以上）为量表题的问卷。量表类问卷被广泛应用于学术研究。量表类问卷的研究方向很多，包括影响关系研究、中介效应和调节效应研究、指标权重计算、细分市场研究等。量表题对应多种统计分析方法，包括描述性分析（平均值）、信度分析、效度分析、相关分析、回归分析、探索性因子分析和聚类分析等，以及仅适用于量表数据资料的验证性因子分析、结构方程模型。本章首先讲解量表类问卷设计框架，然后结合具体问卷案例详细解读量表类问卷设计。

3.1 量表类问卷设计框架

问卷设计是研究思路的具体体现，问卷设计的质量直接影响研究方法的使用。笔者通过对问卷星网站中近千份问卷的解读，总结归纳出量表类问卷设计框架。量表类问卷设计框架从结构上可以分为 6 部分，分别是筛选题、样本背景信息题、样本特征信息题、样本基本态度题、核心变量题和其他题，如图 3-1 所示。

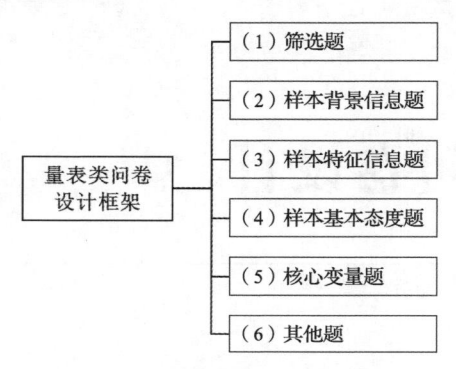

```
                        ┌─ （1）筛选题
                        ├─ （2）样本背景信息题
   量表类问卷            ├─ （3）样本特征信息题
   设计框架              ├─ （4）样本基本态度题
                        ├─ （5）核心变量题
                        └─ （6）其他题
```

图 3-1　量表类问卷设计框架

（1）筛选题。如果对样本特征有特殊要求，则需要先设置筛选题。例如，研究主题为"90 后"员工辞职倾向影响因素，研究样本为"90 后"，如果受访者非"90 后"，则应该停止回答。如果研究需要进行样本筛选，则需要将样本筛选题设置在问卷前面；如果不需要进行样本筛选，则可以忽略此类题。

（2）样本背景信息题。在通常情况下，不同背景的样本可能对同一件事情有不同的态度，因此需要在问卷中加入样本背景信息题（涉及人口统计学变量，如性别、年龄、学历、月收入等）。此类题通常需要进行频数分析、方差分析、t 检验等。

（3）样本特征信息题。除了样本背景信息题，通常还需要设计样本特征信息题。例如，对于题目为"网络消费态度影响因素研究"的问卷，可以加入与网络消费基本现状有关的样本特征信息题：当前网购频率、网购商品类目、网购消费金额、网购消费平台等。

在大多数情况下，样本特征信息题为非量表题，可用于深入了解样本特征信息。此类题多为单选题和多选题，常见的统计分析方法是计算频数（无法使用信度分析和效度分析），直观展示各个选项的选择情况；也可以使用卡方分析进行差异对比，对比不同类别样本（如网购消费金额不同的样本）对其余题的态度差异。

在通常情况下，研究的核心思路并非针对样本特征信息，因此此类题的个数应该较少，建议将其设置为 3~8。如果研究内容完全不受样本特征影响，那么可以忽略此类题。

（4）样本基本态度题。此类题基本为非量表题，设计目的在于了解样本的基本态度，如研究人员可以通过此类题了解样本对当前网购的消费态度、前景态度及对网购平台的态度等。

此类题用于分析样本的基本态度，通常在后续分析时会对其进行频数分析，以了解样本总体的基本态度（无法使用信度分析和效度分析）。有时也可以分析此类题与其余题之间的关系。例如，使用卡方分析研究不同性别样本对此类题的不同态度，使用回归分析研究此类题对消费意愿的影响等。

在通常情况下，此类题的个数不会太多，考虑到整份问卷的题数，建议将此类题的个数控制为3~8。如果研究人员关注样本的基本态度，那么建议使用非量表类问卷设计框架（见第4章）；如果研究人员并不关注样本的基本态度，那么可以忽略此类题。

（5）核心变量题，一般指量表题。此部分为量表类问卷研究的核心内容，此类题的个数最多。在通常情况下，此类题均为量表题。例如，研究主题为"90后"员工辞职倾向影响因素，且具体影响因素可分为6个，分别是薪酬福利、人际关系、工作本身、价值观、成就发展和企业文化，研究人员需要针对这6个影响因素分别设计核心变量题，每个影响因素可能对应多个核心变量题（建议每个影响因素对应4~7个核心变量题），因此这6个影响因素总共涉及约30个核心变量题。要研究影响因素对辞职倾向的影响，还需要设置核心变量题以询问样本的辞职倾向。

当研究权重情况或使用此类题进行样本聚类时，很可能每个题都对应一个小点（方面），研究人员需要仔细考量各个题的问法，避免因问卷设计有问题而导致样本回答偏差。如果涉及中介效应或调节效应，则对应的量表题均需要有理论文献参考，避免因问卷设计有问题而导致分析结果出现误差。如果要研究中介效应或调节效应，则中介变量或调节变量也需要有对应的题。

此类题适合使用各种统计分析方法进行分析，如信度分析、效度分析、相关分析、回归分析、因子分析、聚类分析、结构方程模型等。

（6）其他题。如果研究的目的在于将样本细分为几类并针对每类样本提供个性化的建议，如消费者对某类潜在新产品的需求偏好或态度，则可以设计此类题，用于单独询问消费者对此类潜在产品的需求偏好或态度。例如，研究人员基于这样的思路，可以结合相关题将样本进行聚类，分析不同类别样本对某新型雾霾保险产品的偏好差异，并针对不同类别样本提供不同的产品选择。

需要强调的是，本书主要涉及量表题的使用方法，关于如何开发一套量表可参考其他专业书籍或文献资料。德尔菲法在量表开发中有比较重要的应用，感兴趣的读者可阅读本书15.1节的内容。

3.2 量表类问卷案例

结合量表类问卷设计框架，本节通过两个案例来具体展示如何设计量表类问卷，并且对相关注意事项进行说明。其中，案例 1 为"90 后"员工辞职倾向影响因素研究，案例 2 为旅游消费者样本细分情况研究。具体问卷设计和说明分两部分进行阐述。

3.2.1 案例 1："90 后"员工辞职倾向影响因素研究

本案例研究相关因素对"90 后"员工辞职倾向的影响情况，其中，相关因素共有 6 个，分别是薪酬福利、人际关系、工作本身、价值观、成就发展和企业文化。问卷涉及筛选题、样本背景信息题、样本特征信息题、样本基本态度题和核心变量题，其中，核心变量题包括 6 个影响因素对应的量表题及辞职倾向对应的量表题。"90 后"员工辞职倾向影响因素研究问卷框架如表 3-1 所示。

表 3-1 "90 后"员工辞职倾向影响因素研究问卷框架

框架内容	题号	题内容
筛选题	Q1	请问您是"90 后"吗（如果不是，请停止回答）
样本背景信息题	Q2	性别
	Q3	年龄
	Q4	婚姻状况
	Q5	学历
样本特征信息题	Q6	从毕业开始，您的累计工作年限为多少年
	Q7	您在当前公司的工作年限为多少年
	Q8	您是独生子女吗
	Q9	您曾有几次主动辞职经历
	Q10	您现在的职位是什么
	Q11	您现在所在公司的性质是什么
样本基本态度题	Q12	如果您辞职，原因是什么（多选题）
	Q13	您对当前公司不满意的地方有哪些（多选题）
核心变量题	Q14	我现在获得的报酬与付出的努力基本相符
	Q15	公司的薪酬福利和其他公司相比更有吸引力
	Q16	我获得的报酬和付出的努力与同事相比基本一致
	Q17	我对所获得的报酬感到满意
	Q18	当我遇到困难时，能够得到同事或领导的关心
	Q19	公司员工之间凝聚力强、合作融洽
	Q20	我与领导关系和睦
	Q21	我对公司有很强的归属感
	Q22	公司内部的人际关系良好
	Q23	我与同事关系融洽
	Q24	现在的工作内容丰富

续表

框架内容	题号	题内容
核心变量题	Q25	现在的工作任务很有挑战性
	Q26	现在的公司有吸引力的一点是它提供弹性工作时间
	Q27	现在的工作环境、条件比较差
	Q28	如果现在的领导不太有能力，我会不太服从他的指挥，甚至跳槽
	Q29	在工作中能体现自我价值，对我来说非常重要
	Q30	在工作中能充分表达我的想法和意见，对我来说很重要
	Q31	如果在工作中不能充分表达我的意见，我会感觉郁闷
	Q32	对我来说，好的工作最主要的是自己喜欢，而不是别人的意见
	Q33	公司提供了明晰的晋升标准和广阔的发展空间
	Q34	公司效益、发展前景良好
	Q35	在现在的工作岗位上，可以实现我的理想
	Q36	现在从事的工作有良好的前景
	Q37	公司具有良好的企业文化
	Q38	公司的领导者和管理者能够信守诺言
	Q39	公司的领导者和管理者具有独特的管理风格和管理方法
	Q40	公司有明确的价值观来指导我们日常的工作
	Q41	公司有明确的道德准则来指导我们的行为，使我们明辨是非
	Q42	现在还没找到合适的工作，一旦找到就立刻辞职
	Q43	如果现在辞职，经济上的损失不能承受
	Q44	我常常想辞去目前的工作
	Q45	我在明年可能会离开公司，另谋他就
	Q46	假如我继续待在本公司，我的前景不会好

从表 3-1 中可以看出，Q1 为筛选题；Q2～Q5 为样本背景信息题；Q6～Q11 为样本特征信息题，此类题是当前样本的基本事实特征题；Q12～Q13 为样本基本态度题，此类题用于了解样本辞职的相关原因；Q14～Q46 为核心变量题，全部都是量表题（1 代表"非常不同意"，2 代表"比较不同意"，3 代表"中立"，4 代表"比较同意"，5 代表"非常同意"）。

Q14～Q46 共 33 个题，涉及 7 个变量，分别是薪酬福利、人际关系、工作本身、价值观、成就发展、企业文化和辞职倾向，每个变量均对应 4～7 题，其中辞职倾向（因变量 Y）对应最后 5 个题（Q42～Q46）。有时因变量 Y 仅对应 1 个题，如员工整体满意度、整体的品牌态度、整体的消费意愿等。

Q24～Q27 是对工作本身这个变量的态度体现，其中，Q27（现在的工作环境、条件比较差）为反向题，样本对此题打分越高，表示样本对工作本身这个变量越不认可；其余 3 个题（Q24～Q26）的分值越高，表示样本对工作本身这个变量越认可。可以将 Q27 修改为"现在的工作环境、条件比较好"，或者在进行后续数据分析前进行数值反向处理。

关于本问卷的分析思路，读者可以结合第 6 章的内容进行学习。在分析思路上，使用频数分析对样本背景信息进行说明；使用频数分析统计样本特征信息和样本基本态度；使用信度分析研究 6 个影响因素（薪酬福利、人际关系、工作本身、价值观、成就发展和企业文化）和辞职倾向的信度；使用探索性因子分析进行效度分析；还可以使用描述性分析，通过计算平均值了解样本对 6 个影响因素和辞职倾向的整体态度；使用相关分析研究 6 个影响因素分别与辞职倾向的相关关系；使用多元线性回归分析研究 6 个影响因素对辞职倾向的影响关系；还可以使用方差分析或 t 检验，对比不同背景特征的样本对 6 个影响因素和辞职倾向的态度差异。

如果问卷中不包括辞职倾向对应的 5 个题（Q42～Q46），则不能使用多元线性回归分析，因为缺少被影响因素（因变量 Y）。如果研究人员已经假定 6 个影响因素（薪酬福利、人际关系、工作本身、价值观、成就发展和企业文化）会影响辞职倾向，并且想研究 6 个影响因素的影响权重，那么可以参考第 8 章的内容。

3.2.2 案例 2：旅游消费者样本细分情况研究

本案例研究消费者对旅游相关问题的态度，并且希望结合研究结果，将样本细分为几类，之后深入研究不同类别旅游消费人群的特点，从而为产品（旅游卡）设计提供研究支持。本问卷的分析思路是先对样本进行分类，即结合样本的相关态度将样本细分为几类，然后研究不同类别消费者对旅游卡的态度差异。旅游消费者样本细分情况研究问卷框架如表 3-2 所示。

表 3-2 旅游消费者样本细分情况研究问卷框架

框架内容	题号	题内容
样本背景信息题	Q1	性别
	Q2	年龄
	Q3	学历
	Q4	家庭年收入
样本特征信息题	Q5	您的旅游消费观念是什么
	Q6	您每个月用在旅游消费方面的支出大约有多少元
	Q7	您是通过什么途径了解旅游信息的
样本基本态度题	Q8	您认为旅游消费是否有必要
	Q9	如果您的月收入提高 1000 元，那么您会增加多少元旅游费用
	Q10_1	您旅游的目的是什么（娱乐休闲）
	Q10_2	您旅游的目的是什么（拓宽眼界）
	Q10_3	您旅游的目的是什么（释放生活压力）
	Q10_4	您旅游的目的是什么（感受生活）
	Q10_5	您旅游的目的是什么（健身保养）

续表

框架内容	题号	题内容
样本基本态度题	Q10_6	您旅游的目的是什么（人际交往）
	Q10_7	您旅游的目的是什么（其他）
核心变量题	Q11	家人或朋友建议去某景点旅游时，我一般都同意
	Q12	我喜欢去大家推荐的景点旅游
	Q13	我觉得旅游有时候很麻烦，交通拥堵，景点人又多
	Q14	我会提前与旅行社进行一些沟通，了解相关事宜
	Q15	我会随时关注旅游景区的官方微博和微信
	Q16	我喜欢看与旅游相关的书籍或电视节目
	Q17	我会提前留意相关旅游信息，以便做好相应准备
	Q18	在旅游时，我乐于在自己的社交圈分享自己的感受
	Q19	我会随时与朋友、家人沟通旅游心得，交换旅游意见
	Q20	我对相关旅行社的负面报道深信不疑
	Q21	我对景点的负面评论非常在意
	Q22	在旅游结束后，我会告诉同事并和他们讨论，有时还会送他们旅游纪念礼物
	Q23	在旅游时，我乐于在朋友圈、QQ空间、微博等网络社交平台上分享自己在旅途中的所见所闻
	Q24	在旅游时，为了拍好照片，我会不断更新自己的拍摄设备
	Q25	我更喜欢旅游后在社交平台上发长文来分享自己的体验
	Q26	我更愿意去交通方便的旅游景点
	Q27	如果购买了私家车，那么我会提高外出旅游的频率
	Q28	如果交通不是很拥堵，那么我会选择自驾游
	Q29	每次在工作或学习中取得成就后，我会通过出去旅游来奖励自己
	Q30	我喜欢旅行社帮我打点好一切
其他题	Q31	请选择您偏好的旅游卡类别
	Q32	每张旅游卡的票面金额偏好情况

从表 3-2 中可以看出，Q1~Q4 为样本背景信息题；Q5~Q7 为样本特征信息题；Q8~Q10 为样本基本态度题；Q11~Q30 为核心变量题，这 20 个题都是与旅游相关的态度题，使用五级量表（1 代表"非常不同意"，2 代表"比较不同意"，3 代表"一般"，4 代表"比较同意"，5 代表"非常同意"）；Q31~Q32 为其他题，这两个题是针对旅游卡产品设计的题。

在学术研究上，大部分量表题都有文献参考依据，因此每个变量与题的对应关系都能够得到基本确认。在此问卷中，核心变量题共有 20 个（Q11~Q30），但是并没有清晰地显示分为几个变量，原因可能是研究人员不知道这些题应该用多少个变量表示，或者设计的题没有明显的理论依据。此类情况在企业研究中较常出现。针对这个问题,需要先使用探索性因子分析从这 20 个题中探索并提取出少数几个因子,然后结合 SPSSAU 输出结果进行变量判别,以确认变量与题的对应关系。

  关于本问卷的分析思路,研究人员可以先使用频数分析对样本背景信息题、样本特征信息题和样本基本态度题进行分析,然后使用探索性因子分析对核心变量题进行分析,从这 20 个题中提取出少数几个因子。接下来,根据探索性因子分析得到的因子进行聚类分析,将样本分为几个不同的聚类类别,利用方差分析研究不同聚类类别样本对因子的态度差异,并结合不同聚类类别样本的特征对聚类类别进行命名。最后,研究不同聚类类别样本对样本基本态度题的态度差异,以及不同聚类类别样本对旅游卡产品设计问题(Q31~Q32)的态度差异,最终为企业决策提供数据支持。

第 4 章

非量表类问卷设计

本书约定非量表类问卷是指大部分题（60%以上）为非量表题的问卷。非量表类问卷通常用于研究某件事情的现状或样本的基本态度，之后根据数据分析结果提供建议、措施。非量表类问卷可以使用的分析方法较少，常见的有卡方分析、Logistic 回归分析，在部分情况下也可以使用相关分析和回归分析，其中卡方分析的使用频率最高，如单选题和多选题均可以使用卡方分析研究各题之间的关系。非量表题无法使用信度分析、效度分析和探索性因子分析等分析方法。本章首先讲解非量表类问卷设计框架，然后结合具体问卷案例详细解读非量表类问卷设计。

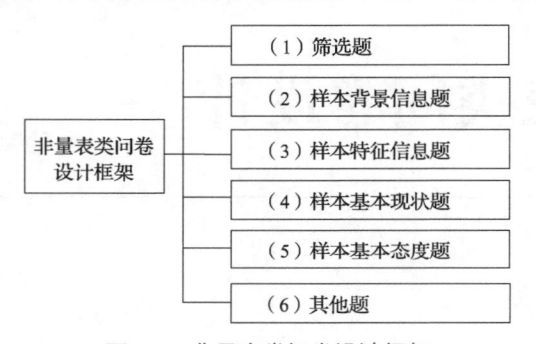

4.1 非量表类问卷设计框架

非量表类问卷被广泛应用于各类研究中,尤其是在企业进行市场研究时会经常使用此类问卷。如果希望对某个话题现状及样本态度有所了解,或者希望通过问卷研究提供相关建议,那么非量表类问卷较为适用。在具体题的设计上,非量表类问卷的题更多是结合实际情况而定的,并没有相关学术理论依据作为参考,因此其设计思路显得尤为重要。

非量表类问卷设计框架可分为 6 部分,分别是筛选题、样本背景信息题、样本特征信息题、样本基本现状题、样本基本态度题及其他题,如图 4-1 所示。

```
                    ┌── (1) 筛选题
                    ├── (2) 样本背景信息题
非量表类问卷         ├── (3) 样本特征信息题
   设计框架         ├── (4) 样本基本现状题
                    ├── (5) 样本基本态度题
                    └── (6) 其他题
```

图 4-1 非量表类问卷设计框架

(1) 筛选题。类似于量表类问卷,如果研究主题对样本有一定的要求,则需要设置筛选题。

(2) 样本背景信息题。在通常情况下,不同背景的样本可能对同一件事情有不同的态度,因此需要在问卷中加入样本背景信息题(涉及人口统计学变量,如性别、年龄、学历、月收入、职业等)。通常需要对此类题进行频数分析,使用卡方分析对比差异。有时也会将样本背景信息题作为自变量进行 Logistic 回归分析。

(3) 样本特征信息题。非量表类问卷通常会有较多的样本特征信息题。例如,研究主题是 P2P 投资态度,其内容可能包括:样本对 P2P 投资的了解渠道,样本进行 P2P 投资的资金来源,样本对 P2P 投资相关平台的了解情况,样本以往的投资经验,样本进行 P2P 投资的情况,等等。此类题主要用于进一步了解样本特征信息。由于不同特征的样本可能对同一个主题具有差异性态度,因此充分了解样本特征信息有助于研究人员深入分析某个结论的产生原因。此类题并非核心研究内容,因此个数不能过多,较为合理的是占问卷题总个数的 20%左右。通常需要对此类题进行频数分析。

(4) 样本基本现状题。此类题用于了解样本关于某研究主题的基本现状。例如,研究主题是 P2P 投资态度,则可能涉及以下题:当前是否有过 P2P 投资经历,P2P 投资时间情况,P2P 投资金额情况,P2P 投资平台情况,P2P 投资的具体产品情况,等等。样本基本现状题即事实性问题,只有深入了解样本的基本现状才有可能更好地进行分析。

如果此类题的个数过多，那么可以根据分析思路将其拆分成几部分，每部分表示一个事项（方面）。此部分内容较为重要，样本的基本现状很可能会影响样本的基本态度，因此可以将其与样本基本态度题进行卡方分析以实现差异对比，也可以进行回归分析（包括多元线性回归分析和 Logistic 回归分析）以研究影响关系。此类题的个数占问卷题总个数的 30% 左右较为合适。

（5）样本基本态度题。在非量表类问卷研究中，除了需要分析样本的基本现状，研究人员还需要分析样本的基本态度。例如，上述案例可能会涉及以下题：愿意进行 P2P 投资的原因，不愿意进行 P2P 投资的原因，对 P2P 投资的风险认知情况，对 P2P 投资的前景看法，对 P2P 投资的关注度，对 P2P 投资相关政策的态度，等等。样本基本态度题可以是多选题和单选题，也可以是量表题（例如，对 P2P 投资的前景看法可以对应 5 个选项，分别是"非常不看好"、"不看好"、"中立"、"看好"和"非常看好"）。

如果在研究思路上侧重了解样本的态度，那么可以在这部分设置较多的题，并且将此类题分为几类，每类分别代表样本对某方面的态度。此类题的个数占问卷题总个数的 40% 左右较为合适。

通常需要对此类题进行频数分析，这样可以了解样本当前的基本态度；也可以将此类题与样本特征信息题或样本基本现状题进行卡方分析，了解不同特征或基本现状样本的态度差异；还可以使用回归分析（多元线性回归分析或 Logistic 回归分析）研究样本背景信息或样本基本现状对样本基本态度的影响关系。

在设计样本基本态度题时，逻辑跳转题可能会导致某些题被放置在其他部分，如"不愿意进行 P2P 投资的原因"明显应该由没有进行过 P2P 投资的样本回答。由此可见，此类题可能会与样本基本现状题之间建立逻辑跳转关系。逻辑跳转题在非量表类问卷设计中较为常见，但是逻辑跳转题会增加后续分析过程的复杂性，因此在条件允许的情况下，建议尽量减少逻辑跳转题的个数。

（6）其他题。在上述案例中，如果研究人员希望设计一款新型投资理财产品或者需要有一部分单独的题用于了解 P2P 投资者的风险投资态度，那么可以设置一部分独立题。

4.2 非量表类问卷案例

结合非量表类问卷设计框架，本节通过两个案例来展示如何设计非量表类问卷，并且对相关注意事项进行说明。其中案例 1 为网购奢侈品消费情况研究，案例 2 为大学生理财情况研究。

4.2.1 案例 1：网购奢侈品消费情况研究

本案例研究网购奢侈品的样本的现状及相关态度，问卷涉及筛选题、样本背景信息题、样本特征信息题、样本基本现状题、样本基本态度题和其他题。根据问卷的研究主题，样本需要有网购奢侈品的经历，因此需要设置筛选题。同时，由于本问卷设计的核心思路是研究样本的现状及相关态度，因此在问卷题的设置上大部分是样本基本现状题和样本基本态度题。网购奢侈品消费情况研究问卷框架如表 4-1 所示。

表 4-1　网购奢侈品消费情况研究问卷框架

框架内容	题号	题内容
筛选题	Q1	是否网购过奢侈品
样本背景信息题	Q2	性别
	Q3	年龄
	Q4	婚姻状况
	Q5	学历
	Q6	年收入
样本特征信息题	Q7	您的网购年限是多少年
	Q8	您主要使用什么设备网购奢侈品
样本基本现状题	Q9	您网购过的奢侈品主要包括哪些类别（多选题）
	Q10	您网购过的奢侈品品牌有哪些（多选题）
	Q11	您平常主要通过哪些渠道购买（获得）奢侈品（多选题）
	Q12	网购奢侈品的费用占您每年消费额的大致百分比是多少
	Q13	您网购奢侈品的频率大致是多少
	Q14	您网购过奢侈品赝品吗
样本基本态度题	Q15	您网购奢侈品的目的是什么
	Q16	影响您网购奢侈品的外界因素有哪些（多选题）
	Q17	在网购奢侈品时，如何防范赝品（多选题）
	Q18	您对网购奢侈品赝品的态度是什么
	Q19	吸引您网购奢侈品的原因有哪些（多选题）
	Q20	您以后还愿意继续网购奢侈品吗
	Q21	什么原因导致您不再网购奢侈品（多选题）
	Q22	当前网购是一种风尚，您觉得网购奢侈品会成为一种趋势吗
其他题	Q23	在网购奢侈品时，品牌知名度对您的影响有多大
	Q24	在网购奢侈品时，您觉得有面子的程度是多少

从表 4-1 中可以看出，Q1 为筛选题；Q2～Q6 为样本背景信息题，在具体设计问卷时，可以结合实际情况增加此类题；Q7～Q8 为样本特征信息题，用于了解样本的基本特征，在具体设计问卷时，可以结合实际情况增加此类题；Q9～Q14 为样本基本现状题，用于了解样本网购奢侈品的消费情况，包括消费金额、消费频率、消费类别、消费品牌及消费渠道等；Q15～Q22 为样本基本态度题，这 8 个题用于了解样本对网购奢侈品相关事项的基本态度，包括网购奢侈品的目的、对网购奢侈品赝品的态度、网购奢侈品的影响因素等；

Q23~Q24 为其他题，用于了解样本对面子问题的态度等，在具体研究时很可能涉及更多其他题。

在案例分析思路上，首先可以对样本背景信息进行统计，并说明样本基本特征，然后描述样本基本现状和基本态度等。在这些过程中，均可以使用频数分析，即分别统计选择频数，也可以结合图表进行分析说明。在对样本购买奢侈品的基本现状和基本态度有了一定了解后，可以继续研究差异关系，如网购奢侈品频率与样本基本态度的差异关系。也可以研究不同背景样本（如不同收入或不同性别）在样本基本态度题上的差异。在本案例中，还有关于样本是否愿意继续网购奢侈品的题（Q20），即购买意愿题。因为不同背景或不同态度的样本可能有不同的购买意愿，所以可以研究样本背景信息、样本基本态度对购买意愿的影响关系。

本案例没有涉及量表题，因此不能使用信度分析、效度分析和探索性因子分析等分析方法。研究人员可以使用频数分析对样本背景信息、样本特征信息、样本基本现状和样本基本态度进行描述，使用卡方分析研究不同背景（或不同特征）的样本在基本态度上所呈现出的差异性，可以使用二元 Logistic 回归分析研究相关因素对购买意愿的影响。

4.2.2 案例 2：大学生理财情况研究

本案例研究大学生理财现状及理财态度。首先进行样本筛选，即只有在校大学生才能回答后续问题；然后对样本背景信息和样本特征信息进行了解，包括每月开支计划、理财知识了解情况等；最后对样本的基本现状和基本态度进行了解，包括理财必要性、影响因素、理财意愿等。大学生理财情况研究问卷框架如表 4-2 所示。本问卷中各类题的个数较少，研究人员在具体研究过程中需要结合实际情况设置各类题内容并衡量各类题的个数。

表 4-2　大学生理财情况研究问卷框架

框架内容	题号	题内容
筛选题	Q1	是否为在校大学生
样本背景信息题	Q2	性别
	Q3	年龄
	Q4	专业
	Q5	月生活费
样本特征信息题	Q6	您对每月的支出有计划吗
	Q7	您对理财方面的知识了解多少
	Q8	您平时会关注一些理财方面的信息吗
样本基本现状题	Q9	您是否使用过理财产品（是、否）（逻辑跳转题，若选择否，则跳转到 Q12）
	Q10	您选择过哪些投资理财产品（多选题）
	Q11	您使用过哪种互联网理财产品

续表

框架内容	题号	题内容
样本基本态度题	Q12	您心目中合理的理财状态和结构是什么
	Q13	您认为大学生是否需要专业化的理财咨询和服务
	Q14	您认为大学生有必要制订投资理财计划吗（四级量表）
	Q15	对您进行投资理财影响最深的因素是什么
	Q16	您最希望通过哪种途径了解理财知识
	Q17	您对理财产品的了解程度如何（四级量表）
	Q18	您认为导致自己没有购买投资理财产品的主要因素是什么
	Q19	您未来是否愿意或继续购买理财产品（愿意、不愿意）

从表 4-2 中可以看出，Q1 为筛选题；Q2~Q5 为样本背景信息题；Q6~Q8 为样本特征信息题；Q9~Q11 为样本基本现状题，其中 Q9 为逻辑跳转题，如果样本没有理财行为，则不需要回答 Q10 和 Q11，在具体设计问卷时，可以设计对应的题来了解这部分样本没有理财的原因；Q12~Q19 为样本基本态度题，由于本案例着重体现思路框架，因此题的个数较少，在实际研究过程中会涉及更多此类题，Q14 和 Q17 可以使用四级量表来了解样本的理财态度和对理财产品的了解情况。

在案例分析思路上，首先统计样本背景信息，然后分别对样本特征信息、样本基本现状、样本基本态度进行频数分析。Q14 和 Q17 使用了四级量表，在具体分析时可以进行频数分析，也可以直接计算平均值，用平均值表示样本的整体态度。

对各类题进行频数分析后，还可以进行差异分析。例如，研究有购买经历和没有购买经历的样本在样本基本态度题（Q12~Q19）上的差异，以及不同特征的样本在其余题上的差异。另外，本案例中涉及两个重要的题，分别是样本的购买经历（Q9）和购买意愿（Q19），在具体分析时应当对其特别关注，将这两个题与其余题进行差异分析，以了解样本在购买行为或购买意愿不同时的态度差异。

在分析方法的选择上，频数分析可用于各题的选择情况统计，以了解样本的背景信息、特征信息、基本现状和基本态度；卡方分析可用于研究差异关系。另外，还可以使用二元 Logistic 回归分析研究样本的背景信息、特征信息、基本现状和基本态度与样本的购买经历或购买意愿之间的影响关系，找出影响因素并提供相关建议、措施。可以把 Q14 和 Q17 看作量表题，并利用方差分析研究不同背景信息的样本在这两个题上的差异。

第二部分
八类问卷
分析思路

  本书第一部分介绍了问卷设计涉及的统计学基础知识，包括各种研究方法的基本理论、使用场景及相关术语，剖析了问卷设计和研究方法选择，阐述了量表类问卷和非量表类问卷的设计框架，并且以案例的形式直观展示了这两类问卷的设计框架和具体分析思路。第二部分具体介绍不同类型的问卷、研究主题的分析思路。笔者通过对问卷星网站中近千份问卷的研究总结与自己的分析经验，将常见的问卷分析思路汇总为八类，分别是量表类问卷信效度研究、量表类问卷影响关系研究、量表类问卷中介效应和调节效应研究、量表类问卷权重研究、"类实验"类问卷研究、聚类样本类问卷研究、非量表类问卷研究及市场调研类问卷研究，如下图所示。

```
                    ┌─ 1. 量表类问卷信度效度研究
                    ├─ 2. 量表类问卷影响关系研究
                    ├─ 3. 量表类问卷中介效应和调节效应研究
   问卷分析          ├─ 4. 量表类问卷权重研究
   思路汇总    ─────┤
                    ├─ 5. "类实验"类问卷研究
                    ├─ 6. 聚类样本类问卷研究
                    ├─ 7. 非量表类问卷研究
                    └─ 8. 市场调研类问卷研究
```

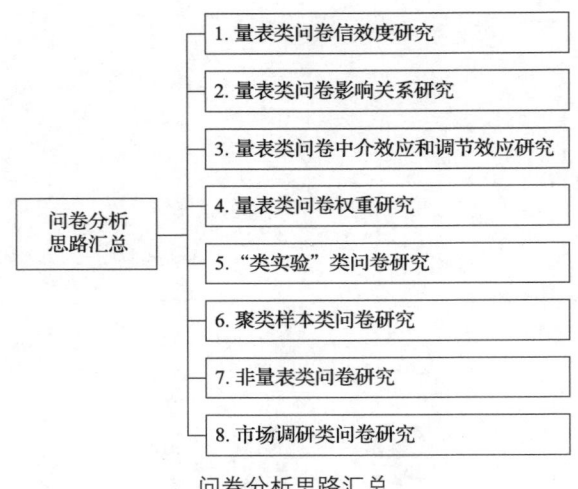

问卷分析思路汇总

这八类问卷分析思路通常适用于社会科学类专业，也适用于工商管理、旅游管理、市场营销等经济类专业，还适用于心理学、教育学、语言类等专业。关于这八类问卷分析思路的具体说明如下。

第一类问卷分析思路侧重对信度和效度进行研究。当研究的变量不能被直接观测时，可以采用量表题的方式进行测量。研究人员所设计的量表题能否准确、有效地测量变量的概念，受访者填写的量表题数据是否可靠、稳定，这些问题都需要进行检验分析。只有在确保信度可靠、效度良好之后才能进行影响关系的研究，信度和效度是量表类问卷研究的基础。

第二类问卷分析思路侧重对影响关系进行研究。例如，各种因素对员工薪酬满意度的影响关系研究，员工辞职倾向影响关系研究，消费者重复购买意愿影响关系研究，等等。如果使用此类问卷分析思路，那么在问卷设计上，大部分题为量表题，少部分题为非量表题。心理学、管理学、旅游、市场营销等专业使用此类问卷分析思路的频率较高。

第三类问卷分析思路侧重对中介效应和调节效应进行研究。例如，在研究员工工作与生活的平衡对辞职倾向的影响时，分析工作满意度是否具有中介效应；在研究消费者对产品质量的认知对口碑传播意愿的影响时，分析消费者收入水平是否具有调节效应。类似于第一类问卷分析思路，如果使用此类问卷分析思路，那么在问卷设计上，大部分题为量表题，少部分题为非量表题。工商管理、市场营销、心理学、教育学等专业偏好使用此类问卷分析思路。此类问卷分析思路适用于有一定统计学基础的研究人员。

第四类问卷分析思路侧重构建指标体系和权重体系，即研究人员使用量化形式直观展示各研究指标的重要性和影响程度等。例如，B2C电子商务消费意愿影响因素指标体系构建，企业领导力权重模型构建。如果使用此类问卷分析思路，那么在问卷设计上，通常会有大量量表题，而且量表题对应着很多变量。工商管理、旅游管理等专业会使用此类问卷分析思路。

第五类问卷分析思路侧重根据实验方法和问卷形式进行关系研究,通常会在问卷中设置不同的情景。例如,在研究百货商店中音乐刺激对消费意愿的影响时,通常会在问卷中设置如下情景:有无背景音乐、不同类型的背景音乐等。此类问卷分析思路强调在不同场景或不同实验情况下的差异对比,通常会有较多的量表题。市场营销、心理学、媒体等专业会使用此类问卷分析思路进行各类研究。此类问卷分析思路适用于有一定统计学基础的研究人员。

第六类问卷分析思路侧重样本细分,先通过聚类分析将样本分为几个聚类类别,然后对各个聚类类别样本进行比较。例如,在大众文化消费情况研究中,先将样本细分为几个聚类类别进行差异对比,然后针对不同聚类类别样本的消费偏好提供相关的建议。如果使用此类问卷分析思路,那么在进行问卷设计时应该注意量表题可以用于聚类样本。另外,此类问卷会有较多非量表题,用于了解样本的特征情况。社会学、市场营销等专业经常使用此类问卷分析思路进行研究。此类问卷分析思路适用于有一定统计学基础的研究人员。

第七类问卷分析思路侧重对样本的基本现状、基本态度和差异进行研究。此类问卷分析思路的特点是问卷题基本为非量表题,并且大多数题的目的在于了解样本的基本现状或对某件事情的基本态度。例如,社区环境管理情况研究,社区商业发展模式探究,互联网金融消费态度研究,等等。此类问卷分析思路适用于对非量表题进行分析,比较适用于企业问卷研究。社会学、媒体等专业经常使用此类问卷分析思路进行相关研究。

第八类问卷分析思路侧重以调查问卷的形式获取数据后进行市场调研(或称市场研究、市场调查)。比如,通过联合分析评价消费者对产品不同属性组合的喜好;通过PSM价格敏感度研究新产品的合理定价;通过NPS净推荐值模型研究顾客的忠诚度等。此类问卷分析思路适用于市场调研中关于满意度、需求、价格等方面的研究内容。

八类问卷分析思路的问卷特点及思路说明如下表所示。

八类问卷分析思路的问卷特点及思路说明

类别	问卷分析思路	问卷特点	思路说明
1	量表类问卷信效度研究	以量表题为主	研究量表题的可靠性、稳定性、准确性
2	量表类问卷影响关系研究	量表题所占百分比很高	研究影响关系
3	量表类问卷中介效应和调节效应研究	量表题所占百分比很高	研究中介效应和调节效应
4	量表类问卷权重研究	量表题所占百分比较高	构建指标体系和权重体系
5	"类实验"类问卷研究	问卷为实验形式,量表题较多	问卷为实验形式,研究差异关系
6	聚类样本类问卷研究	量表题与非量表题混合	对样本进行分类,并对比不同聚类类别样本的差异、特征
7	非量表类问卷研究	非量表题所占百分比很高	研究样本基本现状及样本基本态度
8	市场调研类问卷研究	专用的量表或问卷题	文本分析、满意度与需求调研

如果问卷为非量表类问卷，那么使用第七类问卷分析思路较为合适，这样可以使用交叉表格呈现数据结果，并且可以对样本基本现状有所了解，最终提供科学化的建议。针对非量表类问卷，也可以使用聚类分析进行研究，即第六类问卷分析思路。如果问卷为量表类问卷，那么可以使用第一类和第二类问卷分析思路，并且使用回归分析研究变量之间的影响关系。另外，还可以使用第三类问卷分析思路对量表类问卷进行中介效应和调节效应研究。如果要进行中介效应和调节效应研究，那么需要有充足的量表参考依据。如果研究人员希望构建权重体系，那么可以使用第四类问卷分析思路。第五类问卷分析思路主要用于对"类实验"类问卷进行差异分析。第六类问卷分析思路更加侧重样本细分。

　　此部分将分别对八类问卷分析思路进行详细剖析，并且针对每类问卷分析思路，分别从分析思路、分析方法、案例解读三部分进行阐述。

第 5 章

量表类问卷信效度研究

信度和效度是衡量量表类问卷质量的重要指标,对于确保研究的准确性和可靠性至关重要。信度研究主要关注测量的一致性或稳定性,高信度的量表代表数据在不同条件下的可靠性;效度研究则关注量表是否能够真实、准确地反映要研究的概念或变量,只有确保概念或变量准确、有效,研究人员才有底气去研究变量之间的相关关系或影响关系。

5.1 分析思路

量表作为实证研究的一项重要工具，在开发、应用的过程中需要经历许多环节，通常会涉及德尔菲法、信度分析、效度分析等方法。德尔菲法和信效度分析属于不同的概念，在量表开发和评估中扮演着不同的角色。

德尔菲法是一种专家咨询方法，广泛应用于量表编制和开发中。它通过多轮问卷调查，收集并整合专家意见，以达成对某个量表题的共识。在量表编制过程中，德尔菲法通常用于筛选和优化量表题，为下一步的量表信效度分析夯实基础。关于德尔菲法的应用，详见本书 15.1 节的内容。

量表类问卷信效度研究主要关注项目分析、信度分析和效度分析，其中效度又包括内容效度、结构效度和效标效度。本书主要介绍内容效度和结构效度方面的分析思路和分析方法，关于效标效度方面的内容请参阅其他专业书籍。结构效度分析的内容较多，考虑到量化指标的重要性，本书将聚合与区分效度分析单独提出来，作为效度分析的一个重要内容。因此，本节要介绍的量表类问卷信效度研究分析思路如图 5-1 所示。

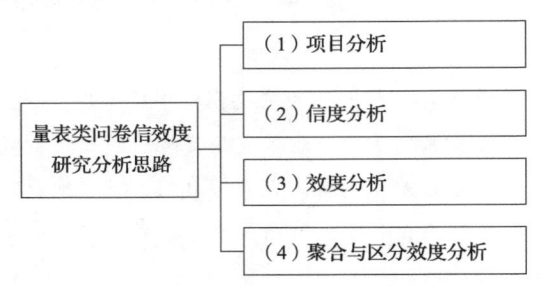

图 5-1 量表类问卷信效度研究分析思路

（1）项目分析。项目分析针对的是量表类问卷的数据资料，不适合用于普通问卷。项目在这里指的是量表的条目、题目、题项，其主要目的是检验量表中各个题的区分性和适切性，通常用于量表预调查阶段的数据分析环节，对于前期量表修订起到重要作用。广义上的项目分析常采用的方法包括题与量表总得分相关性分析、题与公因子共同度分析、总量表内部一致性分析，以及高低分组项目区分度分析等。在项目分析中，如果发现个别题不合适，可考虑删除该题或对题的内容进行修订，以确保最终的量表可靠和准确。

比如，问卷采用李克特五级量表收集数据，受访者对某个题的打分均为 3 分或 4 分，导致在总量表高低分组间该题无差异，这意味着该题没有区分度、可靠性差，必要时应考虑删除该题。

项目分析一般在信度分析和效度分析之前完成，常用于量表类问卷研究的预调查阶段，可作为后续信度分析和效度分析的基础。

（2）信度分析。信度可反映量表测量工具的稳定性和可靠性，通过信度分析可以证明研究样本的数据是真实可信的。信度分析的方法主要包括内在信度分析和外在信度分析两大类，内在信度分析常用的方法包括克隆巴赫系数（Cronbach's α 系数）和折半信度，外在信度分析常用的方法则包括重测信度等。信度分析的结果一方面可以反映量表的可靠性，另一方面可以在预调查阶段用于修订量表题，起到优化量表题设计的目的和作用。

信度与效度之间的逻辑关系表现为：信度高时效度不一定高，信度低时效度一定低。因此，信度分析应在效度分析之前进行。在量表类问卷研究中，对于量表的设计，有的研究直接引用成熟量表，有的研究则参考、借鉴成熟量表或其他学者使用过的量表进行重新设计，还有一些研究是完全按理论或专业框架设计和编制量表的。总体来说，量表有初设或理论预期的框架结构，即已知要研究哪些变量，以及如何测量这些变量。因此，可以根据已知的理论结构先进行信度分析。

（3）效度分析。效度分析的目的是评估问卷测量的有效性，即问卷能否准确地测量研究人员所关注的变量或概念。在进行问卷研究时，效度分析通常分为内容效度分析、结构效度分析及效标效度分析，如图 5-2 所示。

```
                    ┌─ ① 内容效度分析 ┬─ 专家判断
                    │                 ├─ 问卷预调查
                    │                 └─ 内容效度指数（CVI）
        效度分析 ───┼─ ② 结构效度分析 ┬─ 探索性因子分析
                    │                 └─ 验证性因子分析
                    └─ ③ 效标效度分析 ── 相关分析
```

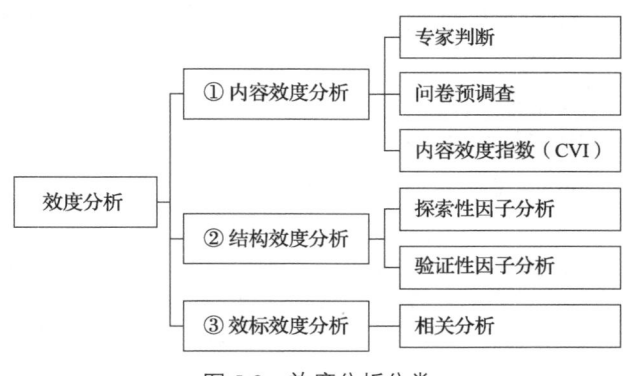

图 5-2　效度分析分类

① 内容效度分析。内容效度指的是量表实际测量的内容与要测量的内容之间的吻合程度，即受访者对各题的理解或回答与调查问卷设计者想要收集的内容的一致程度。内容效度分析可以从以下三个方面进行说明。

第一，专家判断。专家具有权威性，如果专家对问卷进行判断并给予肯定，那么可以说明问卷具有有效性。此处的专家指行业内专家或参考量表、权威来源等。

第二，问卷预调查。针对预调查数据进行分析，并结合分析结论对问题或选项进行修正，此处理过程可用于论证问卷设计的有效性。

第三，内容效度指数（CVI）。常见的是使用题项内容效度指数（Item-level CVI, I-CVI）

和量表内容效度指数（Scale-level CVI，S-CVI）来量化专家对各题内容的代表性意见。此外，通过两个评分者评定的一致性，或者两个重复测验的前测得分与后测得分的相关性，可以间接评估内容效度。本书 5.2 节会重点介绍内容效度指数的评价方法。

内容效度在实际量表研究中应当被重视，它可以提高量表题设计的合理性，同时可以为后续的结构效度分析夯实基础。另外需要强调的是，内容效度指数同样可以用于非量表类问卷的效度分析。

② 结构效度分析。结构效度能够测量研究因子与题之间的对应关系是否符合预期假设或理论，能够探索和衡量是否可以测量研究的理论结构。结构效度分析在量表开发和科研数据分析中具有重要意义，能够帮助研究人员探索或验证量表维度与量表题设计的合理性，确保量表能够准确测量研究变量。

结构效度分析主要通过因子分析来实现，涉及探索性因子分析和验证性因子分析两种方法。通常研究人员可以通过探索性因子分析或验证性因子分析对题进行结构效度分析。探索性因子分析主要用于初步分析，帮助研究人员识别潜在的因子结构；验证性因子分析则用于验证已提出的因子结构是否与实际数据相符。

③ 效标效度分析。效标效度分析的使用相对较少，请参阅其他专业书籍。

（4）聚合与区分效度分析。结构效度通过维度与题的对应关系来总体衡量效度情况。此外，验证性因子分析还可以提供聚合效度、区分效度这两个具体的量化指标，用来衡量量表结构的有效性、准确性。

聚合效度指的是本应在同一维度或因子下的题确实在该维度或因子下的能力，用平均方差提取量（AVE）和组合信度（CR）指标来评价。区分效度强调的是本不应在同一维度或因子下的题确实不在同一维度或因子下，常用将 AVE 平方根与维度的相关系数进行比较的方式评价。

聚合与区分效度分析可以帮助研究人员分析因子聚合同质性题的能力，以及不同因子之间能区分开概念的能力，避免维度或因子的混淆和重叠，从而提高量表的准确性和有效性。

5.2 分析方法

本节对量表类问卷信效度研究涉及的分析方法进行详细介绍，包括每种分析方法的功能、使用技巧及解释说明等。量表类问卷信效度研究涉及的主要分析方法有高低分组项目区分度分析、题与量表总得分相关性分析、删除题后的 Cronbach's α 信度分析、Cronbach's α 信度分析、内容效度指数分析、探索性因子分析、验证性因子分析等。量表类问卷信效度研究分析思路与分析方法的对应关系如图 5-3 所示。

```
                                                     ┌─ 高低分组项目区分度分析
                          ┌─（1）项目分析 ────────────┤
                          │                          └─ 题与量表总得分相关性分析
                          │
                          │                          ┌─ 删除题后的Cronbach's α信度分析
                          ├─（2）信度分析 ────────────┤
                          │                          └─ Cronbach's α信度分析
量表类问卷信效度            │                          ┌─ 内容效度指数分析
研究分析思路  ─────────────┤─（3）内容效度分析 ────────┤
                          │                          └─ 其他：专家主观判断
                          │
                          │                          ┌─ 探索性因子分析
                          ├─（4）结构效度分析 ────────┤
                          │                          └─ 验证性因子分析
                          │
                          └─（5）聚合与区分效度分析 ──── 验证性因子分析
```

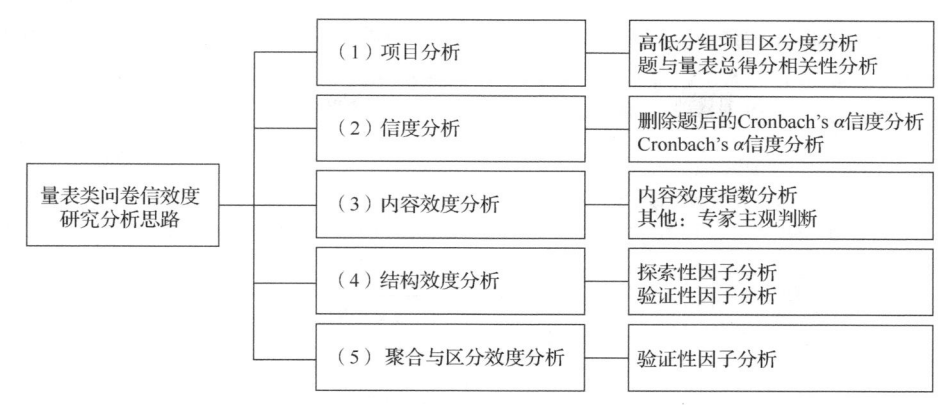

图 5-3　量表类问卷信效度研究分析思路与分析方法的对应关系

5.2.1　项目分析方法

广义的项目分析有多种具体分析方法，本节重点介绍高低分组项目区分度分析、题与量表总得分相关性分析这两个方法，删除题后的 Cronbach's α 信度分析、共同度法等在后续进行信度分析和探索性因子分析时介绍。

1．高低分组项目区分度分析

项目区分度分析的基本思想，是先对量表总得分取第 27、73 百分位数作为分割点，划分出高分组和低分组（中分组不需要纳入研究），然后使用独立样本 t 检验比较各题数据在高低分组间有无差异，若 P 值小于 0.05，则说明该题在高低分组间存在统计学差异，具有区分度；反之，若 P 值大于 0.05，则表示该题无区分度，可考虑删除该题。有时也将 t 值称为决断值 CR，如果某个题的 CR 值大于 3，则说明该题在高低分组间具有区分度；如果某个题的 CR 值小于 3，则说明该题没有区分度，可考虑删除该题。

具体高分组、低分组的划分过程，以及 t 检验，均可由 SPSSAU 的"问卷研究"→"项目分析"模块自动实现。

2．题与量表总得分相关性分析

题与量表总得分相关性分析的原理和操作方法简单易懂，首先通过加总求和的方式对所有量表题计算总得分，然后分析总得分与每个题的 Pearson 相关系数，根据相关性优化量表题。在一般情况下，相关系数小于 0.4 表示个别题与量表为弱相关关系，同质性较差，可考虑删除该题（吴明隆，2010）。

5.2.2　信度分析方法

信度分析的目的在于研究样本数据是否真实可靠，通俗来讲就是研究样本是否真实地回答了各个问题。如果样本没有真实回答，则信度不达标。有时即使样本真实回答了，也可能因为问题设计不规范、未对反向题进行反向处理等而使信度不达标。信度分析可以分为 4 类，分别是 α 系数、折半信度、复本信度和重测信度，建议研究人员使用 α 系数对问卷进行信度分析。信度分析分类如图 5-4 所示。

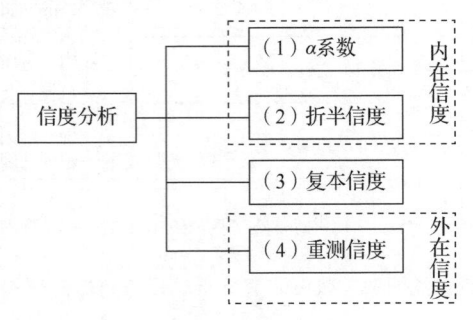

图 5-4　信度分析分类

（1）α 系数。在李克特量表中，最常用的信度指标为 Cronbach's α 系数，通常简称为 α 系数。此类信度分析最为常见，几乎适用于所有问卷信度分析。具体方法是通过软件计算出 α 系数，并利用其进行信度水平判断。在进行此类信度分析前，需要对量表中的反向题进行反向处理，并且 α 系数的测量通常以最小的变量（维度、层面或因子）为准，并不针对量表题。

该系数介于 0 和 1 之间，α 系数越大代表量表的一致性越高。吴明隆（2010）综合多位学者的观点认为：对于整个量表的信度来说，建议 α 系数大于 0.8，0.7～0.8 属于可接受范围；对于分维度或层面的信度来说，α 系数应在 0.5 以上，最好能大于 0.6。

如果 α 系数小于 0.5，则需要考虑修改量表题。从 α 系数计算公式来看，当变量对应的题越多、样本量越大时，此值会越大。根据笔者的经验，如果某个变量仅对应 3 个或 2 个题，并且样本量小于 200，那么 α 系数通常会较小（小于 0.6）。此外，由 1 个题表达的变量无法计算 α 系数。

在绝大多数情况下，可以使用此类方法衡量信度质量。α 系数也可以用于问卷预调查，总体来说，问卷预调查需要结合在进行 α 系数信度分析时输出的项已删除的 α 系数和 CITC 值来判断是否修正或删除题。通常来讲，当项已删除的 α 系数增大 0.1 以上，或者 CITC 值小于 0.4 时，应该考虑对题进行修正或删除处理。

项已删除的 α 系数：删除题后的新 α 系数。如果其值明显大于删除题前的 α 系数，说明该题的同质性较差，删除该题可改善维度或量表的信度水平，此时应当考虑删除该题。比如"感知有用性"维度，在初设 6 个题时该维度 α 系数为 0.68，而第 3 个题的项已删除的 α 系数为 0.86，意味着如果删除第 3 个题，剩余 5 个题构成的新维度 α 系数为 0.86，信度水平得到明显提高。

CITC 值：CITC 值同样可以作为删除题的依据，它指的是某个题与其他剩余题总得分之间的相关系数，显然 CITC 值越小说明该题的同质性越差，可以考虑将其删除。如果 CITC

值小于 0.4，则通常应该考虑将该题删除。

（2）折半信度。折半信度是指先将变量对应的题按照单双号分成两组，并计算两组题之间的相关系数，然后通过公式计算得到折半系数，以此衡量信度质量。心理学、教育学的经典量表通常使用此类信度分析衡量信度质量。其判断标准可参考 α 系数的判断标准。

（3）复本信度。复本信度是指让同一组样本一次性回答两份问卷，如让同一组学生连续做两份同样难度水平的试卷，之后计算两组问卷数据的相关系数，并以此衡量信度质量。由于该方法在实际操作过程中存在诸多客观条件限制，因此此类信度分析较为少用。

（4）重测信度。重测信度是指让同一组样本在不同的时间回答同样一份问卷，之后计算两组问卷数据的相关系数，并以此衡量信度质量。重测信度可以评估时间差异带来的数据误差，但在实际操作中有诸多不便，因此此类信度分析较为少用。

5.2.3 内容效度分析方法

内容效度分析可以分为定性和定量的不同分析方式：定性的内容效度分析，比如专家判断和问卷预调查；定量的内容效度分析，比如邀请专家参与调查打分并计算内容效度指数。此外，统计分析方法也可以用于内容效度的评估。

本节主要介绍内容效度指数分析，在 SPSSAU 中，可以通过"问卷研究"→"内容效度"模块实现。内容效度指数（CVI）是被广泛应用于问卷内容效度评价的定量指标。CVI 分为 I-CVI 和 S-CVI 两种，有不同的计算方式和解读标准。

CVI 适用于量表类问卷的内容效度定量评价，需要强调的是，如果一定要对非量表类问卷进行效度评价，则也可以使用 CVI。

1．专家调查

最常见的评价问卷内容效度的方法是邀请相关领域的专家对问卷或量表的各个题与原定内容的关联性或代表性做出判断，评价问卷的各个题是否恰当地代表了想要测量的内容。打分尺度要求是 1 分、2 分、3 分、4 分，依次代表不相关、弱相关、较强相关、非常相关。专家的数量一般建议为 3～12 位。

2．I-CVI

I-CVI 是针对题的内容效度指数，它等于对每个题打分为 3 分或 4 分的专家数量与专家总数的比值，其判断标准如表 5-1 所示。

表 5-1　I-CVI 判断标准

专家数量	判断标准
≤5 位专家	I-CVI<1 则不通过，I-CVI=1 则通过
>5 位专家	I-CVI<0.78 则不通过，I-CVI≥0.78 则通过

如果参与打分的专家数量小于或等于5位,则5位专家全部打3分或4分,即I-CVI=1才算通过,说明这些题的内容与预期要测量的内容本意是一致的。如果专家数量超过5位,则一般要求I-CVI不小于0.78(史静琤等,2012)。

对于评估专家打分的随机性干扰,在进行I-CVI分析时建议同步进行随机一致性校正。校正过程如下:首先计算专家打分随机一致性概率Pc,Pc=C(n,A)×(0.5^n),此处n表示专家总数量,A表示对某个题打分为3分或4分的专家数量,C表示数学上的组合运算符。然后计算校正内容效度,即调整Kappa值,调整Kappa值=(I-CVI−Pc)/(1−Pc),如果是正常的专家打分,则Pc值通常较大,最后结合调整Kappa值进行内容效度判断,其判断标准如表5-2所示。

表5-2 调整Kappa值判断标准

调整Kappa值	判断标准
<0.4	差
[0.4, 0.6)	一般
[0.6, 0.74)	良好
[0.74, 1)	优秀

调整Kappa值越大越好,一般大于或等于0.6即说明内容效度良好,但如果调整Kappa值小于0.4,则无法接受。在对随机一致性进行校正后,若I-CVI大于或等于0.78,则提示内容效度较优。

3. S-CVI

I-CVI是针对具体每个题的内容效度指标,而S-CVI则是针对量表整体的内容效度指数,S-CVI又分为全体一致S-CVI和平均一致S-CVI。全体一致S-CVI=被专家打分为3分或4分的题个数/所有题个数,用于判断到底有多少个题得分是3分或4分,通常其判断标准是0.8,即需要有80%以上的题被专家认为良好或优秀才行。平均一致S-CVI则是I-CVI的算术平均值,其通常标准为0.9,即需要I-CVI的算术平均值大于0.9才可以。

4. CVI的专家调查和德尔菲法专家调查的区别

在实际研究分析中,经常会将CVI的专家调查和德尔菲法专家调查混淆,这里有必要对它们进行区分。

在进行德尔菲法专家调查时,专家对题进行的是重要性/重要程度的评价打分,一般采用的是五级尺度。而在进行CVI的专家调查时,专家对题进行的是相关性/代表性的评价打分,采用的是四级尺度。也就是说,一个侧重题的重要性,另一个侧重题内容的代表性。

在量表类问卷研究中,德尔菲法主要用于前期条目池中各条目的筛选,属于初筛过程的方法,而CVI的专家调查是针对初设量表或最终量表的题进行代表性或测量内容一致性的评价研究。关于德尔菲法可参考本书15.1节的内容。

在具体分析过程中,内容效度分析通常体现在量表题的设计是否有参考量表,是否经过专家、老师的认可，是否得到同专业相关人员的认可，以及研究人员是否对问卷进行了修正，如对问卷进行预调查后发现问题并做出修正。内容效度分析不是必须使用统计分析方法进行量化的，也可以直接使用文字描述。在问卷研究过程中，一般需要对内容效度分析进行说明。

5.2.4 结构效度分析方法（探索性因子分析）

效度分析包括内容效度分析、结构效度分析和效标效度分析（本书暂不涉及），本节的重点是介绍结构效度分析最常用的方法：探索性因子分析。需要强调的是，探索性因子分析属于一种降维技术的多元统计分析方法，不仅可以探索和提取因子，还可以进行量表结构效度分析及因子权重计算。探索性因子分析的功能如图 5-5 所示，关于权重计算的内容见第 8 章。

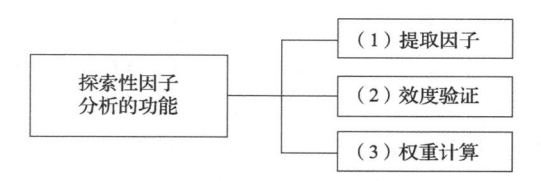

图 5-5 探索性因子分析的功能

接下来介绍该方法的基本原理及其在结构效度分析方面的应用。

1. 基本原理

因子分析是从一组关联性观测指标（如量表题）中提取公因子的多元统计分析方法。公因子是这组指标中共有的内部结构，一个观测指标可被分解成公因子（以下简称因子）的线性组合，剩余的不能被分解的就是特殊因子。

$$Z_1 = a_{11}F_1 + a_{12}F_2 + \cdots + a_{1p}F_p + c_1U_1$$
$$Z_2 = a_{21}F_1 + a_{22}F_2 + \cdots + a_{2p}F_p + c_2U_2$$
$$\cdots\cdots\cdots\cdots\cdots\cdots\cdots\cdots\cdots\cdots\cdots\cdots$$
$$Z_m = a_{m1}F_1 + a_{m2}F_2 + \cdots + a_{mp}F_p + c_mU_m$$

上式为因子分析的理论模型，假设从 m 个观测指标（$Z_1, Z_2, \cdots, Z_m$）中提取 p 个因子（$F_1, F_2, \cdots, F_p$），且 $p \leq m$，它们是隐藏在观测指标中的潜在结构；每个观测指标剩余的部分为特殊因子（$U_1, U_2, \cdots, U_m$），它是每个观测指标特有的信息，在实际分析时一般忽略不计。上式中的 a_{mp} 为因子载荷系数，可以理解为因子与观测指标的相关系数。一般要求提取的因子具有实际含义，且其含义可以通过在该因子上拥有较大载荷的部分观测指标进行归纳总结，有时候为了方便总结，可以考虑对因子进行旋转处理。提取因子的常用方法包括主成分法（PCA）、最大似然法（ML）、主轴因子法（PA）等。

在数学计算方面，因子分析会在观测指标的协方差矩阵或相关矩阵上计算特征值，该值可用于反映因子的重要性，之后通过特征值进一步计算因子携带的方差，用于量化因子可解释原始观测指标的信息量。

2．分析步骤

因子分析的过程主要包括提取因子、命名因子和计算因子得分，关键环节是提取因子数量的确定及因子命名。首先对指标数据进行标准化处理，然后根据 KMO 值和 Bartlett 球形检验判断数据是否适合进行因子分析。根据 Kaiser（1974）的观点，KMO 值在 0.8 以上时适合进行因子分析，在 0.7 以上时为尚可，在 0.6 以上时则为勉强。国内一些科技论文常以 0.5 作为 KMO 值最低标准。在 Bartlett 球形检验中，如果 P 值小于 0.05，则表明数据具有良好的相关性，适合进行因子分析。

可以利用特征值、方差解释率、碎石图等结果确定提取因子的数量。一般经验是提取特征值大于 1 的 p 个因子，或者最终提取的因子累积方差解释率大于 80%（张文彤，2002）。不同行业领域对因子累积方差解释率的接受程度不尽相同，吴明隆（2010）、刘红云（2019）认为，在自然科学中，提取的因子累积方差解释率应在 95%以上，而在社会科学中，提取的因子累积方差解释率在 60%以上也是可以接受的。

可以根据因子载荷系数与因子的对应关系对各因子进行命名。因子载荷系数即观测指标与因子间的相关系数。根据吴明隆（2010）的观点，在因子分析中，因子载荷系数最好在 0.4 以上，说明观测指标与因子间具有较强的相关关系。一般可按因子载荷系数从大到小排序，当因子载荷系数大于 0.4 时，可以认为指标归属对应的因子，或者这些指标是因子的代表性指标，从而利用代表性指标总结和归纳因子的实际含义，对因子进行命名。如果初始结果不利于命名，则在必要时对因子提取过程进行因子旋转。因子旋转的方法主要包括两种：其一是正交旋转，适用于各因子独立，无相关关系的情况；其二是斜交旋转，适用于因子间存在相关关系的情况。至于选择何种因子旋转方法，一般是从专业或理论上判断因子之间是否具有相关关系。在一般情况下，因子间是独立不相关的，因此正交旋转较为常见，其中最为常用的是最大方差旋转法，这个方法使得因子载荷系数朝着 0 和 1 两极分化，有利于判断指标与公因子的归属关系。

在提取到能合理命名的因子后，可以计算因子得分，并得出综合得分，进行综合评价。因子也可以作为研究变量参与下一步的影响关系研究。

3．结构效度分析与应用

探索性因子分析是当前使用最广泛的结构效度分析方法，在具体分析时，建议以研究变量为准，针对自变量题数据（一个或多个）、因变量题数据（一个或多个）分别进行多次效度分析，而不是将所有题统一进行探索性因子分析。

有些研究使用了"粗略"方式进行效度分析，即直接对单一变量进行探索性因子分析，未对题-因子对应关系进行契合度判断，认为只要通过 KMO 值和 Bartlett 球形检验就代表具有较好的结构效度，这种方式过于"简单粗暴"，证据性弱，不推荐使用。

建议首先报告 KMO 值和 Bartlett 球形检验的结果，KMO 值的常见标准是大于 0.6，国内经验标准是大于 0.5；然后详细说明探索的因子数量、每个因子的方差解释率、累积方差解释率，并且详细描述各个题与因子的对应关系，如果题-因子对应关系与预期相符（符合专业知识预期或理论框架），那么说明问卷具有良好的结构效度。在使用探索性因子分析进行结构效度分析时，经常会删除对应关系与预期不一致的题或因子载荷系数绝对值较小的题，以改善结构效度。

在众多的输出结果中，"（旋转后）因子载荷系数表格"对结构效度分析的作用极为重要，题-因子对应关系的归属关系分析和解读均依赖此表。通常要求归属某个因子的题的因子载荷系数大于 0.4 或 0.5，如果发现某个题与因子的对应关系出现严重偏差，即发生"张冠李戴"（本应归属因子 A 的题归属其他因子）的现象，那么可以考虑将此题删除或优化处理。删除完成后继续进行探索性因子分析，并且多次重复此步骤，直到因子与题的对应关系同专业知识基本相符。另一种情况是"纠缠不清"（某个题同时在两个因子上有超过 0.4 或 0.5 的载荷），说明该题含义不明确，可以考虑删除该题后重新进行因子分析以观察是否改善结构效度。其他不利于结构效度分析的情况，比如某个题单独成为一个因子，而在量表类问卷研究中显然不应该出现这种现象，此时也可以考虑将其删除。

探索性因子分析输出的"共同度"指标，也可以用来甄别题的合理性，共同度是一个概括性指标，表示某个题被因子提取的信息量情况，如果某个题对应的共同度小于 0.4（意味着被因子提取的信息量不足 40%），则考虑将该题删除以考查能否改善结构效度。基于共同度的删题优化操作，也常被用作项目分析的手段。

总结以上分析步骤和结构效度分析与应用，实际研究中的探索性因子分析过程往往不是一次性完成的，可能需要多次探索，通常会经历以下 5 个步骤，如图 5-6 所示。

```
探索性因子分析
操作步骤
 ├─ ① 试探性分析
 ├─ ② 因子载荷系数大于0.4或0.5，判断题-因子对应关系
 ├─ ③ 删除因子载荷系数绝对值较小的题
 ├─ ④ 删除题与因子对应关系严重不符的题
 └─ ⑤ 重复③和④两个步骤
```

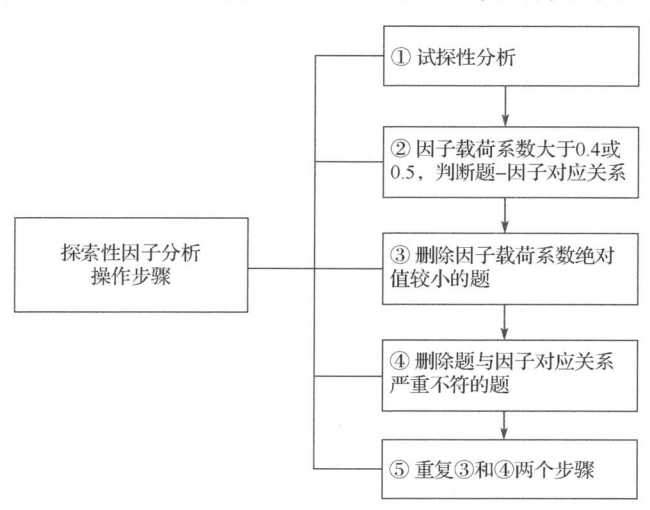

图 5-6　探索性因子分析操作步骤

首次进行的探索性因子分析，用于大概了解探索因子数量及题与因子的对应关系，重

点是根据因子载荷系数（旋转后的）判断题-因子对应关系，常见标准是因子载荷系数大于 0.4 或 0.5，表示题归属因子。如果发现某些题的因子载荷系数严重偏小、"张冠李戴"、"纠缠不清"或单独成为一个因子的情况，则需要考虑将其删除，用于改善结构效度。在删除题时，建议逐一进行，反复多次执行探索性因子分析，直到获得较为满意的结构效度。在此过程中，可能会出现题与因子的对应关系混乱不堪，效度极差的情况，此时可以考虑增加样本量、重新调整因子结构关系，甚至重新调查数据。

在 SPSSAU 中，可以通过"进阶方法"→"探索性因子"模块实现探索性因子分析，或者通过"问卷研究"→"效度"模块实现探索性因子分析。

5.2.5 结构效度分析方法（验证性因子分析）

本节的重点是介绍结构效度分析的另一种方法：验证性因子分析。下面主要介绍该方法的基本原理及其在结构效度方面的应用。

1. 基本原理

验证性因子分析的目的在于验证潜变量与相应题间的关系是不是契合研究人员初设的理论关系，用统计术语来说，就是验证显变量分析得到的方差协方差矩阵与预设模型（研究人员的理论模型）的方差协方差矩阵是否一致，若模型契合评价达标，则可以认为量表的结构与实际数据契合，所设计的题可以有效测量潜变量因子概念。

我们需要理解潜变量与显变量这对重要概念。在量表类问卷研究中，潜变量是指不能被直接观测到的变量/因子/维度，常见于特殊行为或心理态度的测量，比如研究老年人是否存在心理抑郁情况时，通常不直接提问"你感到抑郁吗？"，而是使用一系列与抑郁有关的同质化问题。此时抑郁这个概念被称为潜变量，而用来测量它的问题/题项/题目/题被称为显变量或观测变量。

通常使用路径图来反映验证性因子分析模型（CFA 模型）的题与因子间的测量关系，图 5-7 所示为 CFA 模型路径图（本书只讨论反映型 CFA 模型，关于形成型 CFA 模型，读者可参阅其他资料学习）。

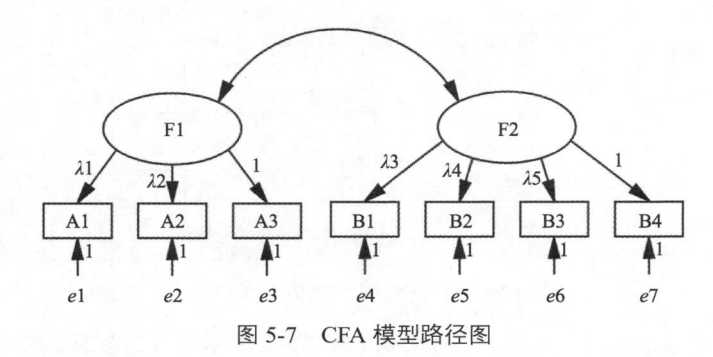

图 5-7 CFA 模型路径图

其中，A1~A3 用于测量第一个因子 F1，B1~B4 用于测量第二个因子 F2。一个题只受一个因子的影响，与 EFA 模型不同，CFA 模型没有交叉载荷的情况。在模型路径图中，用椭圆表示潜变量或因子，用矩形框表示量表题，用双箭头表示因子之间的相关关系。从因子指向题的单箭头表示解释关系，因子可以解释题的共同特征，可解释的程度即因子载荷系数的平方，因子载荷系数一般用 λ 表示。解释不了的部分为测量误差，一般用 e 表示。

CFA 模型可以分为一阶 CFA 模型和高阶 CFA 模型两种类型。一阶 CFA 模型是基础测量模型（最为常见），当我们发现由众多题测量得到的一阶因子之间存在较高相关性（一般认为相关系数在 0.7 以上），且在一阶因子之上还存在共同特征或概念时，这样的共同特征或概念就是二阶因子，整个测量模型称为二阶 CFA 模型。同理，如果二阶因子之间仍然存在明显的相关性，则尝试提取三阶因子。

2. 分析步骤

验证性因子分析的过程较其他分析方法要复杂一些，往往不能通过一次分析就获得最终结果，在具体分析时，还需要结合模型识别及模型拟合指标对模型进行适当的修正。

（1）研究人员需要做好模型设定，即确定研究变量（维度/构念/因子/潜变量）、题，以及研究变量与题之间的对应关系。如果引用的是成熟量表，那么由于量表的维度和题的关系早已得到论证，一般可以直接进行验证性因子分析。如果采用的是新开发的量表，那么建议先通过探索性因子分析探索结构效度，当有不合适的题时进行优化或删除，甚至对个别维度的定义进行修订，再进行验证性因子分析。

（2）有多种估计模型参数的方法，其中最常用的是最大似然法，它要求数据为定量数据，且服从多元正态分布。在实际的量表类问卷研究中，对量表类问卷数据资料的正态性要求可适当放宽标准，比如以各个题的偏度系数、峰度系数作为依据进行大致判断，只要各个题的数据不严重偏离正态分布就认为采用最大似然法的估计结果是稳健的。SPSSAU 默认采用最大似然法估计模型参数，只要能正常输出模型拟合结果，就表示模型能够识别。

（3）在模型参数估计完成后，需要先对模型总体契合度进行拟合评价。常用拟合指标包括卡方自由度比（<3）、近似残差均方根 RMSEA（<0.1，最好<0.08）、标准化残差均方根 SRMR（<0.1）、拟合优度指数 GFI（>0.9）、比较拟合指数 CFI（>0.9）、标准拟合指数 NFI（>0.9）和非标准拟合指数 TLI（>0.9）等。还可以选用简约拟合指数 PGFI（>0.5）、调整后拟合优度指数 AGFI（>0.9）、AIC（值越小越好）、BIC（值越小越好）等指标。

（4）模型是否需要修正是根据步骤（3）中的模型拟合评价结果来考虑的，并非所有的模型都需要修正。如果步骤（3）中的模型拟合指标表现不佳，比如卡方自由度比>3、GFI<0.9、RMSEA>0.1 等，则可以考虑结合修正指数 MI 的提示对模型进行适当的修正。

MI 为模型修正指标，具体指的是当固定参数被修改为自由参数时，模型的卡方值可以减小的数值，如果卡方值明显减小（针对较大的 MI 修正项目），则意味着模型整体拟合效果可以变得更好（刘源和刘红云，2020）。该值较大时表示可以考虑建立变量间的协方差关系或删除某个题以减少参数估计。一般认为，只有在 MI 的值大于 5 时模型才有修正的必要，而且建议从最大的 MI 值开始逐一进行修正。对于 CFA 模型的修正，可以从题-因子对应关系与题间协方差关系这两个方面入手。同时，模型修正应建立在理论、经验及 CFA 模型规范之上，不能为了"修正"而修正。

3. 结构效度分析与应用

经过模型设定与识别、参数估计、模型拟合评价、模型修正等过程，最终得到一个达到适配标准的 CFA 模型。之后根据研究目的对结果进行分析和应用，比如，根据因子载荷系数判断结构效度并解释题目保留的情况，以及根据因子载荷系数计算组合信度 CR、平均方差提取量 AVE，并进行聚合与区分效度评价；再如，将验证性因子分析用于多模型比较、共同方法偏差检验等。本节重点介绍如何将验证性因子分析用于结构效度分析，5.2.6 节会重点介绍如何将验证性因子分析用于聚合与区分效度分析，而对于其他应用情况，读者可自行阅读专业资料。

结构效度良好的量表，要求 CFA 模型常用拟合指标达到拟合标准，比如卡方自由度比<3、RMSEA<0.08、GFI>0.9、SRMR<0.1 等。另外，要求各个题与因子的因子载荷系数，以及各个题的测量残差具有统计学意义上的显著性，即 P 值小于 0.05。因子载荷系数在数值上，一般是大于 0.5 的，理想情况是大于 0.7（刘红云，2019）。

需要强调的是，单一拟合指标通常不作为拟合评价依据，而是需要综合多个拟合指标达标的情况来判断模型是否适配。此时指标的选用是较为灵活的，在实际分析中，本书建议选用以卡方自由度比、RMSEA、GFI、SRMR、TLI、NFI 为主的几个拟合指标，再辅以少量其他指标。在具体选择指标时，建议读者结合研究目的并参考行业领域的应用情况来确定。

而关于模型修正，一般只发生在理论模型与真实模型不适配的情况下，可以首先从因子载荷系数的显著性入手，考虑删除不显著的路径（删除题）；然后根据修正指数 MI 的提示进行适当修正，比如创建同一个因子下的测量残差的相关关系等。另外，也需要考虑样本量对模型适配的影响，根据笔者的经验，建议样本量不要小于 200，最好大于 300。

5.2.6 聚合与区分效度分析方法（验证性因子分析）

5.2.5 节介绍了验证性因子分析从模型有效性、模型拟合适配角度评价结构效度，本节主要介绍验证性因子分析在结构效度分析中的量化指标——聚合与区分效度。周俊和马世澎（2024）对验证性因子分析的作用总结如表 5-3 所示。

表 5-3 验证性因子分析的作用

统计结果的应用	说明	重点结果解读
量表结构效度	潜变量与题的对应关系是否契合预设或理论设计的关系	因子载荷系数应大于 0.5，理想情况是大于 0.7，且模型拟合达标

续表

统计结果的应用	说明	重点结果解读
组合信度	测量潜变量因子的信度水平	CR 值应大于 0.6，最好大于 0.7
聚合效度	同一个维度概念下的题归属该维度的程度	AVE 值大于 0.5，CR 值大于 0.6
区分效度	不同维度概念下的题的不完全相关性	AVE 平方根满足相关性要求
共同方法偏差	问卷研究中常见的系统误差问题（本书暂不讨论，感兴趣的读者可阅读其他资料）	CFA 单因子模型拟合不达标

组合信度 CR 和平均方差提取量 AVE 均通过因子载荷系数计算得到，其中 CR= sum(loading)^2 / [sum(loading)^2 + sum(e)]，AVE = sum(loading^2) / [sum(loading^2) + sum(e)]，loading 为标准化载荷系数，e 为测量残差的标准化系数。

1．组合信度

组合信度 CR 可作为潜变量的信度指标，反映潜变量的内在质量。刘红云（2019）认为 CR 值应大于 0.6，最好大于 0.7，该值越接近 1 表示潜变量的概念信度/内在质量越好。

2．聚合效度

聚合效度，也称收敛效度，强调的是用来测量同一个维度概念下的题会出现在同一个潜变量因子下的程度，一般根据 CR 和 AVE 进行衡量。AVE 作为衡量聚合效度的指标，其值越大表示题越可以体现潜变量因子的同质性，一般要求 AVE 值大于 0.5 且 CR 值大于 0.6，表示因子具有较好的聚合效度。

3．区分效度

区分效度是与聚合效度对应的概念，同一个维度概念下的题强调聚合效度，而不同维度概念下的题则强调区分效度。一个良好的量表结构应该同时具有良好的聚合效度和区分效度，一般用维度概念的 AVE 平方根与维度概念间的相关系数进行比较，若 AVE 平方根大于该维度与其他维度两两间的相关系数，则认为该量表结构具有良好的区分效度。

由于聚合与区分效度由 CR、AVE、AVE 平方根、相关系数等可量化指标衡量，因此它更容易理解和分析，在潜变量数据资料的结构方程模型分析中应用广泛。

5.3 案例解读：在线英语学习网站课程购买意愿量表信效度分析

本节以案例的形式对量表类问卷信效度研究的分析思路进行解读，先对各部分涉及的表格进行展示，再对涉及的分析方法进行详细解读。本案例主要研究的是在线英语学习网站课程购买意愿量表的信效度,研究人员初步拟定的影响购买意愿的因素包括产品、促销、渠道推广、价格、个性化服务和隐私保护,并采用李克特五级量表形式设计相应的问卷题,对 6 个因素进行测量。此外,问卷题还包括核心变量题、样本背景信息题、样本基本态度题。在线英语学习网站课程购买意愿量表问卷框架如表 5-4 所示。

表 5-4　在线英语学习网站课程购买意愿量表问卷框架

框架内容	题号	题内容
核心变量题	Q1	该网站提供多元化的针对性课程
	Q2	每门课程都详细介绍了该课程的特点及学习目的
	Q3	该网站提供的课程具有顶尖的教学质量
	Q4	该网站向注册用户免费发送电子报,并定期发送学习资料
	Q5	我经常在其他网络平台上看到该网站的广告
	Q6	我觉得该网站上的一些课程信息或视频内容非常吸引人,我愿意分享给其他人
	Q7	该网站能在搜索引擎(如百度)中很容易地被找到,如位于搜索结果的第一页
	Q8	我可以在一些主流相关行业网站(如教育网站)上找到该网站的链接
	Q9	我可以在该网站上通过输入课程价格范围搜索到相应的课程
	Q10	该网站上的课程价格会根据购买课程的数量有较大调整
	Q11	当我再次登录该网站时,它能显示我之前的课程浏览记录
	Q12	当我再次登录该网站时,它会根据我感兴趣的课程类型向我推荐相关的新课程
	Q13	该网站会根据我感兴趣的课程类型,向我推荐得到一致好评的相关课程或授课老师
	Q14	当我填写个人信息时,该网站会有"关于个人信息保密"的标识
	Q15	该网站有严格的客户隐私保密制度,并且很容易在网站上找到该信息
	Q16	在学习该网站的课程后,我会继续购买该网站的课程
	Q17	我会向亲朋好友推荐该网站的课程
	Q18	当我需要再次参加培训时该网站是我的第一选择
	Q19	我会主动关注该网站开设的课程
样本背景信息题	Q20	性别
	Q21	年龄
	Q22	月收入水平
	Q23	职业
样本基本态度题	Q24	你为什么学习外语
	Q25	你有多少在线学习语言的经验
	Q26	你购买过多少门课程

续表

框架内容	题号	题内容
样本基本态度题	Q27	让你决定购买该课程的因素是什么（多选题）
	Q27_1	课程内容
	Q27_2	师资力量
	Q27_3	教学质量
	Q27_4	课程价格
	Q27_5	优惠折扣
	Q27_6	其他

从问卷结构来看，Q1～Q15 是关于产品、促销、渠道推广、价格、个性化服务和隐私保护这 6 个因素的问卷题，选项分别是"非常不同意"、"比较不同意"、"一般"、"比较同意"和"非常同意"；Q16～Q19 是针对购买意愿设计的问卷题，与 Q1～Q15 的选项类似；Q20～Q23 是样本背景信息题；Q24～Q27 是样本基本态度题。

本案例的主要目的在于研究相关因素对购买意愿的影响，并比较不同背景的样本对各因素在购买意愿上的态度差异。其中，理论上的影响因素共涉及 15 个题，并且从专业知识角度考虑可以将它们归纳为 6 个变量。出于严谨性考虑，科学的做法是先进行信效度研究，在确保待研究的变量可靠和准确的情况下，再开展影响关系研究。

5.3.1 量表题项目分析

项目分析更多的是应用在量表设计前期的预调查（预测试）阶段，帮助研究人员优化量表题设计。因为在正式的量表类问卷调查阶段，各个题基本已经满足可靠性要求，所以此时的项目分析起到的作用不如预调查阶段。本案例的量表问卷属于正式量表，所以本节主要根据此数据示范项目分析的方法和结果解读，在实际研究中，建议把项目分析作为预调查阶段的重要分析方法来应用。

前面介绍的高低分组项目区分度分析和题与量表总得分相关性分析，可以通过 SPSSAU 的"问卷研究"→"项目分析"模块来完成。在操作方面应注意，将本案例的 19 个量表题数据都纳入分析。SPSSAU 默认采用第 27、73 百分位数进行高分组与低分组的划分，中间分段的数据不计入分析过程。本案例高低分组平均水平、t 检验（决断值 CR）、t 检验（P 值）、与量表总得分的相关系数等结果汇总如表 5-5 所示。

表 5-5 项目分析结果汇总

题号	组别（平均值±标准差）		t 检验（决断值 CR）	t 检验（P 值）	与量表总得分的相关系数
	低分组（$n=86$）	高分组（$n=91$）			
Q1	2.744±0.960	4.209±0.837	10.834	0.000**	0.658**
Q2	2.616±0.897	4.022±0.931	10.223	0.000**	0.626**

续表

题号	组别（平均值±标准差）		t检验（决断值CR）	t检验（P值）	与量表总得分的相关系数
	低分组（n=86）	高分组（n=91）			
Q3	3.023±1.106	4.549±0.687	10.954	0.000**	0.591**
Q4	2.488±0.891	3.703±1.140	7.922	0.000**	0.524**
Q5	1.953±0.853	2.780±1.373	4.841	0.000**	0.398**
Q6	2.372±0.908	4.044±0.918	12.174	0.000**	0.684**
Q7	2.547±0.954	4.242±0.779	12.906	0.000**	0.671**
Q8	2.651±1.038	4.066±0.814	10.054	0.000**	0.624**
Q9	2.733±0.951	4.044±0.942	9.216	0.000**	0.518**
Q10	2.686±0.997	4.220±0.772	11.479	0.000**	0.615**
Q11	2.791±0.856	4.055±0.970	9.174	0.000**	0.605**
Q12	2.733±0.832	4.110±0.862	10.804	0.000**	0.642**
Q13	2.779±0.860	4.242±0.765	11.973	0.000**	0.706**
Q14	3.384±1.170	4.802±0.562	10.187	0.000**	0.584**
Q15	3.256±1.150	4.736±0.574	10.742	0.000**	0.585**
Q16	2.884±0.758	4.154±0.729	11.362	0.000**	0.680**
Q17	3.000±0.782	4.110±0.706	9.918	0.000**	0.663**
Q18	2.977±0.703	4.176±0.797	10.631	0.000**	0.631**
Q19	3.058±0.657	4.055±0.780	9.214	0.000**	0.586**

备注：**表示 $P<0.01$。

项目分析用于测量问卷量表题的有效性和合适性，其原理在于如果量表题设计合理，则样本具有一定的区分性，分值有高有低；如果量表题设计不合理，则可能会出现所有群体选择相同选项的情况，因此需要对此类量表题进行删除或修改。由表 5-5 可知，19 个量表题在高分组、低分组的平均值差异上全部呈现出显著性（$P<0.01$），意味着这 19 个量表题均具有良好的区分性，应该保留。如果某个量表题出现 P 值大于 0.05 的情况，则说明该题没有区分性，应考虑将其删除。高低分组 t 检验的结果同样可以基于表 5-5 中的决断值 CR 来判断，如果 CR 值小于 3，则意味着该量表题没有区分性，可能需要删除。本案例中 19 个量表题的 CR 值均大于 3，说明均具有良好的区分性，应当保留。

而对于题与量表总得分相关性分析，SPSSAU 自动计算了量表总得分（对所有题进行加总求和），并进行总得分与每个题的相关系数分析。一般认为，相关系数小于 0.4 表示个别题与量表是一种弱相关关系，同质性较差，可以考虑将其删除。表 5-5 中汇总了题-量表总得分相关系数等结果，本案例的题-量表总得分相关系数的取值范围为 0.398～0.706，绝大多数题与量表总得分有显著相关关系。其中，Q5 与量表总得分的相关系数为 0.398，接近 0.4，综合考量后不需要处理，可以保留。

5.3.2 量表数据信度分析

通常需要针对各个具体细分变量进行信度分析,如果总量表代表总概念,那么也需要报告总量表的信度。由于本案例的 19 个量表题包括了研究的因变量"购买意愿"及 6 个影响因素自变量,因此对这 19 个量表题进行总信度分析的意义不大,应当针对要研究的 7 个变量分别进行信度分析。通过 SPSSAU 的"问卷研究"→"信度"模块计算各个变量的 α 系数并进行汇总,得到的信度分析结果汇总如表 5-6 所示。

表 5-6　信度分析结果汇总

变量名称	具体量表题设计	量表题个数	α 系数
购买意愿	Q16~Q19	4	0.861
产品	Q1~Q3	3	0.727
促销	Q4~Q6	3	0.613
渠道推广	Q7~Q8	2	0.760
价格	Q9~Q10	2	0.626
个性化服务	Q11~Q13	3	0.796
隐私保护	Q14~Q15	2	0.860

由于 α 系数与量表题个数有较大关系,因此需要将量表题个数列出。此外,α 系数还与样本量有关系,也可以将对应的样本量列出。通常分维度或层面的 α 系数最好大于 0.6,0.5~0.6 属于可以接受的范围。在具体的研究过程中,α 系数可能出现小于 0.6 甚至小于 0.5 的情况,如果出现此类状况,则需要结合具体情况进行说明,通常有两种处理方法:第一种方法是删除因子,即直接删除分维度或层面的所有题,但通常出于研究需要,研究人员可能希望保留这个变量;第二种方法是增大样本量,并且综合整体情况进行说明。在本案例中,7 个变量的 α 系数的取值范围为 0.613~0.861,多数超过 0.7,表示量表数据具有较好的信度。

为了避免出现 α 系数小于 0.6 甚至小于 0.5 的情况,通常会进行预调查或参考成熟量表。预调查,即提前收集少量样本(通常在 100 个以内)数据,对其进行信度分析和效度分析,发现问卷设计问题并进行修正,最大可能地减少后续出现问题的概率。预调查的目的在于提前发现问题,通常可以使用信度分析、效度分析和项目分析 3 种方法进行。成熟量表出现信度不达标的概率较低,并且具有权威性,因此研究人员应避免对其进行大篇幅修正。

在进行信度分析时,如果需要进行更深入的分析,如了解具体哪个题导致信度不达标或删除部分题后 α 系数是否会有较大提升,那么可以将 CITC 值和项已删除的 α 系数这两个指标列出,得到的信度分析结果汇总(常用于预调查)如表 5-7 所示(仅展示部分数据)。

表 5-7 信度分析结果汇总（常用于预调查）

量表题	CITC 值	项已删除的 α 系数	整体 α 系数
Q16 在学习该网站的课程后，我会继续购买该网站的课程	0.724	0.817	0.861
Q17 我会向亲朋好友推荐该网站的课程	0.662	0.842	
Q18 当我需要再次参加培训时该网站是我的第一选择	0.737	0.811	
Q19 我会主动关注该网站开设的课程	0.711	0.822	
Q1 该网站提供多元化的针对性课程	0.597	0.583	0.727
Q2 每门课程都详细介绍了该课程的特点及学习目的	0.538	0.653	
Q3 该网站提供的课程具有顶尖的教学质量	0.515	0.683	
—	—	—	—

与表 5-6 相比，表 5-7 多了两个指标，即 CITC 值和项已删除的 α 系数。CITC 值代表题之间的相关性情况，CITC 值越高，α 系数也越高，通常此值大于 0.4 即可，此值小于 0.4 的题说明其与其他同因子下的题相关性较弱，必要时应当删除。项已删除的 α 系数代表当某个题被删除时，其对应变量的 α 系数。例如，假设 Q16 被删除，"购买意愿"变量由剩余的 3 个题（Q17～Q19）表示，并且新的 α 系数为 0.817，显然该值小于未删除前的整体 α 系数 0.861，说明删除 Q16 并不能起到提高信度的作用，那么也就无须考虑删除 Q16。CITC 值和项已删除的 α 系数属于中间过程指标，最终均会以整体 α 系数为分析标准。在进行信度分析预调查时，通常会将 CITC 值和项已删除的 α 系数列出并进行分析，以便判断某个题是否应该被修正或删除。

针对信度分析的具体文字描述，通常只需对整体 α 系数进行说明即可。对于 CITC 值和项已删除的 α 系数，若涉及删题，则一般只需进行简要描述即可。

5.3.3 题项与量表内容效度分析

与项目分析类似，内容效度分析也在量表预调查阶段发挥更重要的作用。本案例的量表问卷属于正式量表，所以本节主要根据案例中的量表示范内容效度分析的方法和结果解读，在实际研究中，建议把内容效度分析作为预调查阶段的重要分析方法来应用。

假设在案例中，研究人员邀请到了解本研究的目标人群且熟悉量表类问卷研究的 8 位专家，对量表中 19 个题的内容代表性进行内容效度评分，评价量表的各个题是否恰当地代表了要测量的内容。打分尺度要求是 1 分、2 分、3 分、4 分，依次代表不相关、弱相关、较强相关、非常相关。将专家打分数据整理后形成一个 19 行 8 列的数据集，由 SPSSAU

的"问卷研究"→"内容效度"模块完成内容效度指数（CVI）的计算，其中，题项内容效度指数（I-CVI）及其校正结果如表 5-8 所示。

表 5-8 题项内容效度指数（I-CVI）及其校正结果

题号	评分为 3 分或 4 分的专家数量（位）	题项内容效度指数（I-CVI）	I-CVI 评价	专家打分随机一致性概率（Pc）	校正内容效度（调整 Kappa 值）	调整 Kappa 值评价
Q1	8	1	通过	0.004	1	优秀
Q2	8	1	通过	0.004	1	优秀
Q3	8	1	通过	0.004	1	优秀
Q4	8	1	通过	0.004	1	优秀
Q5	8	1	通过	0.004	1	优秀
Q6	5	0.625	不通过	0.219	0.52	一般
Q7	8	1	通过	0.004	1	优秀
Q8	7	0.875	通过	0.031	0.871	优秀
Q9	8	1	通过	0.004	1	优秀
Q10	8	1	通过	0.004	1	优秀
Q11	7	0.875	通过	0.031	0.871	优秀
Q12	8	1	通过	0.004	1	优秀
Q13	8	1	通过	0.004	1	优秀
Q14	8	1	通过	0.004	1	优秀
Q15	8	1	通过	0.004	1	优秀
Q16	7	0.875	通过	0.031	0.871	优秀
Q17	8	1	通过	0.004	1	优秀
Q18	8	1	通过	0.004	1	优秀
Q19	8	1	通过	0.004	1	优秀

备注：专家数量为 8 位，量表题个数为 19，评分为 3 分或 4 分的次数总和为 146。

I-CVI 代表每个题的内容效度，且只关注打分为 3 分或 4 分的专家数量，其值等于打分为 3 分或 4 分的专家数量与专家总数量的比值，比如表 5-8 中 Q6 有 5 位专家打 3 分或 4 分，I-CVI=5/8=0.625<0.78，可以认为该题的内容效度不足，如果其值大于 0.78，则表明有较高的内容效度。经过随机打分一致性校正后，可以得到调整 Kappa 值，根据其解读标准，本案例中 Q6 的调整 Kappa 值为 0.52，偏小，表示内容效度一般，而其余题的调整 Kappa 值均在 0.74 以上，达到了内容效度优秀的程度。

假设根据 I-CVI 的判断标准，研究人员临时删除 Q6，重新计算 CVI，量表内容效度（S-CVI）的结果与删除 Q6 前的对比如表 5-9 所示。

表 5-9　量表内容效度（S-CVI）的结果与删除 Q6 前的对比

项	全部 19 个题			删除 Q6 后		
	值	标准	评价	值	标准	评价
全体一致 S-CVI（S-CVI/UA）	0.789	值≥0.8	不通过	0.833	值≥0.8	通过
平均 S-CVI（S-CVI/AVE）	0.961	值≥0.9	通过	0.979	值≥0.9	通过

备注：专家数量为 8 位，量表题个数为 19。
评分为 3 分或 4 分的次数总和为 146，评分全部为 3 分或 4 分的条目数为 15。

　　I-CVI 针对的是每个题的内容效度指数，而 S-CVI 则针对的是量表整体的内容效度指数。由表 5-9 可知，在保留全部 19 个题时，提示全体一致 S-CVI 不达标（评价为不通过），而在删除 Q6 后全体一致 S-CVI 和平均 S-CVI 全部达标（评价为通过）。综合 I-CVI 和 S-CVI 的分析结果，我们认为 Q6 的内容代表性存疑，可考虑将其删除。

5.3.4　结构效度分析（探索性因子分析）

　　本案例涉及的影响因素（Q1~Q15）使用的量表并非成熟量表，所以使用探索性因子分析是科学且必要的，为本节重点阐述内容，而对因变量"购买意愿"（Q16~Q19）的分析则较为简单，此处不再赘述，读者可以自行操作实践。

　　探索因子的方法较多，包括主成分法、未加权最小平方法、最大似然法、主因子分解法等。其中，主成分法是当前使用最普遍且结果最稳定的一种方法，SPSSAU 默认使用该方法。因子旋转的目的在于将因子与题的对应关系进行空间旋转，以便更好地处理因子与题的对应关系及因子命名等问题。因子旋转的方法较多，包括最大方差旋转法、最大平衡值法、最大四次方值法等。在问卷研究中，使用频率最高的是最大方差旋转法。SPSSAU 默认采用最大方差旋转法进行因子旋转。

1. 探索性因子分析的总体思路

　　本案例在对 6 个影响因素涉及的 15 个题进行探索性因子分析时，第一次为试探性分析，SPSSAU 默认根据初始特征值大于 1 这一标准探索出 3 个因子。因为这与本案例研究最初假定的 6 个影响因素不相符，所以在第二次进行探索性因子分析时，将因子数量主动设置为 6 个。在将因子数量设置为 6 个后，各个题的因子载荷系数绝对值均大于 0.4，但是 Q6（我觉得该网站上的一些课程信息或视频内容非常吸引人，我愿意分享给其他人）与因子的对应关系和专业知识不符（"张冠李戴"现象，和 Q11~Q13 归属同一个因子），再结合前面 I-CVI 提示 Q6 内容效度不足，因此删除 Q6 后继续进行第三次探索性因子分析。第三次探索性因子分析的结果显示探索出 6 个因子且可以对每个因子进行专业知识命名，而且各个题的因子载荷系数绝对值均大于 0.4，说明因子与题的对应关系符合专业知识和研究预设。至此，探索性因子分析结束。

2. 探索性因子分析的重要结果解读

探索性因子分析是一个不断循环、重复探索的过程，因此需要对最终结果表格进行整理。探索性因子分析通常会涉及 3 个表格，分别是"KMO 值和 Bartlett 球形检验"表格、"方差解释率"表格和"旋转后因子载荷系数"表格。对于探索性因子分析的中间过程，包括因子数量设置、删除题等，使用文字表述即可。

"KMO 值和 Bartlett 球形检验"表格如表 5-10 所示。此表格用于检测量表题是否适合进行探索性因子分析。需要重点关注两个指标：一个指标为 KMO 值，其常见标准为大于 0.6，此值越大越好，最低标准为大于 0.5；另一个指标为 Bartlett 球形检验对应的 P 值，其判断标准为小于 0.05，如果 P 值小于 0.05，则说明通过了 Bartlett 球形检验。如果 KMO 值和 Bartlett 球形检验对应的 P 值都符合标准，则说明适合进行探索性因子分析。

表 5-10 "KMO 值和 Bartlett 球形检验"表格

KMO 值		0.852
Bartlett 球形检验	近似卡方值	1604.439
	df	91
	P 值	0.000

本案例中的 KMO 值是 0.852，大于 0.6；Bartlett 球形检验对应的 P 值为 0.000，小于 0.05，说明通过了 Bartlett 球形检验。这些结果说明本案例适合进行探索性因子分析。

"方差解释率"表格如表 5-11 所示。此表格为 SPSSAU 直接生成的表格，其中第 5～7 列为重复列，可以删除。此表格展示了具体探索因子的数量，并且分别列出了每个因子的特征值、方差解释率和累积方差解释率，第 2～4 列为因子旋转前的结果，最后 3 列为因子旋转后的结果。

表 5-11 "方差解释率"表格

因子编号	特征值			旋转前方差解释率			旋转后方差解释率		
	特征值	方差解释率（%）	累积方差解释率（%）	特征值	方差解释率（%）	累积方差解释率（%）	特征值	方差解释率（%）	累积方差解释率（%）
1	5.341	38.152	38.152	5.341	38.152	38.152	2.121	15.15	15.150
2	1.518	10.84	48.991	1.518	10.84	48.991	1.989	14.205	29.356
3	1.132	8.087	57.078	1.132	8.087	57.078	1.932	13.799	43.155
4	0.929	6.636	63.714	0.929	6.636	63.714	1.67	11.931	55.086
5	0.869	6.205	69.919	0.869	6.205	69.919	1.464	10.461	65.546
6	0.829	5.918	75.837	0.829	5.918	75.837	1.441	10.291	75.837
7	0.591	4.221	80.058	—	—	—	—	—	—
8	0.543	3.878	83.936	—	—	—	—	—	—
9	0.509	3.635	87.571	—	—	—	—	—	—

续表

因子编号	特征值			旋转前方差解释率			旋转后方差解释率		
	特征值	方差解释率(%)	累积方差解释率(%)	特征值	方差解释率(%)	累积方差解释率(%)	特征值	方差解释率(%)	累积方差解释率(%)
10	0.449	3.206	90.776	—	—	—	—	—	—
11	0.423	3.025	93.801	—	—	—	—	—	—
12	0.364	2.602	96.403	—	—	—	—	—	—
13	0.301	2.153	98.556	—	—	—	—	—	—
14	0.202	1.444	100	—	—	—	—	—	—

如果研究人员不主动设置因子数量,那么 SPSSAU 会默认以特征值大于 1 为标准判断因子数量,但大多数情况下研究人员需要主动设置因子数量,以得到更为合理的结论。本案例主动将因子数量设置为 6 个,因此旋转前特征值会出现小于 1 的情况,但通常旋转后的特征值会大于 1。本案例共探索出 6 个因子,其旋转后的方差解释率分别为 15.15%、14.205%、13.799%、11.931%、10.461%和 10.291%,总累积方差解释率为 75.837%,超过 70%,说明探索性因子分析的整体结果良好。方差解释率表示某个因子解释的信息量。例如,因子 1 的方差解释率为 15.15%,说明该因子可以解释整个量表 15.15%的信息。总累积方差解释率表示全部因子合起来可以解释整个量表的信息量情况,该值并没有固定标准,通常大于 60%即说明分析结果较好,大于 50%即说明可以接受。本案例总累积方差解释率为 75.837%,说明这 6 个因子可以解释整个量表 75.837%的信息。

"旋转后因子载荷系数"表格如表 5-12 所示。此表格是各个因子与各个题的因子载荷系数对应关系的汇总,表格里面的数字均为因子载荷系数。因子载荷系数代表题与因子之间关系的紧密程度,它的取值范围为-1~1,绝对值越大,说明其与因子之间关系的紧密程度越高。通常因子载荷系数绝对值以大于 0.4 或 0.5 为标准,如果大于 0.4,则说明题与因子之间的关系比较紧密,可以根据因子与题的对应关系对探索到的因子进行命名。

表 5-12 "旋转后因子载荷系数"表格

名称	因子载荷系数						共同度(公因子方差)
	因子 1	因子 2	因子 3	因子 4	因子 5	因子 6	
Q11 当我再次登录该网站时,它能显示我之前的课程浏览记录	0.806	0.122	0.155	0.096	-0.05	0.228	0.753
Q12 当我再次登录该网站时,它会根据我感兴趣的课程类型向我推荐相关的新课程	0.836	0.119	0.078	0.189	0.234	0.065	0.813
Q13 该网站会根据我感兴趣的课程类型,向我推荐得到一致好评的相关课程或授课老师	0.645	0.297	0.244	0.289	0.129	0.075	0.67

续表

名称	因子载荷系数						共同度（公因子方差）
	因子1	因子2	因子3	因子4	因子5	因子6	
Q1 该网站提供多元化的针对性课程	0.239	0.775	0.11	0.24	0.103	0.013	0.738
Q2 每门课程都详细介绍了该课程的特点及学习目的	0.097	0.685	0.124	0.226	0.269	0.132	0.634
Q3 该网站提供的课程具有顶尖的教学质量	0.127	0.724	0.273	0.006	-0.017	0.27	0.688
Q14 当我填写个人信息时,该网站会有"关于个人信息保密"的标识	0.224	0.208	0.863	0.097	-0.05	0.098	0.859
Q15 该网站有严格的客户隐私保密制度,并且很容易在网站上找到该信息	0.109	0.175	0.889	0.154	0.076	0.108	0.874
Q7 该网站能在搜索引擎（如百度）中很容易地被找到,如位于搜索结果的第一页	0.164	0.222	0.238	0.777	0.112	0.186	0.784
Q8 我可以在一些主流相关行业网站（如教育网站）上找到该网站的链接	0.269	0.17	0.052	0.799	0.15	0.116	0.779
Q4 该网站向注册用户免费发送电子报,并定期发送学习资料	0.103	0.269	0.115	-0.042	0.77	0.199	0.731
Q5 我经常在其他网络平台上看到该网站的广告	0.104	0.006	-0.078	0.294	0.805	-0.022	0.753
Q9 我可以在该网站上通过输入课程价格范围搜索到相应的课程	0.094	0.167	-0.007	0.263	0.073	0.841	0.818
Q10 该网站上的课程价格会根据购买课程的数量有较大调整	0.286	0.158	0.357	0.014	0.13	0.687	0.723

备注：表格中的单元格若有背景颜色,则表示因子载荷系数绝对值大于0.4；旋转方法为最大方差旋转法。

对"旋转后因子载荷系数"表格的解读,可以分为两种思路。第一种思路以题为准,找到某个题横向对应的因子载荷系数中绝对值最大的因子（通常大于0.4）,该题与该因子的紧密程度最高。例如,Q1对应的第2个因子载荷系数绝对值最大,为0.775>0.4,因此Q1归属第2个因子较为合适。第二种思路以因子为准,找到某个因子纵向对应的因子载荷系数中绝对值较大的题（通常大于0.4）,该因子与这些题的紧密程度较高。例如,第1个因子对应Q11、Q12和Q13的因子载荷系数绝对值较大（均大于0.4）,因此这3个题归属第1个因子较为合适。

在探索因子与题的对应关系时,存在三种常见问题：第一种问题为因子与题的对应关系混乱,即"张冠李戴",也就是说,完全不相关的几个题归属同一个因子,此时应该考虑调整因子的数量，或者将"乱跑"的题删除；第二种问题为某个题与多个因子的紧密程度较高，说明该题与多个因子均有紧密关系，即"纠缠不清"，通常对此类题进行删除处理，或者结合具体情况进行主观判断，使其归属更合适的因子；第三种问题为单独一个题成为一个因子，也考虑将其进行删除处理。

3. 因子命名

本案例最终探索出 6 个因子，因此会有 6 列数字。第 1 列数字代表第 1 个因子分别与 14 个题（共 15 个，删除 Q6 后余下 14 个）的对应关系。可以看出，第 1 个因子与 Q11、Q12 和 Q13 的关系较为紧密，因子载荷系数分别是 0.806、0.836 和 0.645，结合这 3 个题的内容将其命名为个性化服务。

第 2 个因子与 Q1、Q2 和 Q3 的关系较为紧密，因此结合这 3 个题的内容将其命名为产品。采取类似的做法，将第 3～6 个因子分别命名为隐私保护、渠道推广、促销和价格。

4. 结构效度分析小结

本案例使用探索性因子分析进行结构效度分析，结果汇总如表 5-13 所示。为了避免重复展示相同内容，这里仅展示部分因子载荷系数，14 个题（删除 Q6 后）与 6 个因子的详细因子载荷系数参见表 5-12。

表 5-13 结构效度分析结果汇总（仅部分展示）

名称	因子载荷系数						共同度（公因子方差）
	因子 1	因子 2	因子 3	因子 4	因子 5	因子 6	
Q11 当我再次登录该网站时，它能显示我之前的课程浏览记录	0.806	0.122	0.155	0.096	-0.05	0.228	0.753
Q12 当我再次登录该网站时，它会根据我感兴趣的课程类型向我推荐相关的新课程	0.836	0.119	0.078	0.189	0.234	0.065	0.813
Q13 该网站会根据我感兴趣的课程类型，向我推荐受到一致好评的相关课程或授课老师	0.645	0.297	0.244	0.289	0.129	0.075	0.67
…	…	…	…	…	…	…	…
Q9 我可以在该网站上通过输入课程价格范围搜索到相应的课程	0.094	0.167	-0.007	0.263	0.073	0.841	0.818
Q10 该网站上的课程价格会根据购买课程的数量有较大调整	0.286	0.158	0.357	0.014	0.13	0.687	0.723
特征值（旋转前）	5.341	1.518	1.132	0.929	0.869	0.829	—
方差解释率（旋转前）	38.15%	10.84%	8.09%	6.64%	6.21%	5.92%	—

续表

名称	因子载荷系数						共同度（公因子方差）
	因子 1	因子 2	因子 3	因子 4	因子 5	因子 6	
累积方差解释率（旋转前）	38.15%	48.99%	57.08%	63.71%	69.92%	75.84%	—
特征值（旋转后）	2.121	1.989	1.932	1.67	1.464	1.441	—
方差解释率（旋转后）	15.15%	14.21%	13.80%	11.93%	10.46%	10.29%	—
累积方差解释率（旋转后）	15.15%	29.36%	43.16%	55.09%	65.55%	75.84%	—
KMO 值	0.852						—
Bartlett 球形检验（近似卡方值或 df）	1604.439（91）						—
P 值	0.000						—

备注：表格中的单元格若有背景颜色，则表示因子载荷系数绝对值大于 0.4。

表 5-13 可以根据探索性因子分析的结果整理、编辑而获得，也可以直接利用 SPSSAU 的 "问卷研究"→"效度" 模块，纳入题并主动设置提取 6 个因子后获得。

结构效度分析用于说明题是否真实有效地测量了需要测量的信息，如果探索性因子分析结果显示题与因子的对应关系符合专业知识，并且各个题均可以有效地表达因子概念（因子载荷系数绝对值较大），那么说明结构效度良好。在使用探索性因子分析进行结构效度分析时，有两个关键点：第一个是题与因子的对应关系；第二个是题的因子载荷系数。其他分析指标（如旋转后的特征值、旋转后的方差解释率、旋转后的累积方差解释率等）仅需要列出，不必过多解释说明。

对于本案例，探索性因子分析结果显示 KMO 值是 0.852，并且通过了 Bartlett 球形检验，最终探索出 6 个因子；这 6 个因子与题均有良好的对应关系，这种对应关系与理论框架或专业知识完全相符，并且所有题的因子载荷系数绝对值均大于 0.4，最小为 0.645；旋转后的总累积方差解释率为 75.84%，并且 6 个因子旋转后的方差解释率均高于 10%。综上所述，说明本案例量表具有良好的结构效度。

通过探索性因子分析进行结构效度分析是综合概括的分析，没有绝对性的量化指标，题与因子的对应关系基本上符合专业知识，因子载荷系数绝对值大于 0.4，即可说明结构效度较好。类似于信度分析，结构效度分析的目的是证明数据和变量准确有效。建议研究人员对问卷量表进行预调查，尽量使用高质量量表，以免出现效度不达标的尴尬局面。

5.3.5 结构效度分析（验证性因子分析）

在需要自编量表，对成熟量表进行修改、编辑，翻译并使用国外量表开发新量表等情况下，严格来说针对这些潜变量数据资料的研究，在进行信效度分析时均应该先进行探索性因子分析，然后用另一批数据进行验证性因子分析。然而在实际研究分析中，可能存在一些灵活应用的情况。比如一些采用路径分析或回归分析进行影响关系研究的量表类问卷，可以仅通过探索性因子分析进行结构效度分析。如果最终要使用潜变量结构方程模型进行影响关系研究，那么应该先通过探索性因子分析和验证性因子分析证明变量测量过程中有足够的效度保障。

本案例的核心目的是研究哪些因素会影响购买意愿，最终应考虑采用线性回归或路径分析的方式进行分析，因此就本案例而言，验证性因子分析并不是必需的。接下来我们进行的分析过程，旨在介绍验证性因子分析的方法和结果解读。

1. 验证性因子分析的总体思路

研究人员在设计在线英语学习网站课程购买意愿量表时，结合专业和经验观点初设的模型结构关系是：Q1～Q3 用于测量产品因素、Q4～Q5 用于测量促销因素（按内容效度、探索性因子分析的结构效度提示删除 Q6）、Q7～Q8 用于测量渠道推广因素、Q9～Q10 用于测量价格因素、Q11～Q13 用于测量个性化服务因素、Q14～Q15 用于测量隐私保护因素，这 6 个因素对应的变量在研究性质上属于自变量，Q16～Q19 用于测量购买意愿，其对应的变量属于因变量。原则上，对于一个潜变量概念的测量，建议不少于 3 个题。在实际研究中，应尽可能为潜变量设计 3 个以上的题，如 4～10 个，一方面可以提高测量的准确性，另一方面可以为后续分析预留足够的调整空间。注意，本案例为各个变量设计的题的个数偏少，仅作为方法示范，不讨论案例量表本身的科学性。

在进行量表的验证性因子分析时，建议优先将所有题与相应的因子一起进行验证性因子分析，这样有利于从总体上分析题-因子的载荷关系。在实际研究中，如果研究的变量较多且相应的量表题也很多，但模型拟合效果差，则可以考虑按变量在研究中的角色分别进行分析。本案例涉及 6 个自变量和 1 个因变量且对应 18 个量表题，原则上优先考虑统一进行验证性因子分析，暂不考虑按自变量、因变量分别分析。

可以通过 SPSSAU 的"问卷研究"→"验证性因子分析"模块完成分析过程。为了方便对结果进行解释、分析，需要对 7 个变量按研究设计进行命名。需要重点解释和分析的结果包括 CFA 模型的拟合指标、模型图，以及 6 个自变量、1 个因变量的聚合与区分效度。本节将对拟合指标与模型图进行解释、报告，而下一节将单独对聚合与区分效度进行解释、报告。如果模型拟合差，适配度不足，则尝试修正；如果模型拟合良好，适配度达标，则无须对模型进行校正。

2. 模型拟合分析

最重要、最直接的结果是整体模型拟合指标表格，模型拟合指标用于分析整体模型的拟合效度情况，本案例的结果如表 5-14 所示。

表 5-14　CFA 模型拟合指标表格

常用指标	χ^2	df	P	卡方自由度比	GFI	RMSEA	RMR	CFI	NFI	NNFI
判断标准	—	—	>0.05	<3	>0.9	<0.1	<0.05	>0.9	>0.9	>0.9
值	244.049	114	0	2.141	0.917	0.062	0.048	0.942	0.899	0.923
常用指标	TLI	AGFI	IFI	PGFI	PNFI	PCFI	SRMR	RMSEA 90% CI		
判断标准	>0.9	>0.9	>0.9	>0.5	>0.5	>0.5	<0.1	—		
值	0.923	0.876	0.943	0.611	0.67	0.702	0.046	0.051～0.072		

备注：在默认模型中，$\chi^2(153) = 2405.628$，$P = 1.000$。

一份结构效度良好的量表，要求 CFA 模型常用拟合指标达到拟合标准，但需要注意的是，模型拟合指标较多，通常很难实现所有指标均达标。建议使用常见的几个指标即可，比如卡方自由度比、RMSEA、GFI、SRMR、CFI、NFI、TLI。在本案例中，卡方自由度比的值为 2.141，小于 3；RMSEA 的值为 0.062，小于 0.1；GFI 的值为 0.917，大于 0.9；SRMR 的值为 0.046，小于 0.1；CFI 的值为 0.942，大于 0.9；NFI 的值为 0.899，接近 0.9；TLI 的值为 0.923，大于 0.9，可以认为模型拟合是适配度达标的。在实际研究中，增值适配指标 NFI、IFI、TLI、CFI，以及 GFI、AGFI 等，如果取值小于 0.9 但接近 0.9，则根据经验也是可以接受的。

3．因子载荷系数与模型图

其他能间接体现结构效度的结果还包括因子载荷系数，本案例结果如表 5-15 所示。

表 5-15　CFA 模型因子载荷系数

Factor（潜变量）	量表题（显变量）	非标准因子载荷系数（Coef.）	标准误（Std.Error）	z 检验（CR 值）	P 值	标准因子载荷系数（Std. Estimate）	SMC
产品	Q1	1	—	—	—	0.739	0.546
产品	Q2	0.94	0.091	10.331	0.000	0.687	0.472
产品	Q3	0.918	0.094	9.744	0.000	0.642	0.413
促销	Q4	1	—	—	—	0.705	0.498
促销	Q5	0.777	0.13	5.996	0.000	0.542	0.294
渠道推广	Q7	1	—	—	—	0.807	0.651
渠道推广	Q8	0.91	0.083	11	0.000	0.761	0.579
价格	Q9	1	—	—	—	0.59	0.348
价格	Q10	1.34	0.175	7.647	0.000	0.773	0.598
个性化服务	Q11	1	—	—	—	0.683	0.467
个性化服务	Q12	1.142	0.101	11.301	0.000	0.788	0.622
个性化服务	Q13	1.093	0.097	11.303	0.000	0.789	0.622

续表

Factor（潜变量）	量表题（显变量）	非标准因子载荷系数（Coef.）	标准误（Std.Error）	z 检验（CR 值）	P 值	标准因子载荷系数（Std. Estimate）	SMC
隐私保护	Q14	1	—	—	—	0.896	0.802
隐私保护	Q15	0.948	0.073	13.032	0.000	0.843	0.71
购买意愿	Q16	1	—	—	—	0.803	0.644
购买意愿	Q17	0.869	0.065	13.324	0.000	0.743	0.552
购买意愿	Q18	0.992	0.068	14.639	0.000	0.807	0.651
购买意愿	Q19	0.889	0.064	13.893	0.000	0.770	0.593

备注：横杠"—"表示该项为参照项。

通常使用标准因子载荷系数表示因子与分析项（量表题）间的相关关系。良好的结构效度要求题的因子载荷系数具有统计学意义（P 值小于 0.05）且取值大于 0.5，理想情况是大于 0.7（刘红云，2019）。本案例中的标准因子载荷系数均呈现出显著性，取值范围为 0.542~0.896，仅 Q5 和 Q9 的标准因子载荷系数小于 0.6，其他大多大于 0.7，间接表明量表具有较好的结构效度。

此外，验证性因子分析还要求测量残差具有统计学意义，如果模型结果中出现因子载荷系数偏小（比如小于 0.5）、因子载荷系数和测量残差不显著等情况，则需要考虑删除相应的题以改善整体的适配度与结构效度。在本案例中，题的因子载荷系数最小值为 0.542，因子载荷系数均呈现出显著性，各个题的测量残差也均呈现出显著性（表格略），没有发现需要进行删除处理的情况。

在进行验证性因子分析后，通常会报告 CFA 模型路径图，本案例的图形结果如图 5-8 所示。

单箭头表示影响路径，路径系数即标准因子载荷系数；双箭头表示变量之间的相关系数。模型路径图一般只用于展示，不需要对其进行过多解读和分析。为了美观，可以通过其他绘图软件绘制模型路径图，并在绘制好的模型路径图上添加对应的标准因子载荷系数，同时可以不展示变量的相关系数。

4．结构效度分析小结

本案例将 18 个量表题（删除了 Q6）按研究人员根据理论或专业经验设计的 7 个因子结构关系进行验证性因子分析。由于卡方自由度比的值为 2.141，RMSEA 的值为 0.062、GFI 的值为 0.917、SRMR 的值为 0.046、CFI 的值为 0.942、NFI 的值为 0.899、TLI 的值为 0.923，因此可以认为，本案例中 7 个因子的 CFA 模型拟合是适配度达标的，结果如表 5-16 所示。

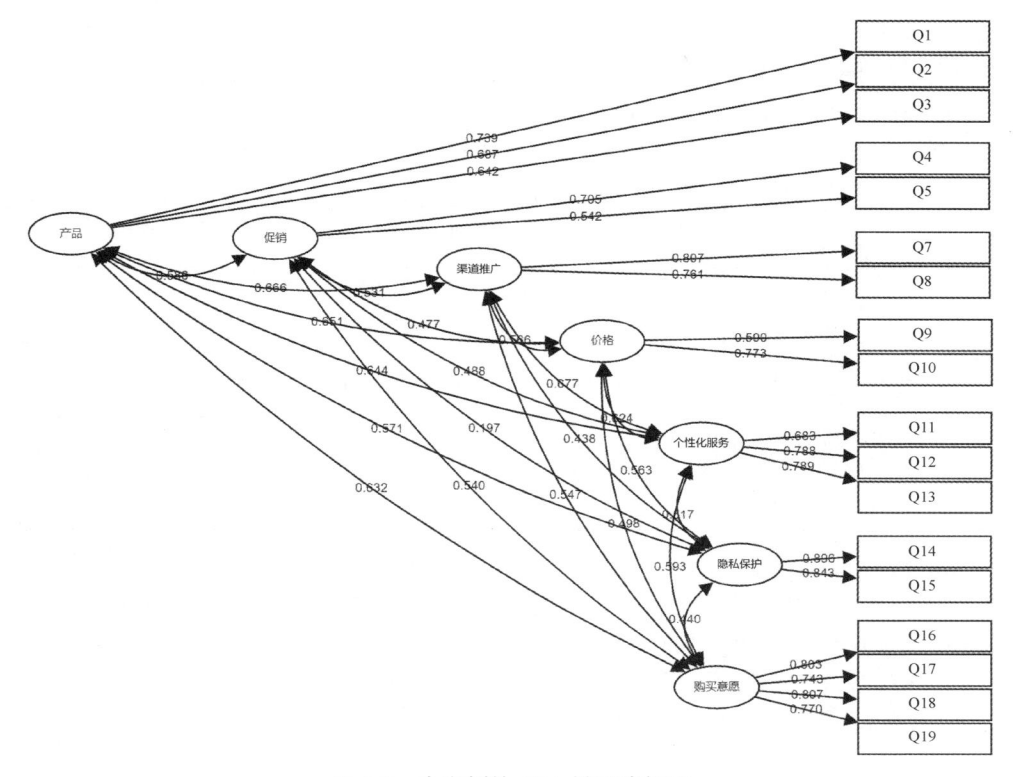

图 5-8 本案例的 CFA 模型路径图

表 5-16 本案例中 7 个因子的 CFA 模型拟合指标

拟合指标	卡方自由度比	RMSEA	GFI	SRMR	CFI	NFI	TLI
评价标准	<3	<0.08	>0.9	<0.1	>0.9	>0.9	>0.9
检验结果	2.141	0.062	0.917	0.046	0.942	0.899	0.923

模型中标准因子载荷系数的取值范围为 0.542~0.896，大多数大于 0.7，且各参数估计均达到了显著性水平，无明显异常情况。所以，综合认为量表具有良好的结构效度。

5.3.6 聚合与区分效度分析

5.3.5 节中通过验证性因子分析进行结构效度分析，主要是根据模型拟合适配、因子载荷系数等进行评价的，这是因为 CFA 模型拟合良好是结构效度分析的基础。然而在实际研究中，同样重视聚合与区分效度的分析和报告，以从量化的角度评价结构效度。

1. 各因子的聚合效度

对于聚合效度，一般用 CR 和 AVE 指标进行衡量。此外，CR 还可以用于评价信度。

在通常情况下，AVE 值大于 0.5 且 CR 值大于 0.6，说明聚合效度较高。CR 和 AVE 的值均可以通过因子载荷系数计算得到，其中，CR=$\sum(loading)^2 / [\sum(loading)^2 + \sum(e)]$，AVE=$\sum(loading^2) / [\sum(loading^2) + \sum(e)]$，loading 为标准因子载荷系数，$e$ 为测量残差的标准化系数，$\sum$ 为求和函数。本案例中 7 个因子的 CFA 模型聚合效度如表 5-17 所示。

表 5-17　本案例中 7 个因子的 CFA 模型聚合效度

Factor	平均方差提取量（AVE）	组合信度（CR）
产品	0.477	0.732
促销	0.396	0.563
渠道推广	0.615	0.761
价格	0.473	0.638
个性化服务	0.57	0.798
隐私保护	0.756	0.861
购买意愿	0.610	0.862

本案例针对 7 个因子涉及的 18 个量表题（删除了 Q6）进行验证性因子分析。从表 5-17 可知，促销因子的 CR 值小于 0.6，其他因子的 CR 值均大于 0.6 且大多数大于 0.7，说明因子具有良好的信度。同时发现渠道推广、个性化服务、隐私保护及购买意愿这 4 个因子的 AVE 值大于 0.5，而产品、促销及价格这 3 个因子的 AVE 值小于 0.5（有两个接近 0.5）。总体来说，因子的聚合效度尚可接受，其中产品、促销及价格因子的聚合效度不足，尤其是促销因子。但是从研究目的、专业、理论假设方面来说，本案例需要探究产品、促销及价格等因子对购买意愿的影响，所以从研究本身来说并不能随意因 AVE 值小于 0.5 而将这 3 个因子删除，综合来看应当继续保留。如果希望提高聚合效度，则可以从增加样本量（本案例样本量为 300）、为因子设计更多量表题（本案例中因子对应的题的个数偏少）等方面入手。

2．各因子的区分效度

AVE 平方根可以表示因子的"聚合性"，而相关系数则可以表示因子间的相关关系。如果因子的"聚合性"很强（AVE 平方根明显大于该因子与其他因子的相关系数绝对值），则说明因子间具有区分效度。所以，当因子的 AVE 平方根大于该因子与其他因子的相关系数绝对值，并且所有因子均呈现出这样的规律时，说明因子间具有良好的区分效度。本案例中 7 个因子的 CFA 模型区分效度如表 5-18 所示。

表 5-18　本案例中 7 个因子的 CFA 模型区分效度

Factor	产品	促销	渠道推广	价格	个性化服务	隐私保护	购买意愿
产品	0.691						
促销	0.358	0.629					
渠道推广	0.49	0.368	0.784				

续表

Factor	产品	促销	渠道推广	价格	个性化服务	隐私保护	购买意愿
价格	0.468	0.282	0.418	0.688			
个性化服务	0.487	0.316	0.526	0.458	0.755		
隐私保护	0.468	0.122	0.356	0.396	0.428	0.87	
购买意愿	0.502	0.363	0.446	0.372	0.498	0.382	0.781

在表 5-18 中，斜对角线上有背景颜色的单元格中的数字为各因子的 AVE 平方根，其他单元格中的数字为因子间的相关系数。比如产品因子，其 AVE 平方根为 0.691，大于因子间相关系数绝对值的最大值 0.502，意味着其具有良好的区分效度。再如促销因子，其 AVE 平方根为 0.629，大于同一行的 0.358 且大于同一列内因子间相关系数绝对值的最大值 0.368，意味着其具有良好的区分效度。其他因子的解释类似。本案例中 7 个因子的 AVE 平方根均大于同一行的相关系数绝对值，也大于同一列的相关系数绝对值，所以认为本案例中 7 个因子之间具有良好的区分效度。

3. 小结

在科技论文中，可以同时报告 CFA 模型拟合指标、CFA 模型聚合效度及 CFA 模型区分效度对应的表格，从而对结构效度进行综合评价。

第 6 章

量表类问卷影响关系研究

就量表类问卷而言,对变量之间的影响关系研究十分常见。研究人员首先提出假设,即自变量 X 对因变量 Y 具有影响关系,然后使用相应的统计分析方法验证假设,发现二者之间的规律,最终提出建议。在进行统计分析时,通常首先使用相关分析研究变量之间的相关关系,如变量之间是否存在关系、关系的紧密程度等,然后使用回归分析、路径分析、结构方程模型等方法研究变量之间的影响关系。

6.1 分析思路

量表类问卷影响关系研究分析思路分为9部分，分别是样本背景分析，样本特征、行为分析，因子结构初判（可选），信度分析，效度分析，变量描述分析，变量相关关系分析，研究假设回归验证和差异分析，如图6-1所示。

```
                          ┌─ （1）样本背景分析
                          ├─ （2）样本特征、行为分析
                          ├─ （3）因子结构初判
                          ├─ （4）信度分析
量表类问卷影响关系 ───────┤
研究分析思路              ├─ （5）效度分析
                          ├─ （6）变量描述分析
                          ├─ （7）变量相关关系分析
                          ├─ （8）研究假设回归验证
                          └─ （9）差异分析
```

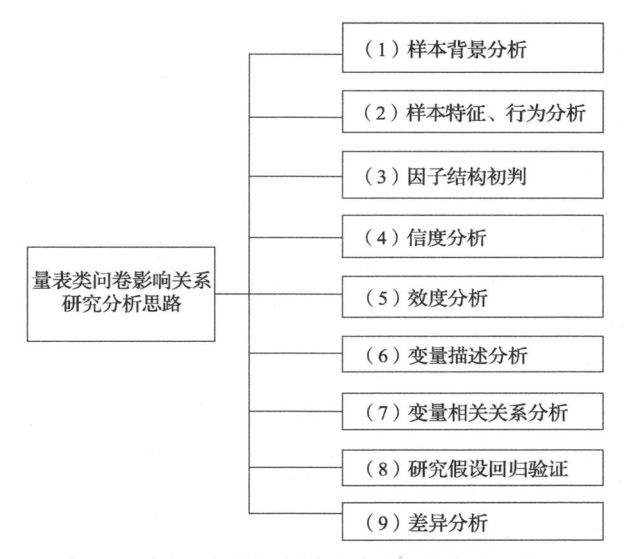

图6-1 量表类问卷影响关系研究分析思路

（1）样本背景分析。当样本数据收集完成后，第一步就是分析样本的背景信息，通常涉及样本的性别、年龄、学历、收入和婚姻状况等人口统计学变量的数据，这一步的目的在于对样本的基本情况进行一定的了解。

（2）样本特征、行为分析。大多数问卷会涉及与样本的基本特征、行为现状和基本态度相关的题，以便研究人员更深入地了解样本的基本情况。可以通过计算频数、百分比、平均值和标准差等形式进一步了解样本的基本特征、行为现状和基本态度。

（3）因子结构初判（可选）。当问卷有较多量表题（如30个以上）时，如果研究人员根据理论或专业经验并不能明确地将这些量表题分为哪些层面或维度，或者研究人员对这些量表题的因子结构没有充足的理论依据，那么此步骤就变得尤为必要。

研究人员可以使用探索性因子分析初步探索并找出量表题与因子的对应关系，以得到更为科学严谨的结论。在此步骤中，探索性因子分析的目的是找出量表题与因子的对应关系，用少数几个因子浓缩、概述、表达多个量表题信息。如果研究人员在设计量表时就将量表题清晰地分为几个因子（变量），且每个因子（变量）与量表题的对应关系有充足的理论依据，那么可以跳过此步骤。

（4）信度分析。通过信度分析可以证明研究数据是真实可信的。信度与效度之间的逻辑关系表现为：信度高时效度不一定高，而信度低时效度一定低。因此信度分析应在效度分析之前进行。

（5）效度分析。在完成信度分析后，需要继续进行效度分析。效度分析有很多种方法，对于问卷研究，效度分析通常包括内容效度分析和结构效度分析。研究人员可以通过探索性因子分析或验证性因子分析进行结构效度分析，如果进行了步骤（3），则此步骤在进行结果的解释分析时侧重结构效度分析即可。

（6）变量描述分析。问卷通过信度分析和效度分析后，意味着研究数据可信且有效。接下来计算各个变量或具体量表题的平均分（也可以是加总求和的得分），将其作为变量的数据，并且对各个变量进行详细描述分析，以便进一步了解样本对各个变量的基本态度。

（7）变量相关关系分析。相关分析用于研究两个变量之间的关系。通过相关分析，研究人员可以大致了解变量之间的基本关系、是否有相关关系，以及相关关系的紧密程度等基本信息，还可以为后续研究影响关系做好铺垫。相关关系与影响关系之间的逻辑关系表现为：有相关关系但不一定有影响关系，而有影响关系则一定会有相关关系。因此，相关分析应当在回归分析之前进行。

（8）研究假设回归验证。研究人员提出研究假设并进行研究假设的验证，这是非常常见的分析思路。回归分析是当前验证研究假设最常见的分析方法。随着统计技术的发展，显变量路径分析、潜变量结构方程模型被越来越多的研究人员使用。

（9）差异分析。在完成研究假设回归验证后，可以使用差异分析继续深入挖掘样本数据信息，以便得到更多有意义的研究结论。例如，研究人员可以通过分析不同类别样本对研究变量的态度差异，提出不同的建议、措施。差异分析通常使用方差分析或 t 检验进行，有时也会使用卡方分析研究不同类别样本的行为或态度差异。差异分析也可以在研究假设回归验证之前进行。

6.2 分析方法

本节对量表类问卷影响关系研究涉及的分析方法进行详细介绍，包括每种分析方法的功能、使用技巧及解释说明等。量表类问卷影响关系研究可能涉及的分析方法有频数分析、描述性分析、探索性因子分析、验证性因子分析、信度分析、相关分析、回归分析、路径分析、结构方程模型、方差分析、t 检验及卡方分析等。量表类问卷影响关系研究分析思路与分析方法的对应关系如图 6-2 所示。

其中，信度分析方法、效度分析方法（包括探索性因子分析和验证性因子分析）的内容与第 5 章中的相同，本章只对它们进行简要说明，重点介绍图 6-2 中的其他方法。

```
                           ┌─(1)样本背景分析      │ 频数分析、描述性分析
                           ├─(2)样本特征、行为分析 │ 频数分析、描述性分析
                           ├─(3)因子结构初判      │ 探索性因子分析
                           ├─(4)信度分析         │ α系数、折半信度等
量表类问卷影响关系          ├─(5)效度分析         │ 探索性因子分析、验证性因子分析
研究分析思路               ├─(6)变量描述分析      │ 描述性分析、频数分析
                           ├─(7)变量相关关系分析   │ 相关分析
                           ├─(8)研究假设回归验证   │ 回归分析、路径分析、结构方程模型等
                           └─(9)差异分析         │ 方差分析、t检验、卡方分析等
```

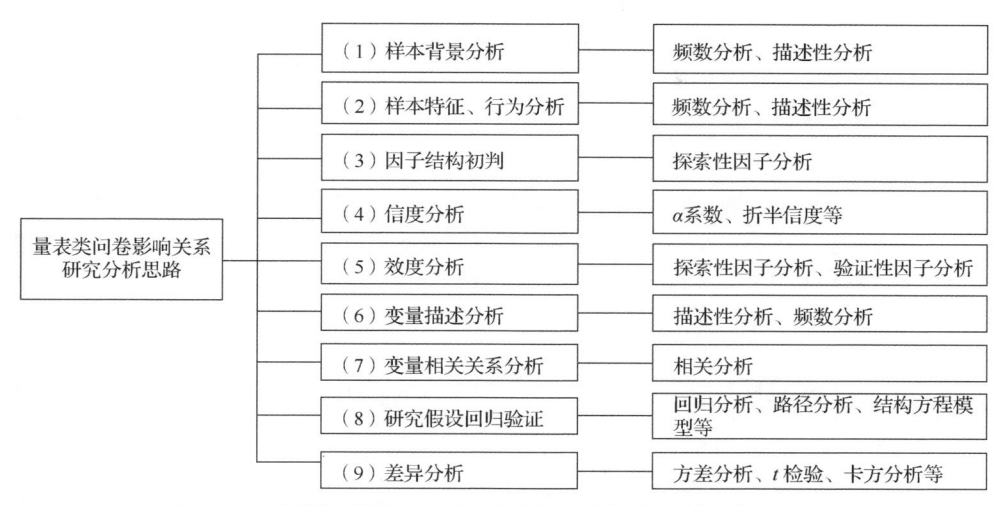

图 6-2 量表类问卷影响关系研究分析思路与分析方法的对应关系

6.2.1 样本背景分析

样本背景分析的目的在于对样本的背景信息进行分析。可以使用频数分析统计样本的背景信息，如性别、学历、收入和婚姻状况等，通常会将多个题的频数统计结果整理到一个表格中。如果年龄对应的是填空题形式且无法统计具体数字，那么可以使用描述性分析，通过计算平均值或中位数的形式描述样本年龄分布情况。

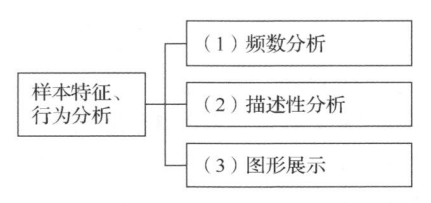

6.2.2 样本特征、行为分析

样本特征、行为分析的目的在于对样本的基本特征、行为现状和基本态度进行深入分析。在通常情况下，计算各个题的频数、百分比即可，有时为了表达方便，会用计算平均值、标准差的形式描述样本的基本特征、行为现状和基本态度。出于逻辑性方面的考虑，通常会对样本的基本特征、行为现状和基本态度分别进行描述。例如，将同属于样本特征信息题的题汇总成一个表格来呈现结果，如果此部分涉及的题较少（少于 5 个），并且研究人员希望做深入的分析说明，那么可以将每个题使用一个表格来呈现结果。样本特征、行为分析的分析方法如图 6-3 所示。

```
                    ┌─(1)频数分析
样本特征、行为分析  ├─(2)描述性分析
                    └─(3)图形展示
```

图 6-3 样本特征、行为分析的分析方法

（1）对于样本基本特征、行为现状和基本态度，一般使用频数分析，通过计算各个选项的选择频数和百分比进行分析。

（2）如果样本基本特征相关的题使用定量数据表示，如年龄或收入，那么需要使用描述性分析。

（3）如果涉及多选题，那么通常使用频数分析统计多选题各个选项的选择频数和百分比，以及覆盖百分比，并将多选题各个选项的选择频数和百分比汇总成表格或条形图来展示样本的选择情况。在使用条形图时，可以将选项的选择百分比进行降序展示，某选项的选择百分比越高，其位置会越靠前。

6.2.3 因子结构初判

因子结构初判使用探索性因子分析探索出少数几个因子，对题进行因子归纳，以便进一步基于因子数据进行分析研究。探索性因子分析不仅可以探索因子，还可以进行效度分析和权重计算。前文介绍过，如果研究人员在设计量表时就把量表题清晰地分为几个因子（变量），且每个因子（变量）与量表题的对应关系有充足的理论依据，那么不需要对因子结构进行初判，直接使用探索性因子分析进行结构效度分析即可。

具体来说，本节介绍的因子结构初判仍然在使用探索性因子分析这个方法，只是在事先对因子并不了解或没有理论依据时，能帮助研究人员对因子结构进行初判，侧重从量表题中提取少数几个因子，在操作上和第5章中通过探索性因子分析评价结构效度是一致的。

6.2.4 信度分析和效度分析

信度分析主要使用 α 系数、折半信度、复本信度和重测信度等方法研究样本是否真实地回答了各个量表题，反映的是问卷样本的可靠性。

其中最常用的是 α 系数，对于整个量表的信度来说，一般建议 α 系数大于 0.8，但 0.7～0.8 属于可接受范围；对于分维度或层面的信度来说，一般建议 α 系数大于 0.5，最好能大于 0.6。如果 α 系数小于 0.5，则需要考虑修改量表题。α 系数也可以用于问卷预调查，结合 CITC 值和项已删除的 α 系数判断是否修正或删除相应的量表题。

效度分析通常包括内容效度分析和结构效度分析，建议研究人员通过内容效度分析和结构效度分析对问卷进行效度分析。

通常采用专家判断法、预调查法和定量指数统计分析法评估内容效度。在具体分析过程中，前两类方法主要体现在量表题的设计是否有参考量表，是否经过了专家、老师的认可，是否得到了同专业相关人员的认可，以及研究人员是否对问卷进行了修正，如对问卷进行预调查后发现问题并做出修正，总体上不必使用统计软件进行统计计算，直接进行文字描述即可。而对于第三类定量指数统计分析法，本书重点介绍题项内容效度指数（I-CVI

和量表内容效度指数（S-CVI）的统计分析方法。需要强调的是，内容效度指数同样适用于非量表类问卷的效度分析。

探索性因子分析是当前使用最广泛的结构效度分析方法。在使用探索性因子分析进行结构效度分析时，应该以量表为准，对变量和量表分别进行分析（按变量在研究中的角色，如分别针对自变量 X、因变量 Y 进行），而不是必须将所有变量和量表放在一起进行分析。首先需要对 KMO 值进行说明（最简单的效度分析是直接对每个变量进行探索性因子分析，并且通过 KMO 值判断，不需要判断题与因子的对应关系等情况，但是此种判断方法过于简单，使用较少），KMO 值的常见最低标准是大于 0.5；然后需要详细说明探索的因子数量、每个因子的方差解释率、累积方差解释率，并且详细描述各个题与因子的对应关系，如果对应关系与预期相符（符合专业知识预期），那么说明问卷具有良好的结构效度。在使用探索性因子分析进行效度分析时，很可能会删除对应关系与预期不一致的题或因子载荷系数绝对值较小的题。

验证性因子分析属于结构方程模型的一部分，主要针对潜变量结构方程模型评估量表的信度和效度，验证各个变量的概念是否能被量表准确测量。原则上应当提前通过探索性因子分析进行结构效度分析，再用另一批数据以探索性因子分析结果为基础进行分析。其对问卷量表质量、样本量和样本质量均有较高的要求。如果影响关系采用显变量路径分析或普通回归方法进行分析，那么在实际研究中，可以考虑只进行探索性因子分析而不进行验证性因子分析。

6.2.5 变量描述分析

变量描述分析的目的在于研究样本对变量的整体态度。在进行变量描述分析时，需要将反向题进行反向处理（通常分值越大表示越满意）。例如，当 1 分代表"非常同意"，5 分代表"非常不同意"时，就需要将其反向处理为 5 分代表"非常同意"，1 分代表"非常不同意"。在进行描述性分析时，可以通过统计变量的平均值或中位数进行分析，或者用折线图展示变量的平均值或中位数的排序情况。如果某个变量仅由一个题表示，而研究人员希望更深入地分析该变量，那么可以使用频数分析。另外，还可以将量表题作为标准统计平均值或中位数，即统计各个具体量表题的平均值或中位数，详细分析样本对具体问题的基本态度。

6.2.6 变量相关关系分析

在进行变量描述分析后，接下来研究两个变量之间的相关关系，即使用相关分析研究变量之间的相关关系，包括是否有相关关系和相关关系的紧密程度。通常一个变量由多个题表示，因此在进行相关分析之前需要计算出多个题的平均分或加总求和的得分来代表对应变量的数据。在问卷研究中，相关分析的方法主要有两种：一种为 Pearson 相关系数法；另一种为 Spearman 相关系数法，如图 6-4 所示。如果变量服从正态分布或近似正态分布，那么使用 Pearson 相关系数法，否则使用 Spearman 相关系数法。

```
                    ┌── （1）Pearson相关系数法
        相关分析 ──┤
                    └── （2）Spearman相关系数法
```

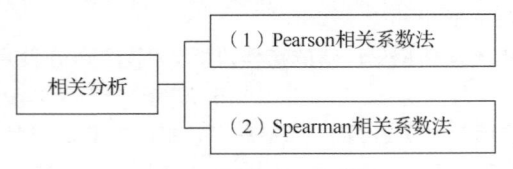

图 6-4　相关分析的方法

（1）Pearson 相关系数法是当前问卷研究中最常见的相关分析方法。Pearson 相关系数的取值范围为 -1～1。在分析变量相关关系时，首先分析相关系数是否呈现出显著性。如果呈现出显著性，则说明两个变量之间有相关关系，否则说明两个变量之间没有相关关系。当相关系数呈现出显著性时，如果 Pearson 相关系数大于 0，则表示两个变量之间有正相关关系，反之为负相关关系。然后判断两个变量相关关系的紧密程度。根据经验及统计基本情况，在问卷研究中，如果 Pearson 相关系数的绝对值大于或等于 0.6，则表示两个变量之间有强相关关系；如果该值大于或等于 0.4，则表示两个变量之间有较强或中度的相关关系；如果该值小于 0.4，则说明两个变量之间的相关关系紧密程度较低。

（2）Spearman 相关系数法的使用频率较低，其判断标准与 Pearson 相关系数法的判断标准完全一致。从使用频率上看，Pearson 相关系数法的使用频率明显高于 Spearman 相关系数法。即使研究人员发现变量不服从正态分布或近似正态分布，很多时候也会使用 Pearson 相关系数法。这是因为正态分布是一种理想状态，近似正态分布才是现实情况，而且即使变量不服从近似正态分布，在一般情况下，Pearson 相关系数法也与 Spearman 相关系数法的结论基本一致。

6.2.7　研究假设回归验证

通常来讲，研究假设回归验证是指验证自变量对因变量的影响关系或差异关系。分析思路为影响关系研究，如果因变量为定量数据且研究中只有一个因变量，则一般使用多元线性回归分析进行研究假设回归验证；如果因变量为定量数据且存在两个及两个以上的因变量，则使用普通线性回归分析进行研究假设回归验证将不再合适，此时建议使用路径分析或结构方程模型（均属于结构方程模型范畴）；如果因变量为分类数据，那么使用 Logistic 回归分析进行研究假设回归验证。研究假设回归验证的分析方法如图 6-5 所示。

（1）多元线性回归分析。根据自变量的数量，线性回归分析分为多元线性回归分析和简单线性回归分析。当自变量的数量超过一个时，使用多元线性回归分析（又称多重线性回归分析）；当自变量的数量仅为一个时，使用简单线性回归分析（又称一元线性回归分析）。

多元线性回归分析被广泛应用于研究假设回归验证，即验证自变量对因变量的影响关系。在进行研究假设回归验证时，首先分析自变量的 P 值，如果呈现出显著性（P 值小于

0.05），则说明该自变量对因变量产生影响；然后判断该自变量的回归系数，如果该值大于0，则说明为正向影响关系，反之为负向影响关系。在使用多元线性回归分析进行研究假设回归验证时，可以将样本背景信息题（如性别、学历、年龄、收入和婚姻情况等）作为控制变量一并放入模型中，以防止样本个体属性产生干扰（控制变量也是自变量，通常为性别、年龄、学历、收入等样本背景信息题）。

```
                    ┌── (1) 多元线性回归分析     ┐ 线性
                    │                          │ 回归
                    ├── (2) 简单线性回归分析     ┘ 分析
                    │
                    ├── (3) 结构方程模型（SEM）
        假设验证 ────┤
                    ├── (4) 二元 Logistic 回归分析  ┐
                    │                              │ Logistic
                    ├── (5) 多元有序 Logistic 回归分析 │ 回归
                    │                              │ 分析
                    └── (6) 多元无序 Logistic 回归分析 ┘
```

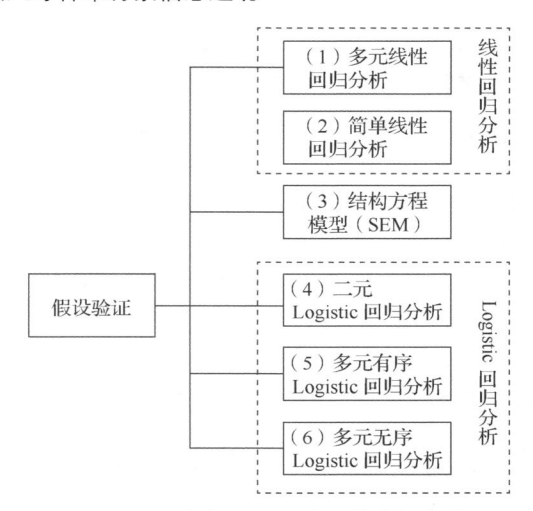

图 6-5　研究假设回归验证的分析方法

如果需要将性别放入模型中进行分析，而性别是分类变量，那么此时性别被称为虚拟变量（哑变量）。研究人员需要对性别（选项为"男"和"女"，在问卷中的数字编码分别是1和2）重新编码并处理为一列（两个选项合并为一列），此列名称为"男"。在这一列中，数字1代表"男"，数字0代表"女"（以"女"为参照项；如果以"男"为参照项，那么也进行类似处理），并且将重新编码后名称为"男"的变量代替原始数据中名称为"性别"的变量放入模型中。

类似地，如果把专业（假设专业有4个选项，即"市场营销"、"心理学"、"教育学"和"管理学"，在问卷中的数字编码分别是1、2、3和4）也放入模型中进行分析，那么应该生成3列，假设这3列的名称分别是"市场营销"、"心理学"和"教育学"（以"管理学"为参照项）。在"市场营销"这一列中，数字1代表样本为"市场营销"专业，数字0则代表样本为"非市场营销"专业；在"心理学"这一列中，数字1代表样本为"心理学"专业，数字0则代表样本为"非心理学"专业；在"教育学"这一列中，数字1代表样本为"教育学"专业，数字0则代表样本为"非教育学"专业（以"管理学"为参照项；如果以其他专业为参照项，那么也做类似处理）。将重新编码后名称分别为"市场营销"、"心理学"和"教育学"的3个哑变量代替原始数据中名称为"专业"的变量纳入模型。在SPSSAU中，可以通过"数据处理"→"生成变量"→"虚拟（哑）变量"模块完成处理。例如，性别和专业的哑变量处理结果如表6-1所示。

表 6-1　性别和专业的哑变量处理结果

性别	男	专业	市场营销	心理学	教育学
男（1）	1	市场营销（1）	1	0	0
男（1）	1	心理学（2）	0	1	0
女（2）	0	教育学（3）	0	0	1
女（2）	0	管理学（4）	0	0	0

多元线性回归分析主要关注 3 个指标，分别是 F 检验、R^2 和 t 检验。第 1 个指标关注的是回归模型是否通过 F 检验（也称 ANOVA 检验），如果其对应的 P 值小于 0.05，则说明通过 F 检验，意味着回归模型有意义，即自变量中至少有一个会对因变量产生影响。接着看第 2 个指标，即 R^2，它的取值范围为 0~1，表示回归模型拟合情况，如果其取值为 0.5，那么说明有 50%的样本分布在回归模型上或模型可以解释因变量 50%的变异信息。R^2 表示自变量 X 对因变量 Y 的解释程度，此指标越高越好，其本身一般没有固定标准。第 3 个指标关注每个自变量是否通过 t 检验，判断标准是自变量对应的 P 值是否小于 0.05 且大于或等于 0.01，如果小于 0.05 且大于或等于 0.01，则说明该自变量对因变量的影响关系在 0.05 水平上呈现出显著性；如果小于 0.01，则说明该自变量对因变量的影响关系在 0.01 水平上呈现出显著性。有时也会以小于 0.1 或小于 0.001 为 P 值的判断标准，但这类情况在问卷研究中较为少见。如果自变量对因变量的影响关系呈现出显著性，那么继续看自变量的回归系数，包括非标准化回归系数和标准化回归系数。如果回归系数大于 0，那么说明自变量会对因变量产生正向影响，反之产生负向影响。如果需要对影响程度进行比较，那么可以对比标准化回归系数的大小。

在进行多元线性回归分析时，D-W 值和 VIF 值这两个指标也值得关注。D-W 值是自相关性判断指标。自相关性，通俗来讲就是上一个样本的填写会影响下一个样本的填写。D-W 值越接近 2 越好，在通常情况下，如果其取值范围为 1.8~2.2，则说明没有自相关性。在问卷研究中，这个指标绝大部分可以达标，除非样本之间确实存在互相影响的情况。VIF 值（方差膨胀因子）是多重共线性判断指标。多重共线性，是指自变量之间存在较强的相关关系而使模型估计失真。如果自变量的 VIF 值大于或等于 10（严格一些，也可以将 VIF 值大于或等于 5 作为标准），则说明模型中存在严重的多重共线性问题，模型结果不可靠；反之，若 VIF 值小于 10（或小于 5），则说明模型存在的多重共线性问题不严重（贾俊平，2014）。在问卷研究中，通常较少出现多重共线性问题。如果 VIF 值大于或等于 10，则说明问卷存在严重的多重共线性问题，此时自变量之间的相关系数也应该非常大（一般大于 0.7）。在出现这种情况时，最好的解决方法是使用探索性因子分析的探索因子功能对各个自变量重新进行探索，对应的研究假设也要随之改变；另一种解决方法为进行多次简单线性回归分析，例如，当一个因变量对应 5 个自变量时，进行 5 次简单线性回归分析，最后汇总 5 次简单线性回归分析的结果，将其整理为一个简洁的表格进行研究假设回归验证。

（2）简单线性回归分析。简单线性回归分析模型中仅有一个自变量，如果自变量与因变量之间具有显著相关关系,那么简单线性回归分析肯定也会得出自变量对因变量有影响的结论。与相关分析相比,简单线性回归分析除了多出 R^2 这个有意义的指标,并无其他区别,而且简单线性回归分析的使用频率也比较低。

（3）结构方程模型。随着统计技术的成熟,以及研究人员分析能力的逐步提升,结构方程模型已经得到较为广泛的应用。当研究中同时存在两个及两个以上的因变量时,使用普通线性回归分析将不再合适,此时建议采用结构方程模型。结构方程模型对样本量的要求较高,通常需要在 200 以上。此外,结构方程模型对样本质量、研究变量的概念结构也有很高的要求。

结构方程模型总体上由测量模型和结构模型组成,测量模型即前面介绍的 CFA 模型,用于研究潜变量是否能被准确测量,而结构模型则用于研究潜变量之间路径的影响关系。结构方程模型示意图如图 6-6 所示。

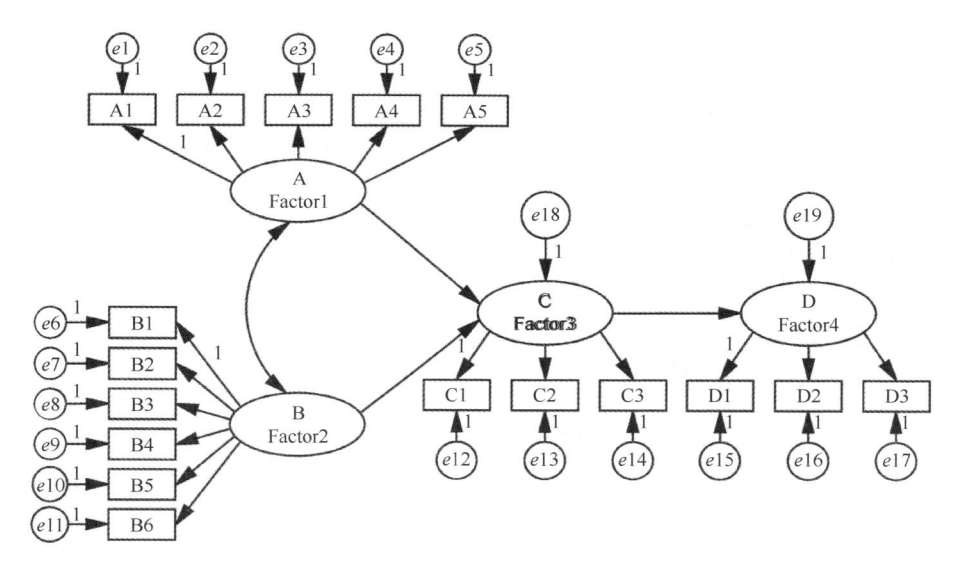

图 6-6 结构方程模型示意图

图 6-6 中虚线框内表示的就是测量模型,而潜变量 A、B、C、D 这 4 个因子（Factor）表示受访者的心理感受或态度,我们无法直接观测到其数据,所以分别设计一定数量的量表题进行测量（每个因子建议对应 3 个以上的题）。比如,用量表题 A1～A5 测量 Factor1,用量表题 B1～B6 测量 Factor2；虚线框之外的单箭头和双箭头表示潜变量之间的影响关系或相关关系,属于结构模型。比如,Factor1 影响 Factor3（A→C）,Factor1 与 Factor2 相关（A↔B）。先用具体的题测量潜变量,然后研究潜变量之间的影响关系,这就是结构方程模型。

路径图是结构方程模型的重要图示,能清晰地表达题与潜变量的关系、潜变量之间的关系。在路径图中,用椭圆表示潜变量,比如图中的 A、B、C、D；用矩形框表示显变量或量表题,比如图中的 A1～A5；用小圆表示误差项,包括测量误差,比如图中的 $e1$～$e17$,

以及回归误差，比如图中的 $e18$ 和 $e19$。

单箭头表示变量间假设的影响关系，箭头由外生变量（自变量）指向内生变量（因变量）。在外生变量之间可以创建双箭头，表示潜变量间的协方差或相关关系。在修正结构方程模型时，也可以创建测量误差间的双箭头，表示误差间的协方差或相关关系。

需要特别注意的是，在具体研究中，某个变量既可能是内生变量（因变量），也可能是外生变量（自变量），比如图 6-6 中的 Factor3（C），它既是内生变量（A 和 B 同时影响 C），也是外生变量（C 也影响 D）。

为了做出区分，本书约定在提及结构方程模型时，指的是基于潜变量数据资料，须考虑变量的测量误差，即先经过探索性因子分析、验证性因子分析确认信效度，再研究各潜变量之间的影响关系。如果研究人员希望构建结构方程模型，那么建议每个研究变量（具体为潜变量）最好由 3 个以上的题来测量，并且需要参考经典或成熟量表，这样才有可能取得良好的分析结果。

结构方程模型的拟合评价和验证性因子分析的拟合评价基本一致，需要依靠一系列的拟合指标，如卡方自由度比、RMSEA、SRMR、GFI、TLI 等。如果综合分析多个指标数据后认为模型拟合良好，那么可以重点关注潜变量之间的影响关系，以验证研究假设是否成立。

针对量表类问卷数据，它首先是潜变量数据，应该优先进行潜变量的结构方程模型分析。在具体分析时，如果较多题的因子载荷系数绝对值小于 0.5，或者因题与因子的对应关系不稳定而导致结构效度不良，则结构方程模型会出现拟合指标不合格的情况，即结构方程模型不能使用。此时可以考虑将数据由潜变量转换为显变量，从而进行路径分析。以管理学中经常使用的技术接受模型为例，其路径图如图 6-7 所示。

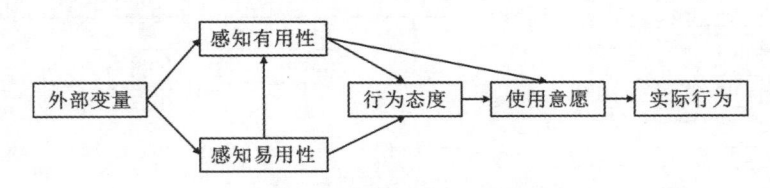

图 6-7　技术接受模型的路径图

SPSSAU 通过"问卷研究"→"路径分析"模块支持单独的路径分析过程。在使用该方法时，各个变量的数据由所属量表题通过加总求和或计算平均值得来。可以直接假设变量的测量过程中没有测量误差，此时为显变量数据，我们可以简单地把基于显变量数据资料的结构方程模型称为路径分析。路径分析结果中的影响关系分析可参考线性回归，而模型总体的拟合情况可参考验证性因子分析中的拟合指标用法。在实际分析中，路径分析并不是必须报告拟合指标的，可将重点放在影响关系的解释分析方面。

（4）Logistic 回归分析。当因变量为分类数据时，应该使用 Logistic 回归分析进行研究假设回归验证，有关内容将在本书的第 11 章中阐述。

6.2.8 差异分析

差异分析的目的在于挖掘出更多有价值的研究结论,如男性样本和女性样本对变量的态度是否有差异。差异分析通常有 3 种分析方法,分别是方差分析、t 检验及卡方分析,本部分使用更多的是方差分析和 t 检验。方差分析和 t 检验(除了单样本 t 检验)均是研究 X 对 Y 的态度差异的分析方法,这里的 X 必须是分类数据,Y 必须是定量数据。在进行问卷研究时,通常会使用方差分析,但某些专业,如心理学、教育学等涉及实验研究的专业,通常会使用 t 检验。差异分析的分析方法如图 6-8 所示。

```
                    ┌─(1)单因素方差分析─┐
                    │                   │ 方差分析
                    ├─(2)多因素方差分析─┘
                    │
                    ├─(3)独立样本 t 检验─┐
差异分析 ───────────┤                   │
                    ├─(4)配对样本 t 检验─┤ t 检验
                    │                   │
                    ├─(5)单样本 t 检验──┘
                    │
                    └─(6)卡方分析
```

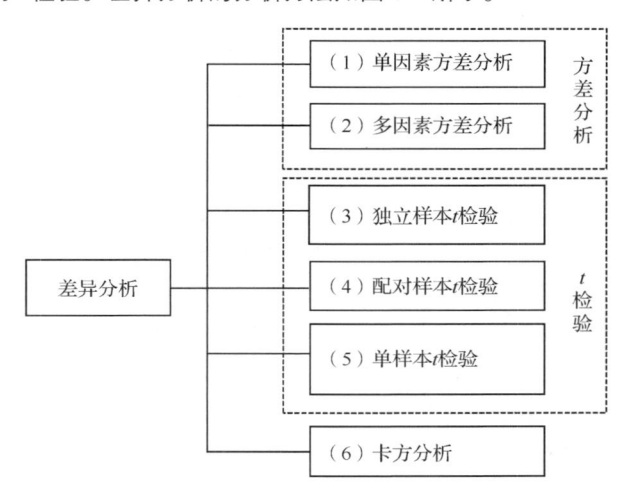

图 6-8　差异分析的分析方法

(1)方差分析。方差分析分为单因素方差分析和多因素方差分析。

单因素方差分析是指研究单一因素(如性别)对另一个变量的态度差异。如果研究人员的目的是挖掘更多有意义的结论,那么应该使用单因素方差分析,通过该分析方法可以研究不同性别的样本对变量的态度差异。在进行单因素方差分析时,要求每个选项的样本量大于 30,如男性和女性的样本量分别是 100 和 120,如果出现某个选项的样本量过少的情况,则应该进行合并处理。例如,在研究不同年龄组的样本对变量的态度差异时,年龄小于 20 岁的样本量仅为 20,那么需要先将小于 20 岁的选项与另一个选项(如 20～25 岁)合并为一组,然后进行单因素方差分析。

如果出现选项无法合并处理的情况,那么可以考虑筛选出样本量较大的选项进行分析。例如,在研究不同专业的样本对变量的态度差异时,研究样本的专业包括市场营销、心理学、教育学和管理学,且这 4 个专业彼此独立、无法合并,由于市场营销专业的样本量仅为 20,并没有代表意义,因此可以考虑排除市场营销专业,仅比较心理学、教育学和管理学这 3 个专业的样本对变量的态度差异。当对比的组别超过 3 个且呈现出显著性差异时,可以考虑通过事后检验对比两两组别样本之间的态度差异,本书将在第 9 章和第 17 章进一步阐述事后检验的分析与操作。

多因素方差分析是指研究多个因素(如性别和年龄)对另一个变量的态度差异。多因素方差分析通常用于"类实验"类问卷研究。多因素方差分析将在第 9 章和第 17 章详细说明。

(2)t 检验。t 检验分为独立样本 t 检验、配对样本 t 检验和单样本 t 检验,如图 6-9 所示。

```
              ┌── ① 独立样本 t 检验
t 检验 ───────┼── ② 配对样本 t 检验
              └── ③ 单样本 t 检验
```

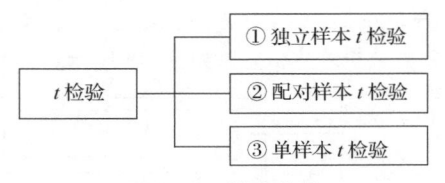

图 6-9　t 检验分类

独立样本 t 检验和单因素方差分析在功能上基本一致,但是独立样本 t 检验只能比较两个选项(如男性和女性)的差异。如果想比较不同专业(如市场营销、心理学、教育学和管理学 4 个专业)的差异,则只能使用单因素方差分析。相较而言,独立样本 t 检验在差异分析中使用频率更高,尤其是在生物、医学等相关领域中。针对问卷研究,如果比较的类别为两组,则使用独立样本 t 检验和单因素方差分析均可以实现,研究人员自行选择即可,二者在结论上没有差异。总体来看,心理学、教育学等专业倾向于使用独立样本 t 检验,而市场营销、管理学等专业更倾向于使用单因素方差分析。

独立样本 t 检验和配对样本 t 检验的功能都是比较差异,而且均是比较两个组别的差异,但二者有实质性的区别。如果是比较不同性别、婚姻状况(已婚、未婚)的样本对某个变量的态度差异,那么应该使用独立样本 t 检验;如果是比较组别之间的配对关系,那么只能使用配对样本 t 检验。配对关系,类似于实验组和对照组的关系。另外,独立样本 t 检验的两组样本的样本量可以不相等,而配对样本 t 检验的两组样本的样本量则必须相等,并且独立样本 t 检验与配对样本 t 检验在 SPSSAU 中的数据存放格式不同。配对样本 t 检验的配对关系一般分为 2 种,如图 6-10 所示。

```
配对样本 t 检验 ──┬── ① 不同实验场景
 的配对关系       └── ② 实验组和对照组
```

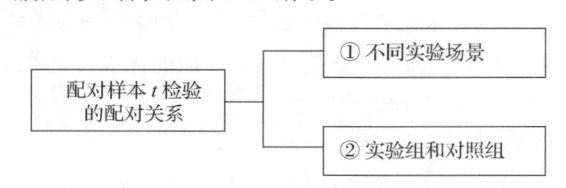

图 6-10　配对样本 t 检验的配对关系

第 1 种为不同实验场景。例如,测试商场背景音乐对购买行为是否有影响,即在有背景音乐和无背景音乐的情况下,样本的购买行为有无差异。那么,在设计问卷时就应当有两种场景,分别是有背景音乐和无背景音乐的场景。同样的受访者需要在两种场景中回答对应的问题，即同样的问题要回答两次，但是两次回答时的假设场景不同（分别是有背景音乐和无背景音乐的场景）。这样的问卷需要使用配对样本 t 检验来比较差异。

第 2 种为实验组和对照组。例如，在测试一种新型教学方式是否有效时，研究人员需要将两个成绩情况基本一致的班级分成两组，一组为对照组，另一组为实验组，并对实验组采用新型教学方式上课。此类配对关系的特点是将两组特征基本一致的样本分为实验组和对照组，其中对照组没有任何变化，而实验组则需要进行实验刺激。在实验完成后，使用配对样本 t 检验比较两组样本成绩情况的差别，以检测新型教学方式是否有意义。

配对样本 t 检验还有其他类型，但一般应用在生物、医疗实验上，而在问卷研究中只涉及以上两种情况。

t 检验的第 3 种类型为单样本 t 检验。例如，对于问卷中某个题的选项，1 分代表"非常不满意"，2 分代表"比较不满意"，3 分代表"一般"，4 分代表"比较满意"，5 分代表"非常满意"。当样本对此题的态度有明显倾向时，如明显高于 3 分或明显低于 3 分，可以使用单样本 t 检验。单样本 t 检验可以比较某个题的平均分是否与某个得分（在本案例中与 3 分进行对比）有明显的差异，如果呈现出显著性差异，则说明该题的平均分明显不等于 3 分。此分析方法在问卷研究中较少使用，因为平均分是否明显不为 3 分一般可以很直观地看出，不需要使用单样本 t 检验进行分析。

（3）卡方分析。卡方分析用于比较分类数据与分类数据之间的差异，有关内容将在本书的第 11 章中阐述。

6.3 案例解读：在线英语学习网站各种因素对课程购买意愿的影响

继续使用第 5 章在线英语学习网站课程购买意愿量表的案例，对量表类问卷影响关系研究的分析思路进行解读。本案例主要研究在线英语学习网站各种因素对课程购买意愿的影响情况，并比较不同背景的样本对各种因素在购买意愿上的态度差异。第 5 章中已经使用探索性因子分析、验证性因子分析对该量表的信效度进行了分析，且研究结果表明，该量表信度可靠、内容效度良好、结构效度良好。因此，本章主要介绍影响关系分析。

6.3.1 样本背景信息统计

在本案例中，Q20～Q23 为样本背景信息题，分别是性别、年龄、月收入水平和职业。首先使用频数分析对样本背景信息进行分析，计算各个选项的选择频数和百分比，然后将统计结果汇总成表格，具体可由 SPSSAU 的"通用方法"→"频数"模块完成。样本背景信息题频数分析的部分结果如表 6-2 所示。

表 6-2 样本背景信息题频数分析的部分结果

题号	选项	频数	百分比（%）	累积百分比（%）
Q20	男	86	28.7	28.7
	女	213	71.0	99.7
	缺失	1	0.3	100.0
Q21	18 岁及以下	18	6.0	6.0
	19~22 岁	119	39.7	45.7
	23~26 岁	42	14.0	59.7
	27~30 岁	28	9.3	69.0
	31~34 岁	52	17.3	86.37
	35~38 岁	17	5.7	92.0
	39~42 岁	10	3.3	95.3
	43 岁及以上	14	4.7	100.0
Q22	—	—	—	—
Q23	—	—	—	—
合计		300	100	100

在 Q20 中，有一个样本缺失，为避免出现选项百分比相加不等于 100%，以及最后一行展示的样本总量不符合实际的情况，要列出缺失样本。如果年龄为单一数字，那么应该计算平均年龄并在文本分析中进行说明。

此部分的分析应先描述样本量、样本有效率，然后分别对样本背景信息进行描述，尤其是对重要信息进行说明。例如，在本案例中，样本年龄主要集中在 19~22 岁，占样本量的百分比为 39.7%。

6.3.2 样本基本情况描述分析

在对样本背景信息进行统计、描述后，需要进一步对样本的基本态度和基本特征等进行分析。在本案例中，Q24~Q27 与样本的基本态度有关。其中，Q24~Q26 为单选题，可以使用频数分析分别统计这 3 个题的选项选择频数和百分比。以 Q24（你为什么学习外语）为例，频数分析结果如表 6-3 所示。

表 6-3 Q24（你为什么学习外语）的频数分析结果

题内容	选项	频数	百分比（%）	累积百分比（%）
你为什么学习外语	考试	69	23.0	23.0
	提升工作技能	72	24.0	47.0
	职业发展	74	24.7	71.7
	兴趣	61	20.3	92.0

续表

题内容	选项	频数	百分比（%）	累积百分比（%）
你为什么学习外语	移民	8	2.7	94.7
	旅游	16	5.3	100.0
合计		300	100.0	100.0

在进行文本分析时，首先应该关注选择百分比较高的选项，突出重点。比如，在本案例的结果中，选择"移民"和"旅游"这两个选项的百分比很低，说明样本对这两个选项的认可度相对较低；选择其余选项的百分比没有明显区别，说明影响外语学习的因素有很多，没有格外重要的因素。

在本案例中，Q27为多选题，可以使用SPSSAU的"问卷研究"→"多选题"模块计算Q27（让你决定购买该课程的因素是什么）各个选项的选择频数（响应频数）和百分比（响应率及普及率），并将统计结果汇总成表格，如表6-4所示。

表6-4　Q27（让你决定购买该课程的因素是什么）的频数分析结果

选项	响应		普及率（n=300）
	响应频数	响应率	
课程内容	211	26.34%	70.33%
师资力量	142	17.73%	47.33%
教学质量	213	26.59%	71.00%
课程价格	146	18.23%	48.67%
优惠折扣	74	9.24%	24.67%
其他	15	1.87%	5.00%
汇总	801	100.00%	267.00%

备注：在拟合优度检验时，$\chi^2 = 225.749$，$P = 0.000$。

多选题的分析一般被称为多重响应分析，主要涉及每个选项的响应频数、响应率、普及率的统计描述。在文本分析过程中，研究人员需要重点关注选择百分比较高的选项，在Q27这一题中，"教学质量"和"课程内容"这两个选项的选择百分比明显高于其他选项，"课程价格"和"师资力量"这两个选项的选择百分比也较高。

多选题针对频数数据有两个新的概念，分别为响应率和普及率。响应率指的是选项被选中次数占所有选项被选中次数的比例，而普及率指的是选中某选项的受访者人数占总受访者人数的比例，前者是从选项的角度计算的百分比，后者是从受访者的角度计算的百分比。在本案例中，SPSSAU会自动基于普及率数据绘制条形图并展示，且在展示时可以按普及率大小进行降序排列，以便突出显示重要信息，结果如图6-11所示。

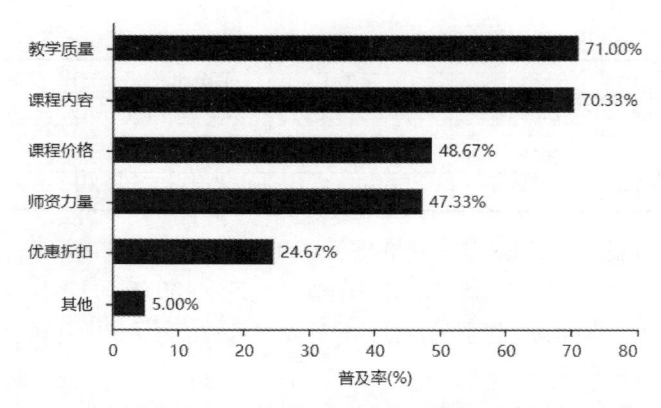

图 6-11　Q27（让你决定购买该课程的因素是什么）的频数分析条形图

6.3.3　信度分析和效度分析

第 5 章中已经完成了在线英语学习网站课程购买意愿量表的信度分析和效度分析，本节仅给出简要结果报告，不再对具体分析过程和结果进行赘述。

1．总体分析思路说明

案例中的量表并非成熟量表，而是由研究人员根据研究目的和专业经验设计了 19 个量表题来测量产品、促销、渠道推广、价格、个性化服务和隐私保护 6 个因素（自变量），以及购买意愿（因变量）。严谨起见，案例应当通过信度分析、探索性因子分析及验证性因子分析进行量表的信效度分析，确保量表准确、可靠。

由于本案例仅有 300 份有效问卷，样本量不足以支持通过拆分进行分析，因此此处仍然采用同一份数据先后进行探索性因子分析和验证性因子分析。需要强调的是，探索性因子分析和验证性因子分析应尽可能采用不同的数据，通常的做法是将正式调查的数据一分为二，一份用于进行探索性因子分析，另一份用于进行验证性因子分析。

2．项目分析与信度分析结果报告

针对 19 个量表题进行项目分析，结果发现 19 个量表题在高分组、低分组的平均值差异全部呈现出显著性（P 值小于 0.05），意味着这 19 个量表题均具有良好的区分性。此外，各个题与量表总得分的相关系数的取值范围为 0.398～0.706，绝大多数题与总得分有显著相关关系，其中 Q5 与量表总得分的相关系数为 0.398，接近 0.4，经综合考量不需要处理，可保留所有题。

针对 19 个量表题，按 7 个因子的测量关系进行信度分析，本案例中 7 个因子的 α 系数的取值范围为 0.613～0.861，多数大于 0.7，因此总体表明量表数据具有较好的信度，量表数据可靠。

3．探索性因子分析结果报告

本案例的量表是由研究人员邀请行业专家结合理论与专业经验综合设计而成的。I-CVI

分析结果显示，本案例中 Q6 的调整 Kappa 值为 0.52，偏小，表示内容效度一般，其余题的调整 Kappa 值均在 0.74 以上，达到了内容效度优秀的程度。

针对本案例中 6 个因素（自变量）涉及的 15 个李克特量表题，经过两轮探索性因子分析发现，Q6 与因子的对应关系和专业知识情况不符（"张冠李戴"现象，应与 Q11～Q13 归属同一个因子），再结合前面的 I-CVI 分析结果（Q6 内容效度一般），因此本案例决定删除 Q6 后重新进行探索性因子分析。最终探索性因子分析结果显示 KMO 值为 0.852，并且通过了 Bartlett 球形检验，探索出 6 个因子；这 6 个因子与题均有良好的对应关系，这种对应关系与理论框架或专业知识完全相符，并且所有题的因子载荷系数绝对值均大于 0.4，最小为 0.645；旋转后的累积方差解释率为 75.837%，并且 6 个因子旋转后的方差解释率均高于 10%。以上综合说明本案例的量表（对于因变量"购买意愿"的探索性因子分析，读者可自行完成）具有良好的结构效度。限于篇幅，相关结果表格见第 5 章的表 5-9～表 5-12。

4．验证性因子分析结果报告

针对 18 个量表题（前面已确定删除 Q6），按研究人员根据理论或专业经验设计的因子结构关系，进行验证性因子分析。由于卡方自由度比的值为 2.141，RMSEA 的值为 0.062、GFI 的值为 0.917、SRMR 的值为 0.046、CFI 的值为 0.942、NFI 的值为 0.899、TLI 的值为 0.923，因此模型拟合是适配度达标的。模型中标准因子载荷系数的取值范围为 0.542～0.896，多数大于 0.7。

此外，促销因子的 CR 值小于 0.6，其他因子的 CR 值均大于 0.6 且多数大于 0.7，说明总体上具有良好的信度。同时发现渠道推广、个性化服务、隐私保护及购买意愿这 4 个因子的 AVE 值均大于 0.5，而产品、促销及价格这 3 个因子的 AVE 值小于 0.5。总体来说，因子的聚合效度尚可接受，其中产品、促销及价格这 3 个因子的聚合效度不足。本案例中 7 个因子的 AVE 平方根均大于同一行的因子间相关系数，也大于同一列的因子间相关系数，表示 7 个因子之间具有良好的区分效度。考虑到研究目的，继续保留产品、促销及价格因子。如果希望提高聚合效度，那么可以从增加样本量（本案例为 300）、为因子设计更多量表题（本案例中因子对应的题偏少）等方面入手。

综上所述，量表具有良好的结构效度，相关结果表格、模型图见第 5 章的 5.3.5 节和 5.3.6 节。

6.3.4　各变量描述性分析

在完成量表信效度分析后，通常按题-因子对应的归属关系，采用加总求和或计算平均值的方式为变量赋值，并在赋值后对变量进行描述性分析。描述性分析的目的在于从整体上了解样本对各变量的态度情况。一般通过统计各变量的平均值分析样本的态度情况，有时也可以对变量的中位数进行分析。本案例使用五级量表，1 分代表"非常不同意"，2 分代表"比较不同意"，3 分代表"一般"，4 分代表"比较同意"，5 分代表"非常同意"。在分析时，将平均值或中位数与具体分值代表的意义进行对比描述即可。在 SPSSAU 中，"通用方法"→"描述"模块的描述性分析结果如表 6-5 所示。

表 6-5 描述性分析结果

变量	样本量	最小值	最大值	平均值	标准差	中位数
购买意愿	300	1	5	3.52	0.70	3.50
产品	300	1	5	3.50	0.86	3.33
促销	300	1	5	2.64	0.92	2.50
渠道推广	300	1	5	3.36	0.96	3.50
价格	300	1	5	3.40	0.90	3.50
个性化服务	300	1	5	3.46	0.84	3.33
隐私保护	300	1	5	4.17	0.99	4.50

根据表 6-5 可知，变量"购买意愿"的平均值为 3.52，说明样本对购买意愿的态度介于一般与比较同意之间。在描述性分析过程中，如果某个变量的平均值明显较大或较小，那么研究人员应该对该变量进一步分析说明。例如，在表 6-5 中，变量"促销"的平均值为 2.64，明显较小，说明样本对此变量表现出一定的不同意态度；而变量"隐私保护"的平均值为 4.17，说明样本对此变量表现出明显的同意态度。

在通常情况下，描述性分析以变量为单位进行即可，如果希望进行更深入的分析，那么需要对变量对应的各个题统计平均值。如果某个变量特别重要且仅由少数题表示，如本案例中的因变量"购买意愿"，则可以通过计算各个选项的选择频数和百分比进行深入分析说明。另外，对于问卷中的排序题，也可以使用描述性分析，通过计算平均值分析选项的排名情况。

6.3.5 各变量间的相关关系分析

本节使用相关分析研究各变量间的相关关系。相关分析需要放在回归分析之前，只有当变量间有相关关系时，才可能有回归关系。相关分析的目的在于分析两个变量间的相关关系，并使用相关系数表示变量间的相关关系。问卷研究中的相关系数主要有两种，分别是 Pearson 相关系数和 Spearman 相关系数，通常使用 Pearson 相关系数表示相关关系。Pearson 相关系数的取值范围为 -1~1，大于 0 表示正相关，小于 0 表示负相关，绝对值越大，说明相关关系越紧密。相关分析是对变量进行分析的，通常每个变量对应多个题，因此首先需要计算多个题的平均分（或加总求和的得分），以平均分（或加总求和的得分）代表对应的变量数据，最后的分析以变量为准。

在相关关系的具体分析过程中，首先分析相关系数是否呈现出显著性，如果呈现出显著性，那么说明变量间有相关关系，然后分析相关关系的紧密程度；如果没有呈现出显著性，那么说明变量间没有相关关系，也就无须分析相关关系的紧密程度了。本案例用于研究产品、促销、渠道推广、价格、个性化服务和隐私保护对购买意愿的影响，因此需要先确认这 6 个变量与购买意愿之间是否有相关关系，当有相关关系时，再确认相关关系的紧密程度。利用 SPSSAU 的"通用方法"→"相关"模块，可以完成各变量间两两相关系数的计算、显著性检验，并自动绘制表格。本案例的相关分析结果如表 6-6 所示。

表 6-6 相关分析结果

变量	平均值	标准差	购买意愿	产品	促销	渠道推广	价格	个性化服务	隐私保护
购买意愿	3.516	0.702	1						
产品	3.504	0.856	0.502**	1					
促销	2.64	0.918	0.363**	0.358**	1				
渠道推广	3.362	0.955	0.446**	0.490**	0.368**	1			
价格	3.395	0.901	0.372**	0.468**	0.282**	0.418**	1		
个性化服务	3.458	0.835	0.498**	0.487**	0.316**	0.526**	0.458**	1	
隐私保护	4.167	0.989	0.382**	0.468**	0.122*	0.356**	0.396**	0.428**	1

备注：**表示 $P<0.01$。

就本案例而言，产品、促销、渠道推广、价格、个性化服务和隐私保护这 6 个变量分别与购买意愿在 0.01 水平上呈现出显著性，并且相关系数均大于 0.3，说明这 6 个变量均与购买意愿有显著的正相关关系，即这 6 个变量与购买意愿有较为紧密的正相关关系。研究人员还可以继续分析这 6 个变量彼此之间的相关关系，显而易见，这 6 个变量之间有显著的正相关关系，但它们之间的相关关系并非研究重点（如果有大于 0.7 的相关系数，则需要注意多重共线性问题），因此不需要过多阐述。

6.3.6 多元线性回归分析

前文提到，产品、促销、渠道推广、价格、个性化服务和隐私保护这 6 个变量均与购买意愿有较为紧密的正相关关系。从本案例的研究目的出发，所提出的研究假设就是 6 个变量正向影响购买意愿。而回归分析的目的在于研究影响关系，在量表类问卷研究中通常用于验证研究假设。因此，本节尝试使用多元线性回归分析验证案例的研究假设，探讨购买意愿的影响因素。

1．总体分析思路说明

回归分析有很多种类型，如线性回归分析、Logistic 回归分析等。如果因变量为定量数据，那么应该使用线性回归分析进行研究；如果因变量为分类数据，那么应该使用 Logistic 回归分析进行研究。本案例研究 6 个变量对购买意愿的影响，并且通过五级量表对购买意愿进行测量，属于定量数据，因此使用多元线性回归分析进行研究。

为了防止样本背景信息对模型造成干扰，可以考虑将性别、年龄、月收入水平和职业这 4 项作为控制变量纳入模型。其中，变量"年龄"有 8 个分类水平、变量"月收入水平"有 5 个分类水平，为了方便分析，本案例将这两个有序分类变量视为连续型数据直接纳入分析（原则上应当以哑变量形式进行回归）；而变量"性别""职业"以哑变量形式参与线性回归，转换过程通过"数据处理"→"生成变量"→"虚拟（哑）变量"模块完成。对于变量"性别"，选择男性作为参照项；对于变量"职业"，选择学生作为参照项。

多元线性回归分析通常需要对以下结果进行解读，分别是 F 检验（ANOVA 检验）、R^2、自变量的显著性检验（t 检验）、D-W 值和 VIF 值，以及残差诊断。F 检验（ANOVA 检验）用于判定多个自变量中是否有某个或某几个自变量会对因变量"购买意愿"产生影响，通俗来讲，即判定模型是否适用及模型是否有意义；R^2 用于判定自变量对因变量的解释程度；t 检验用于研究自变量对因变量的影响关系（是否有影响关系），如果确认有影响关系，那么需要分析影响关系是正向的还是负向的；D-W 值和 VIF 值用于判断是否满足残差独立性条件，以及模型是否受到多重共线性问题的影响；残差诊断用于对残差进行必要的诊断，以判断是否满足线性回归的条件。

2．主要结果解释分析

在进行多元线性回归分析时，SPSSAU 会输出多个表格，其中重要的表格有 3 个，分别是"模型汇总"表格、"ANOVA 方差分析"表格及"回归系数"表格。

"模型汇总"表格如表 6-7 所示。本案例的调整 R^2 为 0.38，说明产品、促销、渠道推广、价格、个性化服务和隐私保护这 6 个变量可以解释购买意愿 38%的变化原因，模型拟合情况较好。另外，D-W 值为 2.191，接近 2，说明无自相关性。

表 6-7　"模型汇总"表格

R	R^2	调整 R^2	模型误差 RMSE	D-W 值	AIC 值	BIC 值
0.638	0.407	0.38	0.54	2.191	507.955	559.761

"ANOVA 方差分析"表格如表 6-8 所示，模型的 P 值为 0.000，小于 0.01，表示模型通过了 F 检验（ANOVA 检验），回归模型有效，说明在产品、促销、渠道推广、价格、个性化服务和隐私保护这 6 个变量及控制变量中，至少有 1 个变量会对购买意愿产生影响。

表 6-8　"ANOVA 方差分析"表格

项	平方和	df	均方	F 值	P 值
回归	59.737	13	4.595	15.025	0.000
残差	87.162	285	0.306		
总计	146.899	298			

"ANOVA 方差分析"表格仅用于说明模型是否通过 F 检验（ANOVA 检验）。模型通过 F 检验（ANOVA 检验）是进行线性回归分析的基本前提，如果模型没有通过 F 检验（ANOVA 检验），则说明这 6 个变量均不会对购买意愿产生影响，这与基本情况不符，回归分析结束。

"回归系数"表格如表 6-9 所示。由表 6-9 可知，产品、促销、个性化服务、隐私保护这 4 个变量的 P 值均小于 0.05，呈现出显著性，说明这 4 个变量均会对购买意愿产生影响；渠道推广和价格这 2 个变量的 P 值均大于 0.05，没有呈现出显著性，说明这 2 个变量并不会对购买意愿产生影响。产品、促销、个性化服务、隐私保护这 4 个变量的非标准化回归系数 B 分别是 0.16、0.113、0.18 和 0.099，均大于 0，说明这 4 个变量均会对购买意愿产生正向影响。因此本研究中有 4 个研究假设成立，另外 2 个研究假设不成立。

表 6-9　"回归系数"表格

项	非标准化回归系数		标准化回归系数	t 值	P 值	95% CI	VIF 值
	B 值	标准误	β 值				
常数	1.048	0.192	—	5.446	0.000**	0.671～1.425	—
产品	0.16	0.05	0.195	3.213	0.001**	0.062～0.257	1.766
促销	0.113	0.04	0.148	2.818	0.005**	0.034～0.191	1.318
渠道推广	0.074	0.043	0.101	1.71	0.088	−0.011～0.159	1.671
价格	0.031	0.044	0.04	0.708	0.479	−0.055～0.117	1.525
个性化服务	0.18	0.051	0.214	3.563	0.000**	0.081～0.279	1.74
隐私保护	0.099	0.041	0.14	2.414	0.016*	0.019～0.180	1.606
性别_女	0.007	0.075	0.004	0.089	0.929	−0.140～0.154	1.129
年龄	0.048	0.027	0.126	1.794	0.074	−0.004～0.100	2.371
月收入水平	0.031	0.036	0.07	0.854	0.394	−0.040～0.102	3.248
职业_公司职员	−0.069	0.119	−0.045	−0.576	0.565	−0.303～0.165	2.966
职业_中层管理者	−0.083	0.15	−0.043	−0.557	0.578	−0.377～0.210	2.861
职业_高层管理者	0.161	0.206	0.047	0.782	0.435	−0.243～0.565	1.728
职业_企业家	−0.092	0.232	−0.021	−0.396	0.692	−0.546～0.362	1.366

备注：因变量为购买意愿；*表示 $P<0.05$，**表示 $P<0.01$。

在进行回归分析时，可能会由于多重共线性的不利影响，甚至遮掩效应（见 7.2.2 节）的不利影响而出现专业上无法解释的回归结果，比如回归系数的显著性与专业判断不符，回归系数的影响方向与专业判断矛盾，或者相关分析结论与回归分析结论矛盾等。常见的现象为相关分析显示变量间为正向（负向）相关关系，但进行回归分析时却出现负向（正向）影响关系，或者相关分析显示有显著相关关系，但进行回归分析时却出现回归系数不显著的情况。在遇到类似情况时，分析者应谨慎解释其结果。建议对数据排查有无异常值的影响、样本量是否足够、有无严重多重共线性问题、是否满足线性回归的诸多条件等。

在本案例中，6 个变量对应的 VIF 值均小于 5，说明可以忽略多重共线性问题，且在问卷研究中一般不存在多重共线性问题，因此可以列出 VIF 值的结果而不用过多分析。在表 6-7 中，D-W 值为 2.191，说明回归残差独立，以及相关系数显示重点研究的变量和购买意愿有显著线性相关关系。SPSSAU 可以计算并输出回归残差，针对回归残差进行正态检验，绘制散点图，进行诊断，结果显示基本满足残差正态、等方差、独立的要求。

另外，在进行线性回归分析时可以列出模型公式。本案例的模型公式为：购买意愿=1.048+0.007×性别_女+0.048×年龄+0.031×月收入水平−0.069×职业_公司职员−0.083×职业_

中层管理者+0.161×职业_高层管理者-0.092×职业_企业家+0.16×产品+0.113×促销+0.074×渠道推广+0.031×价格+0.18×个性化服务+0.099×隐私保护。对于性别、年龄、月收入水平和职业这4个控制变量来说，性别和职业为哑变量，性别以男性作为参照项，职业以学生作为参照项；月收入水平和年龄被视为定量数据，因此不需要将这两项设置为哑变量。

比较方便的是，SPSSAU同时对以上表格结果进行编辑、整理，得到"多元线性回归分析汇总"表格，如表6-10所示。

表6-10 "多元线性回归分析汇总"表格

项	非标准化回归系数		标准化回归系数	t值	P值	共线性诊断	
	B值	标准误	β值			VIF值	容忍度
常数	1.048	0.192	—	5.446	0.000**	—	—
产品	0.16	0.05	0.195	3.213	0.001**	1.766	0.566
促销	0.113	0.04	0.148	2.818	0.005**	1.318	0.759
渠道推广	0.074	0.043	0.101	1.71	0.088	1.671	0.598
价格	0.031	0.044	0.04	0.708	0.479	1.525	0.656
个性化服务	0.18	0.051	0.214	3.563	0.000**	1.74	0.575
隐私保护	0.099	0.041	0.14	2.414	0.016*	1.606	0.623
性别_女	0.007	0.075	0.004	0.089	0.929	1.129	0.886
年龄	0.048	0.027	0.126	1.794	0.074	2.371	0.422
月收入水平	0.031	0.036	0.07	0.854	0.394	3.248	0.308
职业_公司职员	-0.069	0.119	-0.045	-0.576	0.565	2.966	0.337
职业_中层管理者	-0.083	0.15	-0.043	-0.557	0.578	2.861	0.35
职业_高层管理者	0.161	0.206	0.047	0.782	0.435	1.728	0.579
职业_企业家	-0.092	0.232	-0.021	-0.396	0.692	1.366	0.732
R^2	0.407						
调整 R^2	0.38						
F值	$F(13,285)=15.025, P=0.000$						
D-W值	2.191						

备注：因变量为购买意愿；*表示$P<0.05$，**表示$P<0.01$。

6.3.7 路径分析

研究人员现在提出了新的假设：相较于男性，女性正向影响购买意愿；女性负向影响月收入水平（或女性月收入水平低于男性月收入水平）；月收入水平正向影响购买意愿。以上研究假设仅用于本案例示范路径分析的方法，不讨论研究假设自身的科学性。

1．总体分析思路说明

本案例中包括购买意愿、月收入水平两个因变量，虽然可以通过多次线性回归分析进行研究假设的验证，但是需要建立 3 个线性回归方程模型，缺点是即使分别分析了变量间的直接影响关系，也不足以全面、准确地揭示多个变量间的复杂关系（比如直接与间接影响），所以更建议采用路径分析从总体上研究性别、月收入水平、购买意愿三者之间的影响关系。

变量"性别"以哑变量形式参与分析，本案例以男性作为参照项，需要提前完成哑变量的转换工作。

2．结果解释分析

通过 SPSSAU 的"问卷研究"→"路径分析"模块实现路径分析，其结果的解释分析类似于线性回归分析。本案例中有 3 个研究假设，对应 3 条直接的影响关系路径，路径分析会根据因变量创建两个回归方程：第一个是以月收入水平为因变量的方程；第二个是以购买意愿为因变量的方程。两个回归方程的拟合度结果如表 6-11 所示。

表 6-11　两个回归方程的拟合度结果

项	R^2
月收入水平	0.026
购买意愿	0.034

这两个 R^2 的值均较小，而路径分析中重点关注每条路径的影响关系，所以拟合度 R^2 意义较小，一般只需要报告，不需要过多文字解释。

本案例的重要结果是每条影响关系路径上的回归系数（此处可直接称为路径系数[①]），如表 6-12 所示。

表 6-12　回归系数汇总

X	→	Y	非标准化路径系数	标准误	z检验（CR值）	P值	标准化路径系数
性别_女	→	月收入水平	−0.568	0.201	−2.824	0.005	−0.161
月收入水平	→	购买意愿	0.079	0.025	3.128	0.002	0.180
性别_女	→	购买意愿	0.116	0.089	1.299	0.194	0.075

备注：→表示影响关系路径。

通常使用标准化路径系数 β 表示关系间的影响关系，表 6-12 主要关注回归系数的显著性检验（P 值）和回归系数的正负符号，显然女性负向影响月收入水平（$\beta=-0.161$，$P=0.005<0.01$），月收入水平正向影响购买意愿（$\beta=0.18$，$P=0.002<0.01$），而女性对购买意愿的影响不显著（$\beta=0.075$，$P=0.194>0.05$）。3 个研究假设有两个验证通过，一个未验证通过。

路径分析模型也可以计算类似于 CFA 模型的卡方自由度比、RMSEA、GFI、SRMR 等模型拟合指标，这些指标的使用和报告可参考验证性因子分析中的用法。此处注意，在路径分析中，饱和模型比较常见，模型是百分之百能识别并拟合成功的，此时拟合指标无实际意义。而对于其他非饱和模型来说，这些模型的拟合指标意义较小，并非必须报告的，

[①] 路径系数本质上就是回归系数。在结构方程模型或路径分析模型中，一般称为路径系数。

研究人员可根据行业经验或参考期刊论文的做法决定是否解释分析和报告它们。

路径分析的另一个较为重要的结果是模型的路径图，如图 6-12 所示。路径图能直观展示每条路径的影响关系，路径箭头上的路径系数一般为标准化路径系数 β，在该值的右肩处用**符号标记其显著性检验（P 值）的情况。

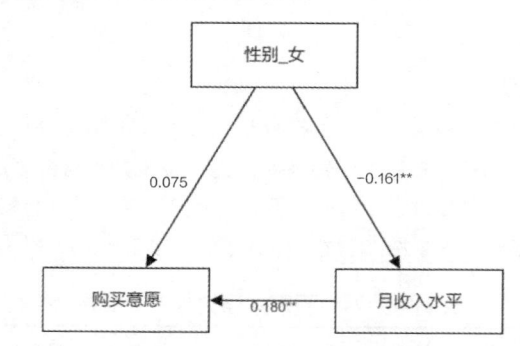

图 6-12　性别通过月收入水平影响购买意愿的路径图

在图 6-12 中，可以直观发现女性负向影响月收入水平（相较于男性，女性月收入水平较低），而月收入水平正向影响购买意愿（月收入水平越高，购买意愿越强），但女性并不会直接影响购买意愿（相较于男性，女性对购买意愿的影响无统计学意义，或者说男性和女性在购买意愿上无差异）。

路径分析的优势在于从总体上把握模型中各变量的复杂关系，比如在图 6-12 中，除了直接影响路径，还存在间接影响路径，即女性通过月收入水平影响购买意愿。间接效应值一般为前后路径系数的乘积，本案例间接效应值为 0.18×（-0.161）=-0.029，间接效应值为负数可以理解为相较于男性，女性月收入水平较低，虽然月收入水平正向影响购买意愿，但总体来看，女性月收入水平将进一步影响购买意愿。这中间是否存在中介效应或遮掩效应，需要进一步通过中介效应进行研究分析。

6.3.8　结构方程模型

量表类问卷数据本质上属于潜变量数据资料，在数据质量有保障的情况下，建议在研究分析中充分考虑变量的测量误差，进而采用结构方程模型对研究假设进行验证。

比如本案例在理论和专业经验的基础上提出产品、促销、渠道推广、价格、个性化服务和隐私保护正向影响购买意愿，且这 7 个变量分别由若干个同质性的李克特量表进行测量，它们本质上都是潜变量。关于它们之间的影响关系研究，在理论基础足够强、样本量充足、数据质量可靠的情况下，应尽可能采用结构方程模型进行分析。接下来我们尝试针对本案例提出新的研究假设，并采用结构方程模型进行分析。

1. 总体分析思路说明

研究人员根据相关理论，以及前人既往研究的成果，提出新的研究假设：产品正向影响购买意愿；产品正向影响价格；价格正向影响购买意愿。研究假设中涉及的产品、价格、购买意愿这 3 个变量均由李克特五级量表进行测量。由于在第 5 章中已经证明量表的信度可靠，效度优良，因此可以直接基于潜变量数据资料进行结构方程模型的研究分析。具体可由 SPSSAU 的"问卷研究"→"结构方程模型 SEM"模块实现。

对于结构方程模型拟合适配的评价，同样需要综合卡方自由度比、RMSEA、GFI、SRMR 等拟合指标进行，相关标准可参考验证性因子分析中指标的用法。如果模型拟合不佳，那么可以考虑通过修正指数 MI 进行适当的修正。对于修正方式，本书主要推荐创建同一个变量下题的协方差相关关系。另外，应当重视结构方程模型对样本量的要求，因为模型拟合不佳有时和样本量不足有一定关系。结构方程模型一般建议样本量在 300 以上较为合适，不宜低于 200。还有一些极端情况，比如不管如何修正，模型都无法拟合，在这种情况下，可以考虑对结构方程模型进行简化甚至"显化"，即将变量由潜变量转换为显变量，进而通过路径分析完成研究假设的验证。

2．模型拟合评价

结构方程模型不同于路径分析，是由测量模型与结构模型构成的，若想准确研究潜变量间的影响关系，则需要先建立拟合良好的模型，所以应注重模型拟合指标的解释分析和报告。本案例的结构方程模型拟合指标如表 6-13 所示。

表 6-13　结构方程模型拟合指标

常用指标	χ^2	df	P	卡方自由度比	GFI	RMSEA	RMR	CFI	NFI	NNFI
判断标准	—	—	>0.05	<3	>0.9	<0.10	<0.05	>0.9	>0.9	>0.9
值	59.541	24	0.000	2.481	0.956	0.07	0.035	0.964	0.942	0.946

常用指标	TLI	AGFI	IFI	PGFI	PNFI	PCFI	SRMR	RMSEA 90% CI	
判断标准	>0.9	>0.9	>0.9	>0.5	>0.5	>0.5	<0.1	—	
值	0.946	0.917	0.965	0.510	0.628	0.643	0.039	0.048～0.093	

备注：在默认模型中，$\chi^2(36) = 1025.807$，$P = 1.000$。

在本案例中，卡方自由度比的值为 2.481，小于 3；RMSEA 的值为 0.07，小于 0.10；GFI 的值为 0.956，大于 0.9；SRMR 的值为 0.039，小于 0.1；CFI 的值为 0.964，大于 0.9；NFI 的值为 0.942，大于 0.9；TLI 的值为 0.946，大于 0.9，可以认为模型拟合是适配度达标的，模型拟合良好。在实际研究中，增值适配指标 NFI、NNFI、IFI、TLI、CFI，以及 GFI、AGFI 等指标，如果取值低于 0.9 但接近 0.9，则在经验上也是可以接受的。

3．研究假设验证

本案例的结构方程模型回归系数，包括潜变量间影响关系路径系数与潜变量测量路径系数，如表 6-14 所示。表 6-14 中的前 3 行是研究假设 3 条路径的回归结果，后 9 行是各研究变量的测量关系载荷结果。

表 6-14 "结构方程模型回归系数"表格

X	→	Y	非标准化路径系数	标准误	z检验（CR值）	P值	标准化路径系数
产品	→	购买意愿	0.480	0.103	4.659	0.000	0.532
产品	→	价格	0.561	0.091	6.145	0.000	0.668
价格	→	购买意愿	0.158	0.119	1.328	0.184	0.147
产品	→	Q3	0.931	0.100	9.292	0.000	0.649
产品	→	Q2	0.936	0.097	9.632	0.000	0.683
产品	→	Q1	1.000	—	—	—	0.737
购买意愿	→	Q19	0.903	0.065	13.838	0.000	0.777
购买意愿	→	Q18	1.007	0.069	14.532	0.000	0.814
购买意愿	→	Q17	0.865	0.067	12.981	0.000	0.735
购买意愿	→	Q16	1.000	—	—	—	0.798
价格	→	Q10	1.225	0.182	6.727	0.000	0.739
价格	→	Q9	1.000	—	—	—	0.617

备注：→表示影响关系或者测量关系；横杠'-'表示该项为参照项。

"结构方程模型回归系数"表格共涉及两种关系，分别是影响结构关系和测量关系，无论是影响结构关系还是测量关系，通常使用标准化路径系数表示影响关系。就本案例来说，产品正向影响购买意愿（β=0.532，$P<0.001$），该研究假设成立；产品正向影响价格（β=0.668，$P<0.001$），该研究假设成立；价格正向影响购买意愿（P=0.184>0.05）的假设不成立。

将表 6-14 中潜变量间影响关系路径系数、潜变量测量路径系数进行可视化，得到结构方程模型路径图，本案例结果如图 6-13 所示。

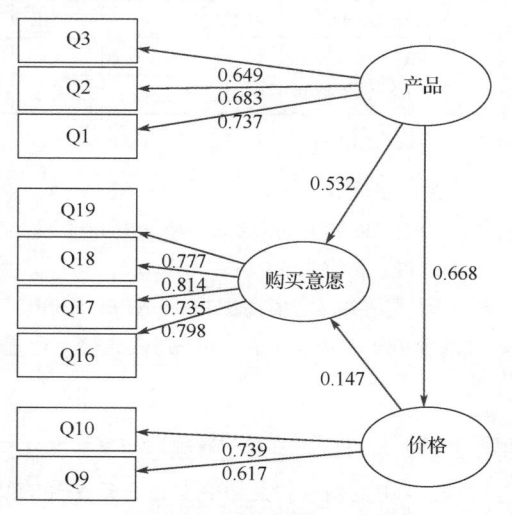

图 6-13 产品通过价格影响购买意愿的路径图

路径图可以使读者更加直观地理解变量的测量和变量间的影响关系，如图 6-13 所示，矩形框中的内容是变量对应的具体量表题，3 个椭圆代表研究中要测量的概念/因子或变量。由椭圆指向矩形框的箭头上的路径系数即验证性因子分析中的因子载荷系数，椭圆之间的箭头上的路径系数即变量间影响关系的回归系数，因子载荷系数与回归系数通常建议使用标准化结果。

6.3.9 方差分析

方差分析和 t 检验均具有差异对比的功能，但如果进行差异对比的题超过两组，则只能使用方差分析。例如，在本案例中，对比不同月收入水平的样本对变量的态度差异，月收入水平可分为"2000 元及以下"、"2001~4000 元"、"4001~6000 元"、"6001~8000 元"和"8000 元以上"共 5 组，这时只能使用方差分析来对比差异。如果某个组别的样本量较少（小于 30），则可以酌情考虑将组别进行合并处理以提高频数。研究人员可以结合具体情况将组别进行合并处理，比如本案例考虑将"4001~6000 元"和"6001~8000 元"合并处理为"4001~8000 元"。

对于方差分析或 t 检验，需要先分析数据是否呈现出显著性。当 P 值小于 0.05 时，数据呈现出显著性，说明不同组别的样本对某个变量的态度在总体上有差异，具体各水平间的差异需要通过对比平均值来进一步分析（进行多重比较）。如果数据没有呈现出显著性，那么说明样本态度一致，通常不需要进一步分析。

本案例的方差分析汇总如表 6-15 所示。由表 6-15 可知，不同月收入水平的样本在购买意愿上呈现出显著性（P=0.04<0.05），说明不同月收入水平的样本对购买意愿具有差异性态度。月收入水平为"8000 元以上"的样本的购买意愿平均值为 3.70，明显高于其余 3 个组别样本的购买意愿平均值，说明差异表现为月收入水平为"8000 元以上"的样本对购买意愿有明显更高的认可态度。不同月收入水平的样本在另外 6 个因素（产品、促销、渠道推广、价格、个性化服务、隐私保护）上的 P 值均大于 0.05，说明没有差异性态度。

表 6-15　方差分析汇总

变量	月收入水平（平均值±标准差）				F 值	P 值
	2000 元及以下（n=110）	2001~4000 元（n=54）	4001~8000 元（n=67）	8000 元以上（n=69）		
购买意愿	3.40±0.64	3.47±0.79	3.56±0.65	3.70±0.75	2.72	0.04*
产品	3.51±0.84	3.33±0.92	3.54±0.85	3.61±0.84	1.15	0.33
促销	2.61±0.86	2.65±0.99	2.60±0.92	2.72±0.96	0.24	0.87
渠道推广	3.25±0.97	3.20±0.92	3.51±0.80	3.51±1.07	2.09	0.10
价格	3.45±0.83	3.22±0.99	3.46±0.79	3.38±1.04	0.9	0.44
个性化服务	3.40±0.77	3.38±0.91	3.43±0.79	3.63±0.91	1.36	0.26
隐私保护	4.30±0.92	4.08±1.06	4.14±0.91	4.04±1.09	1.26	0.29

备注：*表示 P<0.05。

在本案例中，不同月收入水平的样本对购买意愿具有差异性态度，如果研究人员希望更深入地对比 4 个组别样本中具体哪两个组别之间呈现出显著性差异，则需要使用事后检验进行分析（事后检验将在第 9 章进一步阐述），通常可以根据平均值得出较为直观的判断。方差分析是指对研究变量进行差异对比，以便提出相关建议、措施。在本案例中，可以明显地看出月收入水平为"8000 元以上"的样本的购买意愿更强，说明购买意愿与月收入水平有关系，企业不仅需要关注有影响关系的 4 个因素（产品、促销、个性化服务、隐私保护），还需要考虑用户的月收入水平，结合具体情况提供更恰当的费用标准，以吸引更多用户购买课程。

本案例针对在线英语学习网站各种因素对课程购买意愿的影响进行了分析，通过探索性因子分析探索出 6 个影响因素，分别是产品、促销、渠道推广、价格、个性化服务和隐私保护；在完成量表信效度分析后，使用相关分析研究 6 个因素与购买意愿之间的相关关系，并使用回归分析、路径分析、结构方程模型研究 6 个因素对购买意愿的影响情况，发现共有 4 个因素（产品、促销、个性化服务和隐私保护）会对购买意愿产生正向影响，而渠道推广和价格这两个因素并不会对购买意愿产生影响；还研究了不同背景的样本对购买意愿及 6 个因素的态度差异，通过分析发现，高收入（月收入水平为"8000 元以上"）样本的购买意愿更强。

第 7 章

量表类问卷中介效应和调节效应研究

在量表类问卷研究中，中介效应和调节效应研究也较为常见。中介效应研究是指研究在自变量 X 影响因变量 Y 的过程中，中介变量（常用符号 M 表示）是否起桥梁作用。调节效应研究是指研究在自变量 X 影响因变量 Y 的过程中，不同的调节变量（常用符号 Z 或 W 表示）是否会导致自变量 X 对因变量 Y 的影响程度不同。

中介效应和调节效应研究是影响关系研究的延伸，这两种研究多用于学术研究，在企业研究中较少使用。这两种研究依然会遵循影响关系研究的步骤，即首先进行相关关系分析，然后进行影响关系分析，最后进行中介效应和调节效应分析。中介效应和调节效应有实质性区别，但也有很多共同点。本章将中介效应和调节效应研究合并在一起进行讲解，便于读者深入理解这两类研究。

7.1 分析思路

量表类问卷中介效应和调节效应研究分析思路分为 9 部分，分别是样本背景分析，样本特征、行为分析，信度分析，效度分析，变量描述分析，变量相关关系分析，变量影响关系分析，中介效应和调节效应分析，差异分析，如图 7-1 所示。

```
                            ┌─ （1）样本背景分析
                            ├─ （2）样本特征、行为分析
                            ├─ （3）信度分析
                            ├─ （4）效度分析
量表类问卷中介效应和  ──────┼─ （5）变量描述分析
调节效应研究分析思路        ├─ （6）变量相关关系分析
                            ├─ （7）变量影响关系分析
                            ├─ （8）中介效应和调节效应分析
                            └─ （9）差异分析
```

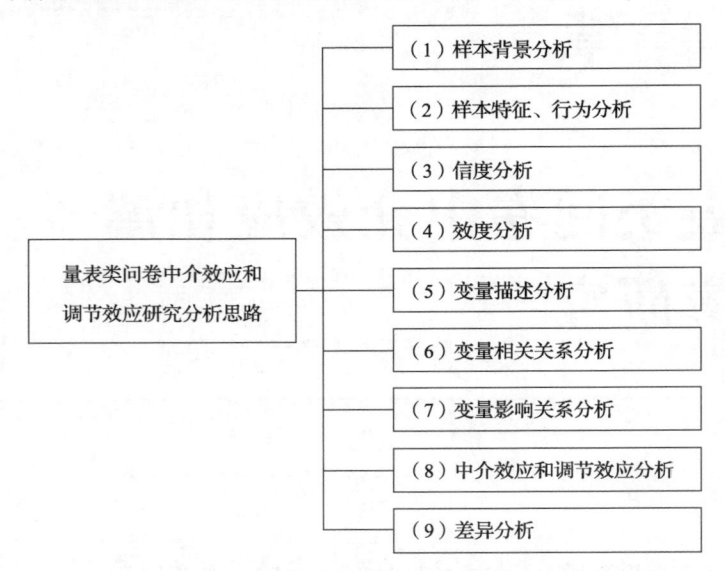

图 7-1　量表类问卷中介效应和调节效应研究分析思路

（1）样本背景分析和样本特征、行为分析。这两部分的具体分析方法及分析内容与第 6 章中的内容保持一致，均使用频数分析或描述性分析对样本背景信息进行统计，对样本基本特征、行为现状和基本态度进行分析，以便深入了解样本的基本情况。

（2）信度分析和效度分析。在通常情况下，研究中介效应和调节效应需要有较强的理论依据，并且量表题的设计均参考其他量表或引用成熟量表，在具体研究时，经常需要对不合适的题进行删除处理。如果在进行信度分析或效度分析时发现某个题不适合，如某个题会使信度降低或者某个题与变量的对应关系与专业知识不符，那么需要删除该题，以得到良好的信度水平或效度水平。

（3）变量描述分析。中介效应和调节效应研究是针对变量进行的，通常一个变量由多个题测量或表示，因此需要计算多个题的平均分或加总求和的得分，之后用多个题的平均分或加总求和的得分代表对应变量的整体取值情况，并且对各个变量进行描述性分析，即计算变量的平均值、标准差等，最后通过分析平均值，深入分析样本对各个变量的整体态度。在具体研究中，也可以对题进行描述性分析。

（4）变量相关关系分析和变量影响关系分析。中介效应和调节效应研究是影响关系研究的延伸，在进行中介效应和调节效应分析前，结合研究目的或研究上的需要，应当先分析自变量 X 对因变量 Y 的影响关系，确认存在影响关系后再开始分析中介效应和调节效应。同时，变量相关关系分析是变量影响关系分析的基础，因此分析思路为首先进行变量相关关系分析，然后进行变量影响关系分析，最后进行中介效应和调节效应分析。

（5）中介效应和调节效应分析。中介效应是指在研究自变量 X 对因变量 Y 的影响过程中，中介变量 M 起着中介作用，即自变量 X 通过中介变量 M 影响因变量 Y；调节效应是指在研究自变量 X 对因变量 Y 的影响过程中，自变量 X 与因变量 Y 的关系受到调节变量 Z（也可以用 W 表示）的影响。中介效应和调节效应分析均用于研究假设的验证，二者有共同点，也有实质性区别。中介效应和调节效应分析需要分别单独进行，为了便于读者理解，本章将中介效应和调节效应分析合并在一起进行讲解。需要强调的是，根据数据资料的不同，中介效应和调节效应分析可以分为基于潜变量数据资料的中介效应与调节效应分析，以及基于显变量数据资料的中介效应与调节效应分析，本书主要介绍基于显变量数据资料的中介效应与调节效应分析。

（6）差异分析。差异分析的目的在于进一步分析不同背景或不同特征的样本对变量的态度差异，通常使用方差分析或 t 检验进行，此部分的详细说明可以参考第 6 章的内容。

需要强调的是，本章节中介绍的中介效应和调节效应是独立的，但实际研究中会出现中介效应和调节效应结合的情况，比如在一个模型中同时包括中介变量及调节变量。Hayes（2018）引入"条件过程分析"的概念来概括这种中介效应和调节效应结合的应用。类似地，在已发表的论文中，学者们经常使用的概念包括"有调节效应的中介效应"和"有中介效应的调节效应"。针对此类研究分析思路和分析方法，SPSSAU 提供了对应的"调节中介"模块，对此感兴趣的读者可通过 SPSSAU 的帮助手册搜索"调节中介"获取有关资料。

7.2 分析方法

本节将详细介绍量表类问卷中介效应和调节效应研究涉及的分析方法，由于第 5 章和第 6 章已经对频数分析、描述性分析、信度分析、探索性因子分析、相关分析和回归分析等进行了详细说明，因此这里将重点放在基于显变量数据资料的中介效应和调节效应分析上。中介效应和调节效应分析需要结合数据类型选择相应的分析方法，之后在回归分析的基础上进行。量表类问卷中介效应和调节效应研究分析思路与分析方法的对应关系如图 7-2 所示。

```
                    ┌─(1)样本背景分析────── 频数分析、描述性分析
                    ├─(2)样本特征、行为分析── 频数分析、描述性分析
                    ├─(3)信度分析──────── 信度分析
量表类问卷中介效应   ├─(4)效度分析──────── 探索性因子分析
和调节效应研究分析思路├─(5)变量描述分析───── 描述性分析
                    ├─(6)变量相关关系分析── 相关分析
                    ├─(7)变量影响关系分析── 回归分析
                    ├─(8)中介效应和调节效应分析── 中介效应分析、调节效应分析
                    └─(9)差异分析──────── 方差分析、t 检验
```

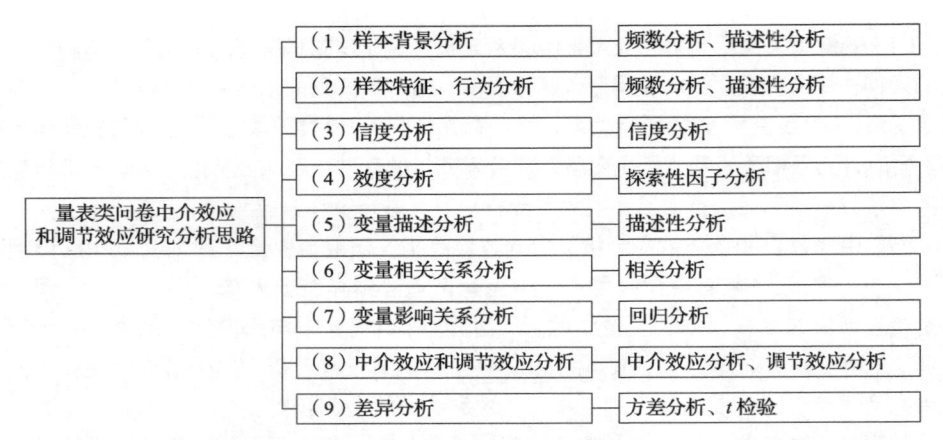

图 7-2 量表类问卷中介效应和调节效应研究分析思路与分析方法的对应关系

7.2.1 变量相关关系分析和变量影响关系分析

相关分析研究变量间的相关关系，回归分析研究变量间的影响关系。只有当变量间有相关关系时，才可能有影响关系。

中介效应和调节效应分析是在有影响关系（自变量 X 对因变量 Y 的影响关系）的基础上进行的，因此需要先对变量进行相关关系分析和影响关系分析。

针对中介效应分析，中介变量 M 通常具有这样的特征：它与自变量 X 或因变量 Y 在理论上均有较为紧密的相关关系，在进行相关关系分析时，如果发现中介变量 M 与自变量 X 或因变量 Y 之间的相关关系很弱（相关系数小于 0.2），或者没有呈现出显著相关关系，那么中介变量 M 的中介效应一般也会较弱，甚至不会存在中介效应。

针对调节效应分析，调节变量 Z 与自变量 X 和因变量 Y 之间不要求有很强的相关关系，因此在进行相关关系分析时，调节变量 Z 与自变量 X 和因变量 Y 之间的相关关系很弱，或者没有相关关系，均属于正常现象。

对于变量相关关系分析和变量影响关系分析，读者可以参考第 6 章相关内容。接下来分别对中介效应和调节效应分析进行深入介绍与剖析。

7.2.2 中介效应分析

中介效应分析可以使用 SPSS 加载 Process 宏程序完成，或者通过结构方程模型软件 AMOS、Mplus 等进行，也可以由 SPSSAU 实现（截至本书出版前，SPSSAU 支持基于显变量数据资料的中介效应分析）。本节分别对中介效应基本原理、中介效应的类型、中介效应检验方法和中介效应分析步骤 4 部分进行阐述，其中中介效应基本原理和中介效应分析步骤参考了国内中介效应研究权威学者温忠麟的相关研究，并且进行了归纳和总结，有兴趣的读者可以阅读相关文献资料。

1. 中介效应基本原理

中介效应用于研究在自变量 X 对因变量 Y 的影响过程中，自变量 X 是否会通过中介变量 M 对因变量 Y 产生影响。中介效应基本原理示意图如图 7-3 所示。

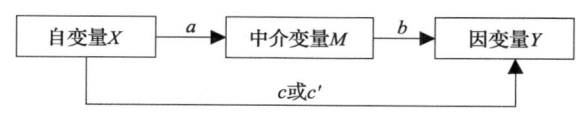

图 7-3　中介效应基本原理示意图

在中介效应模型路径图中，自变量 X 可以直接影响因变量 Y，即 $X→Y$ 路径，此路径的影响称为直接效应；自变量 X 也可能通过中介变量 M 影响因变量 Y，即 $X→M→Y$ 路径，此路径的影响称为间接效应，或者直接称为中介效应，如图 7-4 所示。

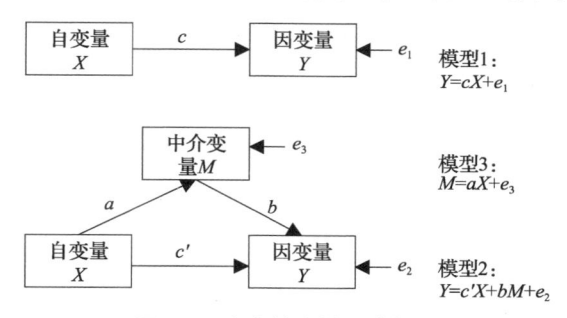

图 7-4　中介效应模型路径图

中介变量既是因变量又是自变量，在整个中介效应模型的路径图中，至少出现两个因变量，所以中介效应模型属于较为简单的路径分析模型，如果每个变量均由量表进行测量，就是典型的结构方程模型。

只包括一个自变量、一个中介变量、一个因变量的中介效应涉及 3 个回归模型（见图 7-4），共有 4 个回归系数。其中，模型 1 为自变量 X 对因变量 Y 的回归模型，在模型 1 中，自变量 X 对因变量 Y 的回归系数用符号 c 表示，代表自变量 X 对因变量 Y 的总效应系数；模型 2 为自变量 X 和中介变量 M 对因变量 Y 的回归模型，涉及两个回归系数，分别是自变量 X 对因变量 Y 的回归系数（用符号 c' 表示）和中介变量 M 对因变量 Y 的回归系数（用符号 b 表示），在中介效应中，将 c' 称为在控制其他变量的情况下自变量 X 对因变量 Y 的直接效应系数，同时，回归系数 b 是自变量 X 保持不变时中介变量 M 对因变量 Y 的路径系数；模型 3 为自变量 X 对中介变量 M 的回归模型，涉及一个回归系数（用符号 a 表示），是自变量 X 对中介变量 M 的回归系数。模型中的另外 3 个符号 e_1、e_2、e_3 分别代表对应模型的回归残差。

综上所述，自变量 X 通过中介变量 M 对因变量 Y 产生的影响效果称为中介效应。中介效应属于间接效应，其路径关系为 $X→M→Y$，前半段路径为自变量 X 对中介变量 M 的影响，其路径系数为 a；后半段路径是中介变量 M 对因变量 Y 的影响，其路径系数为 b；

整个中介路径上的效应值用前半段路径系数 a 乘以后半段路径系数 b 来计算，即用乘积项 $a \times b$ 来估计中介效应值，下文直接将其写为 ab。

当中介变量 M 和因变量 Y 均为定量数据时，前面介绍的 3 个回归模型中的路径系数 c、a、b、c'，以及中介效应值 ab 具有以下关系：$c=ab+c'$，即自变量 X 对因变量 Y 的总效应可分解为直接效应与间接效应。根据这一关系，我们可以计算中介效应在总效应中的占比。此处应注意中介效应一定是间接效应，但反过来，间接效应不一定完全等价于中介效应。

需要注意的是，上述 3 个回归模型中没有显示回归常数项/截距项，原因在于进行中介效应分析时不关注截距，而且在实际分析中，经常对数据进行标准化处理，所以截距项在此处意义不大。

2．中介效应的类型

根据中介变量数量，可以将只有一个中介变量的中介效应称为简单中介效应，将有超过两个中介变量的中介效应称为多重中介效应。多重中介效应又可以根据中介变量间有无影响关系分为并行中介效应和链式中介效应：并行中介效应的多个中介变量间无前后影响关系；链式中介效应的多个中介变量间存在顺序关系，比如 $X \to M1 \to M2 \to Y$，意味着自变量 X 先影响中介变量 $M1$，再影响中介变量 $M2$，最后作用于因变量 Y。

根据数据资料类型，中介效应可以分为显变量中介效应和潜变量中介效应。显变量中介效应中的变量均为显变量。在量表类问卷研究中，比如由量表题加总求和的得分或量表题平均分数据转换而来的显变量，可以通过线性回归、路径分析进行分析，而在 SPSSAU 中则直接由 "问卷研究" → "中介作用" 模块完成。潜变量中介效应中的变量均为潜变量，需要考虑测量误差，在获得满意的信度和效度水平后可以通过结构方程模型进行分析，感兴趣的读者也可以使用 AMOS、Mplus 等软件实现。

较为复杂的中介效应涉及包含多个自变量的情况，以及包含控制变量的情况。多个自变量意味着在模型的路径图中有多条中介路径，一般分别进行解释分析即可。即使在研究中纳入控制变量，在进行结果解释分析时也只需要关注中介效应和直接效应，并不需要过多解释控制变量的影响。

3．中介效应检验方法

中介效应分析的核心任务是中介效应检验，即先检验中介效应是否存在或是否成立，再分析中介效应在总效应中的占比情况。

在实际研究中，中介效应涉及的自变量 X 可能有多个，中介变量 M 也可能有多个，甚至因变量 Y 也可能有多个，在总体分析思路上，研究人员在进行研究时应该结合实际情况以一个总体的复杂模型进行研究，也可以进行模型简化操作，将复杂的模型拆分为多个简单模型，最终完成中介效应检验。

中介效应检验方法有很多种，比如传统上的 "依次回归法"，即逐个检验回归系数 $c \neq 0$、a 和 b 同时不等于 0、$c' \neq 0$，这种方法被证明检验功效较低，已普遍不再推荐使用；再如

Sobel 检验，它的思想是直接检验中介效应原假设 ab=0 是否成立，但是该方法受到样本量和要求 ab 服从正态分布的限制与影响，导致其使用范围较小，而且相对保守，检验功效一般。

当前接受度较高、普遍使用的中介效应检验方法包括 Bootstrap 置信区间法、蒙特卡洛法及贝叶斯法等，本书主要介绍 Bootstrap 置信区间法。该方法的思想也是直接检验中介效应原假设 ab=0 是否成立，关键操作是先进行有放回的重复抽样以获得 Bootstrap 样本，并使用该样本的数据计算路径系数 a 和 b，再通过计算得到 ab 值，且重复抽样多少次就会得到多少个 ab 值，从而获得 ab 的分布，然后取该分布的第 2.5 百分位数和第 97.5 百分位数，得到 ab 值的 95%置信区间。该区间也称为非参数百分位 Bootstrap 置信区间（Percentile Bootstrap 95% CI），如果该区间内不包括 0，则表明 ab≠0，即中介效应是存在的；如果该区间内包括 0，则表明中介效应不存在。

举个例子，假设某研究获得有效量表类问卷 500 份，设定 Bootstrap 抽样次数为 5000，每次都从这 500 份问卷中有放回地重复抽取 500 个样本，并根据每次获得的 Bootstrap 样本数据计算 ab 值，那么 5000 次抽样可以计算出 5000 个 ab 值，将它们由小到大排序，取第 2.5 百分位数和第 97.5 百分位数作为 ab 值的 95%置信区间，若该区间内不包括 0，则表明 ab≠0，即中介效应是存在的。

关于抽样次数，如果样本量小于 500，那么设定抽样次数为 5000；如果样本量为 500～2000，那么设定抽样次数为 1000；如果样本量大于 2000，那么设定抽样次数为 50。

除非参数百分位 Bootstrap 置信区间外，有些研究可能会报告偏差校正的百分位 Bootstrap 置信区间（Bias-Corrected Percentile Bootstrap 95% CI），后者旨在纠正因自助法抽样过程中的样本替换而导致的统计量偏差，通常涉及更复杂的数学计算。一般认为经过偏差校正的百分位 Bootstrap 置信区间具有更优秀的表现，适合样本量较少的情况及数据分布对称性不良的情况。感兴趣的读者可参考方杰等（2011）的研究。

4．中介效应分析步骤

总结学术论文中的一般做法，中介效应分析步骤如图 7-5 所示。

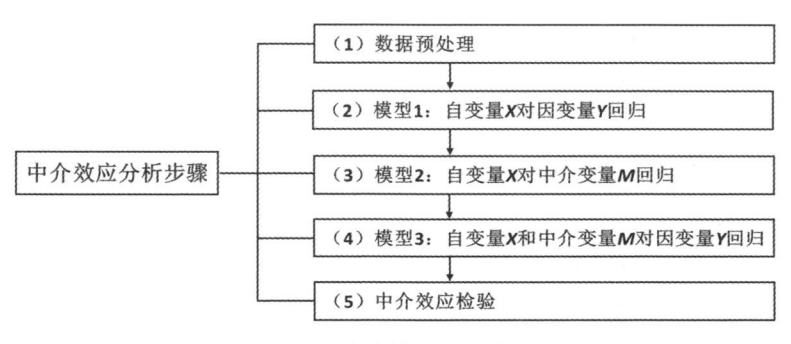

中介效应分析步骤：
- （1）数据预处理
- （2）模型1：自变量 X 对因变量 Y 回归
- （3）模型2：自变量 X 对中介变量 M 回归
- （4）模型3：自变量 X 和中介变量 M 对因变量 Y 回归
- （5）中介效应检验

图 7-5　中介效应分析步骤

第一步是数据预处理。本书主要介绍基于显变量数据资料的中介效应分析。在量表类问卷研究中,变量一般由李克特量表进行测量。在通过信效度分析确认量表信度可靠、效度良好后,首先需要针对自变量、中介变量、因变量的量表题进行显变量转换,一般会将对应量表题的打分平均值作为变量的值,例如,满意度变量对应 4 个量表题,则计算每位受访者对这 4 个题的打分平均值以代表满意度变量的值。至于是否对研究变量进行标准化或者中心化处理,可根据具体研究决定,标准化处理在此处是非必需环节。

第二步到第四步分别是构建模型 1、模型 2 和模型 3 的回归方程,具体来说是按照中介效应基本原理,分别进行 3 次线性回归,主要目的在于检验线性回归系数 c、a、b、c' 的显著性。可以将这三步的结果编辑、整理后形成一个表格,并进行解释分析和报告。

第五步是中介效应检验。在完成 3 个模型的构建后,得到回归系数 c、a、b、c',之后结合这 4 个回归系数的显著性情况进行中介效应检验,以 Bootstrap 置信区间法作为检验方法。温忠麟和叶宝娟(2014)在《中介效应分析:方法和模型发展》一文中提出的中介效应检验流程如图 7-6 所示。

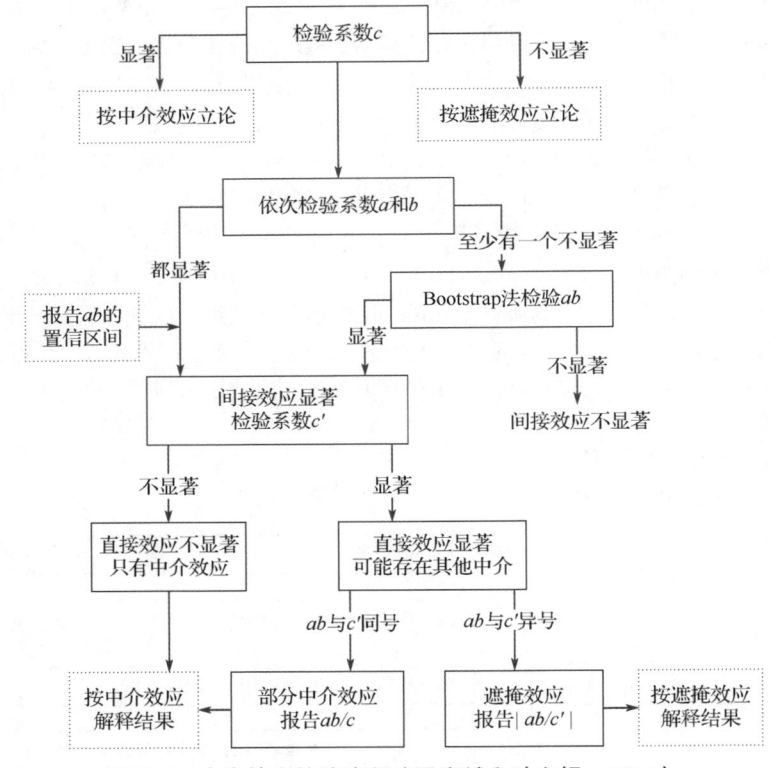

图 7-6 中介效应检验流程(温忠麟和叶宝娟,2014)

(1)检验系数 c,即检验总效应是否显著,如果 c 显著($P<0.05$),则按中介效应立论,否则按遮掩效应立论。实际上,c 是否显著不影响继续向下分析,只决定最终分析结论的解释。

（2）依次检验系数 a 和 b，即间接效应（中介效应）的前半段路径系数和后半段路径系数是否显著，如果 a 和 b 同时显著，则说明中介效应存在，报告 ab 的 Bootstrap 置信区间，继续执行步骤（4），检验直接效应；如果 a 和 b 至少有一个不显著，则继续执行步骤（3）。

（3）使用 Bootstrap 置信区间法检验 ab 值是否为 0，有放回的重复抽样次数一般可取 1000~5000，如果置信区间内不包括 0，则说明 ab 值不为 0，即中介效应存在，继续执行步骤（4），检验直接效应；如果置信区间内包括 0，则说明 ab 值可能为 0，即中介效应不存在，分析结束。

（4）到这一步时，已经确认中介效应存在，接下来需要检验直接效应 c'，如果 c' 不显著，则说明只有中介效应，按中介效应解释结果；如果 c' 显著，则说明直接效应存在，继续执行步骤（5）。

（5）到这一步时，已经确认中介效应、直接效应都存在，这一步需要根据二者的符号方向决定如何立论和解读结果。比如 ab 和 c' 的符号，如果二者符号相同（值均为正数或均为负数），则说明中介效应属于部分中介效应，应报告中介效应占总效应的比例 ab/c；如果二者符号相反，则以遮掩效应立论，应报告中介效应与直接效应的比例的绝对值 $|ab/c'|$。

目前有研究人员建议不使用部分中介效应和完全中介效应的概念，但是在实际研究中，为了方便解释和分析中介效应，仍然有许多期刊论文在使用这两个概念。部分中介效应是指在自变量 X 对因变量 Y 的影响过程中，一部分是自变量 X 通过中介变量 M 对因变量 Y 产生影响；另一部分是自变量 X 直接对因变量 Y 产生影响。完全中介效应是指在自变量 X 对因变量 Y 的影响过程中，自变量 X 完全通过中介变量 M 对因变量 Y 产生影响。

遮掩效应是一种现象，在数理角度上表现为间接效应 ab 的系数符号与直接效应 c' 的系数符号相反，在实际研究中应结合自身专业知识进行阐述。

上述中介效应检验步骤针对自变量 X、中介变量 M 和因变量 Y 均为一个且中介变量和因变量均为连续性数据的情况，如果自变量 X 有多个，则会涉及多个回归系数 c 和 c'；如果中介变量 M 有多个，则研究人员可以将模型拆分为多个模型以简化分析，此时会出现多个回归系数 b；如果因变量 Y 有多个，则研究人员需要将模型拆分后再进行处理。

7.2.3 调节效应分析

本节介绍调节效应分析。调节效应分析用于检验在自变量 X 对因变量 Y 的影响过程中，当调节变量 Z 取不同值时，自变量 X 对因变量 Y 的影响程度是否有明显差异。如果有明显差异，则说明调节效应存在，否则说明调节效应不存在。本节对调节效应基本原理、调节效应检验方法、调节斜率与简单斜率图和调节效应分析步骤 4 部分进行阐述。类似于中介效应分析，在实际分析过程中，调节效应可能涉及多个自变量 X 和调节变量 Z，甚至多个因变量 Y，研究人员在进行调节效应分析时可综合考虑，将复杂的模型拆分为多个简单模型，最终完成调节效应分析。

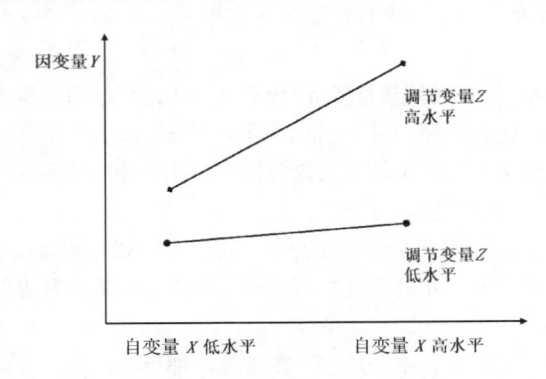

1. 调节效应基本原理

调节效应基本原理示意图如图 7-7 所示。

图 7-7 调节效应基本原理示意图

从图 7-7 中可以直观地看出，自变量 X 与因变量 Y 之间存在正向相关关系（也可以是负向相关关系）。当自变量 X 增大时，因变量 Y 也会随之增大，而当调节变量 Z 在不同水平时（一般取低水平 $Z1$、高水平 $Z2$），自变量 X 与因变量 Y 之间的关系紧密程度也有所不同：相对于调节变量 Z 在 $Z1$ 水平时，调节变量 Z 在 $Z2$ 水平时，自变量 X 与因变量 Y 之间的同向增加幅度会更大（斜率更大，更倾斜）。当有此类关系现象出现时，变量 Z 被称为调节变量，此类分析被称为调节效应分析。上述特征为调节效应的基本特征，具体的调节效应分析会更加复杂。

调节效应在统计模型上等价于交互作用，其模型路径图如图 7-8 所示，交互项 $X×W$ 表示自变量 X 和调节变量 W 的交互作用，可以将调节效应直接理解为自变量 X 与调节变量 W 的交互项 $X×W$ 对因变量 Y 有显著影响。

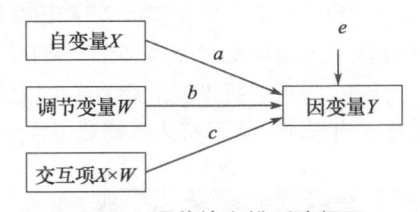

图 7-8 调节效应模型路径图

但是在具体研究中，调节效应与交互作用是有区别的。二者的不同之处在于，调节变量是研究人员根据某理论或研究确立的，调节变量和自变量均有理论支撑，因此二者的角色身份不能互换，但是在交互作用中，两个变量的角色身份是平等的，可以调换角色身份，比如 $X×W$ 和 $W×X$ 是相同的。

2. 调节效应检验方法

在数据类型上，自变量 X 与调节变量 Z 既可以是分类数据，如性别、受教育程度，也可以是定量数据，如满意度评分、抑郁度评分。因变量 Y 通常为定量数据，其为分类数据的情况不属于本书的讨论范畴。根据自变量 X 与调节变量 Z 的数据类型不同，调节效应可以分为以下 4 种类型，对应的检验方法如表 7-1 所示。

表 7-1 调节效应检验方法

调节变量 Z	自变量 X	
	分类数据	定量数据
分类数据	类型 1：多因素方差分析	类型 2：分层线性回归分析或分组线性回归分析
定量数据	类型 3：分层线性回归分析	类型 4：分层线性回归分析

第 1 种调节效应的自变量 X 和调节变量 Z 均为分类数据，使用多因素方差分析（一般为双因素方差分析）进行检验，主要关注交互项的显著性情况，当交互项显著时，表明调节效应存在。此类分析方法将在第 9 章中介绍。

第 2 种调节效应的自变量 X 为定量数据，调节变量 Z 为分类数据，使用分层线性回归分析或分组线性回归分析进行检验。而分组线性回归分析是将数据拆分为几部分进行建模的，这种分析方法不能充分、有效地利用样本数据，所以笔者建议使用分层线性回归分析进行调节效应检验。

第 3 种调节效应的自变量 X 为分类数据，调节变量 Z 为定量数据，使用分层线性回归分析进行检验。在实际研究中，这种情况相对少见。

第 4 种调节效应的自变量 X 和调节变量 Z 均为定量数据，同样需要使用分层线性回归分析进行检验。在实际研究中，这种情况最为常见。

除第 1 种调节效应外，后 3 种调节效应均使用分层线性回归分析进行检验。具体来说，一般包括两个分层，对应两个模型：

$$Y=a_0+a_1\times X+a_2\times Z+e_1 \quad 第 1 层模型（回归方程 1）$$

$$Y=b_0+b_1\times X+b_2\times Z+b_3\times X\times Z+e_2 \quad 第 2 层模型（回归方程 2）$$

第 1 层模型只纳入了 X、Z 两个变量，做 X、Z 对 Y 的线性回归；第 2 层模型在第 1 层模型的基础上增加了交互项 $X\times Z$（X 与 Z 中心化或标准化后的数据乘积，需要提前计算备用），做 X、Z 及 $X\times Z$ 对 Y 的线性回归。

因为自变量 X 或调节变量 Z 可能为分类数据，即自变量 X 或调节变量 Z 可能有多个，所以交互项通常不止一个。针对第 1 种调节效应，使用多因素方差分析进行检验。针对第 2 种调节效应，由于调节变量 Z 为分类数据，因此需要对调节变量 Z 进行哑变量处理，并使用处理后的哑变量数据进行检验。针对第 3 种调节效应，由于自变量 X 为分类数据，因此需要对自变量 X 进行哑变量处理，并使用处理后的哑变量数据进行检验。针对第 4 种调节效应，由于自变量 X 和调节变量 Z 均为定量数据，因此不需要进行哑变量处理，使用分层线性回归分析进行检验。

在使用分层线性回归分析进行调节效应检验时，检验调节效应是否存在有两种方法：

第一种是依据交互项（见前面介绍的回归方程 2）的回归系数 b_3，如果 b_3 显著，则表示调节效应显著；第二种是依据两个方程（见回归方程 1 和回归方程 2）的 R^2 变化量（ΔR^2），如果 R^2 变化量显著，则表示调节效应显著。

3．调节斜率与简单斜率图

将回归方程 $Y=b_0+b_1\times X+b_2\times Z+b_3\times X\times Z+e$ 中的 X 单独提取出来进一步整理，可得如下方程：

$$Y=b_0+(b_1+b_3\times Z)\times X+b_2\times Z+e \quad （回归方程 3）$$

该方程中 X 的回归系数为 $(b_1+b_3\times Z)$，也就是 X 对 Y 的回归斜率，此时它是 Z 的一元回归函数。我们将 $(b_1+b_3\times Z)$ 的值称为简单斜率，表示 X 对 Y 的影响是如何受到 Z 调节的。当 Z 取不同值时，简单斜率会形成不同的影响程度，即调节变量在不同条件下，自变量对因变量的影响程度或大小发生改变。

为方便研究和解释结果，通常采用选点法对简单斜率的显著性进行检验。所谓选点法，就是固定调节变量 Z 的几个取值，计算该条件下简单斜率的 t 检验 P 值，从而判断简单斜率的显著性。调节变量 Z 的固定取值，一般取平均值 M、平均值减 1 倍标准差 $M-1\times SD$、平均值加 1 倍标准差 $M+1\times SD$ 这 3 个不同水平值，分别对应中调节水平值、低调节水平值、高调节水平值，通常采用其中的高调节水平值、低调节水平值绘制简单斜率图。

如图 7-7 所示，就是选点法简单斜率示意图。当调节变量 Z 取高调节水平值（$M+1\times SD$）时，自变量 X 对因变量 Y 的简单斜率是较大的，有正向的影响关系，即 X 值越高相应的 Y 值越大；而当调节变量 Z 取低调节水平值（$M-1\times SD$）时，自变量 X 对因变量 Y 的简单斜率明显减小，斜线几乎与 X 轴平行，即此时自变量 X 对因变量 Y 的影响明显低于取高调节水平值时的影响。这直观地体现了调节变量在不同条件下如何影响简单斜率的大小或方向。

以上介绍的是调节变量为定量数据时的简单斜率，当调节变量为分类数据时，其不同取值直接取分类数据的分类水平值。比如当性别作为调节变量时，不能按平均值、平均值加减 1 倍标准差来取不同调节值，而是直接取男性、女性这两个分类水平值作为不同调节值，从而研究不同条件下自变量 X 对因变量 Y 的简单斜率变化。

当调节效应显著时，还需要对调节变量 Z 在不同条件下简单斜率的显著性进行检验，可直接依据 t 检验 P 值进行检验，若 P 值小于 0.05，则表明在调节变量 Z 的某个选点条件下，自变量 X 对因变量 Y 的影响是显著的，否则影响不显著。

4．调节效应分析步骤

调节效应分析总体上包括三大部分，第一部分是数据处理，第二部分是调节效应检验，第三部分是简单斜率分析，具体分为 5 个步骤，如图 7-9 所示。

（1）数据处理。

首先根据自变量、调节变量的数据类型，确认调节效应属于 4 种类型中的哪一种。如果自变量和调节变量不同时为分类数据,则此时应将分类数据转换为哑变量,并对定量数据进行中心化或标准化处理,之后将处理后的自变量与调节变量相乘得到二者的交互项。对于常见的自变量和调节变量均为定量数据的场景,应先对自变量和调节变量进行中心化或标准化处理以得到 Z_x 和 Z_w,然后将二者相乘得到交互项 $Z_x \times Z_w$。如果自变量和调节变量中有一个为分类数据,则将分类数据转换为哑变量后与定量数据的中心化或标准化数据依次相乘得到多个交互项。

调节效应分析步骤
- (1)数据处理
- (2)构建调节效应回归模型
- (3)调节效应检验
- (4)简单斜率分析
- (5)斜率图分析

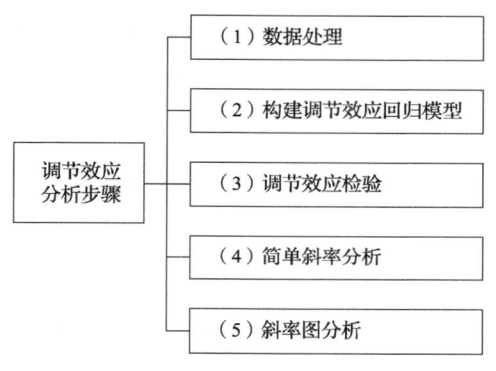

图 7-9 调节效应分析步骤

哑变量转换、中心化处理、标准化处理均可在 SPSSAU 的"问卷研究"→"调节作用"模块中通过勾选相关命令自动实现,在实际分析时并不需要用户额外操作,且一般不对因变量进行中心化或标准化处理。

(2)构建调节效应回归模型。

以 Y 为因变量,以 Z_x、Z_w、交互项 $Z_x \times Z_w$ 为自变量构建线性的调节效应回归模型。在实际分析时,采取分层线性回归分析的方式,比如将 Z_x、Z_w 放入第一层,交互项 $Z_x \times Z_w$ 放入第二层。如果在实际研究中还考虑了控制变量,则可以将所有的控制变量放入第一层,Z_x、Z_w 放入第二层,交互项 $Z_x \times Z_w$ 放入第三层;或者将控制变量、Z_x、Z_w 统一放入第一层,交互项 $Z_x \times Z_w$ 放入第二层。总体原则是将交互项 $Z_x \times Z_w$ 单独放入最后一层。

(3)调节效应检验。

检验调节效应是否存在有两种方法:第一种是依据交互项 $Z_x \times Z_w$ 的回归系数,如果回归系数呈现出显著性(t 检验的 P 值小于 0.05),则表示调节效应显著或存在;第二种是对有交互项 $Z_x \times Z_w$ 的回归方程与无交互项 $Z_x \times Z_w$ 的回归方程进行比较,如果两个方程的 R^2 变化量(ΔR^2)呈现出显著性(F 检验的 P 值小于 0.05),则表示调节效应存在。

(4)简单斜率分析。

当调节效应存在时,应当进一步考查调节变量取不同值时自变量影响因变量的程度和方向。一般通过选点法进行简单斜率分析,检验调节变量取低调节水平值(平均值减 1 倍标准差)、中调节水平值(平均值)、高调节水平值(平均值加 1 倍标准差)时,简单斜率的显著性情况。当简单斜率的 t 检验 P 值小于 0.05 时,表示该条件下自变量对因变量的影响是显著的,否则影响不显著。

（5）斜率图分析。

斜率图可直观展示简单斜率分析的结果，有助于解释和分析调节效应，因此一般建议根据前面的回归方程及简单斜率分析绘制出斜率图，并综合前面的结果进行调节效应的解释和分析。SPSSAU 的"调节作用"模块可以输出该图形结果及绘图所需的坐标点数据，用户可以直接采用该斜率图，或者利用坐标点数据通过其他工具绘制斜率图，最终进行分析总结。

7.3 案例解读：员工工作满意度对创新绩效的影响关系

本案例研究员工工作满意度对创新绩效的影响关系，并且以创新氛围为中介变量，其问卷框架如表 7-2 所示。

表 7-2 员工工作满意度对创新绩效的影响关系问卷框架（以创新氛围为中介变量）

框架内容		题号	题内容
样本背景信息题		P1	性别
		P2	年龄
		P3	婚姻
		P4	受教育程度
样本特征信息题		P5	职位
		P6	工作年限
		P7	企业性质
		P8	所在部门
核心变量题	个人发展	AA1	当前工作有利于我发挥个人才能
		AA2	我在工作中有自由运用个人判断力的机会
		AA3	我在工作中有可以按照个人方式处理事情的机会
		AA4	我能从当前工作中获得成就感
	工作特性	AB1	我目前的工作量适中
		AB2	我目前的工作稳定性良好
		AB3	我目前的工作环境及条件良好
		AB4	我与同事之间的人际关系和谐
	领导管理	AC1	领导对待下属的方式恰当
		AC2	领导的决策能力良好
		AC3	公司的管理方式合理
	工作回报	AD1	我的劳动付出与工作收入匹配
		AD2	我的工作能带给我晋升的机会
		AD3	我因工作出色而获得奖励或赞赏

续表

框架内容		题号	题内容
核心变量题	工作自由	BA1	我的工作内容有可以自由发挥的空间
		BA2	我的工作具有挑战性
		BA3	我可以自由设定自己的工作目标与进度
		BA4	我可以不受干扰、独立地工作
		BA5	我的工作环境和谐良好、工作空间舒适自由，令人满意
		BA6	我可以自由安排与布置自己的工作环境
		BA7	我的工作环境可以使我更有创意灵感
		BA8	在我的工作中，经常可以获得他人的肯定与支持
	团队合作	BB1	我的工作伙伴与团队成员能够相互支持与协助
		BB2	我的工作伙伴与团队成员能够多方讨论、交换心得
		BB3	我的工作伙伴与团队成员具有良好的共识与一致的目标
		BB4	我的工作伙伴与团队成员能够通过沟通协调解决问题与冲突
	创新绩效	C1	我因提供创新性建议而获得奖励
		C2	我能把创新性想法转换成实际应用
		C3	通过学习，我能提出一些独创性的解决问题的方案
		C4	我能用系统的方法介绍创新性思想
		C5	我能使企业重要的组织成员关注创新性思维

从员工工作满意度对创新绩效的影响关系问卷框架来看，P1~P4是样本背景信息题；P5~P8是样本特征信息题；AA1~C5是核心变量题，同时，这31个题全部为李克特五级量表题（1代表"非常不同意"，2代表"比较不同意"，3代表"一般"，4代表"比较同意"，5代表"非常同意"），均参考其他量表或理论进行设计。从问卷设计思路来看，自变量为员工工作满意度，且员工工作满意度包含4个变量（维度），分别是个人发展、工作特性、领导管理、工作回报；中介变量为创新氛围，包含2个变量（维度），分别是工作自由和团队合作；因变量为创新绩效，不再细分变量（维度）。

本案例的核心研究思路是研究员工工作满意度对创新绩效的影响关系，以及在研究员工工作满意度的4个变量对创新绩效的影响关系时，分析创新氛围的2个变量是否具有中介效应。另外，本案例还研究员工工作满意度的4个变量在影响创新绩效时，性别是否具有调节效应，即对于不同性别的样本，员工工作满意度对创新绩效的影响程度是否具有明显差异。

在本案例中，首先需要对样本背景信息题及样本特征信息题进行描述分析；然后需要对核心变量题进行信度分析和效度分析，虽然本案例的量表题均有参考量表，但结合具体样本情况，可能某些题并不适合，因此在使用探索性因子分析进行结构效度分析时，可能会对题进行删除处理，以达到更好的效度水平；在完成信度分析和效度分析后，需要对变量进行描述分析，计算变量（包括自变量、中介变量和因变量）的平均值，从而从整体上描述样本对变量的态度；本案例最核心的分析内容为变量关系研究，先使用相关分析研究变量之间的相关关系，再使用多元线性回归分析研究自变量对因变量或自变量对中介变量的影响关系，最后进行中介效应分析和调节效应分析。

因为第 6 章有相关内容说明，所以本案例省略样本背景分析，样本特征、行为分析，变量描述分析等内容。

7.3.1 使用探索性因子分析进行结构效度分析

在绝大多数情况下，在研究中介效应和调节效应时强调理论支持，所以量表通常为成熟量表或者有参考来源的量表。在实际研究中，量表可能没有良好的信度或效度，尤其是效度，所以在使用探索性因子分析进行结构效度分析时，需要将不合理的题删除后再进一步分析。

本节以员工工作满意度量表为例，使用探索性因子分析进行结构效度分析。由于在结构效度分析过程中会涉及题的删除，因此信度分析应该在删除题后进行。然而在通常情况下，应该先进行信度分析再进行效度分析，因为数据可信是基础，只有当数据可信时才有必要讨论数据是否有效。但从分析报告的顺序上看，信度分析也可以被放在效度分析之后。在进行结构效度分析时，可以通过探索性因子分析得出因子（变量）与题的对应关系。注意，研究人员也会对因子（变量）与题的对应关系有预期，如果软件生成的结果与预期基本一致，则说明具有良好的结构效度。而在使用探索性因子分析对员工工作满意度量表进行结构效度分析时，因子（变量）与题的对应关系最重要，该对应关系可以通过旋转后因子载荷系数体现。

从量表参考来源可知，员工工作满意度共分为 4 个维度（个人发展、工作特性、领导管理和工作回报），因此在使用探索性因子分析时，可以直接设置为提取 4 个因子，而不是由软件自动识别生成因子数量。第一次探索性因子分析的旋转后因子载荷系数如表 7-3 所示。

表 7-3　第一次探索性因子分析的旋转后因子载荷系数

名称	因子载荷系数			
	因子 1	因子 2	因子 3	因子 4
AC2 领导的决策能力良好	0.602	0.318	0.439	-0.075
AC3 公司的管理方式合理	0.737	0.257	0.359	0.014
AD1 我的劳动付出与工作收入匹配	0.77	0.063	0.094	0.391
AD2 我的工作能带给我晋升的机会	0.798	0.177	0.193	0.153
AD3 我因工作出色而获得奖励或赞赏	0.734	0.315	0.24	0.088
AA1 当前工作有利于我发挥个人才能	0.359	0.705	0.156	0.146
AA2 我在工作中有自由运用个人判断力的机会	0.118	0.792	0.236	-0.135
AA3 我在工作中有可以按照个人方式处理事情的机会	0.121	0.747	0.258	0.208
AA4 我能从当前工作中获得成就感	0.283	0.72	0.107	0.303

续表

名称	因子载荷系数			
	因子1	因子2	因子3	因子4
AB2 我目前的工作稳定性良好	0.096	0.181	0.809	0.105
AB3 我目前的工作环境及条件良好	0.321	0.092	0.726	0.255
AB4 我与同事之间的人际关系和谐	0.29	0.315	0.575	0.068
AC1 领导对待下属的方式恰当	0.458	0.366	0.615	0.057
AB1 我目前的工作量适中	0.21	0.22	0.24	0.845

备注：表格中的单元格若有背景颜色，则表示因子载荷系数绝对值大于0.4；旋转方法为最大方差旋转法。

在表7-3中，AA1～AA4用于测量变量"个人发展"，探索性因子分析将这4个题归属同一个因子，由于它们的因子载荷系数均大于0.7，因此认为这4个题没有问题。AB1～AB4用于测量变量"工作特性"，但AB1明显存在问题，与AB2～AB4并没有对应同一个因子，而是单独尺寸对应一个因子，因此考虑将此题删除。AC1～AC3用于测量变量"领导管理"，这3个题也可能存在问题，因为AC1同时对应两个因子（"纠缠不清"现象，在对应两个因子时的因子载荷系数均大于0.4），对应因子1的因子载荷系数为0.458，对应因子3的因子载荷系数为0.615；AC2也同时对应两个因子，对应因子1的因子载荷系数为0.602，对应因子3的因子载荷系数为0.439，因此AC1和AC2也值得关注。AD1～AD3对应同一个因子，没有问题。此外，AC1～AD3均对应同一个因子，这种情况也不应该被接受，但这是第一次探索性因子分析，上述分析已经发现AB1应被删除，因此可以在删除AB1后进行第二次探索性因子分析。第二次探索性因子分析的旋转后因子载荷系数如表7-4所示。

表7-4　第二次探索性因子分析的旋转后因子载荷系数

名称	因子载荷系数			
	因子1	因子2	因子3	因子4
AA1 当前工作有利于我发挥个人才能	0.721	0.351	0.183	0.133
AA2 我在工作中有自由运用个人判断力的机会	0.787	0.049	0.143	0.21
AA3 我在工作中有可以按照个人方式处理事情的机会	0.739	0.072	0.32	0.132
AA4 我能从当前工作中获得成就感	0.736	0.297	0.203	0.057
AD1 我的劳动付出与工作收入匹配	0.115	0.855	0.14	0.147
AD2 我的工作能带给我晋升的机会	0.2	0.788	0.246	0.19
AD3 我因工作出色而获得奖励或赞赏	0.312	0.663	0.371	0.153
AB4 我与同事之间的人际关系和谐	0.264	0.112	0.648	0.303
AC1 领导对待下属的方式恰当	0.311	0.255	0.729	0.322
AC2 领导的决策能力良好	0.243	0.355	0.732	0.124
AC3 公司的管理方式合理	0.21	0.554	0.622	0.124
AB2 我目前的工作稳定性良好	0.225	0.116	0.197	0.854
AB3 我目前的工作环境及条件良好	0.13	0.337	0.32	0.711

备注：表格中的单元格若有背景颜色，则表示因子载荷系数绝对值大于0.4；旋转方法为最大方差旋转法。

在表 7-4 中，AB4 本应与 AB2、AB3 对应同一个因子，但实际上却对应另一个因子（"张冠李戴"现象），因此可以考虑将 AB4 删除后再次进行探索性因子分析。AC3 对应两个因子，但问题不大，原因在于 AC1～AC3 依然对应同一个因子。AD1～AD3 对应同一个因子，没有问题。在删除 AB4 后进行第三次探索性因子分析。第三次探索性因子分析的旋转后因子载荷系数如表 7-5 所示。

表 7-5 第三次探索性因子分析的旋转后因子载荷系数

名称	因子载荷系数			
	因子 1	因子 2	因子 3	因子 4
AA1 当前工作有利于我发挥个人才能	0.72	0.341	0.186	0.13
AA2 我在工作中有自由运用个人判断力的机会	0.793	0.057	0.098	0.212
AA3 我在工作中有可以按照个人方式处理事情的机会	0.752	0.069	0.281	0.155
AA4 我能从当前工作中获得成就感	0.739	0.292	0.193	0.063
AD1 我的劳动付出与工作收入匹配	0.111	0.857	0.161	0.139
AD2 我的工作能带给我晋升的机会	0.201	0.782	0.264	0.193
AD3 我因工作出色而获得奖励或赞赏	0.328	0.685	0.321	0.173
AC1 领导对待下属的方式恰当	0.342	0.233	0.688	0.38
AC2 领导的决策能力良好	0.257	0.266	0.819	0.181
AC3 公司的管理方式合理	0.222	0.496	0.68	0.167
AB2 我目前的工作稳定性良好	0.233	0.111	0.15	0.863
AB3 我目前的工作环境及条件良好	0.141	0.325	0.292	0.732

备注：表格中的单元格若有背景颜色，则表示因子载荷系数绝对值大于 0.4；旋转方法为最大方差旋转法。

在表 7-5 中，除了 AC3 在两个因子上有较高载荷，其余题与因子的对应关系均符合预设测量关系。虽然 AC3 出现"纠缠不清"现象，但是它依然与 AC1、AC2 对应同一个因子，因此总体来说结果可以接受。在删除个别题后，最终验证结果显示员工工作满意度量表具有良好的结构效度。题与因子的对应关系是结构效度分析最关键的部分，在进行结构效度分析时，还可以对探索性因子分析涉及的其余指标进行综合说明，如 KMO 值、Bartlett 球形检验对应的 P 值、方差解释率、特征值等（具体可以参考第 5 章的相关内容）。

在实际研究过程中，研究人员需要进行多次分析，将对应关系出现问题的题删除，并且在其他研究（如信度分析）中对删除后的题进行分析。

在使用探索性因子分析进行结构效度分析时，处理方法并不固定，对于同一份数据，可能会有多种删除结果，研究人员需要根据具体情况进行处理，并且对处理过程进行描述。在通常情况下，删除题后每个变量至少还应该对应 2 个题，最好对应 3 个或 3 个以上的题。

7.3.2 分析员工工作满意度对创新绩效的影响关系

在完成信度分析和效度分析后，还应该先对变量进行影响关系分析，再进行中介效应分析和调节效应分析。也就是说，在进行中介效应分析前，应该先进行影响关系分析。影响关系分析共包括3项，分别是自变量 X 对因变量 Y 的影响关系，中介变量 M 对因变量 Y 的影响关系，以及自变量 X 对中介变量 M 的影响关系。在进行调节效应分析前，应该先分析自变量 X 对因变量 Y 的影响关系，不需要分析自变量 X 对调节变量 Z 的影响关系和调节变量 Z 对因变量 Y 的影响关系，再分析交互项对因变量 Y 的影响关系。

针对本案例的中介效应分析，首先分析自变量 X "员工工作满意度"对应的4个变量分别对因变量 Y "创新绩效"的影响关系，然后分析中介变量 M "创新氛围"（2个变量）对因变量 Y "创新绩效"的影响关系，最后分析自变量 X "员工工作满意度"对应的4个变量对中介变量 M "创新氛围"（2个变量）的影响关系。

针对本案例的调节效应分析，首先分析自变量 X "员工工作满意度"对因变量 Y "创新绩效"的影响关系，不需要分析自变量 X "员工工作满意度"对调节变量 Z "性别"的影响关系，也不需要分析调节变量 Z "性别"对因变量 Y "创新绩效"的影响关系；然后分析交互项（即自变量 X "员工工作满意度"与调节变量 Z "性别"的交互项）对因变量 Y "创新绩效"的影响关系。

对于本案例中3个量表的影响关系表格及文字说明，在7.3.3节中有报告和解释，本节不再单独展示，读者也可以参考第6章的相关内容。

7.3.3 分析团队合作是否具有中介效应

本节主要进行中介效应分析。

1．总体分析思路说明

本案例涉及3个量表，分别为员工工作满意度量表、创新氛围量表和创新绩效量表。其中，员工工作满意度量表对应4个变量，分别为个人发展、工作特性、领导管理和工作回报；创新氛围量表对应2个变量，分别为工作自由和团队合作；创新绩效不再继续细分二级维度。在具体研究时，自变量 X 为员工工作满意度（4个变量），中介变量 M 为创新氛围（2个变量），因变量 Y 为创新绩效。中介变量 M 包含2个变量，本案例仅以团队合作为例进行中介效应分析，中介效应模型路径图如图7-10所示。

在进行中介效应分析前，为方便报告和解释结果，本案例考虑对自变量 X "员工工作满意度"（4个变量）、中介变量 M "创新氛围"（2个变量）和因变量 Y "创新绩效"分别进行数据标准化处理，具体通过SPSSAU的"数据处理"→"生成变量"模块来实现，并且在进行数据标准化处理后，变量名称均以"S_"字符开头。之后，通过SPSSAU的"问卷研究"→"中介作用"模块完成三大回归模型的分析过程及中介效应检验的分析过程。

图7-10所示的中介效应模型路径图包括4条简单中介影响路径，分别是S_个人发展、S_工作特性、S_领导管理、S_工作回报这4个自变量通过S_团队合作影响S_创新绩效。需要强调的是，中介效应的三大回归模型是按照路径分析在一个大模型下的分析结果，并非将4个自变量拆分后依次进行线性回归的，即本案例本质上是通过路径分析模型完成回

归分析的,属于基于显变量数据资料的路径分析模型,只不过其研究目的明确提出要研究影响路径中的中介效应。

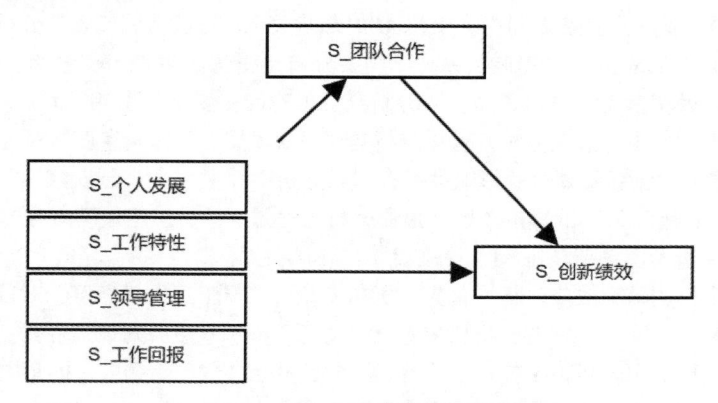

图 7-10 中介效应模型路径图

2. 回归模型结果分析

中介效应中涉及的自变量 X 与因变量 Y、自变量 X 与中介变量 M、自变量 X 和中介变量 M 与因变量 Y 的三大回归模型结果如表 7-6 所示。

表 7-6 三大回归模型结果

项	S_创新绩效			S_团队合作			S_创新绩效		
	B 值	标准误	β 值	B 值	标准误	β 值	B 值	标准误	β 值
常数	0.000	0.041	—	0.000	0.031	—	0.000	0.040	—
S_个人发展	0.316**	0.054	0.316	0.262**	0.040	0.262	0.223*	0.055	0.223
S_工作特性	0.219**	0.053	0.219	0.151**	0.039	0.151	0.165*	0.052	0.165
S_领导管理	−0.075	0.067	−0.075	0.172**	0.049	0.172	−0.137*	0.066	−0.137
S_工作回报	0.244**	0.059	0.244	0.377**	0.044	0.377	0.110	0.062	0.110
S_团队合作							0.356**	0.067	0.356
R^2	0.341			0.641			0.386		
调整 R^2	0.334			0.637			0.378		
F 值	$F(4,384)=49.572, P=0.000$			$F(4,384)=171.375, P=0.000$			$F(5,383)=48.186, P=0.000$		

备注:*表示 $P<0.05$,**表示 $P<0.01$。

为方便展示,表 7-6 中删除了 SPSSAU 输出的原始表格中各模型 t 检验的 t 值和 P 值,回归系数显著性由回归系数右上肩的符号"*"或"**"表示。另外,由于我们对案例数据提前进行了标准化处理,所以表 7-6 中非标准化回归系数 B 与标准化回归系数 $β$ 的值相同。

模型 1:自变量 X 对因变量 Y 的回归,S_个人发展、S_工作特性、S_工作回报 3 个自变量的非标准化回归系数依次为 0.316、0.219、0.244,均在 0.01 水平上(**表示 $P<0.01$)具有统计学意义,而 S_领导管理的影响无显著性(未标记符号"*"或"**")。该模型中

回归系数报告的是 4 条简单中介影响路径对应的总效应系数 c 的情况。

模型 2：自变量 X 对中介变量 M 的回归，S_个人发展、S_工作特性、S_领导管理、S_工作回报 4 个自变量的非标准化回归系数依次为 0.262、0.151、0.172、0.377，均在 0.01 水平上具有统计学意义。该模型中回归系数报告的是 4 条简单中介影响路径对应的中介前半段路径系数 a 的情况。

模型 3：自变量 X 和中介变量 M 对因变量 Y 的回归，S_个人发展、S_工作特性、S_领导管理 3 个自变量的非标准化回归系数依次为 0.223、0.165、−0.137，均在 0.05 水平上（*表示 $P<0.05$）具有统计学意义，而 S_工作回报的影响无显著性（未标记符号 "*" 或 "**"）。中介变量"S_团队合作"的非标准化回归系数为 0.356，在 0.01 水平上具有统计学意义。该模型中回归系数报告的是 4 条简单中介影响路径对应的 4 个直接效应系数 c' 的情况，以及中介后半段路径系数 b 的情况。

3. 中介效应检验

基于以上结果，我们已经明确了路径系数 c、a、b、c' 的显著性情况，接下来采用 Bootstrap 置信区间法检验 4 条简单中介影响路径是否成立。本案例的 Bootstrap 置信区间法中介效应检验结果汇总如表 7-7 所示。

表 7-7 Bootstrap 置信区间法中介效应检验结果汇总

项	c 总效应系数	a	b	ab 中介效应值	ab （标准误）	ab （95% BootCI）	c' 直接效应系数	检验结果
S_个人发展→ S_团队合作→ S_创新绩效	0.316**	0.262**	0.356**	0.094	0.029	0.040~0.153	0.223*	部分中介
S_工作特性→ S_团队合作→ S_创新绩效	0.219**	0.151**	0.356**	0.054	0.024	0.013~0.110	0.165*	部分中介
S_领导管理→ S_团队合作→ S_创新绩效	−0.075	0.172**	0.356**	0.061	0.027	0.012~0.117	−0.137*	遮掩效应
S_工作回报→ S_团队合作→ S_创新绩效	0.244**	0.377**	0.356**	0.134	0.039	0.065~0.217	0.11	完全中介

备注：*表示 $P<0.05$，**表示 $P<0.01$；Bootstrap 类型为百分位 Bootstrap 法。

（1）在 S_个人发展对 S_创新绩效的影响过程中，S_团队合作是否具有中介效应？中介的前半段路径系数 a 和后半段路径系数 b 具有显著性，此时乘积项 ab 一定具有显著性，说明中介效应存在或成立。ab 的 95%置信区间为[0.04,0.153]，置信区间内不包括 0，同样说明中介效应成立。此外，直接效应也具有统计学意义，也就是说 S_个人发展不仅直接影响 S_创新绩效，也通过 S_团队合作影响 S_创新绩效，按传统概念理解，即 S_团队合作起到了部分中介的作用。该中介效应值具体为乘积项 ab=0.094，占总效应的比例为 ab/c = 0.094/0.316 ≈ 29.75%。

同理，S_团队合作在 S_工作特性对 S_创新绩效的影响中发挥中介作用，中介效应占总效应的比例为 0.054/0.219 ≈ 24.66%。

（2）在 S_工作回报对 S_创新绩效的影响过程中，S_团队合作是否具有中介效应？中介的前半段路径系数 a 和后半段路径系数 b 具有显著性，说明中介效应存在或成立。ab 的 95%置信区间为[0.065,0.217]，置信区间内不包括 0，同样说明中介效应成立。其直接效应值为 0.11，不具有显著性，说明 S_工作回报只通过影响 S_团队合作来最终影响 S_创新绩效，而其对 S_创新绩效并无直接影响，按传统概念理解，即 S_团队合作起到了完全中介的作用。按中介效应解释即可，不需要报告中介效应占比。

（3）在 S_领导管理对 S_创新绩效的影响过程中，S_团队合作是否具有中介效应？中介的前半段路径系数 a 和后半段路径系数 b 具有显著性，说明中介效应存在或成立。ab 的 95%置信区间为[0.012,0.117]，置信区间内不包括 0，同样说明中介效应成立。值得注意的是，其直接效应值为−0.137 且具有显著性，该值为负数，和中介效应值 ab=0.061 的符号相反。按温忠麟和叶宝娟（2014）在研究中提出的中介效应检验流程，当 ab 与 c'符号相反时，应考虑将检验结果定义为遮掩效应。遮掩效应是指第三变量（遮掩变量）对自变量与因变量关系的遮掩（或抑制）作用，具体可查阅专业资料。

本案例中有 4 条简单中介影响路径，经检验其中 3 条中介影响路径是存在或成立的，中介变量 M "S_团队合作"在影响关系中起到部分或完全中介的作用。在有多条中介影响路径的情况下，还可以结合实际研究情况对总的间接效应进行检验和分析，但在大多数情况下，总的间接效应分析意义较小，可不对其进行过多关注。

7.3.4 分析性别的调节效应

在完成本案例的中介效应分析后，下面进行调节效应分析。

1. 总体分析思路说明

本节研究员工工作满意度（个人发展、工作特性、领导管理和工作回报）对创新绩效的影响关系，并且分析性别的调节效应。此时自变量为定量数据，调节变量为分类数据，根据前面介绍的 4 种类型可知，本案例属于第 2 种类型，总体思路是采用分层线性回归分析进行调节效应分析，共涉及 6 个变量，如果在一个大的路径分析模型中总体考查调节效应，则需要继续增加 4 个交互项，模型从总体上将显得复杂和臃肿，所以从实际出发，可以考虑将 4 个自变量拆分，简化为 4 个独立的调节效应进行研究。

在数据处理方面，应对自变量进行标准化处理，对调节变量进行哑变量转换，同时，对于性别的编码情况，本案例以男性作为参照项。如果存在显著调节效应，则应当继续进行简单斜率分析并绘制斜率图,以进一步了解其调节效果。

2. 分层线性回归分析结果解释

以自变量"个人发展"为例,首先构建分层线性回归模型以对其结果进行分析。性别的调节效应分析结果如表 7-8 所示。

表 7-8 性别的调节效应分析结果

项	模型 1	模型 2	模型 3
常数	3.788** (-125.249)	3.670** (-94.384)	3.678** (-95.76)
个人发展	0.347** (-11.463)	0.330** (-11.081)	0.399** (-11.229)
性别_男[参照项]	—	—	—
性别_女		0.279** (-4.629)	0.293** (-4.926)
个人发展×性别_女			-0.218** (-3.462)
样本量	389	389	389
R^2	0.253	0.293	0.314
调整 R^2	0.252	0.289	0.309
F 值	$F(1,387)=131.399,P=0.000$	$F(2,386)=79.881,P=0.000$	$F(3,385)=58.763,P=0.000$
$\triangle R^2$	0.253	0.039	0.021
$\triangle F$ 值	$F(1,387)=131.399,P=0.000$	$F(1,386)=21.427,P=0.000$	$F(1,385)=11.983,P=0.001$

备注:因变量为创新绩效;**表示 $P<0.01$;前 5 行结果括号内数字为 t 值,括号外数字为回归系数。

从表 7-8 可知,调节效应分为 3 个模型,模型 1 中包括自变量"个人发展",模型 2 在模型 1 的基础上加入调节变量"性别_女"(以男性作为参照项),模型 3 在模型 2 的基础上加入交互项(自变量与调节变量的乘积项,乘积项不需要用户准备,而是由 SPSSAU 自动生成)。如果在实际研究中还考虑了控制变量,则可以将所有的控制变量放入第一层,自变量和调节变量放入第二层,交互项放入第三层,形成三层三个模型。总体原则是将交互项单独放入最后一层。

模型 1 的目的在于研究不考虑调节变量"性别"的干扰时,自变量"个人发展"对因变量"创新绩效"的影响情况。由表 7-8 可知,个人发展呈现出显著性($t=-11.463$,$P<0.01$),意味着个人发展对创新绩效会产生显著影响。在模型 2 中,相较于男性,女性对创新绩效有显著影响($t=-4.629$,$P<0.01$),或者可通过 R^2 变化量$\triangle R^2$ 的显著性来判断,在模型 1 的基础上新增性别的影响后,R^2 变化量具有统计学意义($F=21.427$,$P=0.000<0.01$),同样说明女性对创新绩效具有显著影响。

对于调节效应检验来说,最关心的是模型 3 中的交互项,本案例中个人发展×性别_女交互项对创新绩效具有显著影响（t=−3.462，P<0.01），同时 R^2 变化量也呈现出显著性（F=11.983，P=0.001<0.01），两种检验方法都说明交互项显著，即调节效应存在或成立。

关于其他自变量"工作特性""领导管理""工作回报"对创新绩效的影响是否受到性别调节，感兴趣的读者可以自行探究。

分层线性回归分析结果除了可以检验调节效应是否成立，还可以基于交互项回归系数的符号正负判断调节的方向。若回归系数为正数，则说明是正向调节；若回归系数为负数，则说明是负向调节。比如本案例中个人发展×性别_女的回归系数为负数，说明个人发展对创新绩效的影响受到性别的负向调节，具体来说就是性别从男性转换到女性时，个人发展对创新绩效的影响程度出现了降低的情况。

3. 简单斜率分析

为进一步分析性别的调节效应，我们采用 SPSSAU 绘制的简单斜率图进行分析，本案例的简单斜率图如图 7-11 所示。

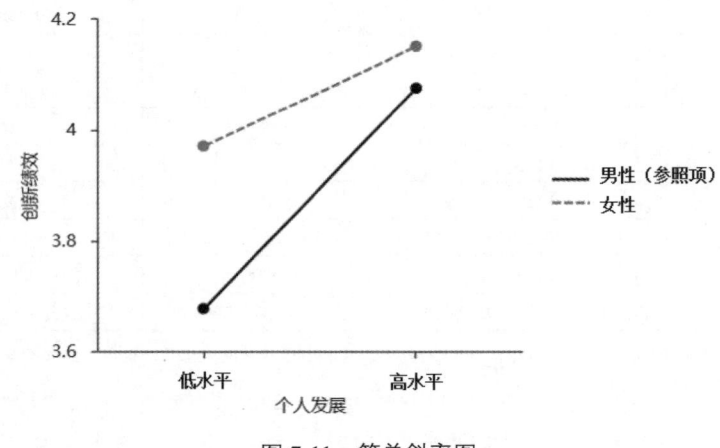

图 7-11 简单斜率图

在图 7-11 中，位于上方的虚线代表女性个人发展影响创新绩效的简单斜率，下方的实线代表作为参照项的男性个人发展影响创新绩效的简单斜率，显然女性对应的简单斜率较小，即影响程度较低。也就是说，通过简单斜率分析可以发现，相对于男性来说，女性个人发展对创新绩效的影响程度有所降低（斜率变小），女性起到负向的调节作用。

关于性别在其他自变量"工作特性""领导管理""工作回报"对创新绩效的影响过程中如何发挥调节作用，感兴趣的读者可以自行探究。

第8章

量表类问卷权重研究

对于量表类问卷，指标权重计算在学术研究和企业研究中均较为常见。量表类问卷权重研究的重点在于指标体系构建与各个题或因子的权重计算，而非影响关系分析。之后，可以通过计算量表题和因子的权重，构建完善的权重体系，并且结合各指标权重提出科学的建议。权重研究的分析方法非常多，但都是针对量表类问卷的，基本无法对非量表类问卷进行权重体系构建。常见的量表类问卷的权重体系有企业财务竞争力权重体系、绩效权重体系或管理者领导力权重体系，以及医学领域评价量表的权重体系等。

权重研究的分析方法通常可以分为两类,即主观评价法和客观评价法。主观评价法包括专家咨询法、层次分析法、优序图法等。其中,专家咨询法是指由多位专家共同讨论决定各指标的权重;层次分析法是指利用专家打分,并通过判断矩阵计算,最终生成各指标的权重。客观评价法包括因子分析法或主成分分析法、熵值法、CRITIC 权重法、独立性权重法、变异系数法等。在量表类问卷权重研究中,层次分析法为常用的主观评价法。因子分析法或主成分分析法、熵值法及 CRITIC 权重法等客观评价法可以直接使用收集的量表数据进行计算,最终生成各指标的权重。

主观评价法和客观评价法各有利弊。主观评价法基于专家意见,相对来讲具有权威性,但会受主观判断因素的影响。客观评价法直接使用收集的量表数据进行分析,更加客观,但其权威性会受到较多质疑。研究人员可以综合主观评价法和客观评价法的利弊,按照指标体系的特点,分别为因子和题提供相同或不同种类的权重计算方法,将主观评价法(通常为层次分析法)和客观评价法(通常为因子分析法、熵值法等)的权重进行综合考虑,形成最终的权重体系。

虽然通过 Excel 也可以完成层次分析法和熵值法等的权重计算,但计算过程比较烦琐且容易因操作不当而导致结果错误。SPSSAU 可以直接实现上述层次分析法、因子分析法、熵值法及 CRITIC 权重法等的权重计算。

本章讨论的量表类问卷权重研究,是基于探索性因子分析进行的。有关探索性因子分析的内容,可回顾和参考本书第 5 章的内容。使用 SPSSAU 完成层次分析法、熵值法、CRITIC 权重法、变异系数法计算的具体操作过程和解读,可参考本书第 19 章的内容。接下来,本章针对量表类问卷权重研究,分别从分析思路、分析方法、案例解读 3 个模块进行阐述。

8.1 分析思路

量表类问卷权重研究,研究目的主要是综合评价。比如在通过量表调查企业不同部门员工满意度时,单个部门员工满意度的得分意义并不大,最终需要综合对比和评价不同部门员工满意度的情况。

对于量表类问卷数据资料的综合评价或权重体系研究,首先结合理论知识和专业经验初步构建评价研究目标的指标体系,通常为三级指标:一级指标只有一个,即研究的总目标;二级指标是总目标评价的不同维度;三级指标则是具体的量表题。然后对设计的研究目标指标体系进行信度分析和效度分析以论证其可靠性和准确性。在此过程中,探索性因子分析同时承担效度分析、指标体系构建、权重计算的任务。最后基于构建的指标体系及权重体系,完成综合评价或差异对比等工作。

总体来说,量表类问卷权重研究分析思路可分为 7 部分,分别是样本背景分析,样本特征、行为分析,效度分析与指标体系构建,信度分析,权重体系研究,变量描述分析和

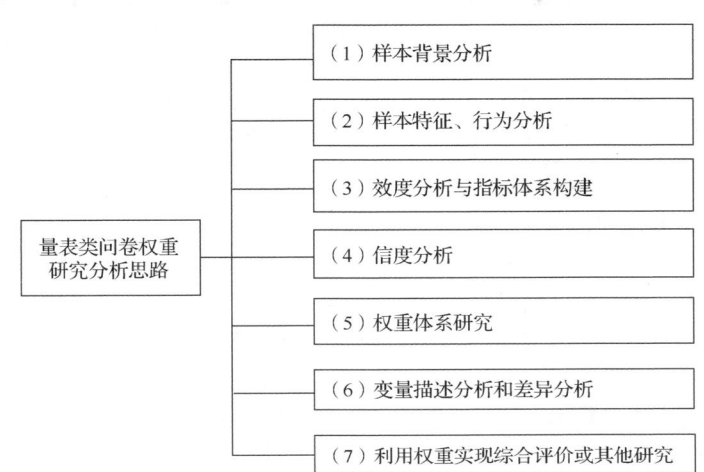

差异分析，以及利用权重实现综合评价或其他研究，如图 8-1 所示。

```
                                    ┌─ （1）样本背景分析
                                    ├─ （2）样本特征、行为分析
                                    ├─ （3）效度分析与指标体系构建
    量表类问卷权重   ─────────────────┼─ （4）信度分析
    研究分析思路                      ├─ （5）权重体系研究
                                    ├─ （6）变量描述分析和差异分析
                                    └─ （7）利用权重实现综合评价或其他研究
```

图 8-1　量表类问卷权重研究分析思路

（1）样本背景分析和样本特征、行为分析。这两部分与第 6 章中的内容类似，均使用频数分析或描述性分析了解样本的背景信息及样本的基本特征、行为现状和基本态度。

（2）效度分析与指标体系构建。使用探索性因子分析研究量表题，对需要计算权重的题进行分析，探索、提取因子，并分析各题与因子的对应关系是否契合研究理论和假设。若提取的因子含义明确，且题与因子的对应关系符合研究理论和假设，则认为用于研究的量表具有较好的结构效度，详细解读思路见第 5 章的相关内容。

（3）信度分析。对研究的调查数据按因子或维度及总量表进行信度分析，一般采用 α 系数证明收集的量表数据具有可靠性。具体内容可参考第 5 章的相关内容，本章不再赘述。

（4）权重体系研究。此部分内容为本章核心研究内容，研究人员应该重视。本章讨论的权重体系构建是使用探索性因子分析进行的。

探索性因子分析通过结构效度分析构建"总目标–因子或维度–题或指标"的三层指标体系，而权重体系构建则需要按体系结构分别为因子和题赋予合理的权重系数。量表类指标体系权重计算分析思路如表 8-1 所示。

表 8-1　量表类指标体系权重计算分析思路

指标体系	权重计算方法及赋权依据
总目标	无
因子或维度	因子分析法（方差解释率）、层次分析法或优序图法（专家重要性打分） 熵值法（信息熵、不确定性）、CRITIC 权重法（数据波动性和冲突性） 变异系数法（变异系数）、独立性权重法（复相关系数）等 组合赋权法（两种不同方法权重合并）

续表

指标体系	权重计算方法及赋权依据
题或指标	层次分析法（专家重要性打分）、优序图法（专家重要性打分） 熵值法（信息熵、不确定性）、CRITIC 权重法（数据波动性和冲突性） 变异系数法（变异系数）、独立性权重法（复相关系数）等 组合赋权法（两种不同方法权重合并）

对于因子或维度的权重，在使用探索性因子分析进行效度分析与指标体系构建后，可以直接使用因子方差解释率占累积方差解释率的百分比作为因子的权重。在使用因子分析法或主成分分析法时，会同时对题或指标进行权重计算，但注意此处题或指标的权重，用于衡量的是相对于总目标的重要性程度，题或指标的权重不是对上一层级因子权重的分解，不能和因子权重形成权重体系。因此，在实际使用因子分析法计算权重时，通常主要计算因子的权重系数。除因子分析法之外，也可以使用层次分析法或优序图法为因子或维度赋权。其他可考虑的客观赋权方法还包括熵值法、CRITIC 权重法、变异系数法和独立性权重法等。

对于题或指标的权重，在通过量表类问卷获得各题数据后，可以直接按指标体系的对应关系，对每个因子或维度下的题分别进行权重计算，有几个因子就计算几次。这样计算的题的权重，反映的是其对上一层级对应因子或维度的重要性。具体赋权方法可以选择层次分析法、优序图法、熵值法、CRITIC 权重法、变异系数法和独立性权重法等。

有些研究采用组合赋权法，即针对同一组指标使用两种赋权方法，最后将两种方法的权重结果合并，之后对合并结果进行归一化处理以获得一套权重系数。比如使用层次分析法和熵值法计算出两套权重系数，注意是针对同一组指标的两套计算结果，之后将其合并。合并的方法通常包括乘积法和平均法，如果两种方法的计算原理相差很大，则推荐使用乘积法合并；如果两种方法的计算原理相近，则推荐使用平均法合并。接下来对合并结果进行归一化处理以获得最终的权重系数。组合赋权法计算示例如表 8-2 所示。

表 8-2 组合赋权法计算示例

指标	层次分析法权重	熵值法权重	乘积	归一化处理
A	0.2	0.3	0.06	0.207
B	0.4	0.4	0.16	0.552
C	0.3	0.2	0.06	0.207
D	0.1	0.1	0.01	0.034
权重求和	1	1	0.29	1

组合赋权法是指在主观评价法和客观评价法的权重结果基础上，综合计算出最终权重的方法，其计算方法相对简单，可以直接使用 Excel 完成。

表 8-2 中"乘积"列的数据即层次分析法权重与熵值法权重对应相乘的值（若采用平均法，则求平均值），对 4 个乘积结果求和有 0.06+0.16+0.06+0.01=0.29；"归一化处理"列

的数据即 4 个乘积结果依次除以求和值所得的值，比如指标 A 的归一化权重值为 0.06/0.29≈0.207，最后，4 个指标的归一化权重值的和为 1。

为什么需要了解多种权重计算方法呢？因为不同的权重计算方法各有特点，在适用场景方面可能存在差别。在实际分析时，如果某种方法计算的权重令研究人员感到疑惑、不能接受、与专业判断有出入，或者权重系数大小相近、过于均衡等，则此时可考虑更换其他不同的权重计算方法，并在重新计算权重后，从专业上综合判断，或者查阅本行业领域的文献资料决定如何选择。

（5）变量描述分析和差异分析。在完成核心的权重体系构建后，需要继续深入研究样本对各指标变量的基本态度。可以通过计算平均值了解样本对各指标变量的基本态度。如果需要对比不同背景的样本对各指标变量的态度差异，那么可以使用方差分析或独立样本 t 检验。此部分具体可参考第 6 章和第 8 章的相关内容。

（6）利用权重实现综合评价或其他研究。权重系数通常是中间结果，并非最终分析的结果。对于权重的利用，主要是基于权重系数和指标的取值计算综合指数，最后用综合指数通过对比的方式完成综合评价或其他研究。

8.2 分析方法

本节将详细介绍量表类问卷权重研究涉及的分析方法，由于第 5 章和第 6 章已经对频数分析、描述性分析、信度分析、差异分析等进行了详细说明，因此这里将重点放在使用探索性因子分析构建指标体系，之后针对指标体系的不同层级指标，使用因子分析法、层次分析法、熵值法等计算对应的权重，最终完成权重体系的构建。本节需要重点介绍的量表类问卷权重研究分析方法如图 8-2 所示。

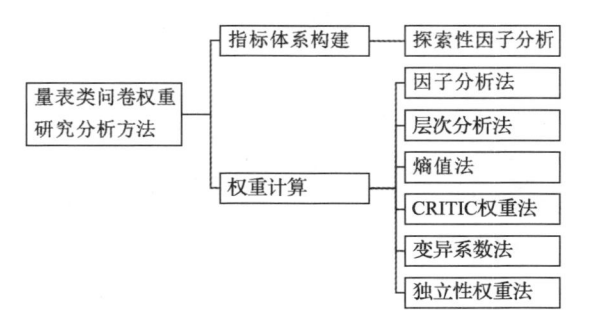

图 8-2 量表类问卷权重研究分析方法

8.2.1 探索性因子分析指标体系构建

在量表类问卷权重研究中，可以使用探索性因子分析完成效度分析与指标体系构建、因子权重计算、因子得分计算,最后利用权重完成综合评价或其他研究。也就是说,使用探索性因子分析进行权重体系研究分为四步,第一步为效度分析与指标体系构建,第二步为因子权重计算,第三步为因子得分计算,第四步为综合评价或其他研究。

效度分析的目的在于说明量表的有效性、准确性,即量表题是否可以有效地表达或测量变量的概念信息。对于成熟量表,有时也可以放弃此部分工作。

探索因子的作用在于从多个量表题中提取少数几个因子,将题用几个因子进行概括解释。在进行探索性因子分析的过程中,切记要将"张冠李戴"的题和"纠缠不清"的题删除。最终此部分得到的结论应该涵盖探索到的所有因子的情况,包括每个因子的命名及因子与题之间的对应关系等,从而为权重体系构建做好准备。

当结构效度良好时,说明用题测量各因子是有效的,所形成的题与因子的对应关系可被认为是合理的指标体系。此时,研究的总目标是一级指标,提取的因子是二级指标,用来测量因子的题是三级指标,这是量表类问卷权重研究的基础。指标体系构建示意图如图 8-3 所示。

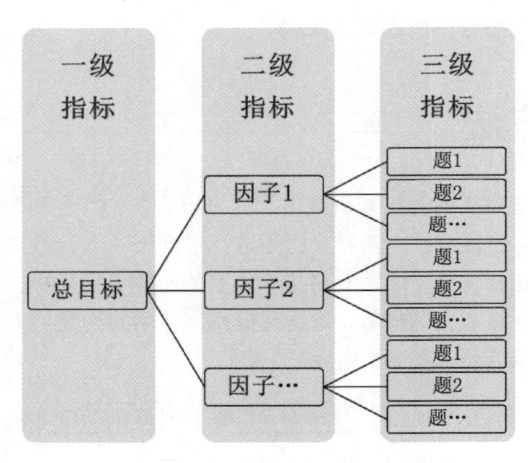

图 8-3 指标体系构建示意图

8.2.2 因子分析法权重计算

在使用探索性因子分析构建指标体系后,接下来需要对二级指标(因子)、三级指标(题)计算具体的权重。针对因子的权重计算有多种方法,比如直接基于因子分析法所得的各因子方差解释率来计算,将因子方差解释率占累积方差解释率的百分比作为因子的权重。

接下来进一步示范说明,在 8.2.1 节中进行探索性因子分析指标体系构建时,可以获得因子的"方差解释率"表格,如表 8-3 所示。

表 8-3 因子的"方差解释率"表格

因子编号	特征值			旋转前方差解释率			旋转后方差解释率		
	特征值	方差解释率（%）	累积方差解释率（%）	特征值	方差解释率（%）	累积方差解释率（%）	特征值	方差解释率（%）	累积方差解释率（%）
1	5.130	42.749	42.749	5.130	42.749	42.749	2.809	23.409	23.409
2	1.803	15.028	57.777	1.803	15.028	57.777	2.295	19.126	42.535
3	1.250	10.413	68.190	1.250	10.413	68.190	2.051	17.088	59.623
4	0.982	8.180	76.370	0.982	8.180	76.370	2.010	16.747	76.370
5	0.526	4.382	80.752	—	—	—	—	—	—
6	0.477	3.972	84.724	—	—	—	—	—	—
7	0.448	3.729	88.453	—	—	—	—	—	—
8	0.353	2.942	91.396	—	—	—	—	—	—
9	0.316	2.630	94.026	—	—	—	—	—	—
10	0.294	2.453	96.479	—	—	—	—	—	—
11	0.231	1.928	98.407	—	—	—	—	—	—
12	0.191	1.593	100.000	—	—	—	—	—	—

根据表 8-3 可知，探索性因子分析共探索出 4 个因子，且经过因子旋转后这 4 个因子的方差解释率分别是 23.409%、19.126%、17.088%和 16.747%，总累积方差解释率为 76.370%。方差解释率代表因子对题的信息解释程度，如因子 1 的方差解释率为 23.409%，说明因子 1 可以解释所有题 23.409%的信息量，本案例中的 4 个因子可以解释所有题 76.370%的信息量。

接着进行因子权重计算。虽然这 4 个因子可以解释所有题 76.370%的信息量，但在实际研究中会认为因子代表所有题（总累积方差解释率应该为 100%，而非 76.370%），因此此处需要进行归一化处理，即 4 个因子的方差解释率分别为 23.409%/76.370% ≈ 30.652%，19.126%/76.370% ≈ 25.044%，17.088%/76.370% ≈ 22.375%，16.747%/76.370% ≈ 21.929%。此步骤的目的在于将 4 个因子的方差解释率进行加权处理，即最终 4 个因子的方差解释率相加为 1，相当于用 4 个因子表达所有题的信息。

经过归一化处理后，事实上已经清楚地得出 4 个因子的权重系数，即归一化处理后的方差解释率，分别是 30.652%、25.044%、22.375%和 21.929%。这 4 个因子的权重系数之和为 1，可以直接对比大小，因子 1 的权重系数最大，为 30.652%；因子 4 的权重系数最小，为 21.929%。

在指标体系中，因子是作为中间层/维度存在的，每个因子都具有实际含义或概念。探索性因子分析可以为这些因子赋值，即因子得分。对于因子得分，可以通过成分得分系数矩阵（因子分析输出的结果之一）写出表达式，由研究人员按表达式手动利用 Excel 表格完成计算，或者直接通过 SPSSAU 自动计算并保存为新变量。

经过前面的计算，我们将获得因子权重和因子得分，并结合二者计算综合得分，以综合得分的形式完成综合评价或其他研究，如差异对比等。例如，在表 8-3 中，我们计算的综合得分表达式为

F（综合得分）=30.652%×因子 1+25.044%×因子 2+22.375%×因子 3+21.929%×因子 4

其中，因子 1、因子 2、因子 3 和因子 4 表示因子得分。

在实际分析中，可以考虑将受访者按组别进行研究，比如在通过量表调查企业不同部门员工满意度时，一位受访者或单个部门员工的满意度得分意义并不大，最终需要综合对比和评价不同部门员工满意度的情况。此时可以将组别内受访者的量表题数据取平均值，结合每个题的权重系数，直接计算各个组别的综合指数，最后完成不同组别综合指数的评价。

8.2.3 层次分析法权重计算

层次分析法作为一种主观赋权的方法，在多目标决策及综合评价研究中的应用比较广泛。在量表类问卷权重研究中，可以使用层次分析法对指标体系的各层指标进行赋权。

在计算层次分析法权重时，一般由若干位专家（建议为 5~15 位专家，可根据研究的复杂性灵活调整）对某个层次的指标重要性进行两两对比和评分以获得判断矩阵数据。在进行重要性评分时，通常采用九级尺度（也有研究采用五级尺度），具体如表 8-4 所示。

表 8-4 判断矩阵数据重要性评分尺度

指标 i 对比指标 j	量化值
同等重要	1
稍微重要	3
较强重要	5
强烈重要	7
极端重要	9
相邻判断的中间值	2, 4, 6, 8

举个例子：从高校排名、专业师资、生活环境、就业深造 4 个方面评价对高校的满意度，假设某位专家认为专业师资比生活环境强烈重要，则打 7 分，那么生活环境相对于专业师资的重要性就是 1/7；假设某位专家认为就业深造比专业师资重要一些，则打 2 分，那么专业师资相对于就业深造的重要性就是 1/2。两两对比后的结果数据构成的矩阵称为判断矩阵，是层次分析法的数据基础。同时，有 k 个元素就称为 k 阶判断矩阵，4 阶判断矩阵示例如表 8-5 所示。

表 8-5 4 阶判断矩阵示例

指标	高校排名	专业师资	生活环境	就业深造
高校排名	1	3	9	3
专业师资	1/3	1	7	1/2
生活环境	1/9	1/7	1	1/5
就业深造	1/3	2	5	1

注意，一位专家的打分数据就是一个判断矩阵，如果有多位专家，就会得到多个判断矩阵。对于多个判断矩阵，需要将它们合并成一个，有多种合并的方式，本书推荐使用几何平均值方法。若对 n 个数计算几何平均值，则结果为这 n 个数乘积的 n 次方根（或 $1/n$ 次方），如表 8-6 所示，以两个 2 阶判断矩阵为例。

表 8-6 判断矩阵几何平均值计算示例

矩阵1	A	B	合并	矩阵2	A	B	→	结果	A	B
A	1	4		A	1	7		A	(1×1)^0.5	(4×7)^0.5
B	1/4	1		B	1/7	1		B	(1/4×1/7)^0.5	(1×1)^0.5

表 8-6 中的尖号 "^" 表示次方或幂，n 次方根也可以表示为 $1/n$ 次方。比如 A 相对于 B 的重要性分别是 4 和 7，则合并后矩阵中对应的结果为 4 和 7 乘积的 1/2 次方，最终结果为 5.292，同理，计算出矩阵中其他的 3 个几何平均值，最后使用合并后的矩阵计算权重系数。

基于判断矩阵数据计算各指标权重系数的方法有很多种，这里简要介绍和积法。首先将上述判断矩阵的每列数据进行归一化处理，具体操作就是用每列的数据除以该列所有数据的和，此时原始的判断矩阵转化为经归一化处理后的判断矩阵，矩阵内的数据具有可比性。接下来针对归一化判断矩阵按行求平均值，此时所得到的结果为权重系数，反映的是各指标对上一层级的相对重要性。前面高校满意度评价的层次分析法权重系数结果如表 8-7 所示，表中第 3 列为权重系数。

表 8-7 层次分析法权重系数结果

指标	特征向量	权重系数	最大特征值	CI 值
高校排名	2.098	52.457%	4.163	0.054
专业师资	0.775	19.371%		
生活环境	0.174	4.344%		
就业深造	0.953	23.828%		

由于判断矩阵是多位专家的主观评价数据，可能存在对指标相对重要性判断逻辑不一致的情况。比如某个判断矩阵中出现 A 比 B 重要，B 比 C 重要，C 又比 A 重要的情况，这显然在逻辑上是矛盾、不一致的，因此还需要进行一致性检验。

一致性检验使用 CR 值进行分析，若判断矩阵的 CR 值小于 0.1，则说明通过一致性检验,否则说明没有通过一致性检验。在具体计算时,CR=CI/RI,CI 值可以通过判断矩阵的最大特征值求得(见表 8-7 的第 4 列和第 5 列),RI 值为随机一致性指标值,可以直接根据判断矩阵的阶数查表获得。表 8-8 所示为随机一致性 RI 值。

表 8-8 随机一致性 RI 值

n 阶	3	4	5	6	7	8	9	10	11	12	13	14	15	16
RI 值	0.52	0.89	1.12	1.26	1.36	1.41	1.46	1.49	1.52	1.54	1.56	1.58	1.59	1.5943
n 阶	17	18	19	20	21	22	23	24	25	26	27	28	29	30
RI 值	1.6064	1.6133	1.6207	1.6292	1.6358	1.6403	1.6462	1.6497	1.6556	1.6587	1.6631	1.6670	1.6693	1.6724

若判断矩阵没有通过一致性检验,则需要检查是否存在逻辑问题等,并且需要重新录入判断矩阵进行分析。如果已经计算出权重系数,并且判断矩阵满足一致性检验,则层次分析法权重计算完成,下一步可以利用权重系数进行其他分析,比如综合评价。本例中层次分析法权重计算的一致性检验结果如表 8-9 所示。

表 8-9 层次分析法权重计算的一致性检验结果

最大特征值	CI 值	RI 值	CR 值	一致性检验结果
4.163	0.054	0.890	0.061	通过

需要说明的是,针对量表类问卷权重研究,在基于探索性因子分析构建指标体系时,量表题往往是比较多的,比如指标体系包含 5 个因子或维度,共有 30 个量表题或指标。如果我们针对 30 个量表题数据,采用层次分析法计算权重,那么对 30 个量表题或指标两两评价重要性,显然比较困难,也容易造成打分不一致的情况,因此层次分析法权重并不适用于指标数量过多的情况,相对来说,可以使用层次分析法计算二级指标的权重。

层次分析法权重计算的整个过程,可以通过 Excel 表格完成,但是计算量较大且较为烦琐,本书推荐使用 SPSSAU 自动完成。

8.2.4 其他权重计算方法

在使用客观评价法进行权重计算的方法中,熵值法、CRITIC 权重法、变异系数法、独立性权重法等较为常用。这 4 种方法的权重计算依据和使用场景如表 8-10 所示。

表 8-10 权重计算依据和使用场景

方法	权重计算依据	使用场景
熵值法	熵值越大,不确定性越高,有效信息越少,对应权重越小,反之权重越大	使用场景广泛,要求指标均为连续型非负数据
CRITIC 权重法	同时考虑指标数据变异性和指标间的相关性,数据标准差越大且相关系数越小,对应权重越大,反之权重越小	需要削减相关性较强指标权重分配的情况,或者侧重减少指标间信息重叠的情况

续表

方法	权重计算依据	使用场景
变异系数法	利用变异系数赋权，变异系数越大，信息量越多，对应权重越大，反之权重越小	指标较多且权重容易过于均衡的情况，或者对专家主观打分数据赋权的情况
独立性权重法	用复相关系数的倒数代表独立性，独立性越高（复相关性越低），对应权重越大，反之权重越小	对有一定相关性基础的指标赋权的情况

在量表类问卷权重研究中，表 8-10 中的这 4 种权重计算方法，均可以直接按因子或维度的结构针对量表题的数据计算各题对应因子的权重。比如某量表经过探索性因子分析构建了 5 因子 30 个题的指标体系，之后可以直接用熵值法、CRITIC 权重法、变异系数法、独立性权重法计算这 30 个题对应因子的权重系数，用于下一步研究。下面依次介绍这 4 种权重计算方法的基本原理。

1．熵值法

熵代表不确定性或离散程度，而不确定性越高意味着有效信息越少。因此，一个指标的熵值越大，说明其不确定性越高，有效信息越少，相应地，应赋予其较小的权重；反之，熵值越小，说明不确定性越低，有效信息越多，相应地，应赋予其较大的权重。

熵值法权重计算步骤主要包括数据预处理、计算信息熵 e、计算信息效用值 d 和计算权重系数（有的研究还会在权重系数的基础上，继续计算指标的综合指数），如图 8-4 所示。

```
                ┌─ （1）数据预处理
                ├─ （2）计算信息熵 e
熵值法权重计算步骤─┤
                ├─ （3）计算信息效用值 d
                └─ （4）计算权重系数
```

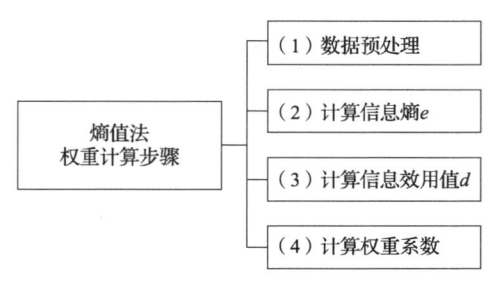

图 8-4 熵值法权重计算步骤

（1）数据预处理。如果观测指标的取值符号不一致，则应当提前进行数据预处理，包括正向化、逆向化及适度化处理。正向化处理的计算公式如下，分子为指标值与指标最小值的差值，分母为指标最大值与最小值的差值，经正向化处理后的数据被压缩在[0,1]区间内。

$$\frac{x - x_{\text{Min}}}{x_{\text{Max}} - x_{\text{Min}}}$$

逆向化处理的计算公式如下，分子为指标最大值与指标值的差值，分母为指标最大值与最小值的差值，经逆向化处理后的数据同样被压缩在[0,1]区间内，而且在取值方向上转变为正向指标。

$$\frac{x_{\text{Max}} - x}{x_{\text{Max}} - x_{\text{Min}}}$$

适度化处理的计算公式为 $-|x-k|$，式中的 k 值需要由研究人员指定，一般可以取指标的平均值。经适度化处理后的数据均小于或等于 0。

注意，由于熵值法在权重计算过程中需要对数据进行对数函数的变换，而对数函数要求数据为正数，不得小于或等于 0。如果原始数据中出现负数或 0，则应当进行"非负平移"操作。当原始数据经过正向化、逆向化或适度化处理后出现负数或 0 时，也应当进行"非负平移"操作。所谓"非负平移"，指的是给观测指标的数据统一加上一个"平移值"，使得该指标的所有数据为非负数，这个"平移值"无固定标准，比如直接加 1，再如取该指标最小值的绝对值加 0.01。

（2）计算信息熵 e。

首先依次计算第 j 个指标（假设有 n 个指标）下第 i 个样本占该指标取值总和的比重 p_{ij}，公式为

$$p_{ij} = \frac{z_{ij}}{\sum_{i=1}^{m} z_{ij}}$$

然后计算第 j 个指标的信息熵 e，公式为

$$e_j = -k \sum_{i=1}^{m} p_{ij} \ln(p_{ij})$$

上式中的 m 表示总样本量，k 的取值与 m 有关，一般取 $k=1/\ln(m)$，信息熵 e 的取值范围为 $0 \leq e_j \leq 1$。

（3）计算信息效用值 d。

计算第 j 个指标的信息效用值 d，公式为

$$d_j = 1 - e_j$$

（4）计算权重系数。

基于 d 值计算各观测指标的权重系数 w，第 j 个指标的权重系数 w_j 为

$$w_j = \frac{d_j}{\sum_{i=1}^{m} d_j}$$

在获得权重系数后，接下来需要使用权重系数，比如基于权重系数计算各样本的综合指数，此处的综合指数也可称为综合得分，即将步骤（4）计算的权重系数与经归一化或非负平移处理后的数据相乘后相加，公式为

$$s_i = \sum_{i=1}^{n} w_j \times z_{ij}$$

需要强调的是，利用熵值法计算的权重并不能完全代表某指标实际意义上的重要性，而是反映该指标在评价指标体系中提供有效信息的多寡程度。由于熵值法根据有效信息多

寡程度计算权重，忽略了指标自身的重要程度，有时确定的指标权重与预期的相差很远，另外同样的指标体系在不同的样本中确定的权重也不同，这有时也令人感到困惑（郭显光，1994）。因此在使用熵值法计算权重时，应谨慎进行结论的解释和分析。

2. CRITIC 权重法

CRITIC 权重法的思想是利用观测指标数据的对比强度和冲突性综合衡量客观重要性。其中，对比强度可以通俗地理解为数据的波动性，而冲突性则以指标间的相关性为基础。CRITIC 权重法在考虑指标变异性大小的同时兼顾了指标之间的相关性。

根据宋冬梅等（2015）的研究，CRITIC 权重的计算公式为

$$w_j = \frac{\sigma_j \sum_{i=1}^{n}(1-r_{ij})}{\sum_{j=1}^{m}\sigma_j \sum_{i=1}^{n}(1-r_{ij})}$$

式中，w_j 是第 j 个指标的权重，r_{ij} 是指标 i 与指标 j 的相关系数，σ_j 是指标 j 的标准差。

在计算 CRITIC 权重时，对比强度使用标准差表示，数据标准差越大，说明波动越大，被赋予的权重也就相应越大；冲突性使用 1 减去相关系数表示，指标之间的相关系数越大，说明相关指标的信息重叠性、冗余性越大，冲突性越小，被赋予的权重也就相应越小。先将对比强度（标准差）与冲突性相乘，然后进行归一化处理，即可获得 CRITIC 权重。

CRITIC 权重法的特点是同时考虑数据波动性与相关性，可以消除一些相关性较强的指标的影响，减少指标之间在信息上的重叠，更有利于得到可信的评价结果。CRITIC 权重法要求数据为定量数据资料，一般需要先进行数据预处理，然后计算信息量，最后计算权重。

（1）数据预处理。在进行 CRITIC 权重计算之前，通常需要对数据进行无量纲化处理，一般建议进行正向化或逆向化处理，但不建议进行标准化处理，原因是如果进行标准化处理，则标准差全部变成 1，即所有指标的标准差完全一致，这就会导致波动性指标没有意义。

（2）计算信息量。此处的信息量指的是数据的对比强度与冲突性的乘积，具体来说是标准差乘以冲突性（即 1 减去相关系数）。

（3）计算权重，最终权重是由信息量进行归一化处理后得到的，即每个信息量除以信息量的和，且所有的权重系数相加等于 1。

在获得权重系数后，可继续基于权重系数计算综合指数，即将权重系数和指标值相乘后加总求和，用于综合评价或其他研究。熵值法在许多行业被广泛使用，但并不代表其实际价值一定优于 CRITIC 权重法，综合来看，二者各有特点，可综合对比并结合研究目的和需求决定如何选用。

3. 变异系数法及独立性权重法

变异系数，也被称为信息量权重。变异系数法的思想在于利用观测指标的变异系数这一单一依据进行权重赋值：变异系数越大，说明其携带的信息越多，权重也相应越大；相反，变异系数越小，说明其携带的信息越少，权重也相应越小。

和变异系数法类似，独立性权重法也利用单一依据计算权重系数，其基本思想是利用

观测指标之间的相关性来确定权重。在一组观测指标中，分别以每个指标为因变量，以其他指标为自变量进行线性回归，计算每个指标与其他指标的复相关系数 R，之后取复相关系数 R 的倒数，即 $1/R$，最后对各指标的 $1/R$ 数据进行归一化处理后得到独立性权重。独立性权重的特点是利用观测指标之间的相关性，因此比较适合有一定相关性基础的观测指标，或者说适合对相关性数据资料进行权重计算。

8.3 案例解读：构建员工满意度权重体系

本案例用于构建员工满意度权重体系，共涉及 12 个核心变量题，并且这 12 个核心变量题全部采用李克特五级量表，此外还包括 3 个样本背景信息题。构建员工满意度权重体系问卷框架如表 8-11 所示。

表 8-11 构建员工满意度权重体系问卷框架

框架内容	题号	题内容
样本背景信息题	P1	性别
	P2	年龄
	P3	工作年限
核心变量题	A1	休假制度
	A2	资金制度
	A3	工资水平
	A4	晋升制度
	B1	领导风格
	B2	领导管理水平
	B3	管理制度
	C1	员工建议采纳情况
	C2	员工参与管理情况
	C3	工作才能充分发挥情况
	D1	工作挑战性
	D2	工作趣味性

由于篇幅限制，此问卷较为简单。笔者已经对此问卷进行了分析，这 12 个核心变量题不需要进行删除处理。本案例首先对样本背景信息题进行分析，其次使用探索性因子分析进行因子探索，然后进行信度分析和效度分析，构建满意度指标体系，最后完成员工满意度权重体系的构建，并具体分析样本对这 12 个核心变量题的整体态度，此处使用描述性分析即可。也可以分别分析不同背景（性别、年龄、工作年限）的样本对这 12 个核心变量题的态度差异。

第 6 章已经对样本背景分析、信度分析、变量描述分析和差异分析进行了详细说明，此处不再赘述。

8.3.1 因子分析法效度分析与指标体系构建

权重或权重体系的研究基础是一个专业且有效的指标体系,本章阐述的主要内容就是通过探索性因子分析对量表问卷数据完成指标体系构建及因子层面的权重计算。

首先针对员工满意度量表问卷数据资料进行经最大方差旋转法正交旋转的探索性因子分析,而效度分析则主要依赖因子分析中的因子载荷系数来判断因子和题的对应关系,此过程涉及删除和调整不合理的题(包括因子载荷系数较小、"张冠李戴"和"纠缠不清"的题)。本节对探索性因子分析涉及的旋转成分矩阵进行详细说明,并且归纳出因子与题的对应关系。本案例的旋转后因子载荷系数如表 8-12 所示。

表 8-12 旋转后因子载荷系数

名称	因子载荷系数				共同度
	因子1	因子2	因子3	因子4	(公因子方差)
A1 休假制度	0.875	0.115	-0.086	0.075	0.792
A2 资金制度	0.784	0.087	0.272	0.203	0.738
A3 工资水平	0.753	0.024	0.356	0.311	0.791
A4 晋升制度	0.721	0.262	0.355	-0.067	0.719
B1 领导风格	0.108	0.903	0.064	0.166	0.858
B2 领导管理水平	0.097	0.875	0.159	0.105	0.811
B3 管理制度	0.191	0.624	0.347	0.315	0.645
C1 员工建议采纳情况	0.399	0.114	0.772	-0.202	0.809
C2 员工参与管理情况	0.269	0.346	0.689	0.224	0.717
C3 工作才能充分发挥情况	0.015	0.14	0.675	0.477	0.703
D1 工作挑战性	0.099	0.166	-0.018	0.877	0.808
D2 工作趣味性	0.204	0.235	0.199	0.798	0.773

备注:表格中的单元格若有背景颜色,则表示因子载荷系数绝对值大于 0.4;旋转方法为最大方差旋转法。

根据表 8-12 可知,针对员工满意度量表共探索出 4 个因子,这 4 个因子对应的题的个数分别为 4、3、3 和 2。根据因子载荷系数大于 0.5 的标准来判断题的代表性对应关系,未发现"张冠李戴"和"纠缠不清"的题,因子与题的对应关系总结如表 8-13 所示。

表 8-13 因子与题的对应关系总结(二级与三级指标)

因子1(福利待遇)	因子2(管理及制度)	因子3(员工自主性)	因子4(工作性质)
A1 休假制度	B1 领导风格	C1 员工建议采纳情况	D1 工作挑战性
A2 资金制度	B2 领导管理水平	C2 员工参与管理情况	D2 工作趣味性
A3 工资水平	B3 管理制度	C3 工作才能充分发挥情况	—
A4 晋升制度	—	—	—

表 8-13 归纳了因子与题的对应关系,并且分别对 4 个因子进行了命名,分别是福利

待遇、管理及制度、员工自主性和工作性质。这里提取了 4 个专业意义明确，与研究目的相符的因子，而且因子与题的对应关系良好，所以可以认为量表具有良好的结构效度。

本次分析发现，上述量表结构效度良好（此处省略了信度分析，可参考第 5 章完成），可以据此构建满意度评价的指标体系：员工满意度为总目标，即第一层指标；4 个因子为第二层指标；12 个量表题为第三层指标。

我们可以将探索性因子分析的 KMO 值和 Bartlett 球形检验、因子方差解释率、因子载荷系数等结果综合在一起进行规范报告，以全面地解读因子的探索提取、效度分析和指标体系构建。本案例的结构效度分析汇总如表 8-14 所示。

表 8-14　结构效度分析汇总

因子（变量）	题	因子载荷系数			
		1	2	3	4
福利待遇	A1 休假制度	0.875	0.115	−0.086	0.075
	A2 资金制度	0.784	0.087	0.272	0.203
	A3 工资水平	0.753	0.024	0.356	0.311
	A4 晋升制度	0.721	0.262	0.355	−0.067
管理及制度	B1 领导风格	0.108	0.903	0.064	0.166
	B2 领导管理水平	0.097	0.875	0.159	0.105
	B3 管理制度	0.191	0.624	0.347	0.315
员工自主性	C1 员工建议采纳情况	0.399	0.114	0.772	−0.202
	C2 员工参与管理情况	0.269	0.346	0.689	0.224
	C3 工作才能充分发挥情况	0.015	0.14	0.675	0.477
工作性质	D1 工作挑战性	0.099	0.166	−0.018	0.877
	D2 工作趣味性	0.204	0.235	0.199	0.798
特征值		2.809	2.295	2.051	2.010
方差解释率（%）		23.397	19.126	17.090	16.756
累积方差解释率（%）		23.409	42.535	59.623	76.370
KMO 值		0.833			
Bartlett 球形检验	近似卡方值	913.723			
	P 值	0.000			

根据表 8-14 可知，对员工满意度量表来说，在使用探索性因子分析进行结构效度分析时，KMO 值是 0.833，大于 0.7，并且通过了 Bartlett 球形检验，说明量表具有良好的结构效度。探索性因子分析探索出的 4 个因子旋转后的方差解释率分别为 23.397%、19.126%、17.090%和 16.756%，总累积方差解释率为 76.370%，说明这 4 个因子可以有效地解释量表题信息。另外，各题对应的因子载荷系数均大于 0.6，最小值为 0.624，题与因子之间均具有良好的对应关系，且题与因子的对应关系符合专业知识情况，综合说明员工满意度量表具有良好的结构效度，研究数据可用于支持构建"员工满意度总目标-4 个因子-12 个题"

的员工满意度指标体系，如表 8-15 所示。

表 8-15 员工满意度指标体系

一级指标	二级指标	三级指标
员工满意度	因子 1 福利待遇	A1 休假制度
		A2 资金制度
		A3 工资水平
		A4 晋升制度
	因子 2 管理及制度	B1 领导风格
		B2 领导管理水平
		B3 管理制度
	因子 3 员工自主性	C1 员工建议采纳情况
		C2 员工参与管理情况
		C3 工作才能充分发挥情况
	因子 4 工作性质	D1 工作挑战性
		D2 工作趣味性

8.3.2 因子分析法权重计算

从分析思路和分析方法上来说，因子分析法权重研究分为 4 步，8.3.1 节已经完成了第 1 步，证明了量表具有良好的结构效度，并构建了员工满意度指标体系，接下来继续通过探索性因子分析完成因子分析法权重研究，概括来说就是利用因子的方差解释率和累积方差解释率计算因子的权重。

1．因子权重计算

本案例的因子方差解释率汇总如表 8-16 所示。

表 8-16 因子方差解释率汇总

因子编号	特征值			旋转前方差解释率			旋转后方差解释率		
	特征值	方差解释率（%）	累积方差解释率（%）	特征值	方差解释率（%）	累积方差解释率（%）	特征值	方差解释率（%）	累积方差解释率（%）
1	5.130	42.749	42.749	5.130	42.749	42.749	2.809	23.409	23.409
2	1.803	15.028	57.777	1.803	15.028	57.777	2.295	19.126	42.535
3	1.250	10.413	68.190	1.250	10.413	68.190	2.051	17.088	59.623
4	0.982	8.180	76.370	0.982	8.180	76.370	2.010	16.747	76.370
5	0.526	4.382	80.752	—	—	—			
6	0.477	3.972	84.724						

续表

因子编号	特征值			旋转前方差解释率			旋转后方差解释率		
	特征值	方差解释率 (%)	累积方差解释率 (%)	特征值	方差解释率 (%)	累积方差解释率 (%)	特征值	方差解释率 (%)	累积方差解释率 (%)
7	0.448	3.729	88.453	—	—	—	—	—	—
8	0.353	2.942	91.396	—	—	—	—	—	—
9	0.316	2.630	94.026	—	—	—	—	—	—
10	0.294	2.453	96.479	—	—	—	—	—	—
11	0.231	1.928	98.407	—	—	—	—	—	—
12	0.191	1.593	100.000	—	—	—	—	—	—

本案例共探索出4个因子，分别是福利待遇、管理及制度、员工自主性和工作性质。由表8-16可知，经过因子旋转后这4个因子的方差解释率分别为23.409%、19.126%、17.088%和16.747%，总累积方差解释率为76.370%，表示这4个因子共解释所有题76.370%的信息量。在前面的分析思路和分析方法中已经介绍过，因子的权重即因子方差解释率占总累积方差解释率的百分比。那么，这4个因子的权重系数分别为23.409%/76.370%≈30.652%，19.126%/76.370%≈25.044%，17.088%/76.370%≈22.375%，16.747%/76.370%≈21.929%。同时，这4个因子的权重系数之和为1，可以直接对比大小。可以说，因子1"福利待遇"代表30.652%的员工满意度，因子2"管理及制度"代表25.044%的员工满意度，因子3"员工自主性"代表22.375%的员工满意度，因子4"工作性质"代表21.929%的员工满意度。

基于4个因子的权重，可以写出综合得分表达式，即

F（综合得分）=30.652%×因子1+25.044%×因子2+22.375%×因子3+21.929%×因子4

其中，因子1、因子2、因子3和因子4表示因子得分。

2．因子得分计算

这里介绍一下因子得分的计算，此时需要用到成分得分系数矩阵。本案例输出的成分得分系数矩阵如表8-17所示。

表8-17 成分得分系数矩阵

题号	成分			
	1	2	3	4
A1	0.465	0.027	−0.341	−0.020
A2	0.313	−0.080	−0.039	0.037
A3	0.270	−0.154	0.038	0.111
A4	0.265	0.065	0.037	−0.173

续表

题号	成分			
	1	2	3	4
B1	-0.021	0.506	-0.174	-0.075
B2	-0.048	0.483	-0.084	-0.118
B3	-0.051	0.247	0.068	0.039
C1	-0.001	-0.066	0.500	-0.253
C2	-0.085	0.021	0.382	-0.007
C3	-0.217	-0.137	0.457	0.211
D1	-0.008	-0.063	-0.162	0.527
D2	-0.013	-0.054	-0.025	0.435

表 8-17 又称因子得分系数矩阵。生成此表格的目的是建立因子与题的线性关系表达式。4 个因子与题的线性关系表达式分别为

因子 1=0.465×A1+0.313×A2+0.270×A3+0.265×A4-0.021×B1-0.048×B2-0.051×B3-0.001×C1-0.085×C2-0.217×C3-0.008×D1-0.013×D2

因子 2=0.027×A1-0.080×A2-0.154×A3+0.065×A4+0.506×B1+0.483×B2+0.247×B3-0.066×C1+0.021×C2-0.137×C3-0.063×D1-0.054×D2

因子 3=-0.341×A1-0.039×A2+0.038×A3+0.037×A4-0.174×B1-0.084×B2+0.068×B3+0.500×C1+0.382×C2+0.457×C3-0.162×D1-0.025×D2

因子 4=-0.020×A1+0.037×A2+0.111×A3-0.173×A4-0.075×B1-0.118×B2+0.039×B3-0.253×C1-0.007×C2+0.211×C3+0.527×D1+0.435×D2

上述 4 个表达式为 4 个因子分别与所有题的线性关系表达式。根据笔者的研究经验，上述 4 个表达式的意义有限，研究人员仅可以从中看出题与因子的关系紧密程度，如 A1 与因子 1 的关系最为紧密（系数为 0.465），除此之外没有其他意义。

将量表问卷数据进行标准化处理后，按上述表达式进行计算即可获得每个因子的得分。在通过 SPSSAU 自动计算并保存为新变量时，因子得分的标题名称以"FactorScore*_*"开头，第一个数字代表的是因子编号。

除通过 SPSSAU 自动计算并保存因子得分和综合得分之外，建议掌握因子得分表达式，当获取新调查数据后，可以通过 Excel 将量表的标准化数据代入该表达式来计算因子得分，最终结合因子权重系数计算出综合得分，用于进行综合评价或不同组别的差异对比等。另外，需要注意的是，因子得分属于标准化数据，取值可以为正数或负数，具有可比性，负数表示低于平均水平，正数表示高于平均水平。

3．综合得分计算

结合因子权重和因子得分可以计算综合得分，并使用综合得分进行综合评价。现在本案例通过 SPSSAU 自动计算 4 个因子的因子得分及综合得分，注意此时的综合得分使用

权重系数（即前面我们已经确认过的因子权重），新变量名称以"CompScore_"开头。之后通过独立样本 t 检验来比较不同性别员工的满意度综合得分有无差别。结果如表 8-18 所示。

表 8-18　t 检验分析结果

变量	性别（平均值±标准差）		t 值	P 值
	男（n=120）	女（n=31）		
CompScore_xxxx	−0.06±0.52	0.23±0.38	−3.542	0.001**

备注：**表示 P<0.01。

t 检验结果表明，男性员工的满意度综合得分为−0.06±0.52，女性员工的满意度综合得分为 0.23±0.38，显然男性员工的满意度综合得分低于平均水平（负数表示低于平均水平），不同性别员工的满意度存在差异（t=−3.542，P<0.01）。

8.3.3　层次分析法权重计算

本案例已经通过探索性因子分析构建了"员工满意度总目标-4 个因子-12 个题"的员工满意度指标体系，并且基于因子的方差解释率计算出了 4 个因子的权重。如果研究人员对权重分配不满意，或者希望从专业角度多做一些权重分配的参考，则可以考虑邀请多位专家就 4 个因子对总目标的重要性进行九级或五级尺度的打分，获得多位专家的判断矩阵并采用层次分析法计算权重。

此外，有些研究虽然已经构建了有效指标体系，但是因子层面的或中间层面的指标没有数据来源，此时也可以采用层次分析法计算权重。

接下来，本案例通过层次分析法为员工满意度指标体系中的 4 个因子重新赋权，并邀请了 3 位专家（实际研究中需要更多专家）参与重要性打分，获得 3 个判断矩阵，之后采用几何平均值的合并方式，将 3 位专家的判断矩阵合并为一个判断矩阵，如表 8-19 所示。

表 8-19　合并后的判断矩阵

指标	因子 1	因子 2	因子 3	因子 4
因子 1	1.00	5.24	6.00	1.26
因子 2	0.19	1.00	0.89	0.23
因子 3	0.17	1.13	1.00	0.24
因子 4	0.79	4.38	4.22	1.00

将该判断矩阵复制、粘贴到 SPSSAU 的"AHP 层次分析"模块中，进行层次分析法权重计算，结果如表 8-20 所示。

表 8-20 层次分析法权重计算结果

项	特征向量	权重	最大特征值	CI 值
因子 1	1.868	46.70%	4.014	0.0048
因子 2	0.331	8.28%		
因子 3	0.346	8.64%		
因子 4	1.455	36.38%		

因子 1 "福利待遇"、因子 2 "管理及制度"、因子 3 "员工自主性"和因子 4 "工作性质"这 4 个因子的权重系数分别是 46.70%、8.28%、8.64%、36.38%,显然对于总目标"员工满意度"来说,因子 1 "福利待遇"的权重最大,被认为是最重要的,其次是因子 4 "工作性质",而因子 2 "管理及制度"、因子 3 "员工自主性"则相对来说权重较小,被认为重要性较低。

由于因子层级判断矩阵是 4 阶的,根据表 8-8 可知相应的 RI 值为 0.89,因此 CR=0.0048/0.89≈0.0054<0.1,说明通过了一致性检验。本案例的一致性检验结果如表 8-21 所示。

表 8-21 一致性检验结果

最大特征值	CI 值	RI 值	CR 值	一致性检验结果
4.014	0.0048	0.89	0.0054	通过

8.3.4 熵值法权重计算

前文已经采用了因子分析法、层次分析法两种不同方法为指标体系的 4 个因子赋权。如果研究人员还希望衡量每个因子对应的题的相对重要性,则需要继续为题赋权。

从分析思路和分析方法上来说,因为员工满意度量表题涉及受访员工的态度数据,所以我们可以直接基于这些数据,按不同的因子或维度,采用熵值法、CRITIC 权重法、变异系数法等计算对应题的权重。至于哪个权重计算方法更合适,这方面没有严格的标准,相对来说,熵值法的应用较多,本案例主要示范熵值法权重计算(由"熵值法"模块完成,具体操作和结果表格可参考 18.4 节)。关于 CRITIC 权重法、变异系数法、独立性权重法的权重计算,读者可以自行通过 SPSSAU 对应模块完成(具体操作和结果表格可参考 18.5 节)。

在具体计算时应注意,对每个因子分别计算对应题的权重,对 4 个因子需要执行 4 次熵值法分析过程,而不是将 12 个题一次性纳入。将 4 个因子对应题的熵值法权重汇总到一个表格中,如表 8-22 所示。

表 8-22 4 个因子对应题的熵值法权重

因子	因子权重	量表题	题权重(熵值法)
因子 1 福利待遇	30.65%	A1 休假制度	22.98%
		A2 资金制度	25.07%
		A3 工资水平	34.98%
		A4 晋升制度	16.97%

续表

因子	因子权重	量表题	题权重（熵值法）
因子 2 管理及制度	25.04%	B1 领导风格	33.92%
		B2 领导管理水平	33.18%
		B3 管理制度	32.90%
因子 3 员工自主性	22.38%	C1 员工建议采纳情况	50.33%
		C2 员工参与管理情况	27.93%
		C3 工作才能充分发挥情况	21.74%
因子 4 工作性质	21.93%	D1 工作挑战性	38.90%
		D2 工作趣味性	61.10%

　　以因子 1 "福利待遇" 为例，A3 被赋予最大权重 34.98%；其次是 A2，为 25.07%；权重最小的是 A4，为 16.97%。熵值法权重具有归一化特性，每个因子对应题的权重和均为 100%，如 A1、A2、A3、A4 的熵值法权重和为 22.98%+25.07%+34.98%+16.97%=100%。

　　因子 2 "管理及制度" 对应 3 个题的权重均保持在 33% 左右，相对比较均衡。因子 3 "员工自主性" 对应题 C1 的权重为 50.33%，说明该题最能反映出员工在自主性方面的期待。因子 4 "工作性质" 对应题 D2 的权重为 61.1%，说明员工比较看重工作自身是否具有趣味性。

　　在表 8-22 中，题的权重代表其相对于因子的重要性。有些研究人员还会关心三级指标（题）相对于一级指标（总目标）的重要性，比如我们希望了解 A1 相对于员工满意度这个总目标的重要性。这是构建权重体系的最后一步，对因子层面的指标和题层面的指标进行汇总，计算出底层指标的组合权重，注意此处的组合权重和"组合赋权法"的组合权重是不同的概念。如何计算呢？用因子权重乘以对应题的权重。例如，A1 的组合权重为因子 1 的权重乘以 A1 的权重，即 30.65%×22.98% ≈ 7.043%，A2 的组合权重为 30.65%×25.07% ≈ 7.684%，B1 的组合权重为 25.04%×33.92% ≈ 8.494%，同理，可以计算出其他题的组合权重。

　　此时，各因子对应题的组合权重和等于该因子的权重，比如因子 1 的 4 个题组合权重和为 7.043%+7.684%+10.721%+5.201% ≈ 30.65%，各题的组合权重是对因子权重的分解分配。12 个题的组合权重和为 100%，即这些组合权重此时反映的是相对于总目标 "员工满意度" 的重要性程度。本案例对应的权重体系如表 8-23 所示。

表 8-23　权重体系

因子	因子权重	量表题	题权重（熵值法）	组合权重
因子 1 福利待遇	30.65%	A1 休假制度	22.98%	7.043%
		A2 资金制度	25.07%	7.684%
		A3 工资水平	34.98%	10.721%
		A4 晋升制度	16.97%	5.201%

续表

因子	因子权重	量表题	题权重（熵值法）	组合权重
因子2 管理及制度	25.04%	B1 领导风格	33.92%	8.494%
		B2 领导管理水平	33.18%	8.308%
		B3 管理制度	32.90%	8.238%
因子3 员工自主性	22.38%	C1 员工建议采纳情况	50.33%	11.264%
		C2 员工参与管理情况	27.93%	6.251%
		C3 工作才能充分发挥情况	21.74%	4.865%
因子4 工作性质	21.93%	D1 工作挑战性	38.90%	8.531%
		D2 工作趣味性	61.10%	13.399%

第 9 章

"类实验"类问卷研究

本书约定"类实验"类问卷研究是指带有一定实验性背景的问卷研究。与真正的实验性研究相比，类实验研究可以不考虑随机分组，甚至可以不设置对照组，但必须设置待研究的干预措施。"类实验"类问卷通常分为两类：第一类为实验组和对照组，例如，要研究新型教学方式是否有效，可以将学生按班级分为两组，一组为实验组，另一组为对照组，实验组使用新型教学方式，对照组不做任何处理；第二类为实验前和实验后，例如，要研究新型教学方式是否有效，可分别获取学生接受新型教学方式（实验）前后的成绩并进行对比。"类实验"类问卷分类如图 9-1 所示。

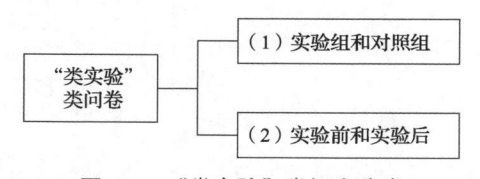

```
                    ┌── (1) 实验组和对照组
"类实验"类问卷 ──┤
                    └── (2) 实验前和实验后
```

图 9-1　"类实验"类问卷分类

在通常情况下，"类实验"类问卷使用实验形式研究干预的影响关系，但此处的影响关系并不使用回归分析进行研究，而是使用差异分析进行研究。如果具有差异性，则说明干预与目标变量之间有影响关系，否则说明没有影响关系。"类实验"类问卷研究在教育学、心理学、市场营销学和管理学专业中比较常见，并且在商业研究中得到了广泛应用。

"类实验"类问卷研究通常用于对比实验组和对照组的差异，或者对比实验前和实验后的差异。在分析方法上，"类实验"类问卷研究通常使用方差分析（包括单因素方差分析、多因素方差分析）、t 检验（包括独立样本 t 检验、配对样本 t 检验）。接下来，本章针对"类实验"类问卷研究，分别从分析思路、分析方法和案例解读 3 个模块进行阐述。

9.1 分析思路

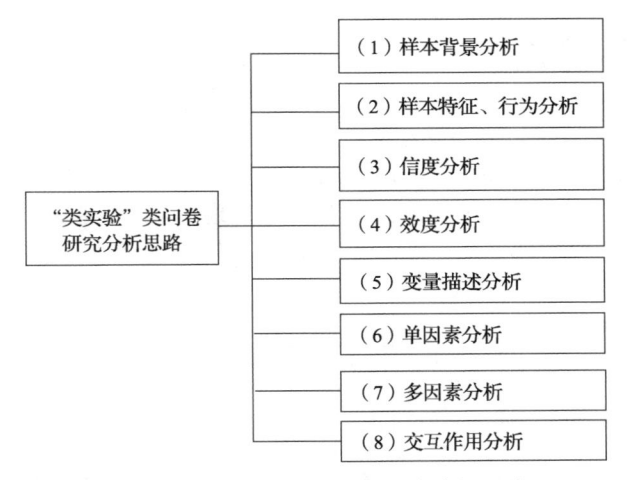

"类实验"类问卷研究分析思路分为 8 部分，分别是样本背景分析，样本特征、行为分析，信度分析，效度分析，变量描述分析，单因素分析，多因素分析和交互作用分析，如图 9-2 所示。

"类实验"类问卷研究分析思路
- （1）样本背景分析
- （2）样本特征、行为分析
- （3）信度分析
- （4）效度分析
- （5）变量描述分析
- （6）单因素分析
- （7）多因素分析
- （8）交互作用分析

图 9-2 "类实验"类问卷研究分析思路

（1）样本背景分析和样本特征、行为分析。这两部分与第 6 章中的内容类似，均使用频数分析或描述性分析了解样本的背景信息及样本的基本特征、行为现状和基本态度。

（2）信度分析和效度分析。这两部分与第 5 章中对量表进行信度分析和效度分析的分析过程类似。针对信度分析，有时会对实验组和对照组的样本分别进行研究，或者对实验前和实验后的样本分别进行研究。注意，这里主要是针对问卷中含有量表题的情况，如果整个问卷均为单选题、多选题等，则不需要进行信度分析和效度分析。

（3）变量描述分析。在进行变量描述分析时，如果问卷使用量表，那么可以分别对实验组和对照组或实验前和实验后的量表平均值进行分析。

（4）单因素分析和多因素分析。单因素分析是相对于多因素分析来说的，其仅能研究一个因素对目标变量的影响差异。在进行多因素分析之前，可以针对研究设计的因素进行单因素分析，初步分析重点研究的因素和目标变量之间的关系。之后按研究设计进行多因素分析，从总体上分析多个因素对目标变量的影响差异。此部分是"类实验"类问卷研究的核心。在通常情况下,"类实验"类问卷研究可以分析实验组和对照组或实验前和实验后的样本差异。差异对比属于基础分析,在实际研究中,也会涉及此类研究。

（5）交互作用分析。在进行多因素分析时,可以从研究需求方面对某两个因素的交互作用进行分析。交互作用反映的是两个或两个以上的因素相互依赖、制约,共同影响目标变量。在"类实验"类问卷研究中,比如在分析不同实验水平（实验组和对照组或实验前和实验后）下自变量 X 对因变量 Y 的影响幅度是否一致时,自变量 X 对因变量 Y 的影响关系就是通过差异对比进行研究的。研究人员也可以研究实验对因变量 Y 的影响差异,或者自变量 X 在不同水平时,因变量 Y 的差异幅度是否一致。类似上述描述的研究,均为交互作用分析。交互作用的基本原理与第 7 章介绍的调节效应的基本原理类似,读者可以阅读相关内容以便理解。

9.2 分析方法

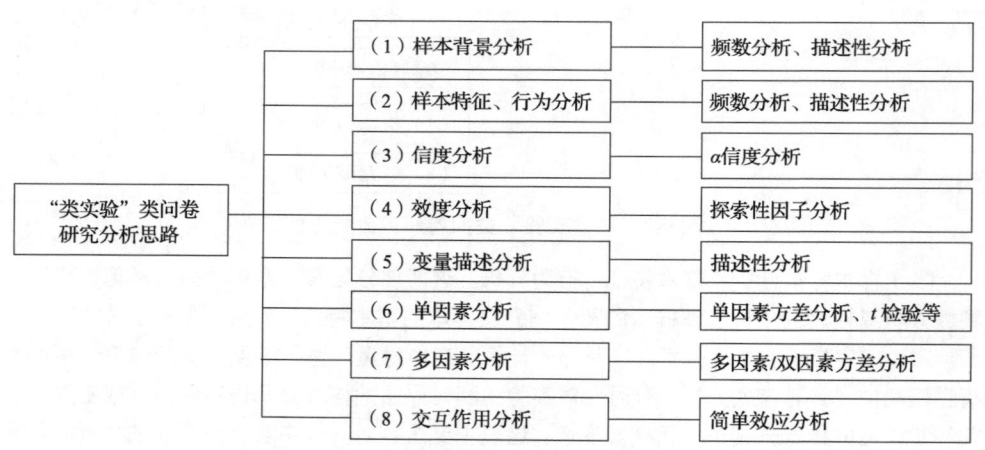

"类实验"类问卷研究分析思路与分析方法的对应关系如图 9-3 所示。第 5 章和第 6 章已经对样本背景分析,样本特征、行为分析,信度分析和效度分析等涉及的分析方法进行了详细说明,本章不再对这些分析方法进行阐述,而是会详细介绍多因素分析与交互作用分析涉及的分析方法。

"类实验"类问卷研究分析思路	分析方法
（1）样本背景分析	频数分析、描述性分析
（2）样本特征、行为分析	频数分析、描述性分析
（3）信度分析	α 信度分析
（4）效度分析	探索性因子分析
（5）变量描述分析	描述性分析
（6）单因素分析	单因素方差分析、t 检验等
（7）多因素分析	多因素/双因素方差分析
（8）交互作用分析	简单效应分析

图 9-3 "类实验"类问卷研究分析思路与分析方法的对应关系

9.2.1 多因素/双因素方差分析

在"类实验"类问卷研究中,研究人员期望研究的干预可能并不止一个,比如在研究货架的高度与其在商场中的摆放位置对产品购买决策或满意度的影响时,要考查的因素就包括货架高度与货架摆放位置。针对有两个因素（自变量）的情况,可以采用双因素方差分析来完成研究分析。但也有可能需要考查 3 个甚至更多个因素，就会涉及多因素方差分析。

要考查或研究的因素越多，多个因素在不同水平下的组合就越多，就会使研究设计变得更复杂，研究成本变得更高。在实际研究中，考查两个因素的情况比较常见，所以本节重点介绍双因素方差分析。关于多因素方差分析及对应的实验设计，读者可以查阅其他资料。

1. 方差分析

方差分析的基本思想是将总误差分解为组内误差和组间误差。组内误差用来估计抽样的随机误差；组间误差包括两部分，一部分是研究人员关心的组间自身差异（即系统误差），另一部分是抽样随机误差。如果能证明系统误差不为零，则组内误差与系统误差的比值在大到一定程度时就可以认为组间的差异显著。为消除个案的影响，给分母"系统误差"和分子"组内误差"同时引进自由度，构造 F 统计量，根据 F 检验计算出 P 值，推断原假设是否成立。所以，方差分析等价于 F 检验，中间计算的统计量为 F 统计量。

因素和水平是方差分析的基本术语。方差分析是通过比较组间差异来推断自变量对因变量的影响的，此处的自变量通常被称为因素或因子，而因素的不同类别取值则被称为水平。比如某商品的购买意愿受到货架摆放位置这个因素的影响，而货架摆放位置则有低、中、高三个水平。各因素不同水平的交叉被称为组合或单元。方差分析中的主效应是指某因素各单独效应的平均水平，即某因素各水平之间的平均差别。一个因素的主效应显著，意味着该因素的各个水平在其他因素的所有水平上的平均值存在差异。

前文说过，交互作用反映的是两个或两个以上的因素相互依赖、制约，共同影响目标变量。如果一个因素对目标变量的影响会因另一个因素的水平不同而有所不同，则可以说这两个因素之间具有交互作用。例如，在研究吸烟和饮酒对心脏病发病率的影响时，要研究在饮酒和未饮酒两种情况下吸烟对心脏病发病率的影响是否有区别，以及在吸烟和未吸烟两种情况下喝酒对心脏病发病率的影响是否有区别。

考查交互作用的双因素方差分析模型如图 9-4 所示。

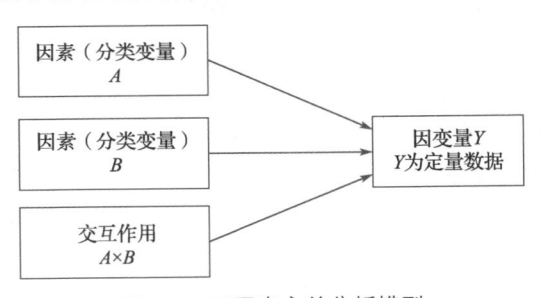

图 9-4 双因素方差分析模型

图 9-4 中的模型涉及因素 A 与 B 的主效应和二者的交互作用 $A \times B$（用乘积表示，交互项），注意并不需要提前生成 $A \times B$，在实际分析时，只需要录入因素 A 与 B 的数据，$A \times B$

就会由统计软件在统计计算时自动生成。

方差分析要求因变量为定量数据（连续型数据），自变量为分类数据。因此，在"类实验"类问卷研究中，从实验设计上，因变量应当采用量表形式（至少是量表题）收集数据，而自变量可以是研究人员设计并要研究的干预措施定义的分类变量。

此外，还需要关注方差分析对各组数据的正态性和方差齐性的要求，因为在理论上，只有当数据满足这两个条件时才能进行方差分析。在进行"类实验"类问卷研究的实际分析时，量表数据通常默认为近似正态分布，对方差齐性的要求也可以考虑适当放宽。综合来说，可以根据实验设计情况、数据样本量、行业一般要求，以及检验方法的结果综合讨论并对上述两个条件做出判断。通常方差分析本身较为稳健，因此可适当放宽上述两个条件的要求，比如采用图形法来判断是否满足条件，具体结合文献资料来定。如果不满足条件，也可以考虑使用对应的非参数检验方法。

2. 事后多重比较

当单因素方差分析的 F 检验 P 值小于 0.05（即总体上组间差异显著）时，需要继续对因素各水平间的差异进行两两配对的多重比较；而双因素或多因素方差分析在交互作用不显著（$P>0.05$）的前提下，也需要继续针对有显著影响的因素主效应进行多重比较。这一过程通过对各组平均值的两两配对比较，进一步分析哪些平均值之间存在差异。

事后多重比较的方法有多种，SPSSAU 的"事后多重比较"模块提供了 LSD、Scheffe、Tukey、Bonferroni、Sidak、Tamhane T2、SNK、Duncan 检验 8 种常用方法。冯国双（2018）指出，如果比较的组不是很多（如 3 组），则 Tukey 法和 Bonferroni 法均可作为首选；如果比较的组较多（如 4 组以上），则建议首选 Tukey 法（包括各组例数不等的情况，因为大多数软件在例数不等时给出的是 Tukey-Kramer 法）。张文彤和邝春伟（2011）指出，如果需要进行任意两组之间的比较且各组样本量相同时，可采用 Tukey 法；当样本量彼此不同时，可采用 Scheffe 法。

9.2.2 简单效应分析

当多因素/双因素方差分析的交互作用显著（$P<0.05$）时，单独对主效应内诸水平进行的多重比较已经没有意义，需要继续分析针对交互作用的多重比较，这一过程称为简单效应分析。以双因素方差分析为例，考查交互作用的方差分析步骤如图 9-5 所示。

（1）数据处理。此处通常涉及两种数据处理。第一种为将问卷文字转换成数据后进行处理。在进行"类实验"类问卷研究时，通常会使用文字描述背景情境，即假定样本在特定情境中回答相关问题。如果在问卷中有使用文字描述背景情境的情况，那么需要将文字式情境的编码数据读入 SPSSAU。例如，背景情境为吸烟状态，可以编码为 1；背景情境为未吸烟状态，可以编码为 2。第二种为定量数据处理。如果研究的自变量为定量数据，那么需要将定量数据转换为分类数据，因为多因素方差分析的自变量均为分类数据。在将定量数据转换为分类数据时，通常将定量数据处理为两组，常见的分组方式为按平均值或中位数划分。如果研究人员希望将定量数据处理为三组或更多组，那么可以使用百分位数进行转换，也可以根据专业经验进行分组。在将定量数据转换为分类数据后，分类数据的组别数量就是水平个数。

```
                    ┌─────────────────┐
                    │ （1）数据处理    │
                    └─────────────────┘
                            │
┌──────────┐        ┌─────────────────┐   交互作用不显著   ┌──────────────────┐
│考查交互作 │        │ （2）交互作用分析│ ─────────────────→ │（5）主效应多重比较│
│用的方差分 │───────→└─────────────────┘                    └──────────────────┘
│析步骤     │               │ 交互作用显著
└──────────┘        ┌─────────────────┐
                    │ （3）交互图分析  │
                    └─────────────────┘
                            │
                    ┌─────────────────┐
                    │ （4）简单效应分析│
                    └─────────────────┘
```

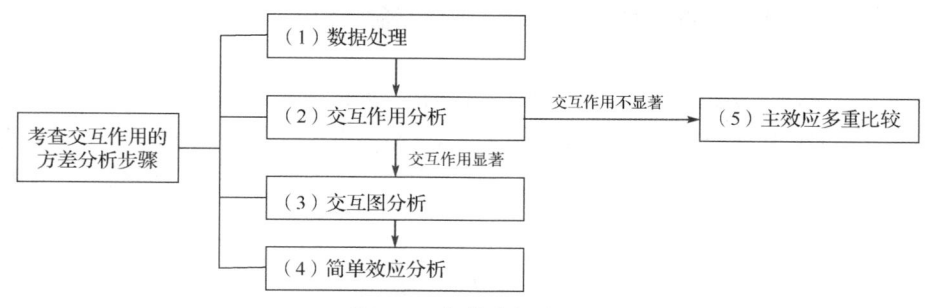

图 9-5　方差分析步骤

（2）交互作用分析。使用 SPSSAU 进行双因素方差分析，在输出的双因素方差分析结果中首先分析交互项，即交互作用是否显著（将 P 值与 0.05 进行比较）。如果 $P<0.05$，则表明交互作用显著，应当从交互图分析和简单效应分析两个方面继续分析交互作用对因变量 Y 的影响。如果 $P>0.05$，则表明交互作用不显著，此时应重点分析因素 A 和 B 是否显著，如果某个因素显著（$P<0.05$），则继续进行事后多重比较。

（3）交互图分析。如果在步骤（2）中发现交互项呈现出显著性，那么说明存在交互作用。本步骤主要绘制交互图，使用交互图直观展示交互作用的情况。

（4）简单效应分析。控制因素 A，在因素 A 的不同水平下分析因素 B 不同水平对因变量 Y 的影响情况；或者，控制因素 B，在因素 B 的不同水平下分析因素 A 不同水平对因变量 Y 的影响情况。例如，分别分析在吸烟与未吸烟两种状态下，饮酒与未饮酒对心脏病发病率的影响是否显著。

需要注意的是，交互作用分析与调节效应分析较为类似，同时也有区别。其相同之处在于均研究自变量 X 在对因变量 Y 产生影响时，是否会受到第三个变量的干扰而导致影响幅度不同。其不同之处有 3 个：第一，在进行交互作用分析时，通常不区分自变量和调节变量，自变量均有相同的"地位"；而在进行调节效应分析时，会严格区分自变量和调节变量；第二，交互作用分析的自变量 X 必须是分类数据，而调节效应分析的自变量可以是分类数据，也可以是定量数据；第三，交互作用分析使用多因素方差分析进行，而调节效应分析需要结合数据类型选择分析方法。在进行调节效应分析时，如果自变量为定量数据，调节变量为分类数据，那么可以先将自变量转换为分类数据，然后使用多因素方差分析进行研究，值得说明的是，其研究性质依然是调节效应分析，可以人为地区分自变量和调节变量。

（5）主效应多重比较。当交互作用不显著时，重点分析因素 A 和 B 的显著性，如果有显著性，则针对显著的因素 A 或 B 进行事后多重比较。如果所有因素均不显著，则结束分析过程。

9.3 案例解读：背景音乐、产品涉入度对消费者的品牌态度和购买意向的影响

本案例研究背景音乐、产品涉入度对消费者的品牌态度和购买意向的影响，将背景音乐作为实验分组依据，分为有背景音乐和无背景音乐两组。产品涉入度是指消费者选择某产品或品牌时的态度，通俗来讲，就是消费者对某产品或品牌的了解、关心程度。背景音乐、产品涉入度对消费者的品牌态度和购买意向的影响问卷框架如表 9-1 所示。

表 9-1 背景音乐、产品涉入度对消费者的品牌态度和购买意向的影响问卷框架

框架内容		题号	题内容
样本背景信息题		Q1	性别
		Q2	年龄
		Q3	职业
核心变量题	因变量（品牌态度）	Q4	好感
		Q5	合我心意
		Q6	喜欢产品
		Q7	积极
	自变量（产品涉入度）	Q8	产品对我重要
		Q9	产品与我有关联
		Q10	产品牵动我心
		Q11	对产品有兴趣
		Q12	关心产品
		Q13	需要产品
	因变量（购买意向）	Q14	购买可能性

根据表 9-1 可知，问卷包括样本背景信息题（Q1~Q3）和核心变量题（Q4~Q14），核心变量题用于测量自变量（产品涉入度）和两个因变量（品牌态度和购买意向）。其中，自变量"产品涉入度"对应 6 个量表题，因变量"品牌态度"对应 4 个量表题，因变量"购买意向"对应 1 个量表题。

本研究采用"类实验"类问卷研究形式，将进入商场的消费者分为有背景音乐组和无背景音乐组，并通过量表类问卷测试在高产品涉入度和低产品涉入度水平下消费者的品牌态度差异和购买意向差异。

由于问卷中涉及量表题，因此需要对其进行信度分析和效度分析。在整体分析思路上，首先可以使用频数分析了解消费者的背景信息，并且对产品涉入度、品牌态度和购买意向量表进行信度分析和效度分析；然后进行双因素方差分析并考查交互作用，即研究在有背景音乐和无背景音乐两种情境下，产品涉入度对消费者的品牌态度和购买意向的影响幅度

是否一致，或者研究当产品涉入度不同时，有无背景音乐对消费者的品牌态度和购买意向的影响幅度是否一致。

在完成交互作用分析后，先计算量表平均值，包括具体题的平均值，使用平均值描述消费者的整体态度；再使用单因素方差分析或 t 检验，研究在有背景音乐和无背景音乐两种情境下，消费者的品牌态度和购买意向的差异，或者研究当产品涉入度不同时，消费者的品牌态度和购买意愿的差异。

样本背景分析、信度分析、效度分析和变量描述分析在前面的章节中已经进行了详细说明，因此本案例不再赘述。单因素方差分析可参考 6.3.9 节和 17.1 节，t 检验的相关操作可参考 17.3 节。

9.3.1 多因素方差分析

在使用多因素方差分析研究多个自变量对因变量的影响时，自变量为分类数据且通常有两个，因变量为定量数据。本案例中的自变量有两个，分别是有无背景音乐和产品涉入度。有无背景音乐使用实验的方式进行操作，其本身就是分类数据；产品涉入度使用量表表示，需要将定量数据转换为分类数据。本案例中的因变量也有两个，分别是品牌态度和购买意向。有无背景音乐、产品涉入度对消费者的品牌态度和购买意向的影响研究思路如图 9-6 所示。

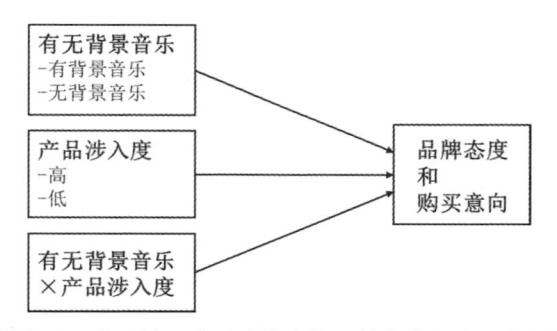

图 9-6　有无背景音乐、产品涉入度对消费者的品牌态度和购买意向的影响研究思路

由于本案例从研究目的上需要考查交互作用，因此需要加入有无背景音乐与产品涉入度的交互项，此项并不需要进行特别的数据处理，只需要通过交互图进行展示并尝试进行简单效应分析即可。

下面对有无背景音乐、产品涉入度对消费者的品牌态度的影响进行详细分析。

在对本案例进行多因素方差分析时，第一步进行数据处理。有无背景音乐是使用文字形式展示的，需要对其进行编码处理：将有背景音乐编码为 1，无背景音乐编码为 0。产品涉入度对应 6 个量表题，对这 6 个量表题计算平均值后形成一个整体变量；将消费者按照产品涉入度的平均值分为两组，低于平均值的消费者为产品涉入度较低的组别，高于平均值的消费者为产品涉入度较高的组别；新增变量"涉入度高低"代表分组情况。

在完成数据处理后,进入第二步,即进行交互作用分析。本案例的交互作用分析结果,即有无背景音乐、产品涉入度对消费者的品牌态度的交互作用分析结果如表 9-2 所示。

表 9-2 有无背景音乐、产品涉入度对消费者的品牌态度的交互作用分析结果

差异源	平方和	df	均方	F 值	P 值
Intercept	1724.969	1	1724.969	2712.857	0.000**
涉入度高低	33.701	1	33.701	53.002	0.000**
有无背景音乐	2.058	1	2.058	3.237	0.073
涉入度高低×有无背景音乐	3.974	1	3.974	6.251	0.013*
Residual	127.17	200	0.636		

备注:$R^2 = 0.289$;*表示 $P<0.05$,**表示 $P<0.01$。

从表 9-2 中可以看出,涉入度高低和有无背景音乐的交互项在 0.05 水平上呈现出显著性($P=0.013<0.05$),说明二者之间存在交互作用。在交互作用显著时,应继续进行交互作用的多重比较,而对主效应进行分析的意义并不大,因此接下来绘制并观察交互图,从可视化角度观察交互作用的情况。第三步使用交互图进行分析,如图 9-7 和图 9-8 所示。

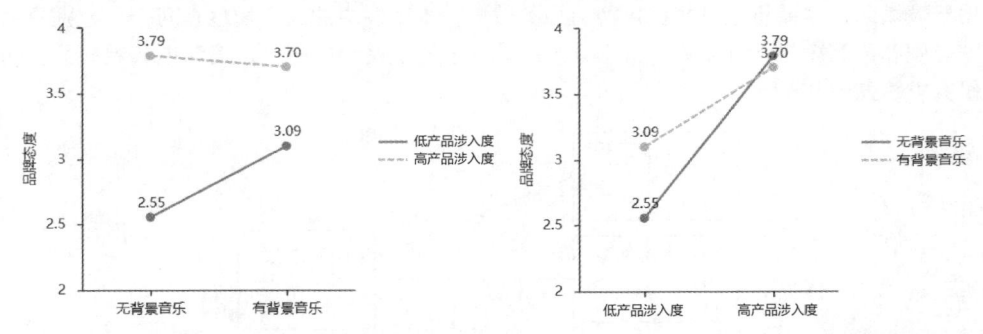

图 9-7 有无背景音乐、产品涉入度对消费者的品牌态度的影响交互图

图 9-8 产品涉入度、有无背景音乐对消费者的品牌态度的影响交互图

根据控制条件的不同,可以输出两个交互图,分别展示了在不同产品涉入度水平下有无背景音乐对消费者的品牌态度的影响幅度差异,以及在有无背景音乐两种情境下不同产品涉入度对消费者的品牌态度的影响幅度差异。由图 9-7 可知,消费者在低产品涉入度水平时,在有背景音乐和无背景音乐两种情境下,品牌态度平均值分别为 3.09 和 2.55,变化较大;而在高产品涉入度水平时,在有背景音乐和无背景音乐两种情境下,品牌态度平均值分别为 3.70 和 3.79,相差无几(斜率接近于 0)。由图 9-8 可知,无论有没有背景音乐,消费者在产品涉入度从低到高变化时其品牌态度平均值均相应提高,只不过提高的幅度不同,相对来说在无背景音乐的情境下,产品涉入度对品牌态度影响的变化幅度更大(斜率更大)。

但是需要注意的是,交互图仅为直观观察的结果,如果要弄清楚在不同控制条件下,

另一个因素在不同水平下对消费者的品牌态度的影响,则需要根据简单效应分析的结果来分析。

9.3.2 简单效应分析

在完成交互图分析后,进入第四步,即进行简单效应分析,深入对比在有背景音乐和无背景音乐两种情境下消费者品牌态度的具体差异,或者在不同产品涉入度水平下消费者品牌态度的具体差异。

首先控制产品涉入度,并分析有无背景音乐对消费者品牌态度的影响,其对应的简单效应分析结果如表 9-3 所示。

表 9-3 控制产品涉入度分析有无背景音乐对消费者品牌态度的影响

产品涉入度	有无背景音乐	平均值差值	标准误	t 值	P 值
低产品涉入度	无背景音乐—有背景音乐	−0.54	0.185	−2.932	0.004
高产品涉入度	无背景音乐—有背景音乐	0.09	0.171	0.515	0.607

结合图 9-7 和表 9-3 可知,在低产品涉入度水平时,无背景音乐的消费者品牌态度平均值为 2.55,有背景音乐的消费者品牌态度平均值为 3.09,二者的差值为−0.54,此时的差异具有统计学意义(t=−2.932,P=0.004<0.01);而在高产品涉入度水平时,无背景音乐和有背景音乐的消费者品牌态度平均值分别为 3.79 和 3.70,二者的差值为 0.09,此时的差异无统计学意义(t=0.515,P=0.607>0.05)。也就是说,在低产品涉入度水平时,有无背景音乐对消费者品牌态度的影响是显著的;而在高产品涉入度水平时,有无背景音乐对消费者品牌态度的影响不显著。

然后控制有无背景音乐,并分析不同产品涉入度对消费者品牌态度的影响,其对应的简单效应分析结果如表 9-4 所示。

表 9-4 控制有无背景音乐分析不同产品涉入度对消费者品牌态度的影响

有无背景音乐	产品涉入度	平均值差值	标准误	t 值	P 值
无背景音乐	低产品涉入度—高产品涉入度	−1.24	0.187	−6.596	0.000
有背景音乐	低产品涉入度—高产品涉入度	−0.61	0.169	−3.562	0.000

无论有没有背景音乐,高产品涉入度对应的消费者品牌态度平均值比低产品涉入度对应的消费者品牌态度平均值都更高,且两个条件下的差异均具有统计学意义(P<0.01)。相对来说,在无背景音乐时,由低产品涉入度到高产品涉入度变化的过程中相应的消费者品牌态度平均值变化幅度明显大于在有背景音乐时的变化幅度。

第 10 章

聚类样本类问卷研究

对于量表类问卷,如果研究人员希望对样本进行细分,并且针对不同类别的样本提供对应的建议、措施,那么可以参考本章的分析思路。本章的分析思路涉及的问卷特点是量表题和非量表题混合,研究人员可以先对量表题进行聚类分析,然后结合聚类分析结果(即将样本分为几种聚类类别),对比不同聚类类别样本的差异(如分析不同聚类类别样本在某些行为上的差异),并且提供相应的建议、措施。此类问卷的核心分析思路是进行样本细分并提供建议、措施,适用于企业进行与样本细分相关的研究。

10.1 分析思路

聚类样本类问卷研究分析思路分为 8 部分，分别是样本背景分析，样本特征、行为分析，指标归类分析，信度分析，效度分析，聚类分析，聚类效果评价验证和差异分析，如图 10-1 所示。

```
                        ┌─ （1）样本背景分析
                        ├─ （2）样本特征、行为分析
                        ├─ （3）指标归类分析
聚类样本类问卷          ├─ （4）信度分析
研究分析思路   ─────────┤
                        ├─ （5）效度分析
                        ├─ （6）聚类分析
                        ├─ （7）聚类效果评价验证
                        └─ （8）差异分析
```

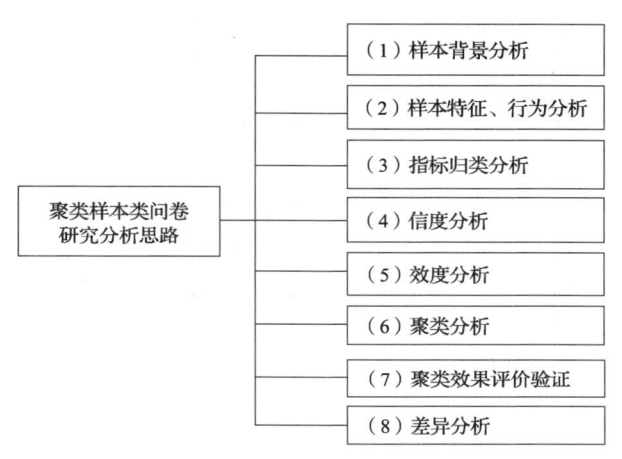

图 10-1　聚类样本类问卷研究分析思路

（1）样本背景分析和样本特征、行为分析。这两部分与第 6 章中的内容类似，均使用频数分析或描述性分析了解样本的背景信息及样本的基本特征、行为现状和基本态度。

（2）指标归类分析。在通常情况下，聚类样本类问卷研究均有此部分分析内容。当研究人员不完全确定量表题内部有多少个因子，或者研究人员对变量与题的对应关系没有充分把握时，可以使用探索性因子分析的探索因子功能对各量表题探索、提取出少数几个因子（维度/变量），并利用探索得到的因子进行后续的聚类分析。

在进行探索性因子分析时，尽量探索、提取出与实际意义较为贴切的因子，并且结合实际意义对因子进行命名。这样做是因为探索、提取出的因子将用于后续聚类分析，并且后续聚类分析需要结合各类样本的特征，进一步对分类样本进行命名。此部分进行探索性因子分析的目的是探索因子，并找出题与因子的对应关系，用较少的几个因子浓缩、概述多个题的信息。如果研究人员有充足的理论依据证明应该将题分为几个变量，并且每个变量与题的对应关系都有较强的理论支撑，那么可以跳过此部分内容。

（3）信度分析和效度分析。这两部分的分析内容与分析方法均与第 5 章中的类似。在步骤（2）中探索、提取出少数几个因子后，需要针对因子进行信度分析和效度分析。聚类样本类问卷研究通常会涉及指标归类分析，因此效度分析侧重内容效度分析。研究人员也可以将指标归类分析的结果进行汇总，从整体上说明研究的因子具有有效性，题可以有效地解释对应因子的信息。

（4）聚类分析与聚类效果评价验证。此部分为本分析思路的核心。聚类分析根据功能可以分为两种：一种是对样本进行聚类；另一种是对变量（题）进行聚类。常见的是对样本进行聚类，即将样本细分为几种类别，较少对变量进行聚类。本分析思路主要对样本进行聚类。如果使用通过探索性因子分析探索出来的因子进行聚类分析，那么应该先计算每个因子对应题的平均值（也可以是加总求和的得分），分别使用平均值代表每个因子（例如，因子 1 对应 3 个题，则用这 3 个题的平均值代表因子 1），然后使用计算平均值后得到的因子进行聚类分析。在 SPSSAU 的功能模块中，聚类分析方法共有 3 种，分别是 K-均值聚类分析、K-prototype 聚类分析和分层聚类分析（又称系统聚类分析）。这 3 种聚类分析方法各有优缺点，建议在进行聚类分析时使用这 3 种分析方法并进行结果比较。聚类分析操作较为简单，其目的仅有一个——聚类，关于聚类分析的内容将在 10.2.1 节中进一步阐述。

在完成聚类分析后，SPSSAU 将聚类结果保存为新变量，新变量中的数字表示聚类类别的编号。在使用该聚类结果与聚类指标进行单因素方差分析时，如果分析显示不同聚类类别样本对聚类指标变量均具有显著性差异，那么研究人员需要结合实际差异情况及专业知识对每个聚类类别进行命名。

能获得聚类结果，并不代表聚类效果就一定是好的。聚类效果好不好，一般需要从多个方面进行综合评价，比如类的规模是否过大或过小、样本点与聚类中心的距离是否足够小、聚类中心之间是否有较大的距离，以及类的特征是否有专业意义等，具体内容将在 10.2.2 节中阐述。

（5）差异分析。在完成聚类分析后，会单独生成一列变量，表示聚类类别，可能需要进一步分析，了解不同聚类类别样本的特征差异和态度差异等。结合数据特征，此部分可能涉及卡方分析和方差分析。卡方分析的使用频率相对较高。在研究不同聚类类别样本的背景信息（性别、年龄段、学历、收入区间）差异，以及不同聚类类别样本对其他分类数据的态度差异时，均可以使用卡方分析。

在进行聚类样本类问卷研究时，通常不仅需要细分样本，还需要进一步了解不同聚类类别样本在某话题上的态度差异。例如，研究不同聚类类别样本对新产品的态度差异，以便为新产品设计提供建议。无论是对比不同聚类类别样本在个体背景上的差异，还是对比不同聚类类别样本对新产品的态度差异，均属于差异对比。研究人员可以深入分析差异，得出更多有意义的研究结论。

10.2 分析方法

本节将详细介绍聚类样本类问卷研究涉及的分析方法，由于第 5 章和第 6 章已经对其中的部分分析方法进行了详细说明，包括频数分析、描述性分析、探索性因子分析、信度分析和方差分析，因此这里侧重介绍聚类样本类问卷研究涉及的核心分析方法，即聚类分析和卡方分

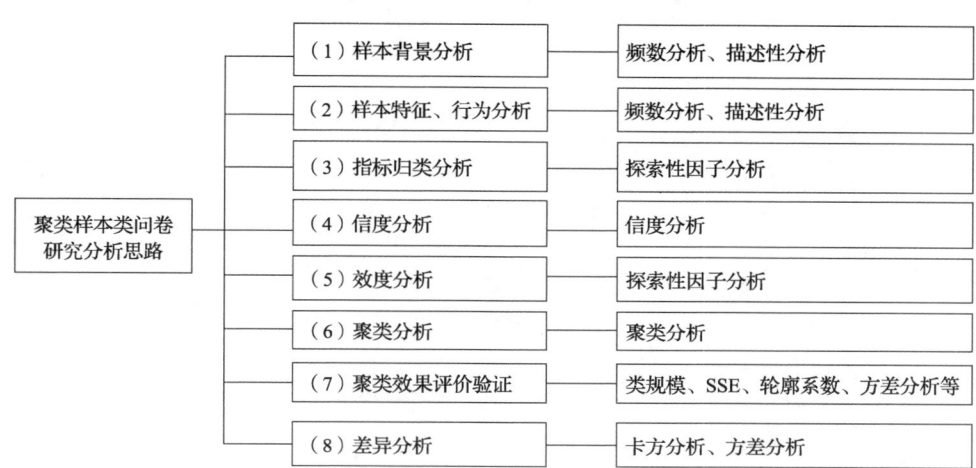

析。聚类样本类问卷研究分析思路与分析方法的对应关系如图 10-2 所示。

聚类样本类问卷研究分析思路：
- （1）样本背景分析 —— 频数分析、描述性分析
- （2）样本特征、行为分析 —— 频数分析、描述性分析
- （3）指标归类分析 —— 探索性因子分析
- （4）信度分析 —— 信度分析
- （5）效度分析 —— 探索性因子分析
- （6）聚类分析 —— 聚类分析
- （7）聚类效果评价验证 —— 类规模、SSE、轮廓系数、方差分析等
- （8）差异分析 —— 卡方分析、方差分析

图 10-2　聚类样本类问卷研究分析思路与分析方法的对应关系

样本背景分析和样本特征、行为分析这两部分均可以使用频数分析，统计样本对各个选项的选择百分比。这两部分的详细说明可以参考第 6 章的相关内容。指标归类分析，即探索性因子分析的第 1 种功能（探索因子），具体分析步骤可以参考第 5 章的相关内容。

信度分析和效度分析与第 5 章中对应的内容一致。从逻辑上讲，信度分析应该在探索性因子分析之后进行。另外，此分析思路已经使用了探索性因子分析的探索因子功能，继续使用探索性因子分析进行结构效度分析会显得多余（其他研究可能会继续使用探索性因子分析进行结构效度分析），所以可以仅进行内容效度分析。

有时聚类样本类问卷研究还会涉及其他分析方法，如相关分析、回归分析等，研究人员只需要结合具体情况选择合适的分析方法即可。

10.2.1　常用聚类分析方法

聚类分析常用于对样本进行聚类，即样本聚类（Q 型聚类）；有时也会对变量（题）进行聚类，即变量聚类（R 型聚类），本书侧重于阐述样本聚类。在 SPSSAU 中有 3 种聚类分析方法，分别是 K-均值聚类分析、K-prototype 聚类分析和分层聚类分析，如图 10-3 所示。

聚类分析方法：
- （1）K-均值聚类分析
- （2）K-prototype 聚类分析
- （3）分层聚类分析

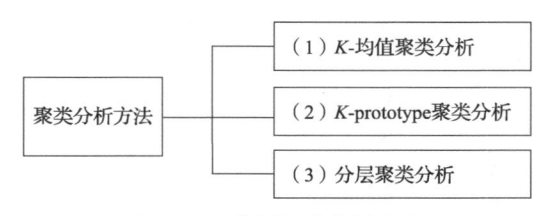

图 10-3　常用聚类分析方法

K-均值聚类分析和 K-prototype 聚类分析一般用于样本聚类，分层聚类分析一般用于变量聚类。这 3 种聚类分析方法各有特点，具体的特点及分析步骤如下。

1．K-均值聚类分析

K-均值聚类分析可以快速处理大量数据，所以在实际研究中使用此聚类分析方法的频率非常高。但是 K-均值聚类分析仅能处理定量数据，而不能处理分类数据，同时它需要研究人员自主设置聚类类别数量，不能自动判定最优聚类类别数量。在通常情况下，建议研究人员设置的聚类类别数量为 2～6 类，不宜过多，因为如果聚类类别数量过多，那么对各类特征的描述将变得越来越难，甚至失去实际意义。

K-均值聚类分析的基本思想是在指定聚类类别数量 K 的情况下，从数据集中随机选取 K 个样本作为初始聚类中心，计算其他样本所代表的点与初始聚类中心的欧式距离，将样本划分到距离初始聚类中心最近的那个类，并在将所有样本划分类别后，形成 K 个数据集（K 个簇），重新计算每个簇中样本的平均值，将平均值作为新的聚类中心。因此聚类中心处于变化中，这个过程不断重复，直到聚类中心不再变化。

需要注意两点：第一是对 K 个初始聚类中心的选择具有随机性；第二是计算的距离通常使用标准化欧式距离，不同量纲单位的聚类数据应提前进行数据标准化处理。

2．K-prototype 聚类分析

K-均值聚类只适用于定量数据的样本聚类过程，但是在实际科研数据分析中，聚类变量并不仅是定量数据，也可能包含分类数据，此时 K-均值聚类将不再适用。K-prototype 聚类是 K-均值聚类与 K-modes 聚类的一种集合形式，它适用于定量数据和分类数据混合的情况，扩展了 K-均值聚类的适用范围。在聚类的过程中，K-prototype 聚类将聚类变量中的定量数据和分类数据分开，分别计算样本间变量的距离，比如针对定量数据采用 K-均值算法计算距离 P_1，针对分类数据采用 K-modes 算法计算距离 P_2，最后将二者相加，$D=P_1+a \times P_2$，a 是权重。D 为最终的样本间距离，是处理混合属性聚类的典型聚类方法。

与 K-均值聚类分析相同，K-prototype 聚类分析也需要研究人员自主设置聚类类别数量 K，一方面可以根据专业知识或行业经验来确定，另一方面可以采用遍历的形式，从多个 K 值中选择最佳 K 值。K-prototype 聚类分析的运行过程如下。

（1）随机选取 K 个初始聚类中心。

（2）针对数据集中的每个样本，计算样本所代表的点（即样本点）与 K 个初始聚类中心的距离（对定量数据计算欧氏距离，对分类数据计算差异度），将样本划分为离它最近的初始聚类中心所对应的类别。

（3）在类别划分完成后，重新确定类别的聚类中心位置，对定量数据样本取平均值作为新的聚类中心，对分类数据样本取众数作为新的聚类中心。

（4）重复执行步骤（2）和步骤（3），直到没有样本改变类别，返回最后的聚类结果。

针对含有分类指标的聚类过程，除了 K-prototype 聚类分析，还有 SPSS 统计软件提供的两步聚类方法，感兴趣的读者可以阅读专业资料进行学习。

3．分层聚类分析

从算法原理上来看，分层聚类既可以对样本进行聚类，也可以对变量进行聚类。分层聚类分析一般用于处理定量数据，并且需要研究人员结合分析结果（主要是树状图）主观判定聚类类别数量。值得注意的是，在 SPSSAU 中，该方法默认只用于对变量进行聚类。

分层聚类有两种基本思路：凝聚聚类和分裂聚类。凝聚聚类先将每个对象看作一类（俗称叶子），再将相似度最高的两类进行合并，组成一个新类，接着将该新类与相似度最高的类进行合并，不断重复此过程，直到将所有的对象都归为一类（俗称根）；分裂聚类与凝聚聚类刚好相反，从根开始，逐步分解异质性最大的亚类，直到分解成每个样本的小类。SPSSAU 的分层聚类默认对变量进行聚类，采用的是凝聚聚类思路，使用组平均距离法进行分析。可以使用 Pearson 相关系数度量相似度，相关系数越大，说明相似度越高，距离越近；相关系数越小，说明相似度越低，距离越远。

4．聚类分析方法的选择

在选择这 3 种聚类分析方法时，如果用于聚类的数据中有分类数据，并且需要进行样本聚类，则使用 K-prototype 聚类分析；如果样本数据量非常大，并且用于聚类的数据中没有分类数据，则使用 K-均值聚类分析；如果是针对变量进行聚类的，则使用分层聚类分析。

至于聚类类别数量的确定，建议研究人员多次重复进行聚类分析，遍历不同的聚类结果方案，或者在比较 3 种聚类分析方法后，自主设置聚类类别数量。3 种聚类分析方法的特点对比如表 10-1 所示。

表 10-1　3 种聚类分析方法的特点对比

聚类分析方法	数据标准化功能	分类数据分析	定量数据分析	自动判定聚类类别数量	聚类类别数量设置	聚类质量判断	处理速度
K-prototype 聚类分析	有	可以	可以	可以	可以	有	较快
K-均值聚类分析	无	不可以	可以	不可以	可以	无	快
分层聚类分析	有	不可以	可以	不可以	可以	无	较慢

10.2.2　聚类分析步骤

根据研究经验，笔者将样本的聚类分析分为 5 步，分别是数据处理、选择合适的聚类分析方法、多种聚类结果的对比、聚类效果评价验证、聚类类别的使用，如图 10-4 所示。

（1）数据处理。如果样本的数据度量单位不统一，如有的题为七级量表而有的题为五级量表，则应该进行数据处理，即对数据进行标准化处理。在 SPSSAU 中，常见的是通过 Z 值法对数据进行标准化处理，同时，实现 K-均值聚类分析和 K-prototype 聚类分析的"聚类"模块中有专门的数据标准化命令。当然，研究人员也可以提前对数据进行标准化处理。

（2）选择合适的聚类分析方法。比如，当聚类指标均为定量数据时，选择 K-均值聚类分析或 K-prototype 聚类分析都是可以的，这种情况下 SPSSAU 中会默认使用 K-均值聚类分析；如果考虑使用分类的聚类指标，则选择 K-prototype 聚类分析。当然，除 SPSSAU 的 K-prototype 聚类分析之外，也可以考虑使用 SPSS 统计软件提供的两步聚类方法。如果需要对指标变量进行聚类，则一般选择分层聚类分析。

聚类分析步骤
- （1）数据处理
- （2）选择合适的聚类分析方法
- （3）多种聚类结果的对比
- （4）聚类效果评价验证
- （5）聚类类别的使用

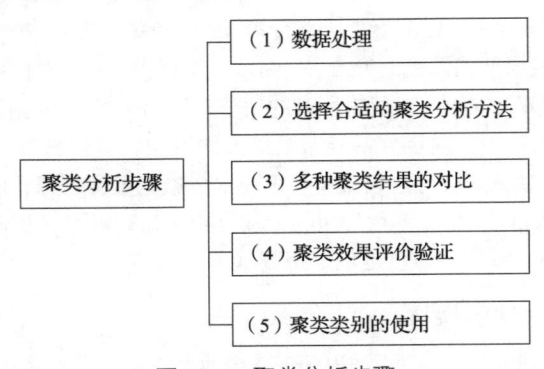

图 10-4　聚类分析步骤

（3）多种聚类结果的对比。K-均值聚类分析或 K-prototype 聚类分析这两个方法，都需要指定聚类类别数量 K，即聚类时需要指定统计软件聚成 K 类。这对于研究人员来说有时是比较困难的，因为聚成几类才恰当在聚类之前并没有明确的判断。如果遇到这种困惑，则可以考虑同时执行多套聚类方案，即遍历多种聚类结果，比如要求统计分析方法聚成 2 类、3 类、4 类、5 类、6 类等，之后对比以上聚类结果，从专业可解释、聚类误差平方和等角度综合评价，最终确定一个相对恰当的聚类结果。

（4）聚类效果评价验证。严格意义上的聚类分析并非统计假设检验方法，而是一种数据描述性方法，这是因为聚类分析没有统计假设检验方法的理论支持，无法对其结果的正确性进行判断。聚类效果评价验证不同于其他分析方法，其他分析方法可以通过 P 值进行检验，而聚类效果评价验证则需要具有一定的研究经验，并结合专业知识进行综合判断。但从应用角度来看，研究人员可以结合以下几种方法进行聚类效果评价验证。

第一，观察进行聚类分析后得到的各个聚类类别的样本量是否均匀，是否过大或过小，有无区分度。比如聚类分析结果显示有 3 个聚类类别，其中一个聚类类别的样本量非常小，如小于 30，那么聚类效果可能较差。

第二，根据聚类误差平方和 SSE 和平均轮廓系数对聚类效果进行评价。误差平方和 SSE 可用于测量各样本点与聚类中心的距离，理论上当然希望 SSE 值越小越好。通常使用 SSE 值辅助判断聚类类别数量，比如发现聚成 3 类比聚成 4 类有更低的 SSE 值，那么提示聚成 3 类的效果比聚成 4 类的效果更优。平均轮廓系数是所有样本点的轮廓系数的平均值，而轮廓系数基于聚类结果的凝聚度、分离度进行计算。凝聚度指的是一个类内各样本点的密切程度；分离度指的是两个类之间的间隔距离。显然，一个优秀的聚类效果，期望的是较小的凝聚度和较大的分离度。平均轮廓系数的取值范围为 -1~1，一般该值越接近 1，表示聚类效果越好；该值越接近 -1，表示聚类效果越差。

第三，观察进行聚类分析后得到的每个聚类类别是否可以被有效地命名，每个聚类类别的特征是否符合现实意义。由于良好的聚类效果可以有效识别样本特征，因此聚类分析产生的不同聚类类别的样本应该具有完全不同的特征，这样研究人员就可以结合不同聚类类别样本的特征，对聚类类别进行有效命名。

通常使用方差分析进行聚类样本的特征差异对比，但是如果聚类变量为分类数据，则应该使用卡方分析进行聚类样本的特征差异对比。使用方差分析或卡方分析可以找出每个聚类类别样本的具体特征差异，并结合不同聚类类别样本的特征进行命名。此外，也可以重点关注各类在聚类指标变量上的平均值、标准差等分布情况，从而归纳类的特征并进行命名。

如果研究人员可以结合方差分析、卡方分析、平均值、标准差等差异分析结果，以及自身专业知识对每个聚类类别进行命名，则说明聚类效果良好；如果无法对每个聚类类别进行命名，则说明聚类的类特征混乱，需要考虑重新进行聚类分析。

第四，使用判别分析进行聚类效果评价验证。将统计软件生成的聚类类别变量作为因变量 Y，将聚类变量作为自变量 X，判别和分析聚类变量与聚类类别变量之间的投影关系。如果研究人员对聚类效果非常在乎，则可以使用判别分析。在通常情况下，此类研究并不会通过判别分析进行聚类效果评价验证，原因在于即使使用判别分析也不能绝对说明聚类效果是否良好，而且聚类分析实质上为描述性方法，并没有好坏标准。判别分析并不属于本书的讨论范畴，有兴趣的读者可以参考相关书籍。

总之，严格来说，聚类效果评价验证目前仍然没有明确的标准。关于聚类结果是否恰当，建议结合专业经验和上述方法综合判断。

（5）聚类类别的使用。在完成步骤（4）的聚类效果评价验证后，就已经确定了聚类类别数量及聚类类别名称。此时可以更深入地分析每个聚类类别的特征，尤其是某聚类类别样本在某聚类变量上的突出特征。可以将聚类结果用于后续的其他分析方法或针对不同的聚类类别提供有针对性的建议、措施。

在具体实践中，上述分析步骤可能并不完全适用，研究人员可灵活处理。

10.2.3 聚类类别样本差异分析

在完成聚类分析后，就已经确定了聚类类别数量和聚类类别名称，并且完成了样本细分，之后需要深入分析每个聚类类别样本的特征，以及每个聚类类别样本对题的态度差异。如果要研究不同聚类类别样本的个体背景差异，且聚类类别和样本背景信息题（性别、年龄、学历等）的数据均为分类数据，则应该使用卡方分析进行差异对比。使用卡方分析可以进一步了解不同聚类类别样本在个体背景上的差异，便于对不同聚类类别样本进行深入分析。

研究人员还可以对比不同聚类类别样本在问卷题上的差异，如果题的数据为定量数据，则应该使用方差分析；如果题的数据为分类数据，则应该使用卡方分析；如果题为多选题，则也应该使用卡方分析。关于卡方分析的详细说明，将在第 11 章中进行阐述。

10.3 案例解读：旅游消费者的类别特征分析

本节以案例的形式对聚类样本类问卷研究分析思路和分析方法进行详细说明。本案例沿用第 3 章的量表类问卷设计案例 2。旅游消费者的类别特征分析问卷框架如表 10-2 所示。

表 10-2 旅游消费者的类别特征分析问卷框架

框架内容	题号	题内容
样本背景信息题	Q1	性别
	Q2	年龄
	Q3	学历
	Q4	家庭年收入
样本特征信息题	Q5	您的旅游消费观念是什么
	Q6	您每个月费用在旅游消费方面的支出大约有多少元
	Q7	您是通过什么途径来了解旅游信息的
样本基本态度题	Q8	您认为旅游消费是否有必要
	Q9	如果您的月收入提高 1000 元，那么您会增加多少元旅游费用
	Q10_1	您旅游的目的是什么（娱乐休闲）
	Q10_2	您旅游的目的是什么（拓宽眼界）
	Q10_3	您旅游的目的是什么（释放生活压力）
	Q10_4	您旅游的目的是什么（感受生活）
	Q10_5	您旅游的目的是什么（健身保养）
	Q10_6	您旅游的目的是什么（人际交往）
	Q10_7	您旅游的目的是什么（其他）
核心变量题	Q11	家人或朋友建议去某景点旅游时，我一般都同意
	Q12	我喜欢去大家都推荐的景点旅游
	Q13	我觉得旅游有时候很麻烦，交通拥堵，景点人又多
	Q14	我会提前与旅行社进行一些沟通，了解相关事宜
	Q15	我会随时关注旅游景区的官方微博和微信
	Q16	我喜欢看与旅游相关的书籍或电视节目
	Q17	我会提前留意相关旅游信息，以便做好相应准备
	Q18	在旅游时，我乐于在自己的社交圈分享自己的感受
	Q19	我会随时与朋友、家人沟通旅游心得，交换旅游意见
	Q20	我对相关旅行社的负面报道深信不疑
	Q21	我对景点的负面评论非常在意
	Q22	在旅游结束后，我会告诉同事并和他们讨论，有时还会送他们旅游纪念礼物

续表

框架内容	题号	题内容
核心变量题	Q23	在旅游时，我乐于在朋友圈、QQ空间、微博等网络社交平台上分享自己在旅途中的所见所闻
	Q24	在旅游时，为了拍好照片，我会不断更新自己的拍摄设备
	Q25	我更喜欢旅游后在社交平台上发长文来分享自己的体验
	Q26	我更愿意去交通方便的旅游景点
	Q27	如果购买了私家车，那么我会提高外出旅游的频率
	Q28	如果交通不是很拥堵，那么我会选择自驾游
	Q29	每次在工作或学习中取得成就后，我会通过出去旅游来奖励自己
	Q30	我喜欢旅行社帮我打点好一切
其他题	Q31	请选择您偏好的旅游卡类别
	Q32	每张旅游卡的票面金额偏好情况

从问卷结构来看，Q1～Q4 为样本背景信息题；Q5～Q7 为样本特征信息题；Q8～Q10 为样本基本态度题；Q11～Q30 为核心变量题，用于了解样本对旅游消费的态度；Q31～Q32 为其他题，用于了解样本对旅游卡的态度。

本案例的核心思路是找出市场上旅游消费者的类别，首先利用 Q11～Q30 共 20 个核心变量题对样本进行聚类分析，并在得到聚类类别之后，分析每个聚类类别样本的特征，然后将每个聚类类别样本与 Q31 和 Q32 进行交叉分析，进一步了解不同聚类类别样本对这两个题的态度差异，最终提供关于旅游卡（类别和金额）方面的建议。本案例也可以在得到聚类类别之后，进一步分析不同聚类类别样本的特征和态度差异。

在具体分析步骤上，首先对样本背景信息题进行统计汇总，然后对样本特征信息题和样本基本态度题进行频数分析。由于 Q11～Q30 是研究人员结合经验进行主观设计的，这 20 个题具体应该浓缩为多少个因子，以及因子与题的对应关系并不确定，因此需要使用探索性因子分析对这 20 个题进行因子探索，并找出因子与题的对应关系。在使用探索性因子分析探索出因子后，对题分别进行信度分析和效度分析以验证样本回答的可靠性和量表的有效性。接下来，将探索出的因子作为聚类变量进行聚类分析（可使用的聚类分析方法包括 K-均值聚类分析、K-prototype 聚类分析），最终得到聚类类别。在聚类分析完成后进行聚类效果评价验证，之后对每个聚类类别进行命名并详细描述每个聚类类别样本的特征。最后进行差异分析，了解不同聚类类别样本对题（尤其是 Q31 和 Q32）的态度差异，结合分析结果提供科学的建议。下面按照以上分析思路逐一进行分析解读。

在通常情况下，问卷分析的第一部分为样本背景分析及样本特征、行为分析，用于对问卷回收情况及样本的基本情况进行分析说明。在本案例中，Q1～Q4 为样本背景信息题，可以将这 4 个题的选项选择频数和占比情况整理成一个表格进行详细说明；Q5～Q7 为样本特征信息题，可以将这 3 个题的选项选择频数和占比情况整理成一个表格进行详细说明，也可以分别使用 3 个表格对其进行展示和分析说明；Q8～Q10 为样本基本态度题，可以分别使用 3 个表格对这 3 个题的选项选择频数和占比情况进行展示和分析说明；Q10 为多选题，而多选题可以使用表格或条形图两种形式进行展示。

10.3.1 探索性因子分析

在本案例中，核心变量题（Q11~Q30）是研究人员自行设计的，并没有参考经典量表，因此需要使用探索性因子分析对这 20 个题进行分析。首先使用 SPSSAU 与专业知识探索出合适的因子并对因子进行命名，然后找出因子与题的对应关系，以便后续进行聚类分析。在进行问卷研究时，通常使用主成分法进行因子探索，使用最大方差旋转法进行因子旋转处理。

探索性因子分析的具体分析步骤在 5.2.4 节中有详细说明，本节不再进行特别说明。接下来针对本案例详细阐述探索性因子分析的过程，包括删除题、探索因子及命名因子等。探索性因子分析是一个循环过程，虽然研究人员只需要列出最后一次探索性因子分析的结果，但是也应该对中间的具体过程进行说明。

首先针对 Q11~Q30 进行第一次探索性因子分析，并结合旋转后因子载荷系数及基本专业知识判断是否有需要删除的题。第一次探索性因子分析的旋转后因子载荷系数如表 10-3 所示。

表 10-3　第一次探索性因子分析的旋转后因子载荷系数

名称	因子载荷系数					共同度（公因子方差）
	1	2	3	4	5	
Q13 我觉得旅游有时候很麻烦，交通拥堵，景点人又多	0.442	-0.036	0.104	0.409	0.189	0.411
Q18 在旅游时，我乐于在自己的社交圈分享自己的感受	0.697	0.054	0.157	0.095	0.106	0.534
Q19 我会随时与朋友、家人沟通旅游心得，交换旅游意见	0.684	0.016	0.240	0.037	-0.009	0.527
Q22 在旅游结束后，我会告诉同事并和他们讨论，有时还会送他们旅游纪念礼物	0.499	-0.039	0.404	0.085	-0.314	0.520
Q23 在旅游时，我乐于在朋友圈、QQ 空间、微博等网络社交平台上分享自己在旅途中的所见所闻	0.462	0.430	0.155	0.206	-0.044	0.467
Q24 在旅游时，为了拍好照片，我会不断更新自己的拍摄设备	0.699	0.131	0.094	0.032	0.092	0.524
Q25 我更喜欢旅游后在社交平台上发长文来分享自己的体验	0.775	0.236	0.039	-0.113	-0.033	0.671
Q26 我更愿意去交通方便的旅游景点	0.201	0.683	0.165	0.162	0.127	0.576
Q27 如果购买了私家车，那么我会提高外出旅游的频率	0.047	0.822	0.185	0.048	0.063	0.719

续表

名称	因子载荷系数					共同度（公因子方差）
	1	2	3	4	5	
Q28 如果交通不是很拥堵，那么我会选择自驾游	0.018	0.817	0.198	0.110	0.041	0.721
Q29 每次在工作或学习中取得成就后，我会通过出去旅游来奖励自己	0.135	0.384	0.312	0.079	0.359	0.399
Q30 我喜欢旅行社帮我打点好一切	0.184	0.531	-0.205	0.304	0.203	0.491
Q14 我会提前与旅行社进行一些沟通，了解相关事宜	0.374	0.164	0.600	0.192	-0.069	0.568
Q15 我会随时关注旅游景区的官方微博和微信	0.307	0.135	0.824	0.004	-0.055	0.794
Q16 我喜欢看与旅游相关的书籍或电视节目	0.230	0.132	0.818	0.035	0.040	0.742
Q17 我会提前留意相关旅游信息，以便做好相应准备	-0.052	0.243	0.648	0.294	0.206	0.610
Q11 家人或朋友建议去某景点旅游时，我一般都同意	0.086	0.188	0.085	0.790	0.225	0.725
Q12 我喜欢去大家都推荐的景点旅游	-0.012	0.272	0.196	0.795	-0.033	0.745
Q20 我对相关旅行社的负面报道深信不疑	-0.054	0.255	0.126	0.237	0.684	0.608
Q21 我对景点的负面评论非常在意	0.105	0.020	-0.096	0.037	0.866	0.772

备注：表格中的单元格若有背景颜色，则表示因子载荷系数绝对值大于0.4或共同度（公因子方差）小于0.4；旋转方法为最大方差旋转法。

根据表 10-3 可知，Q23 对应的因子 1 和因子 2 的因子载荷系数分别是 0.462 和 0.430，均大于 0.4，说明此题出现了"纠缠不清"现象，即"双载荷"现象，也就是说，该题同时在两个因子上有较高载荷，含义不明确，因此应考虑将此题删除。另外，Q13 与 Q22 也出现了这种现象，因此也应尝试将它们删除。而 Q29 对应的 5 个因子的因子载荷系数绝对值最大为 0.384，共同度（公因子方差）为 0.399，均小于 0.4，可以说此题与所有因子均没有良好的对应关系，所提取的 5 个因子对该题的解释程度偏低，因此应考虑将此题删除。

另外，针对待删除的题，一般来说建议逐个进行删除测试，并且采用不同的删题顺序所得到的最终结果有时会有细微区别。在本案例中，综合认为 Q29 和 5 个因子的关系最弱，首先删除 Q29，然后仅发现 Q13 和 Q23 存在"纠缠不清"现象，因此接着删除 Q23 与 Q13。经过两次探索后，发现第三次探索性因子分析结果良好，因此使用第三次探索性因子分析结果作为最终结果。第三次探索性因子分析涉及 3 个表格，分别是"KMO 值和 Bartlett 球形检验"表格、"方差解释率"表格和"旋转后因子载荷系数"表格。

"KMO 值和 Bartlett 球形检验"表格如表 10-4 所示。

表 10-4 "KMO 值和 Bartlett 球形检验"表格

KMO 值		0.818
Bartlett 球形检验	近似卡方值	2639.971
	df	136.000
	P 值	0.000

根据表 10-4 可知，KMO 值是 0.818，大于 0.8，并且通过了 Bartlett 球形检验；Bartlett 球形检验对应的近似卡方值是 2639.971，P 值是 0.000，小于 0.05，说明态度量表题的相应数据适合进行探索性因子分析。

"方差解释率"表格如表 10-5 所示。

表 10-5 "方差解释率"表格

因子编号	特征值			旋转前方差解释率			旋转后方差解释率		
	特征值	方差解释率（%）	累积方差解释率（%）	特征值	方差解释率（%）	累积方差解释率（%）	特征值	方差解释率（%）	累积方差解释率（%）
1	4.970	29.232	29.232	4.970	29.232	29.232	2.762	16.248	16.248
2	2.448	14.400	43.632	2.448	14.400	43.632	2.644	15.551	31.799
3	1.523	8.959	52.592	1.523	8.959	52.592	2.455	14.440	46.239
4	1.219	7.171	59.762	1.219	7.171	59.762	1.731	10.181	56.420
5	1.006	5.919	65.682	1.006	5.919	65.682	1.575	9.262	65.682
6	0.767	4.509	70.191	—	—	—	—	—	—
7	0.750	4.414	74.604	—	—	—	—	—	—
8	0.662	3.891	78.496	—	—	—	—	—	—
9	0.607	3.571	82.067	—	—	—	—	—	—
10	0.560	3.292	85.359	—	—	—	—	—	—
11	0.461	2.709	88.068	—	—	—	—	—	—
12	0.422	2.484	90.552	—	—	—	—	—	—
13	0.400	2.351	92.903	—	—	—	—	—	—
14	0.358	2.105	95.008	—	—	—	—	—	—
15	0.334	1.963	96.971	—	—	—	—	—	—
16	0.296	1.742	98.713	—	—	—	—	—	—
17	0.219	1.287	100.000	—	—	—	—	—	—

根据表 10-5 可知探索出的因子数量及每个因子的方差解释率。因子数量可以由 SPSSAU 自动生成（SPSSAU 会以特征值大于 1 为标准判断因子数量），也可以由研究人员自行设置（如果研究人员已经对因子数量有了预期，那么可以自行设置因子数量）。本次探索性因子分析使用 SPSSAU 自动生成的因子数量，最终探索出 5 个因子，这 5 个因子旋转后的方差解释率分别为 16.248%、15.551%、14.440%、10.181%和 9.262%，总累积方差解释率为 65.682%，说明这 5 个因子可以解释这 17 个题 65.682%的信息量。从整体上来看，本案例的探索性因子分析结果良好。

"旋转后因子载荷系数"表格如表 10-6 所示。

表 10-6 "旋转后因子载荷系数"表格

名称	因子载荷系数					共同度（公因子方差）
	1	2	3	4	5	
Q18 在旅游时，我乐于在自己的社交圈分享自己的感受	0.721	0.149	0.012	0.141	0.106	0.573
Q19 我会随时与朋友、家人沟通旅游心得，交换旅游意见	0.708	0.208	0.026	0.066	-0.066	0.553
Q22 在旅游结束后，我会告诉同事并和他们讨论，有时还会送他们旅游纪念礼物	0.533	0.362	-0.056	0.137	-0.357	0.565
Q24 在旅游时，为了拍好照片，我会不断更新自己的拍摄设备	0.698	0.115	0.110	0.026	0.123	0.528
Q25 我更喜欢旅游后在社交平台上发长文来分享自己的体验	0.766	0.057	0.262	-0.153	-0.016	0.683
Q14 我会提前与旅行社进行一些沟通，了解相关事宜	0.371	0.627	0.158	0.160	-0.037	0.582
Q15 我会随时关注旅游景区的官方微博和微信	0.299	0.832	0.141	-0.018	-0.075	0.807
Q16 我喜欢看与旅游相关的书籍或电视节目	0.220	0.830	0.121	0.026	0.024	0.753
Q17 我会提前留意相关旅游信息，以便做好相应准备	-0.050	0.656	0.212	0.320	0.183	0.613
Q26 我更愿意去交通方便的旅游景点	0.189	0.199	0.694	0.142	0.148	0.599
Q27 如果购买了私家车，那么我会提高外出旅游的频率	0.062	0.192	0.835	0.083	0.057	0.748
Q28 如果交通不是很拥堵，那么我会选择自驾游	0.010	0.199	0.820	0.138	0.003	0.731
Q30 我喜欢旅行社帮我打点好一切	0.206	-0.198	0.522	0.336	0.211	0.512
Q11 家人或朋友建议去某景点旅游时，我一般都同意	0.117	0.083	0.139	0.830	0.221	0.778
Q12 我喜欢去大家都推荐的景点旅游	-0.001	0.206	0.260	0.778	-0.028	0.716
Q20 我对相关旅行社的负面报道深信不疑	-0.043	0.140	0.232	0.285	0.670	0.606
Q21 我对景点的负面评论非常在意	0.096	-0.049	0.035	0.013	0.898	0.819

备注：表格中的单元格若有背景颜色，则表示因子载荷系数绝对值大于 0.4 或共同度（公因子方差）小于 0.4；旋转方法为最大方差旋转法。

根据表 10-6 可知，在删除 Q29、Q23 和 Q13 后再次进行因子分析，共探索、提取出 5 个因子，因子 1 对应 5 个题，因子 2 和因子 3 均对应 4 个题，因子 4 和因子 5 均对应 2 个题，而且这 17 个题均没有"张冠李戴"和"纠缠不清"的现象。结合因子与题的对应关系，可以将这 5 个因子分别命名为分享、关注、便捷性、从众效应和负面评论。因子 1 "分享"表示样本的分享意愿情况，涉及样本在旅游后进行长文分享和社交圈分享，以及与朋友、家人和同事交流旅游感受等。因子 2 "关注"表示样本对相关旅游信息的关注情况，涉及样本关注景区官方微博、微信及相关旅游节目，提前留意相关旅游信息，与旅行社提前沟通，等等。因子 3 "便捷性"表示样本对旅游便捷性的要求，涉及交通拥堵情况和私家车出游情况等。因子 4 "从众效应"表示样本旅游的从众情况，涉及家人、朋友的旅游影响和大众性引导消费等。因子 5 "负面评论"表示样本对负面评论的在乎情况，涉及景点负面评论和旅行社负面报道等。

　　本节通过探索性因子分析对核心变量题（旅游态度量表题）进行因子探索，并得到 5 个因子，每个因子都有对应的题。按照前面案例的分析思路，我们将采用探索出的因子作为聚类变量进行样本聚类，考查旅游消费者细分类型。在关于如何获得因子数据的问题上，目前至少有两种方式：第一种是取因子对应量表题的平均值；第二种是取因子分析的因子得分。在量表类问卷研究中，通常采取第一种方式，即取因子对应量表题的平均值。

　　在 SPSSAU 中，可以通过"数据处理"→"生成变量"模块快速计算 5 个因子对应量表题的平均值，生成 5 列数据，分别代表 5 个因子的数据取值，之后完成数据处理，以便后续进一步分析。在完成探索性因子分析后，需要进行信度分析和效度分析。

10.3.2　信度分析和效度分析

　　信度分析在第 5 章中已经详细说明，本节不再赘述。在进行效度分析时，由于本次研究的量表题并没有参考经典量表，因此可以对其进行多角度的内容效度分析，包括设计题时的部分参考，是否经过了预调查，是否得到了专家或相关从业人员的认可，等等。

　　如果使用探索性因子分析进行结构效度分析，那么其结果与 10.3.1 节的探索性因子分析结果完全一致，区别在于使用的探索性因子分析的功能不同：10.3.1 节使用的是探索性因子分析的探索因子功能，而本节使用的是探索性因子分析的结构效度分析功能。研究人员也可以使用结构方程模型软件 AMOS 的验证性因子分析进行结构效度分析。但是使用验证性因子分析进行结构效度分析对数据质量及样本量有较高的要求，通常只有经典量表才可以达到要求，因此本案例使用探索性因子分析进行结构效度分析。结构效度分析结果汇总如表 10-7 所示。

表 10-7　结构效度分析结果汇总

因子	题	因子载荷系数				
		1	2	3	4	5
分享	Q18 在旅游时，我乐于在自己的社交圈分享自己的感受	0.721	0.149	0.012	0.141	0.106
	Q19 我会随时与朋友、家人沟通旅游心得，交换旅游意见	0.708	0.208	0.026	0.066	-0.066
	Q22 在旅游结束后，我会告诉同事并和他们讨论，有时还会送他们旅游纪念礼物	0.533	0.362	-0.056	0.137	-0.357
	Q24 在旅游时，为了拍好照片，我会不断更新自己的拍摄设备	0.698	0.115	0.110	0.026	0.123

续表

因子	题	因子载荷系数				
		1	2	3	4	5
分享	Q25 我更喜欢旅游后在社交平台上发长文来分享自己的体验	0.766	0.057	0.262	-0.153	-0.016
关注	Q14 我会提前与旅行社进行一些沟通，了解相关事宜	0.371	0.627	0.158	0.160	-0.037
	Q15 我会随时关注旅游景区的官方微博和微信	0.299	0.832	0.141	-0.018	-0.075
	Q16 我喜欢看与旅游相关的书籍或电视节目	0.220	0.830	0.121	0.026	0.024
	Q17 我会提前留意相关旅游信息，以便做好相应准备	-0.050	0.656	0.212	0.320	0.183
便捷性	Q26 我更愿意去交通方便的旅游景点	0.189	0.199	0.694	0.142	0.148
	Q27 如果购买了私家车，那么我会提高外出旅游的频率	0.062	0.192	0.835	0.083	0.057
	Q28 如果交通不是很拥堵，那么我会选择自驾游	0.010	0.199	0.820	0.138	0.003
	Q30 我喜欢旅行社帮我打点好一切	0.206	-0.198	0.522	0.336	0.211
从众效应	Q11 家人或朋友建议去某景点旅游时，我一般都同意	0.117	0.083	0.139	0.830	0.221
	Q12 我喜欢去大家都推荐的景点旅游	-0.001	0.206	0.260	0.778	-0.028
负面评论	Q20 我对相关旅行社的负面报道深信不疑	-0.043	0.140	0.232	0.285	0.670
	Q21 我对景点的负面评论非常在意	0.096	-0.049	0.035	0.013	0.898
特征值		2.762	2.644	2.455	1.731	1.575
方差解释率（%）		16.248	15.551	14.440	10.181	9.262
累积方差解释率（%）		16.248	31.799	46.239	56.420	65.682
KMO 值		0.818				
Bartlett 球形检验（P 值）		0.000				

针对旅游态度量表题，探索性因子分析结果显示 KMO 值为 0.818，大于 0.7，并且通过了 Bartlett 球形检验。另外，探索性因子分析共探索出 5 个因子，这 5 个因子旋转后的方差解释率分别为 16.248%、15.551%、14.440%、10.181%和 9.262%，总累积方差解释率为 65.682%。各量表题对应的因子载荷系数均高于 0.5，最小为 0.522，最大为 0.898，表示题与因子之间均具有良好的对应关系，并且题与因子的对应关系与专业知识相符，说明此量表（旅游态度量表）具有良好的结构效度，研究数据可用于进一步分析。

10.3.3 聚类分析

聚类分析可以分为样本聚类和变量聚类。在实际量表问卷数据资料的研究分析中，样本聚类较为常见，即通过聚类分析将样本分为几类，本案例采用的就是样本聚类。

在 SPSSAU 中，聚类分析方法包括 K-均值聚类分析、K-prototype 聚类分析和分层聚类分析。这 3 种聚类分析方法在使用上应注意区分，它们对数据类型的要求不同，而且在功能特点上也有区别，研究人员应该结合具体情况进行选择（在 10.2.1 节中有详细说明）。如果聚类变量数据均为定量数据，则使用 K-均值聚类分析与 K-prototype 聚类分析获得的聚类结果基本一致，而从应用广泛性方面考虑，可以使用 K-均值聚类分析。如果聚类变量数据存在分类数据，则应该使用 K-prototype 聚类分析。在 SPSSAU 中，分层聚类默认用于对变量进行聚类，一般较少使用。

本案例基于量表问卷数据资料，以上一步探索出的 5 个因子的平均值作为聚类变量数据（均为定量数据），因此直接考虑使用 K-均值聚类分析实现研究任务。而对于 K-prototype 聚类和分层聚类的案例应用，读者可以参考其他资料。

在进行样本聚类前，应该确保已经生成 5 个因子，每个因子对应不同的题，并且分别计算出对应题的平均值，每个因子分别使用一列数据（平均值）代表因子整体。在完成数据处理后，使用 K-均值聚类分析进行试探性分析，因为 K-均值聚类分析的最大特点是快速，所以适合用于进行试探性分析——对多个聚类结果进行对比，探究最佳聚类结果。本案例要对比"聚类"模块完成的不同聚类方案，包括聚成 2 类、聚成 3 类、聚成 4 类，并且每次聚类过程均对 5 个因子的平均值进行标准化处理。各聚类方案的结果汇总如表 10-8 所示。

表 10-8　各聚类方案的结果汇总

聚类方案	聚类编号				误差平方和 SSE	平均轮廓系数
	1	2	3	4		
聚成 2 类	230	194			1537.950	0.261
聚成 3 类	192	52	180		1398.265	0.273
聚成 4 类	92	51	159	122	1255.482	0.297

表 10-8 中的误差平方和 SSE 与平均轮廓系数由 SPSSAU 在聚类过程中输出，具体展示于聚类中心表的备注区域。接下来，我们具体来看聚类结果，当将聚类类别数量设置为 2 类时，样本量分别是 230 和 194；当将聚类类别数量设置为 3 类时，样本量分别是 192、52 和 180；当将聚类类别数量设置为 4 类时，样本量分别是 92、51、159 和 122。单独根据每个聚类类别样本量并不能确认最终聚类类别数量，聚成 2 类时可能过于集中，细分消费者类型的目的不是很明显，可以大致选定为聚成 3 类或聚成 4 类。从误差平方和 SSE 来看，3 种聚类方案的 SSE 值从聚成 2 类的 1537.950 递减至聚成 4 类的 1255.482，SSE 值越小越能说明该结果是"更好"的聚类结果，因此 SSE 值提示聚成 4 类的结果最佳。从平均轮廓系数来看，聚成 2 类、聚成 3 类、聚成 4 类的平均轮廓系数依次为 0.261、0.273、0.297，而平均轮廓系数的取值范围是 $-1 \sim 1$，该值越接近 1，表示聚类结果越好，显然，在这 3 种聚类方案中，聚成 4 类是最佳方案。

以上是从聚类类别的规模分布、误差平方和 SSE、平均轮廓系数等角度判断最佳聚类结果的。目前，SSE 值和平均轮廓系数均提示聚成 4 类较为合适，但不能据此确定最终聚类结果为 4 类，而是需要专业人员对类的特征进行总结提炼，判断具体的 4 类有无专业可解释的含义或特征，并在对比之后最终确定是否聚成 4 类。

先暂定聚成 4 类，待对各类特征进行总结提炼后再进行最后的认定。下面解读聚成 4 类的其他结果，方便读者了解聚类全过程。表 10-9 所示为使用 K-均值聚类分析生成的"聚类类别规模"表格。

表 10-9 "聚类类别规模"表格

聚类类别	频数	百分比
cluster_1	92	21.70%
cluster_2	51	12.03%
cluster_3	159	37.50%
cluster_4	122	28.77%
合计	424	100%

从表 10-9 中可以直观地看出，总共生成了 4 个聚类类别（在本案例中代表 4 类不同的人群），这 4 个聚类类别对应的样本量依次是 92、51、159 和 122，共有 424 位受访者（总样本量），依次占总样本量的百分比为 21.70%、12.03%、37.50%、28.77%。从整体上来看，这 4 个聚类类别的规模分布较为均匀，没有出现规模过大或过小的情况，说明整体聚类效果较好。通常来说，如果某个聚类类别的规模过小或过大，则一般会被认为不符合实际情况，比如某个聚类类别仅有 2 个样本，或者某个聚类类别的样本量百分比高达 90%，而其他聚类类别的样本量只占剩余的 10%。在现实生活中，不同的人群通常不会出现这种比较极端的分布情况。

K-均值聚类分析随机选择 K 个样本作为初始聚类中心，按欧式距离分配样本至最近的初始聚类中心，形成 K 个簇后将每个簇的平均值更新为新的聚类中心，并重复执行至聚类中心不再变化。本案例聚成 4 类时的聚类中心，包括初始聚类中心和最终聚类中心，如表 10-10 所示。

表 10-10 聚成 4 类时的聚类中心

项	初始聚类中心				最终聚类中心			
	cluster_1	cluster_2	cluster_3	cluster_4	cluster_1	cluster_2	cluster_3	cluster_4
分享	0.6598	-2.9797	-0.7265	-0.3714	0.9255	-1.2129	0.2751	-0.5494
关注	-1.8489	-2.8694	-2.8492	0.173	0.3716	-1.4298	-0.2447	0.6364
便捷性	0.7001	1.4938	0.7813	-1.0704	0.8409	-1.1166	-0.3787	0.3262
从众效应	-0.6262	-0.4879	-0.888	2.0962	0.8359	-0.7243	-0.6532	0.5238
负面评论	2.7498	0.3543	1.1399	0.3402	0.8133	-0.5648	-0.4922	0.2642

备注：误差平方和 SSE = 1255.4823；平均轮廓系数为 0.2974。

聚类中心是聚类算法的数学理论或中间过程性结果，初始聚类中心是指算法随机选择的第一次聚类的聚类中心，最终聚类中心是指经算法多次迭代后，最终确定的聚类中心。实际上，其意义较小，只需了解聚类中心结果即可。真正值得我们关注的是表格底部的备注，它会提供本次聚类的误差平方和 SSE 及平均轮廓系数。前面我们已经对聚成 2 类、聚成 3 类、聚成 4 类的方案进行了对比，其中 SSE 值和平均轮廓系数就来源于此表。

其他值得我们关注的结果还有聚类变量的重要性对比图，本案例聚成 4 类时各聚类变量（5 个因子）的重要性对比如图 10-5 所示。

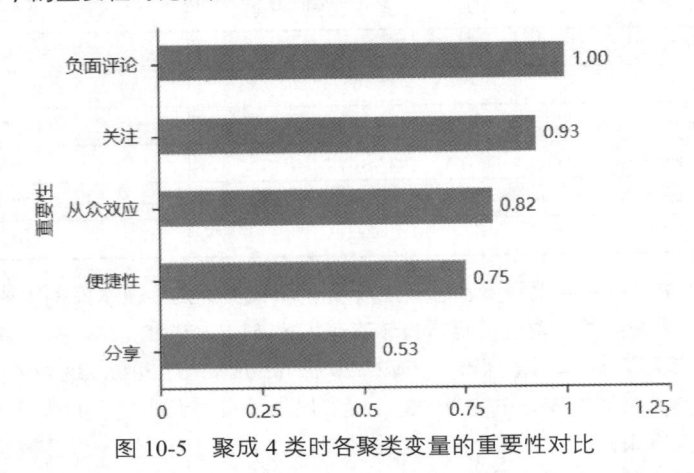

图 10-5　聚成 4 类时各聚类变量的重要性对比

由图 10-5 可知，负面评论对本次聚类过程的重要性最高，接下来依次是关注、从众效应和便捷性。相对来说，分享的重要性最低。

本节主要介绍聚类过程和多个聚类结果的对比，本案例使用 5 个因子对旅游消费者样本进行了聚类分析，目前聚焦的聚类类别数量是 3 或 4 类，然而，不管是聚类类别的规模分布还是误差平方和 SSE 和平均轮廓系数的对比，聚成 4 类的效果均是最佳的。接下来详细梳理这 4 个聚类类别样本的特征，并对这 4 个聚类类别样本进行命名。

10.3.4　聚类类别样本命名及聚类效果评价验证

在聚类效果评价验证方面，前面已经使用聚类类别的规模分布、误差平方和 SSE 和平均轮廓系数对模型质量进行了简单判断，并且对预测变量（5 个因子）进行了重要性说明。本节详细分析 4 个聚类类别样本的特征，并对其进行命名。

针对连续型聚类变量，使用方差分析对比不同聚类类别样本在 5 个因子上的差异，并结合具体差异对比这 4 个聚类类别样本的特征，然后对其进行命名。聚类类别方差分析的差异对比结果如表 10-11 所示。（关于方差分析的说明，可参阅第 6 章和第 9 章。）

表 10-11 聚类类别方差分析的差异对比结果

项	聚类类别方差分析（平均值±标准差）				F 值	P 值
	cluster_1 (n=92)	cluster_2 (n=51)	cluster_3 (n=159)	cluster_4 (n=122)		
分享	3.615±0.567	2.729±0.625	2.776±0.543	3.262±0.481	58.158	0.000**
关注	3.970±0.460	2.819±0.697	2.871±0.547	3.740±0.536	116.746	0.000**
便捷性	4.209±0.408	2.907±0.719	3.398±0.538	3.867±0.478	89.031	0.000**
从众效应	3.783±0.681	2.304±0.575	3.277±0.633	4.000±0.606	99.649	0.000**
负面评论	4.043±0.478	2.412±0.638	3.547±0.568	2.918±0.547	128.822	0.000**

备注：**表示 $P<0.01$。

根据表 10-11 可知，这 4 个聚类类别样本对 5 个因子（分享、关注、便捷性、从众效应、负面评论）的态度均具有显著性差异（方差分析的 P 值均小于 0.01）。具体分析这 4 个聚类类别样本的特征可知：类别 1 人群对分享、关注、便捷性、负面评论的态度平均值均为最高水平（比如该类人群对分享的态度平均值为 3.615，是所有 4 类人群中最高的），代表其对旅游的多个方面均具有较强烈的要求或态度，可将该类人群概括为"品质旅游追求者"；类别 2 人群对分享、关注、便捷性、从众效应、负面评论的态度平均值均为最低水平（比如该类人群对分享的态度平均值为 2.729，是 4 类人群中最低的），代表该类人群对这些方面持有的是漠不关心的态度，比如不关注、不分享、对便捷性也没有较高的要求等，可将该类人群概括为"旅游冷淡者"；类别 3 人群对 5 个因子的态度平均值不高也不低，代表该类人群既不从众也不分享，对负面评论也不太在乎，可将该类人群概括为"普通旅游者"；类别 4 人群在从众效应上有最强烈的态度表现，其对从众效应的态度平均值是最高的，说明这类人群容易被其他人的观点引导，很在乎大家都爱去的旅游景点或者较信任被推荐的旅游景点，可将该类人群概括为"旅游追随者"。将以上解读结果汇总，可以得到聚成 4 类时的汇总信息，如表 10-12 所示。

表 10-12 聚成 4 类时的汇总信息

聚类类别	样本量	规模百分比	类特征总结
cluster_1	92	21.70%	品质旅游追求者
cluster_2	51	12.03%	旅游冷淡者
cluster_3	159	37.50%	普通旅游者
cluster_4	122	28.77%	旅游追随者
合计	424	100%	

如果从研究目的和专业上来说，各个聚类类别的规模分布适中，各个聚类类别的特征独立且明确，符合实际意义，则可以认为本案例的最终聚类结果——聚成 4 类是最合适的或效果最佳的。

值得注意的是，并非每次聚类都会获得令人满意的聚类结果。如果研究人员对聚类结果不满意、不认可，则可以考虑从聚类的依据入手，重新选择聚类变量，也可以考虑更换其他聚类分析方法，多次对比不同聚类方案后再进行综合判断。

10.3.5 不同聚类类别样本的卡方分析

在完成对 4 个聚类类别样本的命名后，可以进一步分析不同聚类类别样本的差异，包括 4 个聚类类别样本对旅游卡的态度差异及 4 个聚类类别样本的背景特征差异等。前提是在使用 K-均值聚类分析聚成 4 类时，需要通过 SPSSAU 保存聚类结果变量。新变量的标题名称以"Cluster_Kmeans_*"开头，且该变量在后续分析时会被视为一个多分类变量。

本案例中有两个关于旅游卡的题（涉及旅游卡类别和旅游卡票面金额），按照研究目的，研究人员需要了解不同旅游消费者对旅游卡的偏好，便于旅游公司设计出不同种类的旅游卡供消费者选择。

由于篇幅限制，本节仅对 4 个聚类类别样本对旅游卡的态度差异进行分析。在分析时，还可以分析 4 个聚类类别样本对样本背景信息题（Q1~Q4）、样本特征信息题（Q5~Q7）和样本基本态度题（Q8~Q10）的态度差异。以上分析均可以使用卡方分析进行（关于卡方分析，可参阅第 10 章的相关内容）。4 个聚类类别样本对旅游卡偏好情况的卡方分析结果如表 10-13 所示。

表 10-13　4 个聚类类别样本对旅游卡偏好情况的卡方分析结果

题内容	名称	Cluster_Kmeans_913431				总计	χ^2
		cluster_1	cluster_2	cluster_3	cluster_4		
请选择您偏好的旅游卡类别	年卡（固定折扣金额）	26 (28.26%)	26 (50.98%)	92 (57.86%)	28 (22.95%)	172 (40.57%)	43.501**
	积分优惠卡（积分折现消费）	66 (71.74%)	25 (49.02%)	67 (42.14%)	94 (77.05%)	252 (59.43%)	
	总计	92	51	159	122	424	
每张旅游卡的票面金额偏好情况	1000 元以下	66 (71.74%)	6 (11.76%)	21 (13.21%)	85 (69.67%)	178 (41.98%)	151.746**
	1000~5000 元	16 (17.39%)	33 (64.71%)	97 (61.01%)	17 (13.93%)	163 (38.44%)	
	5000 元以上	10 (10.87%)	12 (23.53%)	41 (25.79%)	20 (16.39%)	83 (19.58%)	
	总计	92	51	159	122	424	

备注：**表示 $P<0.01$。

下面对比这 4 个聚类类别样本（品质旅游追求者、旅游冷淡者、普通旅游者、旅游追随者）在旅游卡类别和旅游卡票面金额上的选择差异。根据表 10-13 可知，在品质旅游追求者中，71.74%的人选择积分优惠卡；在旅游追随者中，77.05%的人选择积分优惠卡；而其他两类人群在年卡和积分优惠卡的选择比例上相对均衡。这说明品质旅游追求者和旅游追随者更倾向于使用积分优惠卡。在旅游卡票面金额的偏好情况上，71.74%的品质旅游追求者偏好1000元以下的旅游卡；旅游追随者也有类似的偏好，占比为69.67%；另外，64.71%的旅游冷淡者、61.01%的普通旅游者偏好1000～5000元的旅游卡。

综合分析后可以得出建议：当前旅游市场存在4类旅游消费者，分别是品质旅游追求者、旅游冷淡者、普通旅游者、旅游追随者。旅游公司可根据这4类人群设计并推出不同的旅游卡及资费套餐，比如为品质旅游追求者和旅游追随者提供中低档票面金额的积分优惠卡，为旅游冷淡者和普通旅游者提供中高档票面金额的年卡。

第 11 章

非量表类问卷研究

本书约定大部分题(60%以上)或所有题为非量表题的问卷属于非量表类问卷。在通常情况下,非量表类问卷研究针对某个话题进行现状分析,以了解样本的基本态度,并研究不同类别样本的现状或态度差异,之后结合分析结论提供有意义的建议、措施等。

11.1 分析思路

非量表类问卷研究分析思路分为 7 部分，分别是样本背景分析，样本特征、行为分析，样本基本现状分析，样本基本态度分析，差异分析，影响关系分析和其他，如图 11-1 所示。

```
非量表类问卷        ├─ （1）样本背景分析
研究分析思路        ├─ （2）样本特征、行为分析
                    ├─ （3）样本基本现状分析
                    ├─ （4）样本基本态度分析
                    ├─ （5）差异分析
                    ├─ （6）影响关系分析
                    └─ （7）其他分析
```

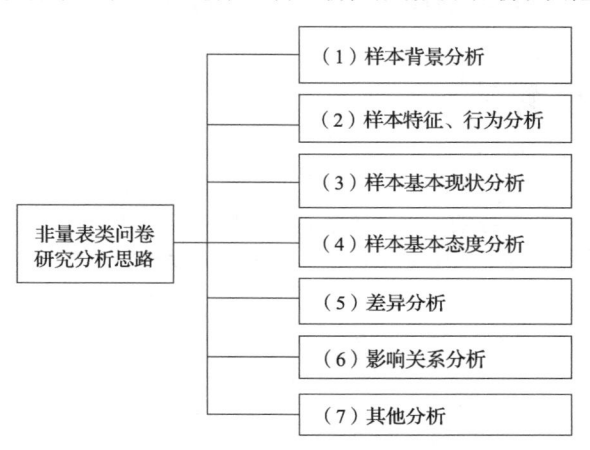

图 11-1 非量表类问卷研究分析思路

（1）样本背景分析。此部分的具体分析方法及分析内容与第 6 章中的类似，均使用频数分析对样本的背景信息进行分析。

（2）样本特征、行为分析。在非量表类问卷研究中，需要从不同方面对样本的基本特征和行为现状进行详细分析和说明。如果题较多，则研究人员可以将此部分细分为几部分来进行分析说明，分析方法使用频数分析即可。如果有多选题，则可以使用条形图直观展示样本的选择结果。

（3）样本基本现状分析。在非量表类问卷研究中，需要对样本的基本现状有深入的了解，以便后续提供相关的建议和措施。将样本的基本现状单独作为一部分进行分析，在逻辑上更为清晰，分析方法使用频数分析即可。

（4）样本基本态度分析。除了分析样本的基本现状，还需要分析样本的基本态度，以便提供细节性建议和措施。将样本的基本态度单独作为一部分进行分析，分析方法使用频数分析即可。如果题为排序题，则可以使用描述性分析，通过计算各题的平均值进行排序，并且可以使用直方图直观展示排名结果。

（5）差异分析。此部分为非量表类问卷研究的核心部分。由于非量表类问卷研究更多的是基于现状和政策的建议分析，因此在完成样本背景分析，样本特征、行为分析，样本基本现状分析及样本基本态度分析后，需要对比不同样本的差异，如不同背景的样本在基本特征、基本现状和基本态度上的差异，从而提供科学的数据支持。在分析方法上，由于非量表类问卷的题数据基本上为分类数据，因此通常使用卡方分析进行差异分析。

（6）影响关系分析。在非量表类问卷研究中，有时还会研究相关因素对样本基本态度或基本现状的影响，如研究相关因素对样本是否进行 P2P 理财或者是否愿意进行 P2P 理财的影响。在分析方法上，由于因变量 Y 为分类数据，因此使用 Logistic 回归分析进行影响关系分析较为合适。

（7）其他分析。如果非量表类问卷中包含量表题，则可能涉及探索性因子分析、信度分析、方差分析等。针对量表题的分析方法，读者可参阅第 5 章的相关内容。

11.2 分析方法

本节将详细介绍非量表类问卷研究涉及的分析方法，由于第 5 章和第 6 章已经对其中的部分分析方法进行了详细说明，包括频数分析、描述性分析、探索性因子分析、信度分析、方差分析等，因此这里侧重介绍非量表类问卷研究涉及的核心分析方法，即卡方分析和 Logistic 回归分析。非量表类问卷研究分析思路与分析方法的对应关系如图 11-2 所示。

非量表类问卷研究分析思路	分析方法
（1）样本背景分析	频数分析
（2）样本特征、行为分析	频数分析
（3）样本基本现状分析	频数分析
（4）样本基本态度分析	频数分析、描述性分析
（5）差异分析	卡方分析
（6）影响关系分析	Logistic 回归分析
（7）其他分析	探索性因子分析、信度分析、方差分析等

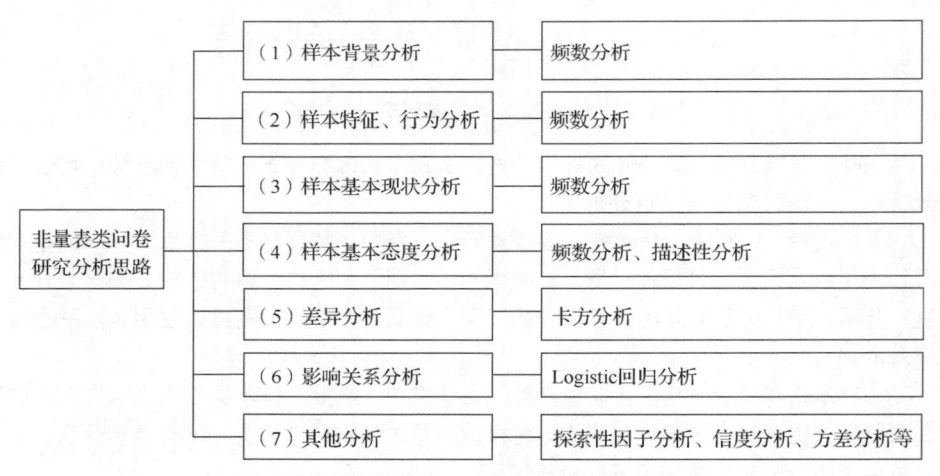

图 11-2　非量表类问卷研究分析思路与分析方法的对应关系

针对样本背景分析和样本特征、行为分析这两部分，通常使用频数分析统计样本对各个选项的选择频数和百分比，这两部分的详细说明可以参考第 6 章的相关内容。

针对样本基本现状分析和样本基本态度分析，可以使用频数分析，通过计算选项的选择频数和百分比，直观地分析样本的基本现状和基本态度。如果问卷中涉及定量数据，则可以使用描述性分析，通过计算平均值了解样本的态度。

针对差异分析和影响关系分析，接下来的内容会对其进行详细说明。针对其他分析，如果问卷中涉及量表题，则可以使用探索性因子分析、信度分析、方差分析等，详细说明可以参考第 5 章的相关内容。

11.2.1 样本基本现状分析和样本基本态度分析

非量表类问卷研究在大多数情况下需要分析样本的基本现状及基本态度，研究人员首先进行样本基本现状分析，然后进行样本基本态度分析，最后结合分析结果提出建议。为了便于厘清思路，每部分的题（表达某现状或态度的研究问题）最好为 3~7 个。如果某个研究问题由多个题进行测量，则可以考虑将这个研究问题拆分，并尽量拆分成很多个小的研究问题，之后针对每个小的研究问题设计 3~7 个题。此部分通常会使用简单易懂的频数和百分比统计，并结合各种统计图进行展示。例如，多选题可以使用条形图展示，单选题可以使用柱形图展示。如果问卷中涉及定量数据，则可以使用描述性分析，通过计算平均值，了解样本的选择情况。

在对样本的基本现状及基本态度进行深入分析后，可以继续研究不同类别样本的差异，如不同性别样本的态度差异、不同性别样本的现状差异，或者深入研究样本基本态度对样本基本现状的影响关系及样本基本现状对样本基本态度的影响关系。由于非量表类问卷中大部分数据为分类数据，因此使用卡方分析进行差异分析，使用 Logistic 回归分析进行影响关系分析，这在接下来的内容中会进一步说明。

11.2.2 卡方分析

在完成样本基本现状分析和样本基本态度分析后，需要进行差异分析，如分析不同性别的样本对某个问题的态度差异。从分析方法来看，差异分析包括方差分析、t 检验及卡方分析。方差分析和 t 检验仅针对量表题，在第 6 章中已经进行了详细说明，这里不再赘述。针对非量表题的关系研究，即分类数据与分类数据之间的关系研究，应该使用卡方分析。例如，在研究性别与宗教信仰之间的关系时，性别和宗教信仰均为分类数据，因此应该使用卡方分析。卡方分析又被称为交叉表分析，用于分析不同类别数据的选择频数和百分比，进而进行差异分析。单选题和多选题均可以使用卡方分析进行差异分析。

如果要研究自变量 X 与因变量 Y 之间的关系，并且自变量 X 和因变量 Y 均为分类数据，则可以考虑使用卡方分析。结合问卷研究实际情况，笔者将卡方分析分为两类，分别为单选题卡方分析和多选题卡方分析，如图 11-3 所示。如果因变量 Y 为单选题数据，则应该使用单选题卡方分析；如果因变量 Y 为多选题数据，则应该使用多选题卡方分析。相对而言，多选题在进行卡方分析时较为复杂。

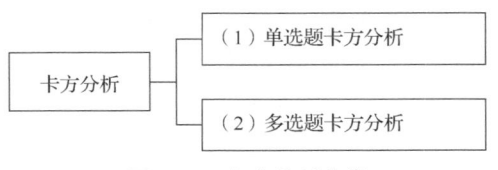

图 11-3 卡方分析分类

（1）单选题卡方分析。卡方分析在两个分类数据进行交叉的基础上，考虑统计假设检验值，即卡方值和对应的 P 值，通过对 P 值进行判断，说明两个分类数据之间是否有关系。例如，性别与是否戴隐形眼镜之间的关系，学历（学历在通常情况下被视为分类数据）与宗教信仰之间的关系。

从具体分析过程来看，首先对 P 值进行判断，如果 P 值小于 0.05（且大于或等于 0.01），那么说明在 0.05 水平上呈现出显著性，即说明至少有 95%的把握认为样本存在差异性，两个分类数据之间具有明显的关系；如果 P 值大于 0.05，那么说明两个分类数据之间的关系并没有统计学意义上的把握性，即说明两个分类数据之间基本没有关系。

对于单选题卡方分析，首先需要对数据分布情况有一定的了解。例如，将问卷中的学历分为 5 组（中学、专科、本科、硕士研究生、博士研究生），其中中学样本量为 10，专科样本量为 30，本科样本量为 100，硕士研究生样本量为 30，博士研究生样本量为 10，由于中学样本量和博士研究生样本量仅为 10，没有代表性或样本量不足，因此可以结合研究需要重新进行分组处理，将学历分为 3 组，分别是"专科及以下"、"本科"和"硕士研究生及以上"，此时这 3 组样本的样本量分别为 40、100 和 40，各组样本均具有代表性。有时并不能对数据进行分组处理，例如，性别有"男性"和"女性"两个选项，男性样本量为 100，而女性样本量仅为 10，由于女性样本量过少，不具有代表性，因此无法进行分组处理，此时进行卡方分析很可能无法得到科学的结论。

（2）多选题卡方分析。类似于单选题卡方分析，多选题卡方分析也可以研究两个分类数据（X 和 Y）之间的关系，但区别在于这里的 X 为单选题数据，Y 为多选题数据。SPSSAU 针对问卷多选题有多个可用的功能模块，其中"多选题"模块进行的是单个多选题的响应率和普及率汇总，并且可以利用卡方拟合优度检验分析各选项的选择百分比是否具有显著性差异，P 值小于 0.05，说明各选项的选择百分比有显著性差异，否则说明各选项的选择百分比没有显著性差异；"单选-多选"模块对应本节介绍的多选题卡方分析，可以完成 X 为单选题数据、Y 为多选题数据的卡方分析，该模块可以先自动统计、汇总选项的多种响应，然后进行交叉卡方分析，输出卡方统计量值和 P 值，用于统计结论的推断。

11.2.3　Logistic 回归分析

在非量表类问卷研究中，可能会涉及影响关系分析，如研究相关因素（一般为多个自变量 X）对样本是否购买理财产品的影响。Logistic 回归分析类似于第 6 章提及的多元线性回归分析，都是用于研究自变量 X 对因变量 Y 的影响情况。如果因变量 Y 为定量数据，那么使用多元线性回归分析；如果因变量 Y 为分类数据，那么使用 Logistic 回归分析。结合实际情况，可以将 Logistic 回归分析分为 3 类，分别是二元 Logistic 回归分析、多元有序 Logistic 回归分析和多元无序 Logistic 回归分析。Logistic 回归分析分类如图 11-4 所示。

Logistic 回归分析用于研究自变量 X 对因变量 Y 的影响关系，并且对自变量 X 的数据类型没有要求，自变量 X 可以为分类数据，也可以为定量数据，但要求因变量 Y 必须为分类数据，并且根据因变量 Y 的选项个数，使用相应的分析方法。如果因变量 Y 有两个选项，如"愿意"和"不愿意"、"是"和"否"，那么应该使用二元 Logistic 回归分析；如果因变量 Y 有多个选项，并且各个选项之间可以对比大小，例如，1 代表"不愿意"，2 代表"无所谓"，3 代表"愿意"，这 3 个选项的数值具有对比意义，数值越高，代表样本的愿意程度越高，那么应该使用多元有序 Logistic 回归分析；如果因变量 Y 有多个选项，并且各个选项之间不具有对比意义，例如，1 代表"淘宝"，2 代表"天猫"，3 代表"京东"，4 代表"亚马逊中国"，这 4 个选项的数值仅代表不同类别，不具有对比意义，那么应该使用多元无序 Logistic 回归分析。在实际问卷研究中，二元 Logistic 回归分析的使用频率最高，其次为多元有序 Logistic 回归分析，而多元无序 Logistic 回归分析的使用频率最低。

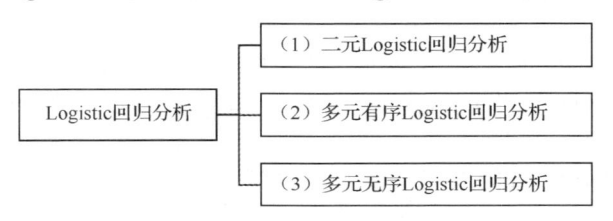

图 11-4　Logistic 回归分析分类

（1）二元 Logistic 回归分析。在非量表类问卷研究中使用此分析方法的频率最高。在非量表类问卷研究中，研究人员通常希望研究样本的基本现状、基本态度，并且最终要有一个落脚点，即最后样本是否愿意或者是否会进行某个"操作"。例如，不同样本对理财产品持有不同的态度，并且对理财产品的了解情况也不同，但研究人员最终的落脚点是具体哪些因素会影响样本未来是否购买理财产品，此时应该使用二元 Logistic 回归分析。二元 Logistic 回归分析通常分为三步，分别是数据处理、卡方分析和影响关系分析，如图 11-5 所示。

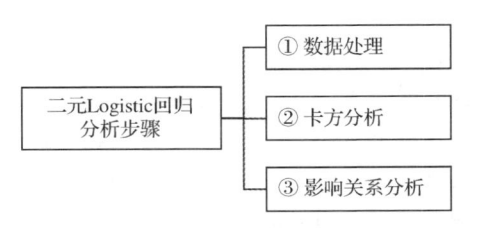

图 11-5　二元 Logistic 回归分析步骤

① 数据处理。研究人员应提前考虑将多分类自变量转换为哑变量，并选定好参考选项。这一过程在 SPSSAU 中通过"数据处理"→"生成变量"→"虚拟（哑）变量"模块完成。在具体进行 Logistic 分析时，选定的参考选项不参与回归，其他哑变量作为自变量被纳入模型。

除非条件不允许，研究人员应该尽可能地让每个选项有较多的样本（30 个以上），否则会得出不科学的结论。如果某影响因素的部分选项对应的样本很少，就需要对该影响因素的各个选项进行重新组合。例如，在研究相关因素对样本未来是否购买理财产品的影响时，学历为其中的一个影响因素，而在学历选项中"大专"仅对应 10 个样本，那么应该对学历进行重新组合。

② 卡方分析。此步骤不是必需的步骤，通过此步骤可以试探性了解每个影响因素（自变量 X）与因变量 Y 之间的影响关系。如果通过卡方分析发现自变量 X 与因变量 Y 之间完全没有关系，但是后续通过二元 Logistic 回归分析发现有影响关系，那么此时应该检查数据情况，避免得出不科学的结论。针对非量表类问卷研究，当研究人员不能确定哪些因素是可能的影响因素或者可能的影响因素非常多时，也可以先使用卡方分析进行初步筛选，筛选出没有直接关系的题，然后通过简化二元 Logistic 回归分析模型使解读过程简洁易懂。

③ 影响关系分析，即二元 Logistic 回归分析。在步骤②中确认了可能的影响因素之后，此步骤直接对题进行二元 Logistic 回归分析。二元 Logistic 回归分析的具体解读类似于多元线性回归分析，首先需要分析回归模型在整体上是否有效（如果模型似然比检验的 P 值小于 0.05，则模型有效），然后需要看某个题是否呈现出显著性（如果 P 值小于 0.05，则说明在 0.05 水平上呈现出显著性；如果 P 值小于 0.01，则说明在 0.01 水平上呈现出显著性），如果呈现出显著性，那么说明该题与因变量 Y 之间有影响关系。而影响关系是正向影响关系还是负向影响关系则需要结合对应的回归系数进行说明，如果回归系数大于 0，则说明是正向影响关系，否则说明是负向影响关系。

二元 Logistic 回归分析与多元线性回归分析也有一些区别。二元 Logistic 回归分析会涉及一个术语——对数比 OR 值。对数比是一个倍数概念指标。例如，在研究相关因素对样本未来是否购买理财产品的影响时，性别因素呈现出显著性，并且性别以"女性"为参照项，其对数比 OR 值为 1.34，这说明男性样本购买理财产品的可能性是女性样本的 1.34 倍。

二元 Logistic 回归分析的模型拟合情况或模型效果的判断会涉及 4 个检验或指标，分别是模型似然比检验、Hosmer-Lemeshow 检验、Cox & Snell R^2 等伪 R^2 和预测准确率表。模型似然比检验用于对整体模型有效性进行分析，如果该检验的 P 值小于 0.05，则说明模型有效，否则说明模型无效。Hosmer-Lemeshow 检验用于检验事实数据与模型拟合结果是否保持一致，如果在进行 Hosmer-Lemeshow 检验时 P 值大于 0.05，则说明事实数据与模型拟合结果保持一致，即说明模型拟合情况良好。Cox & Snell R^2、McFadden R^2、Nagelkerke R^2 等伪 R^2 用于表示模型拟合程度，此指标与多元线性回归分析的 R^2 意义基本一致，取值范围为 0~1，值越大意味着相关因素对因变量 Y 的解释程度越高。预测准确率表用于检验模型的误判断情况，如将本身愿意购买理财产品的样本误判断为不愿意购买理财产品的样本的百分比。通俗来讲，预测准确率表用于分析事实数据与模型拟合结果之间的差异，以及判断模型的预测准确率，可以说预测准确率表是 Hosmer-Lemeshow 检验的具体数据呈现。

模型似然比检验、Hosmer-Lemeshow 检验、Cox & Snell R^2 等伪 R^2 和预测准确率表均可以用于判断模型的拟合质量，但是这 4 个检验或指标有时并不能同时达标，并且没有绝对的判断标准。如果研究人员更关心相关因素是否呈现出显著性，则主要关注模型似然比检验的结果即可。

（2）多元有序 Logistic 回归分析。与二元 Logistic 回归分析不同的是，多元有序 Logistic 回归分析的因变量 Y 有多个选项，并且选项的数值具有对比意义。根据笔者的研究经验，有时也可以直接使用多元线性回归分析替代多元有序 Logistic 回归分析，并且在结论上并无明显差异。本书不对此方法进行详细说明，感兴趣的读者可以查阅相关文献。

（3）多元无序 Logistic 回归分析。此分析方法在问卷研究中的使用频率最低，原因是在使用此分析方法进行分析时，文本解读较为困难。多元无序 Logistic 回归分析的因变量 Y 为分类数据，需要设置一个基准对比项，如果自变量 X 也是分类数据，那么自变量 X 也需要设置一个基准对比项，因此具体的文本分析内容较难理解。此分析方法的具体文本分析内容与二元 Logistic 回归分析的类似。由于此分析方法较少使用，因此本书不对其进行详细说明，感兴趣的读者可以查阅相关文献。

11.3 案例解读：大学生理财情况研究

本节以案例的形式对非量表类问卷研究分析思路和分析方法进行说明。本案例沿用第 4 章的非量表类问卷设计案例 2。大学生理财情况研究问卷框架如表 11-1 所示。

表 11-1 大学生理财情况研究问卷框架

框架内容	题号	题内容
筛选题	Q1	是否为在校大学生
样本背景信息题	Q2	性别
	Q3	年龄
	Q4	专业
	Q5	月生活费
样本特征信息题	Q6	您对每月的支出有计划吗
	Q7	您对理财方面的知识了解多少
	Q8	您平时会关注一些理财方面的信息吗
样本基本现状题	Q9	您是否使用过理财产品（是、否）（逻辑跳转题，若选择否，则跳转到 Q12）
	Q10	您选择过哪些投资理财产品（多选题）
	Q11	您使用过哪种互联网理财产品
样本基本态度题	Q12	您心目中合理的理财状态和结构是什么
	Q13	您认为大学生是否需要专业化的理财咨询和服务
	Q14	您认为大学生有必要制订投资理财计划吗（四级量表）
	Q15	对您进行投资理财影响最深的因素是什么
	Q16	您最希望通过哪种途径了解理财知识

续表

框架内容	题号	题内容
样本基本态度题	Q17	您对理财产品的了解程度如何（四级量表）
	Q18	您认为导致自己没有购买投资理财产品的主要因素是什么
	Q19	您未来是否愿意或继续购买理财产品（愿意、不愿意）

从问卷结构来看，Q1 为筛选题，由于此研究仅针对在校大学生群体，因此在具体分析时首先需要筛选出有效样本；Q2～Q5 为样本背景信息题；Q6～Q8 为样本特征信息题；Q9～Q11 为样本基本现状题；Q12～Q19 为样本基本态度题。

本问卷的核心分析思路为对当前大学生的理财情况进行分析，并了解样本对理财的基本态度。Q19 为核心题，由于不同的样本特征和样本基本态度最终会影响样本未来是否愿意或继续购买理财产品，因此可以研究相关因素对 Q19（您未来是否愿意或继续购买理财产品）的影响关系。从问卷结构来看，如果希望深入分析每类样本的特征或态度差异，如不同性别或不同专业样本的现状或态度差异，那么可以使用卡方分析。Q10 为多选题，如果希望对比不同性别样本在 Q10（您选择过哪些投资理财产品）上的差异，则也可以使用卡方分析。

从具体分析结构来看，第一部分分析样本的背景信息，第二部分分析样本的特征信息，第三部分分析样本的基本现状，第四部分分析样本的基本态度。由于样本基本态度题由 8 个题（Q12～Q19）组成，因此可以将其分为两个小部分进行分析。可以使用卡方分析深入对比不同类别样本基本现状或基本态度的差异，还可以使用 Logistic 回归分析研究相关因素对样本未来是否愿意或继续购买理财产品的影响。本案例的问卷涉及的分析方法包括频数分析、卡方分析和 Logistic 回归分析。

由于本案例的问卷研究仅针对在校大学生群体，因此首先需要筛选出有效样本。Q2～Q5 为样本背景信息题，用于了解样本的背景信息，包括性别、年龄、专业和月生活费，此部分仅需要使用频数分析计算各样本的频数和百分比即可。另外，针对样本特征信息题，即 Q6～Q8，类似于样本背景分析，可以直接统计各个选项的选择频数和百分比。频数分析在第 5 章中已经有详细说明，本节不再赘述。

11.3.1 样本基本现状分析和样本基本态度分析

在通常情况下，非量表类问卷研究会涉及大量的样本基本现状题和样本基本态度题，并且此类题为非量表类问卷研究的核心部分。在本案例的问卷中，样本基本现状题由 3 个题组成（Q9～Q11），样本基本态度题由 8 个题组成（Q12～Q19）。样本基本态度题的个数较多，为了便于厘清思路，将 Q12～Q14 单独列为一部分，此部分用于表示样本对理财的基本态度；将 Q15～Q18 单独列为一部分，此部分用于表示理财相关影响因素和样本理财需求；Q19 为核心题，此题用于询问样本最终的理财意愿，Q19 也可以与 Q15～Q18 归为同一部分。

11.3.2 卡方分析

卡方分析可用于深入挖掘有价值的信息。针对本案例的问卷，可以对比不同背景（包括性别、年龄、专业和月生活费）的样本在样本基本现状题（Q9～Q11）或样本基本态度题（Q12～Q19）上的差异，也可以对比具有不同特征（Q6～Q8）的样本在样本基本现状题（Q9～Q11）或样本基本态度题（Q12～Q19）上的差异。另外，在本案例的问卷中，Q19 为核心题，因此也可以单独分析是否愿意或继续购买理财产品的两类样本的差异，包括在样本背景、特征、基本现状和基本态度上的差异。

具体应该如何进行挖掘分析呢？通常需要分析样本背景信息题（Q2～Q5）与样本基本现状题（Q9～Q11）或样本基本态度题（Q12～Q19）的交叉关系。不同背景的样本，很可能出现差异性态度。本节将通过举例分析不同性别的样本在样本基本现状题（Q9～Q11）上的差异，以便读者理解卡方分析（包括单选题卡方分析和多选题卡方分析）的使用方法，结果如表 11-2 和表 11-3 所示。

表 11-2　性别分别与 Q9、Q11 的卡方分析结果

题内容	名称	性别		总计	χ^2	P 值
		男	女			
您是否使用过理财产品	是	116（46.4%）	92（42.2%）	208（44.4%）	0.831	0.362
	否	134（53.6%）	126（57.8%）	260（55.6%）		
	总计	250	218	468		
您使用过哪种互联网理财产品	余额宝	66（56.9%）	47（51.1%）	113（54.3%）	6.778	0.148
	掌柜钱包	20（17.2%）	9（9.8%）	29（13.9%）		
	百度钱包	7（6.0%）	8（8.7%）	15（7.2%）		
	理财通	2（1.7%）	6（6.5%）	8（3.8%）		
	其他	21（18.1%）	22（23.9%）	43（20.7%）		
	总计	116	92	208		

表 11-2 是通过 SPSSAU 的"通用方法"→"交叉（卡方）"模块完成的单选题与单选题的卡方分析结果，具体是两种性别样本分别与 Q9 和 Q11 这两个单选题进行卡方分析后整理出来的规范格式表格，其中括号外的数值为频数，括号内的数值为百分比，并且单独列出了卡方值 χ^2 和 P 值。由于 Q9 为逻辑跳转题，因此 Q11 对应的样本量（208）为 Q9 中选择"是"的样本量。从表 11-2 中可以看出，不同性别样本在 Q9 和 Q11 上均没有呈现出显著性差异，P 值分别是 0.362 和 0.148，均高于 0.05。这说明男性和女性在是否使用过理财产品和使用过哪种互联网理财产品方面均表现出一致性，并没有明显的区别。

如果 P 值小于 0.05，那么需要深入分析具体差异的体现，如男性选择某个选项的百分比是否明显高于女性选择该选项的百分比。

表 11-3 性别与 Q10 的卡方分析结果

投资理财产品	性别		汇总（n=208）
	男（n=116）	女（n=92）	
余额宝	86（74.1%）	65（70.7%）	151（72.6%）
股票	32（27.6%）	21（22.8%）	53（25.5%）
基金	18（15.5%）	30（32.6%）	48（23.1%）
外汇	20（17.2%）	10（10.9%）	30（14.4%）
黄金	28（24.1%）	16（17.4%）	44（21.2%）
储蓄	69（59.5%）	58（63.0%）	127（61.1%）

备注：在进行卡方分析时，χ^2 = 9.694，P = 0.084。

表 11-3 是通过 SPSSAU 的"问卷研究"→"单选-多选"模块完成的单选题与多选题的卡方分析结果。从表 11-3 中可以看出，男性样本和女性样本在投资理财产品的选择上并没有差别（χ^2=9.694，P=0.084>0.05）。具体来说，男性或女性在余额宝、股票、外汇、黄金、储蓄的选择比例上比较接近，只有在基金产品的选择比例上有一些差异（男性为 15.5%，女性为 32.6%），但是从总体上来说，性别因素的影响在 6 种基金产品的选择比例上是没有差异的。

单选题与多选题的卡方分析原理一致，但在具体的表格呈现上会存在不一致的地方。单选题有总计值，而多选题没有，因为对于多选题，一个样本可以选择多个选项，所以多选题各个选项样本量的和并不固定，仅需要列出男性和女性的样本量即可（备注：由于 Q10 有缺失数据，因此男性样本总共有 116 个，但分析时仅为 115 个；女性样本总共有 92 个，但分析时仅为 90 个）。

针对非量表类问卷研究，卡方分析还可以用于对比其他差异，如对比不同年龄、不同专业或有无支出计划的样本在其他题上的差异，可以结合具体情况进行分析。卡方分析是两个分类数据的交叉分析，交叉项会非常多。例如，交叉项 X 有 5 个，交叉项 Y 有 10 个，则总共会产生 5×10 个交叉结果。因此，最终表格的规范整理，以及清晰的逻辑思路非常重要。

11.3.3 Logistic 回归分析

非量表类问卷研究通常会使用二元 Logistic 回归分析研究相关因素 X 对 Y 的影响。本案例的问卷将背景信息作为相关因素 X，也就是将性别、年龄、专业和月生活费（Q2～Q5）作为自变量，将未来是否愿意或继续购买理财产品（Q19）作为因变量 Y 进行分析。在这 4 个相关因素 X 中，性别和专业为分类数据，因此需要设定参照项，这里将性别中的女性和专业中的体育类作为参照项；年龄和月生活费可被看作定量数据，因此不需要设定参照项。

由于 Q19 由两项组成，分别是"未来愿意或继续购买理财产品"和"未来不愿意或不继续购买理财产品",因此这里需要使用二元 Logistic 回归分析。如果 Q19 由 3 项组成,如"不愿意"、"不确定"和"愿意",那么应该使用多元有序 Logistic 回归分析或多元无序 Logistic 回归分析。如果将"不愿意"、"不确定"和"愿意"看作定量数据,即愿意程度越来越高,那么应该使用多元有序 Logistic 回归分析;如果将"不愿意"、"不确定"和"愿意"看作分类数据,即 3 个类别,那么应该使用多元无序 Logistic 回归分析。

  本案例在使用二元 Logistic 回归分析时,应该首先进行数据处理,主要是对性别和专业数据进行哑变量转换,这一步在 SPSSAU 中通过"数据处理"→"生成变量"→"虚拟(哑)变量"模块完成;然后进行卡方分析;最后进行二元 Logistic 回归分析。由于篇幅限制,这里直接进行二元 Logistic 回归分析。二元 Logistic 回归分析的结果包括模型似然比检验结果、Hosmer-Lemeshow 检验结果、Cox & Snell R^2 等伪 R^2、预测准确率表,以及具体影响情况分析等。为方便展示,我们先对预测准确率表进行解释分析,本案例的预测准确率表如表 11-4 所示。

表 11-4 二元 Logistic 回归的预测准确率表

项		预测值		预测准确率	预测错误率
		0 否	1 是		
真实值	0 否	25	97	20.49%	79.51%
	1 是	10	336	97.11%	2.89%
汇总				77.14%	22.86%

  根据表 11-4 可知,本案例的整体预测准确率为 77.14%,此值不算良好,说明模型的拟合情况相对一般。出于现实的需要,在研究人员有具体的研究思路,但模型的拟合情况相对较差时,研究人员可以对数据进行进一步处理,并综合权衡以做出选择。在本案例中,可以将专业进行合并组别处理,或者将专业这一影响因素移出模型,或者将年龄进行合并组别处理等,以便最终得到最优模型结果。有兴趣的读者可以结合数据进一步操作实践。

  预测准确率表中还列出了其他信息,包括本身有意愿的 10 个样本却被模型误判为没有意愿,以及本身没有意愿的 97 个样本却被模型误判为有意愿,表示最终的模型拟合情况相对一般,尤其是在对没有意愿的样本预测上准确率较低。

  对预测准确率表的分析在现实研究中并不是必需的,尤其是在强调影响关系的研究中,但其作为模型拟合情况参考信息是必要的。在强调建模或模型预测能力的研究中,研究人员需要多次对比各个模型,并对数据进行多次重复处理,以得到最优模型结果。

  二元 Logistic 回归分析结果汇总(对 SPSSAU 输出的多个结果表格编辑整理后的结果)如表 11-5 所示。本次分析的性别变量为"性别_男",表示以女性为参照项;专业变量为分类数据且以体育类为参照项,因此只显示"专业_理工类""专业_文科类""专业_艺术类"这 3 个哑变量的回归结果。

表 11-5 二元 Logistic 回归分析结果汇总

项	回归系数	标准误	z 值	Wald χ^2	P 值	OR 值	OR 值 95% CI
性别_男	0.279	0.243	1.148	1.317	0.251	1.322	0.821～2.128
年龄	0.380	0.104	3.637	13.229	0.000	1.462	1.191～1.794
专业_理工类	-2.139	0.553	-3.868	14.963	0.000	0.118	0.040～0.348
专业_文科类	-1.475	0.559	-2.638	6.958	0.008	0.229	0.076～0.685
专业_艺术类	-2.521	0.576	-4.374	19.134	0.000	0.080	0.026～0.249
月生活费	-0.010	0.129	-0.076	0.006	0.940	0.990	0.770～1.274
截距	1.865	0.632	2.95	8.704	0.003	6.454	1.870～22.273
模型似然比检验（P 值）：47.789（0.000）							
Hosmer-Lemeshow 检验（P 值）：29.678（0.000）							
McFadden R^2 = 0.089							
Cox & Snell R^2 = 0.097							
Nagelkerke R^2 = 0.142							

备注：因变量为"您未来是否愿意或继续购买理财产品"。

在进行二元 Logistic 回归分析时，建议首先分析模型整体是否有效。对表 11-5 进行分析，本案例中模型似然比检验的卡方值 χ^2=47.789，P=0.000<0.01，说明模型有效，具有统计学意义。接下来对表格中的伪 R^2 进行简要说明，本案例中的 Cox & Snell R^2 为 0.097，表示性别、年龄、专业和月生活费这 4 个因素可以解释 Q19（您未来是否愿意或继续购买理财产品）9.7%的变异原因。同时，SPSSAU 还提供了 McFadden R^2 和 Nagelkerke R^2，其解读方式和 Cox & Snell R^2 的解读方式相同。根据笔者的经验，Logistic 回归的 R^2 普遍较小，在使用的广泛程度上不如线性回归的 R^2。

再来看 Hosmer-Lemeshow 检验的结果，卡方值 χ^2=29.678，P=0.000<0.01，说明模型没有通过检验，模型拟合度差。如果模型只关注因变量与哪些自变量相关，则该检验的结果相对来说并不重要，只要前面的模型似然比检验确认模型有效，此时仍然可以继续解释、分析和报告其他结果。如果实际研究中既关注模型的相关性，又在意模型的预测能力，则在遇到 Hosmer-Lemeshow 检验拟合差的情况时，需要进行模型修正处理，如增加样本量、进行数据合并处理或异常数据检视处理，以便得到最佳模型结果。此处不进行深入说明。

针对具体影响关系的分析，首先需要分析 P 值，如果其小于 0.05（并且大于 0.01），则说明某因素在 0.05 水平上呈现出显著性，即说明某因素产生明显的影响关系。从表 11-5 中可以看出，"性别_男"对应的 P 值为 0.251，大于 0.05，说明性别并不影响样本未来是否愿意或继续购买理财产品，也说明男性和女性未来购买理财产品的可能性并无差别。而"年龄"对应的 P 值为 0.000，小于 0.01，说明年龄会影响样本未来是否愿意或继续购买理财产品；年龄对应的回归系数为 0.380，大于 0，表示正相关，说明年龄越大，样本未来购买理财产品的可能性越高；对数比 OR 值为 1.462，说明年龄每提高一个单位，样本未来购买理财产品的可能性都会变成之前的 1.462 倍（对数比 OR 值为非标准化回归系数 B 的自然指数次方,即 e^B)。

由于专业以体育类为参照项,因此另外 3 项——理工类、文科类和艺术类均需要分别与体育类进行对比分析。理工类对应的 P 值为 0.000,说明相对于体育类样本,理工类样本未来购买理财产品的可能性不同。理工类对应的回归系数为-2.139,小于 0,说明相对于体育类样本,理工类样本未来购买理财产品的可能性更低。类似地,相对于体育类样本,文科类或者艺术类样本未来购买理财产品的可能性明显更低。月生活费对应的 P 值为 0.940,大于 0.05,说明月生活费对样本未来是否购买理财产品并没有影响,无统计学意义。

类似于多元线性回归分析,针对二元 Logistic 回归分析也可以写出模型表达式,本案例最终的模型表达式为

$$\ln[p/(1-p)]=1.865+0.279\times 性别\_男+0.380\times 年龄-2.139\times 专业\_理工类-1.475\times 专业\_文科类-2.521\times 专业\_艺术类-0.010\times 月生活费$$

其中,p 表示未来会购买理财产品的可能性,$1-p$ 表示未来不会购买理财产品的可能性。$\ln[p/(1-p)]$ 表示未来可能购买理财产品与未来不可能购买理财产品相除后的对数值。此模型表达式涉及二元 Logistic 回归分析的基础理论,本书并不对此进行深入剖析,有兴趣的读者可以参考相关文献。

第 12 章

市场调研类问卷研究

市场调研，简单来说指的是市场研究，具体来说指的是市场调研人员通过调查问卷、访谈、观察或实验等手段，有目的地收集资料和数据，了解和分析市场环境、消费者行为、品牌形象、价格、产品或服务的满意度等信息，最终目的在于为企业决策者更好地把握市场动态、产品需求、消费者满意度等提供便利，同时为科学地制定市场营销策略提供依据。本章主要介绍文本分析、需求调研、满意度调研、价格调研等分析方法，以及解读相关案例。

第 12 章 市场调研类问卷研究

12.1 分析思路

图 12-1 所示为常见的市场调研分析思路，包括访谈、观察、焦点小组讨论、资料分析、问卷调查，以及一些模型。

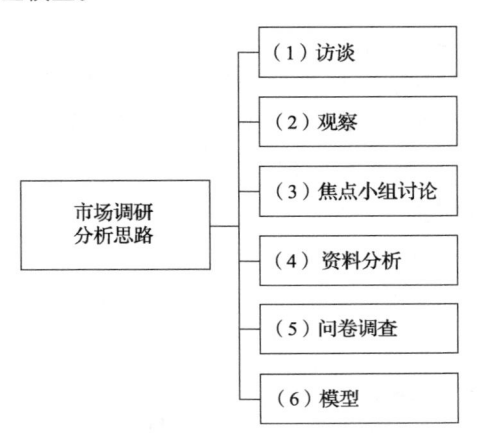

```
                    ┌─── （1）访谈
                    │
                    ├─── （2）观察
                    │
  市场调研     ─────┼─── （3）焦点小组讨论
  分析思路          │
                    ├─── （4）资料分析
                    │
                    ├─── （5）问卷调查
                    │
                    └─── （6）模型
```

图 12-1　常见的市场调研分析思路

（1）访谈。通过面对面或电话访谈等形式，了解受访者的感受、态度、体验、行为。例如，与受访者一对一交流，了解受访者的购买决策过程、产品体验感受。也可以通过预先设计好的问卷进行结构化访谈，收集受访者的评价、态度数据，便于后续分析。

访谈适合用于明确产品的需求和期望，了解和分析市场的现状、特征，评估受访者对品牌的认知和态度，收集受访者的见解和市场信息。

（2）观察。观察可以是现场观察，也可以是隐蔽式观察，是一种直观的市场调研分析思路。通过实地或监控视频，观察目标市场或竞争市场的动态、消费者的购买过程、产品的陈列方式及产品的使用场景等，获取第一手的市场信息。

例如，在商场或超市通过观察消费者的行走路径、停留时长，以及购买产品的组合形式来研究消费偏好、行为模式、产品陈列方式。

（3）焦点小组讨论。和访谈不同，焦点小组讨论强调主体性，参与者的代表性，参与者通常在一个封闭空间内就一个或多个主题进行深入讨论，以获取对市场形势的判断意见或建议。焦点小组讨论适合用于深入了解参与者对市场的观察和感受，揭示市场趋势，以及发现潜在机会。

（4）资料分析。资料分析是一种低成本的市场调研思路。例如，对公开发布的行业报告、行业文档进行二次归纳和研究；又如，查阅图书、杂志、报纸等资料或文献，提取关键信息，快速判断市场的基本情况和发展趋势。

（5）问卷调查。问卷调查是指就某些市场问题预先设计好主题明确的调查问卷，通过向受访者提供一系列问题，收集其意见、偏好和行为数据，经过数据分析获得现状或特征，以及有价值的结论或建议。问卷可以分为量表类和非量表类，问卷调查包括目标人群的线下问卷调查和线上问卷调查。

问卷调查作为一种重要的市场调研分析思路，具有较为广泛的应用领域。通过合理设计和实施问卷调查，可以有效解决企业在市场营销、产品开发、需求调研、满意度调研等方面的问题。

（6）模型。市场调研中还有许多成熟的模型，如 KANO 模型可用于产品开发时的功能需求优先级研究，NPS 模型可用于消费者满意度和忠诚度研究。这些成熟的模型，主要用于某些固定的领域。本章主要介绍用于需求调研、满意度调研、价格调研 3 个方面的模型。

12.2 分析方法

本节主要介绍常见的市场调研分析方法，如图 12-2 所示。

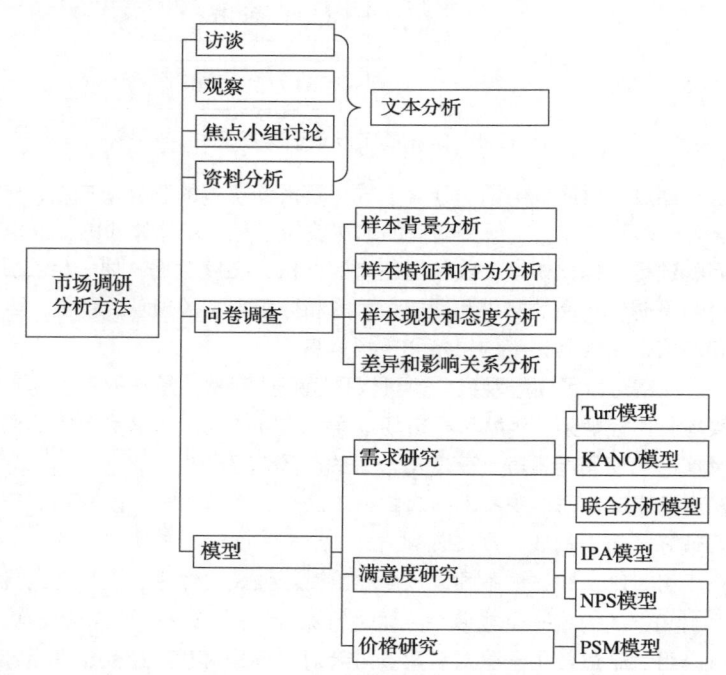

图 12-2 常见的市场调研分析方法

通过访谈、观察、焦点小组讨论、资料分析获取的往往是非结构化数据，对于其中的资料，可进行质性研究或通过文本分析进行词频、情感、聚类、网络分析等；模型按需求、满意度、价格 3 个方面进行研究，常见的基于模型的分析方法包括 Turf 模型需求调研、KANO 模型需求调研、联合分析模型需求调研、IPA 模型满意度调研、NPS 模型满意度调研、PSM 模型价格调研；而针对问卷调查所获得的数据，可进行样本背景分析、样本特征和行为分析、样本现状和态度分析、差异和影响关系分析，具体可回顾本书第 6 章、第 9 章、第 11 章的相关内容，这里不再赘述。

12.2.1 文本分析

在市场调研中获得的访谈记录、讨论报告、行业报告，以及通过问卷调查收集的受访者意见或建议等，通常以文本的形式存储，属于非结构化数据，不适合使用常见的量化分析方法进行处理。

文本分析是一种从文本中提取有用信息的分析方法，属于自然语言处理技术。从分析方法来看，常见的文本分析包括词云分析、情感分析、聚类分析、社会网络分析、LDA 主题分析等。

文本分析的一般流程为文本收集、分词、分词清洗，以及基于分词进行下一步具体的应用，如词云分析、情感分析、聚类分析、社会网络分析、LDA 主题分析等，如图 12-3 所示。

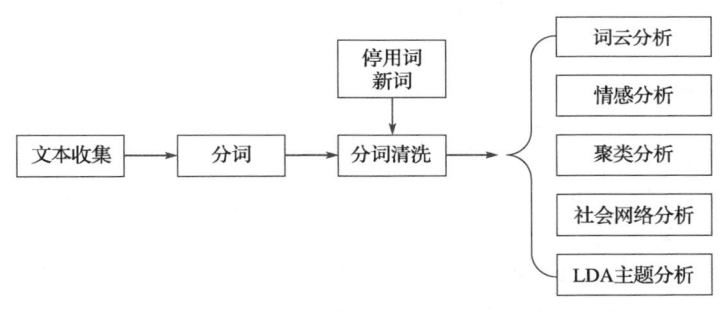

图 12-3 文本分析的一般流程

（1）文本收集。市场调研中通过访谈记录、行业报告、媒体新闻稿等获得资料。在调查问卷中通过开放题型收集受访者的意见或建议，如"请您对本店提供的服务给予点评"，通过该问题将收集到受访者对产品或服务的评价，将这些文本整理后可进行分析。

（2）分词。所谓分词，就是将一段文本分割为独立的关键字或词汇，如"我大学毕业了"，分词后词汇为"我""大学毕业""了"，分词的准确性直接影响到文本分析的效果。中文分词的常见方法有基于词典进行分词、基于语言学规则进行分词、基于统计学模型进行分词。由于中文语句中没有空格，因此中文分词比英文分词的难度大。

（3）分词清洗。分词后所得的关键字或词汇还需要经过清洗方可进入下一步，分词清洗包括剔除符号和停用词。停用词一般是指在研究上认为不需要计算词频的词汇，如"我大学毕业了"，分词后词汇为"我""大学毕业""了"，在研究上认为"我"和"了"无意义，可不进行分析，将这两个词汇设定为停用词，此后这两个词汇等价于被剔除，不再参与词云分析和其他文本分析。

除可以剔除停用词外，还可以在清洗阶段加入自定义词库，如网络流行词"解锁新技能"，如果不将其作为新词进行分词，那么按常规分词方法，其结果为"解锁""新""技能"，显然这个分词结果失去了文本要表达的本意。

（4）词云分析。词汇在文本中出现的次数简称词频（Term Frequency，TF）。分词后，对所有词汇进行统计，计算每个词汇出现的次数和百分比，这是文本分析中的一种基本分析方法。汇总词汇及其次数，基于此可绘制词云图。词云图是一种数据可视化工具，用于展示文本中出现频率较高的词汇。它能直观地展示高频词汇的分布情况，突出展示关键或热点信息。词云图示例如图 12-4 所示。

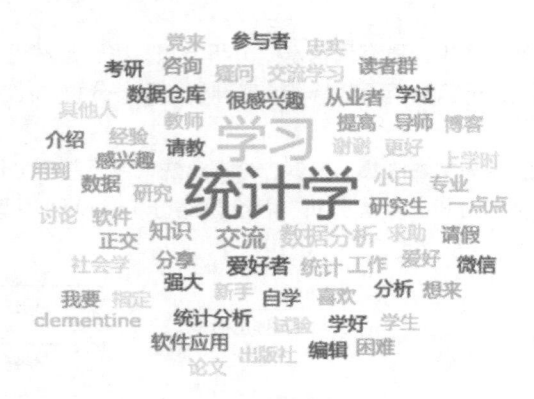

图 12-4　词云图示例

在词云图中，词汇的大小直接反映了该词汇在文本中出现的频率。词频越大，词汇在词云图中显得就越大、越突出。

词频反映的是在局部中的重要性，不能反映在全局中的重要性。除了需要关注词频和普通词云图外，还需要关注 TF-IDF 值及 TF-IDF 词云图。TF-IDF 值用于反映某关键词在整份数据中的重要性，TF-IDF 值越大，其在全局中越重要。

具体来说，TF-IDF 值是词频和 IDF（Inverse Document Frequency，逆文档频率）的乘积，前者值为 n/N，其中 n 为某词汇的词频，N 为整份数据词汇的词频总和，词频越高，TF 值越大；后者值为 $\log(D/(1+d))$，其中 log 为对数函数，D 为数据的行数，d 为出现某个关键词的行数，d 值越大，该词汇随处可见时 IDF 值反而越小，表示该词汇不重要。IDF 值越大，表示该词汇在整个文本语料中的分布越稀疏，即该词汇越具有区分性。

以图 12-4 为例，该词云图的数据来源于 71 位网站访客填写的由访问目的形成的 71 行文本。对于普通词云图，"统计学"一词的字体最大，表示该词汇的词频最大。而如果计算该文本分词的 TF-IDF 值并绘制 TF-IDF 词云图，那么结果如图 12-5 所示。

由于"统计学"一词在 71 行文本中频繁出现，因此 IDF 值较小，从而使 TF-IDF 值也较低，说明"统计学"一词虽然被提及的次数最多，但是从全局来看它并不重要。图 12-5 中的"交流学习""感兴趣""讨论""喜欢""求助""请教"等 TF-IDF 值较大的词汇较为突出，真实地反映出了该网站访客的访问目的。

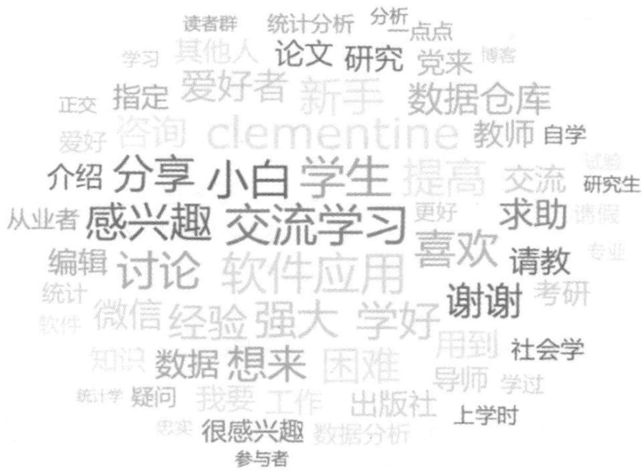

图 12-5　TF-IDF 词云图

TF-IDF 值结合词汇在局部中的重要性和在全局中的重要性，能够很好地反映词汇在整个文本语料中的区分能力。

（5）情感分析。情感分析旨在从文本词汇、语句中计算情感得分并判断情感倾向，如正向、负向或中性。情感分析主要基于情感词典或机器学习来实现，这两种方式各有优劣。基于情感词典，通过计算情感词出现的频率和权重来判断文本的情感倾向，计算过程简单。同时，情感词的情感倾向是人工标记的，可解释性更强。常见的情感词典有 BosonNLP、THUOCL 等。

在实际分析中，个别词汇可能并不在情感词典中，无法根据情感词典判断该词汇的情感倾向，此时可主动添加情感词及其情感倾向。

准确分词后，将各词汇与事先准备好的情感词进行匹配，结合词频等信息为文本中的各情感词计算相应的情感得分，进而计算整个文本语料的情感得分，根据情感得分的范围和阈值判断文本的情感倾向。通常将情感得分划分为多个数字的区间，一个区间代表一个情感倾向。例如，大于 0 表示正向，小于 0 表示负向，而等于 0 表示中性。

本书基于 SPSSAU 实现文本分析，SPSSAU 默认将情感得分压缩到 -1～1 范围内，结合情感得分计算情感倾向。情感倾向的判断规则如表 12-1 所示。

表 12-1　情感倾向的判断规则

情感得分区间	情感倾向
[−1, −1/3]	负向
[−1/3, 0)	偏负向
[0, 1/3]	偏正向
[1/3, 1]	正向
没有数字	情感词典中无该词汇

常见的情感分析的类型有两种，一种是对词汇的情感倾向进行判断；另一种是对文本的情感倾向进行判断。如图 12-6 所示。

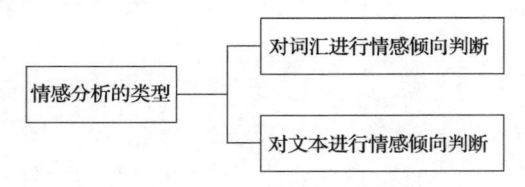

图 12-6　常见的情感分析的类型

① 对词汇进行情感倾向判断。对词汇进行情感倾向判断关注的是文本中各词汇的情感倾向，通过对所有词汇进行情感倾向的标记和分类，进而推断整体文本的情感走向。该类型适用于需要分析文本情感细节的场景，如社交媒体评论中特定词汇的情感倾向分析。

② 对文本进行情感倾向判断。在市场调研中通常采用调查问卷获取文本，文本是按条或按行录入的，一条或一行代表一位受访者的数据。这里对文本进行情感分析，也就是按行进行情感分析，计算各条文本的情感得分，给各条文本进行情感标记和分类。该类型更关注文本的整体情感倾向，不再局限于单个词汇，适用于产品或服务点评中探究每位受访者的情感倾向，进而推测整个群体的情感。该类型同样适用于社交媒体舆情分析。

（6）聚类分析。两个及两个以上关键词出现在同一个语句中的现象被称为共词现象，这些同一个语句中共同出现的词汇往往具有一定的关联性。共词矩阵是一个二维表格，其行和列分别代表文本中的不同高频词汇。使用共词矩阵可以记录两个词汇共同出现的频率，反映词汇之间的关系。基于共词矩阵进行聚类分析，可以进一步理解和揭示文本的结构和主题。

71 位访客文本的共词矩阵（词频≥5）如表 12-2 所示。也可根据具体研究确定高频词汇，"统计学""学习""交流""数据分析"的词频依次为 41、34、7、7，"统计学"与"学习"作为一对共词共出现了 19 次，"统计学"与"交流"这对共词共出现了 4 次。共词矩阵揭示出"统计学"与"学习"两个词汇的关系紧密。

表 12-2　71 位访客文本的共词矩阵（词频≥5）

	统计学	学习	交流	数据分析
统计学	41	19	4	3
学习	19	34	3	1
交流	4	3	7	0
数据分析	3	1	0	7

把共词矩阵中共词词频转换为相似性系数，如 Ochiia 系数，得到相似或相异系数矩阵，据此进行相似性计算，将具有高相似性的词语按 K-均值聚类、层次聚类等算法聚集在一起形成一类，这就是基于共词矩阵的聚类分析思想。

除可以基于共词矩阵进行聚类分析外，还可以计算出术语-文档矩阵，并针对各行文本进行聚类分析。与共词矩阵不同的是，术语-文档矩阵中的每行均是一个文档或一位受访者的语句，每列均是一个高频词汇，该矩阵中的数据表示每个词汇在对应每行文档中出现的频率或是否出现。基于该矩阵，可对文本按行或按 K-均值聚类、层次聚类等算法进行聚类分析，也可进行情感分析等。

文本聚类最终个数的确定没有固定的标准，总体上聚类个数不宜过多，2～6 类较为合适，这个范围内的聚类既能保持一定的细分度，又不会因结果过于复杂而导致各类别的实际含义不明确。从方法上来看，可以聚类过程中计算的误差平方或聚类轮廓系数为参考，找到"肘点"来辅助设定聚类个数；也可由研究人员根据研究领域的专业知识和经验，自行设定一个合理的聚类个数。在实际应用时，聚类个数建议结合具体的研究需求、数据特征、专业经验来设定。

（7）社会网络分析。基于词汇的词频和共词矩阵，还可以对词汇绘制网络图，进行社会网络分析。词汇作为网络节点，而词频可体现词汇之间的关系，作为网络节点的边线，从而绘制出网络图。节点的大小反映了关键词的词频，边线的粗细反映了词汇之间关系的强度。网络图示例如图 12-7 所示。

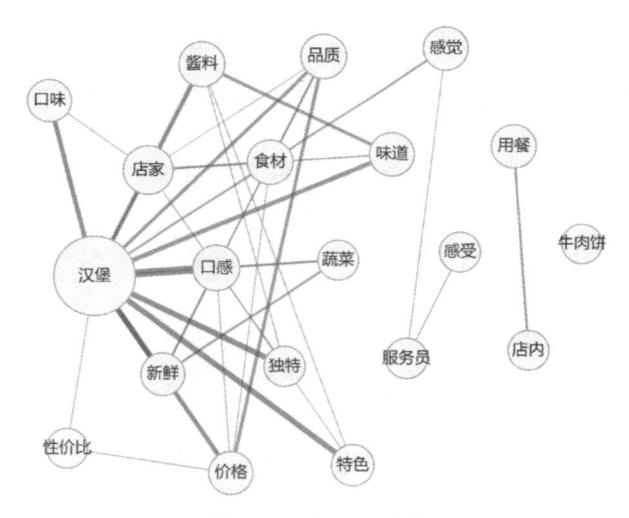

图 12-7　网络图示例

社会网络分析用于揭示不同高频词汇之间的隐藏关联和关系模式，这些模式在传统的数据分析中可能难以发现。

（8）LDA 主题分析。LDA（Latent Dirichlet Allocation，潜在狄利克雷分配）模型认为一个文本文档是多个主题混合的结果，每个主题又是由多个词汇构成的。简单来说，就是当我们阅读一个文本文档时，可以感受到该文本文档中在讨论几个不同的主题，而进行 LDA 主题分析有助于自动识别这些主题，以及各主题下的关键词，能够揭示文本集中的隐含主题结构。

从原理上来看，LDA 模型是一个 3 层的贝叶斯生成模型，包括文本文档、主题和词汇 3 个层次。文本文档被表示为主题的混合分布，而主题则被表示为词汇的概率分布。这里的概率反映了主题和词汇之间的权重，代表主题和词汇之间的紧密程度。具体来说，权重越大，意味着主题和词汇之间的关系越紧密，越能凸显主题的特征。因此，可以综合高权重的词汇来理解和总结主题的实际意义。张晗等（2014 年）、王曰芬和关鹏（2016 年）的研究中强调主题个数的确定是当前一个亟待重视和解决的难题，可考虑从困惑度（Perplexity）、贝叶斯生成模型，以及主题相似度等方面入手评价 LDA 模型，并确定最优主题个数。

LDA 主题分析的步骤如图 12-8 所示。

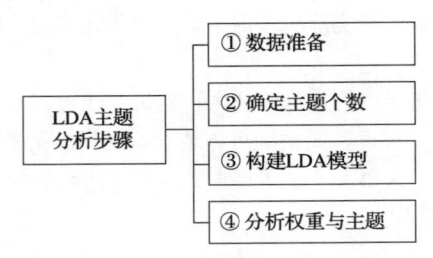

图 12-8　LDA 主题分析的步骤

① 数据准备。对文本进行分词、清洗等操作后，将其转换为适合 LDA 算法处理的形式。

② 确定主题个数。进行 LDA 主题分析之前，需要确定要提取的主题个数。对于小型的文本分析项目，一般主题为 2～8 个比较合适。具体来说，通常可根据实际研究目的、研究需求、领域经验，以及相关文献资料来确定，也可遍历多种主题个数的方案，最终讨论多套方案的优劣，综合确定主题个数。

③ 构建 LDA 模型。使用 LDA 模型对文本进行训练迭代，LDA 模型会生成各文本文档中各主题的概率分布，以及各主题中各词汇的概率分布。

④ 分析权重与主题。训练完成后，LDA 模型会输出主题及其对应的词汇列表，以及各词汇在该主题中的权重。这些权重可以用于后续的主题命名、主题解释和可视化展示等。通过分析权重与主题，可以了解各主题的主要特征和关注点，实现对文本隐含主题的深入分析和理解。

前面介绍了词云分析、情感分析、聚类分析、社会网络分析、LDA 主题分析 5 种文本分析方法，它们分别有不同的应用领域，在使用场景上各有侧重。一个文本分析项目并非必须使用上述全部文本分析方法，建议根据研究目的综合选择。在市场调研中，对上述 5 种文本分析方法的应用方向进行了总结，以供参考，如表 12-3 所示。

表 12-3　5 种文本分析方法的应用方向总结

文本分析	应用方向
词云分析	展示市场调研中的热门话题和关键词
	展示消费者对产品或服务的关注点

续表

文本分析	应用方向
情感分析	对留言、点评等进行情感分析，了解品牌声誉，或正面、反面评价
	了解消费者的看法、态度，进行情感分析
聚类分析	对关键词进行聚类分析，从分类的角度理解文本话题类别或共词关系
	对文本进行聚类分析，分析不同群体，进行人群或市场细分，找出不同群体的需求和偏好
	对市场调研中的文档、报告、邮件等资料进行聚类分析
社会网络分析	揭示不同关键词之间的关系
	揭示市场调研中需要关注的热门话题或领域
LDA 主题分析	对市场信息的主题进行分类、提取隐含主题
	提取和分析产品或服务市场动态新闻稿件的主题

12.2.2　Turf 模型需求调研

在市场调研中，常见的需求调研内容包括用户需求、产品需求、功能需求等，其本质上是要以用户为中心，从用户的真实目的出发，提出有效的产品或服务解决方案。本节将介绍需求调研中常用的 Turf 模型。

Turf（Total Unduplicated Reach and Frequency，累计不重复到达率和频率）模型，通过优化组合需求属性，使尽可能少的需求属性能够覆盖最多的人群。它的核心目标是在受众中达到最高覆盖率的同时，尽量减少重复覆盖的情况，被广泛应用于广告投放、产品需求等诸多市场调研领域。

举例：要从 3 个广告渠道（渠道 A、B、C）中筛选 2 个广告渠道进行投放，经调查，渠道 A、B、C 在目标人群中的覆盖率是分别是 30%、50%、40%。

从账面上看，选择渠道 B 和 C 能覆盖 50%+40%=90%，但关键在于这并未把两个渠道之间重复覆盖的比例（重合率）去掉，假设渠道 A 和 B 的重合率为 10%、渠道 A 和 C 的重合率为 5%、渠道 B 和 C 的重合率为 30%，重新计算可知，渠道 B 和 C 能覆盖 50%+40%-30%=60%，渠道 A 和 C 能覆盖 30%+40%-5%=65%，渠道 A 和 B 能覆盖 30%+50%-10%=70%。3 个广告渠道重复覆盖的情况如图 12-9 所示。可知，实际上通过渠道 A 和 B 进行广告投放将覆盖最多的目标人群。

下面介绍选项和组合的概念。

举例：某手机厂商生产的手机有 10 种颜色，过多的颜色导致开发成本过高，也会造成消费者选择困难，因此最佳策略是从 10 种颜色中选择若干种进行组合，假设选择黑色、白色、灰色、金色 4 种，使能覆盖的目标人群最多。这里一种颜

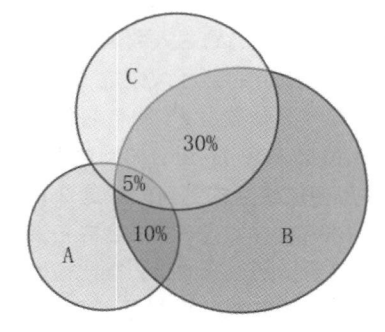

图 12-9　3 个广告渠道重复覆盖的情况

色被称为选项,两种及两种以上颜色被称为多元素组合,简称组合,选项也可以理解为只有一个元素的组合,组合内有几个选项即称之为几元素组合。

从 n 个选项中选择 k 个进行组合,即组合 $C(n,k)$,n 表示选项的总数,k 表示要选择或取出的选项的个数。

举例:从 10 种颜色中选择 4 种进行组合,共有多少种颜色的组合呢?按组合来计算,共有 $C(10,4)=210$ 种;如果从 10 种颜色中选择 5 种进行组合,那么有 252 种颜色的组合。使用 Turf 模型就能在获得高覆盖触达时确定最优 k 值及具体最优组合。

Turf 模型借助调查问卷收集数据,问卷设计需要明确调研目的,即希望通过 Turf 模型分析什么内容,如评估不同广告渠道的组合效果,或分析哪些产品的属性组合能最大化覆盖消费者的需求。将问卷题设计为多选题,将问卷选项设计为对应的广告渠道或产品属性。此外,通过问卷还可以调查消费者的一般背景信息,如性别、年龄等,后续可以进行分组的研究分析。

举例:多选题"您喜欢以下哪些手机颜色?",选项 1 黑色、选项 2 白色、选项 3 灰色、选项 4 金色。选择某个选项或某些选项组合,对应的选项录入数字 1 表示选中,未选择的选项录入数字 0 表示未选中。Turf 模型问卷数据录入格式如表 12-4 所示。

表 12-4 Turf 模型问卷数据录入格式

受访者	选项 1	选项 2	选项 3	选项 4	…
受访者 1	1	0	0	1	…
受访者 2	1	1	1	1	…
受访者 3	0	1	1	1	…
…	…	…	…	…	…

基于问卷数据,计算所有选项组合的到达人数、到达率及频率等指标。其中,到达率是指选中某组合的人数占总人数的比例,频率是指某组合内所有选项被选中的次数占总次数的比例。

例如,在计算黑色、白色、灰色、金色 4 种颜色组合的指标时,受访者 A 选择了黑色、金色,受访者 B 选择了 4 种颜色,总参与人数是 2,总响应次数是 6。此时,黑色和金色两种单色的到达人数是 2,到达率是 2/2=100%,频数是 2,频率是 2/6≈33.3%;黑色和金色的组合的到达人数是 2(受访者 A 和 B 都选中了组合中的某个选项),到达率是 2/2=100%,频数是 4(组合内各选项出现的总响应次数),频率是 4/6≈66.7%;黑色、金色和白色(或灰色)组合的到达人数是 2,到达率是 2/2=100%,频数是 5,频率是 5/6≈83.3%;4 种颜色的组合的到达人数是 2(受访者 A 和 B 都选中了组合中的某个选项),到达率是 2/2=100%,频数是 6(组合内各选项出现的总响应次数),频率是 6/6=100%。

需要特别注意的是,Turf 模型是一种优化产品属性需求的模型,宗旨是用尽可能少的需求触达最多的目标人群,因此并不是组合的选项越多越好。在市场调研的分析思路中,组合内选项的个数可根据实际情况而定,综合到达率、频率,结合需求开发成本等判断最优组合。Turf 模型的寻优思路总结如表 12-5 所示，在进行市场调研分析时可参考借鉴。

表 12-5 Turf 模型的寻优思路总结

寻优思路	说明
算法自动寻优	首先找到最优单选项组合，即 C(n,k=1)，然后找到组合后剩余其他选项的最优双选项组合，接下来找到最优三选项组合，以此类推，直到找到最优 n 选项组合。显然组合内选项的 k 值越大，组合的到达率和频率越接近 100%。注意，这个过程是累积计算的，是先选中一个选项，然后在它的基础上从剩余选项中选中一个选项，k 值累积至 n，并非每次都是从 C(n,k)的所有组合中进行寻优的
	到达率随 k 值呈现"先快后慢最终稳定"的曲线变化关系，一般认为当到达率增加放缓出现拐点时，出现最优组合
	局部最优解。基于算法自动寻优的特点，可能有遗漏最优组合的风险。同时，某种组合虽然在理论上为最优，如到达率为 100%，但可能在实际操作中难以实现或成本过高
专业领域寻优	通过市场调研了解目标市场的需求和偏好，结合行业领域的经验，以及实际开发成本，从全部元素中选择若干个有市场潜力的元素的 k 值进行到达率测试，即从专业角度指定 k 值
	如先从 10 种颜色中选择得到专业认可的 4 种颜色进行组合，即从专业角度指定 k=4，然后从 C(10,4)=210 种选项组合中寻找最优组合，一般选择最大到达率的组合作为最优组合，也可以结合频率综合确定最优组合
	指定 k 值的全局最优解，计算量大，结果可能受到主观因素的影响，和算法自动寻优类似，某些组合虽然在理论上为最优，如到达率为 100%，但可能在实际操作中难以实现或成本过高

为了便于理解，本书将组合 C(n,k)中的 k 值直接称为组合数，特指组合项的个数，如 k=4 时组合数就是 4，在这里指的是从所有备选选项中选择或取出的个数。

最优组合的标准是什么呢？当 k 值增加时，到达率和频率均会相应增加，其中到达率随 k 值呈现"先快后慢最终稳定"的曲线变化关系，一般认为当到达率增加放缓出现拐点时，出现最优组合。建议结合专业领域的判断，有时最高到达率的最优组合实际上并不具有现实意义，如全选 10 种颜色，意味着这部手机有 10 种颜色，一方面五颜六色没有产品特点，另一方面也会对消费者的选择造成困难，虽然到达率高达 100%，但是这个方案显然是不可取的。

表 12-5 中提供的两种寻优思路在实际使用时并无优劣之分，甚至必要时可以考虑将两种寻优思路作为两套方案，综合决定最终的最优组合。

12.2.3 KANO 模型需求调研

KANO 模型是一种量化分析消费者对产品或服务功能需求的模型，由东京理工大学教授 Noriaki Kano 发明，用于分析各类需求的分类及优先顺序，在企业产品需求调研中被广泛应用。KANO 模型通过调查问卷获取数据，问卷设计较为特殊，要求就某个具体功能需求设计"一正一反"两个题。例如,是否为家庭智能锁配置"远程网络开锁"功能需求,针对该需求设计"一正一反"两个题。KANO 模型问卷提问与选项如表 12-6 所示。

表 12-6 KANO 模型问卷提问与选项

"一正一反"两个题	提问与选项
正向题: 具备"远程网络开锁"功能	问题:智能锁具备"远程网络开锁"功能,您的感受是? 选项:A 不喜欢 B 能忍受 C 无所谓 D 理应如此 E 喜欢
反向题: 不具备"远程网络开锁"功能	问题:智能锁不具备"远程网络开锁"功能,您的感受是? 选项:A 不喜欢 B 能忍受 C 无所谓 D 理应如此 E 喜欢

应注意功能需求"一正一反"两个题的选项是固定的,每个题均有 5 个选项,依次录入数字 1、2、3、4、5,分别对应不喜欢、能忍受、无所谓、理应如此、喜欢。正向题与反向题的选项交叉后会形成包括 5×5=25 个格子的交叉表,KANO 模型将这 25 个格子分为 6 种不同的属性,包括魅力属性、期望属性、必备属性、无差异属性、反向属性、可疑属性,分别用字母 A、O、M、I、R、Q 表示。KANO 模型 6 个属性的位置分布如表 12-7 所示。

表 12-7 KANO 模型 6 个属性的位置分布

功能		反向题				
		1 不喜欢	2 能忍受	3 无所谓	4 理应如此	5 喜欢
正向题	1 不喜欢	Q	R	R	R	R
	2 能忍受	M	I	I	I	R
	3 无所谓	M	I	I	I	R
	4 理应如此	M	I	I	I	R
	5 喜欢	O	A	A	A	Q

不同类型的属性的含义不同,魅力属性是指超出预期的功能;期望属性是指具备某功能会提升满意度,反之会使满意度下降;必备属性是指具备某功能不会提升满意度,反之会使满意度下降;无差异属性是指是否具备某功能均不会影响满意度;反向属性是指不具备某功能,满意度会更高;可疑属性是指受访者没有很好地理解某提问或误答。

由于可疑属性在一般情况下不会出现,因此 KANO 模型实际上经常讨论的是前 5 个属性。很明显,应该优先提供魅力属性、期望属性和必备属性,可以忽略无差异属性,不应该提供反向属性。需求优先级的一般顺序为必备属性>期望属性>魅力属性>无差异属性。按这一顺序,通过 KANO 模型可以对不同功能需求进行优先级的排序,这在企业产品或服务的开发和运营策略上是十分有用的。

在具体操作上,KANO 模型需求调研的步骤如图 12-10 所示。

(1) KANO 模型问卷设计与实施。一种功能需求确定后,可通过梳理待研究的需求列表,有针对性地设计并实施调查问卷。每种功能需求均设计"一正一反"两个题,如要研究某个新产品 10 种功能需求开发的优先级,共需要设计 10×2=20 个题,每个题的选项均为不喜欢、能忍受、无所谓、理应如此、喜欢这 5 个。也可以在问卷中调查获取受访者的一般背景信息，在后续模型分析时据此进行分组的研究与分析。

```
                        ┌─ （1）KANO 模型问卷设计与实施
KANO 模型                ├─ （2）KANO 模型问卷数据录入
需求调研的步骤           ├─ （3）KANO 模型属性分类判断
                        └─ （4）Better-Worse 系数图分析
```

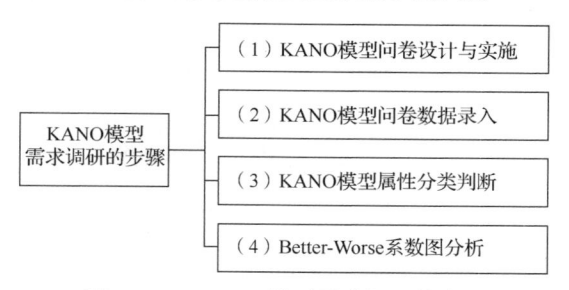

图 12-10　KANO 模型需求调研的步骤

（2）KANO 模型问卷数据录入。每位受访者的响应均占一行，每种功能需求的正问题、反问题各占一列，每个题的选项不喜欢、能忍受、无所谓、理应如此、喜欢均对应数字 1、2、3、4、5 进行录入。KANO 模型问卷数据录入格式如表 12-8 所示。

表 12-8　KANO 模型问卷数据录入格式

受访者	需求 1 正向	需求 1 负向	需求 2 正向	需求 2 负向	需求 3 正向	需求 3 负向	…
受访者 1	2	1	4	3	1	3	…
受访者 2	3	2	5	4	2	4	…
…	…	…	…	…	…	…	…

（3）KANO 模型属性分类判断。录入数据后，先对各功能需求一正一反的数据进行交叉汇总，计算各功能需求的频数和百分比，然后按最大隶属度原则，即在哪个属性上的百分比最大，判定该功能需求属于哪个属性。例如，是否为家庭智能锁配置"远程网络开锁"功能需求，如果"O：期望属性"的百分比最大，那么将"远程网络开锁"功能需求判定为期望属性。

对待研究分析的各功能需求进行属性分类后，可以对各功能需求进行排序。

（4）Better-Worse 系数图分析。当功能需求较多时，按优先级的一般顺序对所有功能需求进行排序可能有一定的困难。例如，有 3 种功能需求同为必备属性，这种情况无法客观地安排同一属性内多种功能需求的优先级。在 KANO 模型需求调研中，可通过计算 Better 系数和 Worse 系数来解决上述问题，其中 Better 系数代表满意度，Worse 系数代表不满意度。使用 A、O、M、I 这 4 个属性的频数来计算，可判定消费者对功能水平变化的敏感程度。Better 系数=(A+O)/(A+O+M+I)，该指标介于 0～1，值越大说明越敏感，优先级越高；Worse 系数= -1×(O+M)/(A+O+M+I)，该指标介于-1～0，值越小说明越不敏感，优先级越高。在计算时，上述公式中的 A、O、M、I 具体指的是这些属性对应的频数。

以 Better 系数为纵坐标，以 Worse 系数的绝对值为横坐标绘制 Better-Worse 系数图（象限图），可直观地展示所有功能需求的属性分布情况。KANO 模型的 Better-Worse 系数图如图 12-11 所示。

```
        |Worse系数|
              │   第2象限          第1象限
              │   魅力属性         期望属性
              │
              │
              ├─────────────────────────────
              │   第3象限          第4象限
              │   无差异属性       必备属性
              │
              └─────────────────────────── Better系数
```

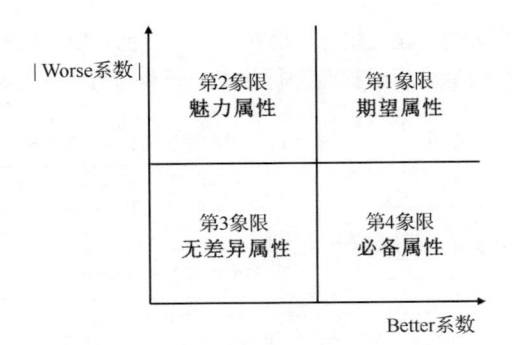

图 12-11　KANO 模型的 Better-Worse 系数图

在 Better-Worse 系数图中，第 1 象限内的功能需求为期望属性，第 2 象限内的功能需求为魅力属性，第 3 象限内的功能需求为无差异属性，第 4 象限内的功能需求为必备属性。出现在同一个象限内的功能需求，可以按 Better 系数与 Worse 系数的大小综合确定优先级，由于一般优先考虑消减不满意程度，因此优先安排 Worse 系数较低的功能需求。

12.2.4　联合分析模型需求调研

联合分析也称结合分析（Conjoint Analysis），是一种用于了解产品偏好的多元统计方法。联合分析有多种类型，本书主要介绍常用的全轮廓联合分析。该方法向受访者提供了一系列产品属性的组合，通过受访者对各组合进行评价来收集数据，通过对数据进行分析可明确哪些产品属性是重要的，哪些组合是受欢迎的。

联合分析模型有一套自己的术语，这里举例进行说明。

某企业正在研发一款儿童手机，经过前期调研后发现共有 5 个重要的产品属性，分别是价格、尺寸、网络定位、一键报警和中英翻译。联合分析模型的 5 个属性及各水平如表 12-9 所示。

表 12-9　联合分析模型的 5 个属性及各水平

水平	属性				
	价格	尺寸	网络定位	一键报警	中英翻译
1	500 元	2.8 英寸	有	有	有
2	800 元	3.0 英寸	无	无	无
3	1000 元	3.7 英寸			
4	1200 元	4.7 英寸			

备注：1 英寸=2.54 厘米。

属性是指产品的主要特征或某方面的指标，如价格、尺寸、网络定位等。水平则是指产品属性的具体取值，不同属性的水平可以相等也可以不等，如手机尺寸包括 2.8 英寸、3.0 英寸、3.7 英寸、4.7 英寸共 4 个水平，而中英翻译包括有和无共 2 个水平。在联合分析中，属性数不宜过多，一般取 6 个以内或不超过 8 个，过多的属性会让受访者在对比时感到吃力，影响调查质量。同样，属性的水平通常建议为 2～4 个，且所有属性的水平不建议超过 3 种，如表 12-9 中的 5 个属性有 2 水平、4 水平两种。通过合理控制属性和水平数，可以提高联合分析的有效性和可操作性，从而很好地评估不同属性对消费者选择的影响。

不同属性水平的交叉构成不同组合，组合也可以被称为产品轮廓、剖面，一种组合就是一个轮廓。例如，有这样一款手机：价格为 800 元，3.7 英寸机身，有网络定位，有一键报警，无中英翻译。全部属性各水平构成的所有组合被称为全轮廓。如表 12-9 所示，5 个属性各水平的所有组合共 4×4×2×2×2=128 个，即该项研究的全轮廓有 128 个，对应 128 种特征组合的产品。消费者对产品轮廓的评分反映出对某种产品功能需求的偏好倾向性。

在实际研究中，全轮廓评价不具有可操作性，通常引入正交实验设计。它基于正交表将多个属性的不同水平进行科学的组合，通过正交实验设计这种优化技术减少轮廓数，通过正交实验设计筛选出的轮廓组合方案，具有均衡搭配、综合可比的特点。SPSSAU、SPSS 统计软件等提供了正交实验设计模块，有助于生成合适的正交表，此外可以直接选择合适的正交表完成正交实验设计。在本书中，等水平正交表用 $L.a.b.c$ 表示，其中 a 表示组合数，b 表示水平数，c 表示属性数。例如，$L.9.3.4$，表示有 4 个属性，各属性具有相同的 3 个水平，共有 9 种组合。不等水平正交表用 $L.a.b.c.d.e$ 表示，其中 a 表示组合数，b 和 d 表示不同的水平数，c 和 e 表述拥有对应水平的属性数。例如，$L.16.4.2.2.9$，表示有 4 水平和 2 水平两种，其中 4 水平的属性有 2 个，2 水平的属性有 9 个，最多可以安排 2+9=11 个属性，共产生 16 种组合。

联合分析的统计原理为以轮廓的评分为因变量，以各属性为自变量进行多元线性回归，各属性以哑变量形式回归，每个属性的第 1 个水平均为参照水平，模型回归系数即属性水平的效用值。效用值用来描述各属性水平对偏好选择作用的大小，可用于衡量各属性水平对偏好选择的相对重要程度。各属性水平的效用值加总求和后的结果则成为轮廓的效用值，反映了对轮廓的偏好程度。

得到各属性水平的效用值后，如何衡量某属性的相对重要性呢？此时使用最大落差法进行计算，某属性水平的最大效用值减去该属性水平的最小效用值，即所谓的落差值，可理解为该属性的重要性值。针对落差值进行归一化处理后，即得到各属性的相对重要性值。

联合分析模型需求调研的步骤依次是属性与水平设计、正交试验筛选轮廓、问卷调查与建模、模型分析与评价、偏好分析，如图 12-12 所示。

（1）属性与水平设计。结合理论、专业及研究目的选择产品属性，一般选取 2～7 个。属性水平也不宜过多，每个属性的水平数可以相同也可以不同，根据属性的实际情况一般设置 2～4 个水平。设计好属性及其水平后，制作水平正交表。

```
                    ┌─ （1）属性与水平设计
                    │
                    ├─ （2）正交实验筛选轮廓
                    │
联合分析模型需求调研的步骤 ─┼─ （3）问卷调查与建模
                    │
                    ├─ （4）模型分析与评价
                    │
                    └─ （5）偏好分析
```

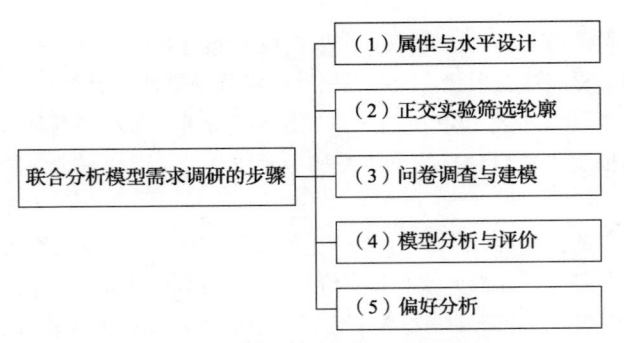

图 12-12 联合分析模型需求调研的步骤

（2）正交试验筛选轮廓。全轮廓组合数往往比较多，假设所有组合都要求受访者进行偏好评分，显然这在实际操作上是不现实的。此时一般采用正交设计，从所有轮廓组合中筛选具有代表性的进行评分。通过正交试验既能减少整个调研的工作量，又能保证联合分析的可靠性。

例如，基于前面儿童手机偏好研究的案例，4 个属性共产生 4×4×2×2×2=128 个产品轮廓，通过正交试验设计进行筛选，可使用 $L.16.4.2.2.9$ 进行调研，最终可获得有代表性的 16 个轮廓组合作为研究对象。可见，通过正交试验可大幅度减少轮廓数，降低联合分析模型需求调研的复杂性。

（3）问卷调查与建模。将正交试验筛选的轮廓设计成产品卡片，邀请目标人群对产品卡片进行评分、排序或优选。评分是指对产品卡片进行打分，常见的打分标准的范围为 [1,9]，所打的分值越高，表示越偏好该产品；排序是指对产品卡片排名，排名越好，表示越偏好该产品；优选是指对候选产品进行选择。其中，评分和排序较常用。当轮廓组合的卡片较少时，通过排序得到的数据更能准确反映受访者的倾向态度。当轮廓组合的卡片较多时，排序变得困难，不易操作，此时可进行评分。

将属性作为自变量，将轮廓评分数据或排序数据作为因变量进行多元线性回归建模。对各属性的自变量均采用哑变量形式参与回归过程，一般将第 1 个水平作为参照水平，通过线性回归对属性水平的效用值（回归系数）进行估计。

（4）模型分析与评价。对联合分析模型的有效性（包括线性回归模型的拟合度，以及整体联合分析模型的效度等进行评价。

（5）偏好分析。各属性水平的效用值为正数，意味着其为正向效用；各属性水平的效用值为负数，意味着其为负向效用，同一属性各水平的效用值加总求和后的结果为 0。对于评分数据来说，效用值越大，说明该水平越重要，由此可判断同一属性各水平的重要性排序。估计出各属性水平的效用值后，可采用落差法和通过归一化处理计算得到各属性的相对重要性值，这是联合分析的重要结论。

轮廓的效用值等于轮廓中各属性水平的效用值加总求和后的结果，反映的是受访者对轮廓或剖面的偏好程度。轮廓的高效用值表示高偏好，由此可估计任何一个轮廓组合的效用值，用于评价各组合的选择倾向。

12.2.5　IPA 模型满意度调研

在市场调研中满意度调研的方法较多，本书主要介绍常用且易操作的 IPA 模型满意度调研和 NPS 模型满意度调研，前者用二维象限图识别从哪些方面进行改善，以提高满意度；后者基于 NPS 评价满意度和忠诚度。本节介绍 IPA 模型满意度调研。

IPA（Importance-Performance Analysis，重要性-表现分析）模型的基本思想是消费者对产品或服务的满意度可反映到其对产品或服务各属性的重要性，以及对各属性的满意度表现的评价上。这里的属性，也可以是某个维度或某个方面的评价指标。

IPA 模型常用于旅游、教育、农业等领域。例如，在旅游领域，使用 IPA 模型有助于景区管理者评估游客对景区旅游体验、自然生态环境、旅游经济成本、景区信息化等多个方面服务的满意度。此处的旅游体验、自然生态环境等是产品或服务的属性，是 IPA 模型满意度调研的主要对象。IPA 模型满意度调研着重展示各属性的重要性和对各属性的满意度表现两个维度上的相对位置，从而帮助景区管理者识别出需要优先改进的领域。

IPA 模型满意度调研最终是通过 IPA 模型散点图来表达分析结果的。IPA 模型散点图常以重要性为横坐标，以满意度表现为纵坐标，以重要性和满意度表现的平均水平为分界值，被划分为 4 个象限，如图 12-13 所示。

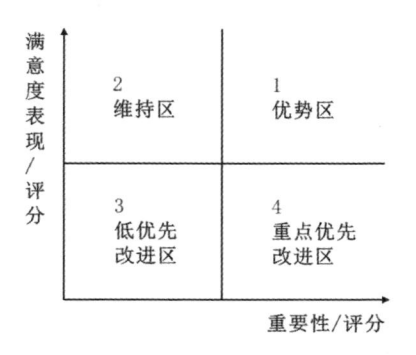

图 12-13　IPA 模型散点图

图 12-13 中的 4 个象限具有不同的市场定义，依次为优势区、维持区、低优先改进区、重点优先改进区。

（1）优势区：高重要性、高满意度，消费者认为很重要且感到满意的属性，相应的策略是继续努力。

（2）维持区：低重要性、高满意度，消费者感到满意但认为不重要的属性，建议策略是不刻意追求。

（3）低优先改进区：低重要性、低满意度，消费者认为不重要且感到不满意的属性，为一般改进区，考虑待观察后产生相应策略，不优先改进。

（4）重点优先改进区：高重要性、低满意度，消费者认为很重要但感到不满意的属性，需要重点加强改进，被重视的优先级高于低优先改进区的属性。

IPA 模型满意度调研的步骤如图 12-14 所示。

```
                          ┌─ （1）满意度属性设计
                          │
                          ├─ （2）问卷设计与数据收集
IPA 模型满意度调研的步骤 ──┤
                          ├─ （3）信效度与描述性分析
                          │
                          └─ （4）IPA 象限图分析
```

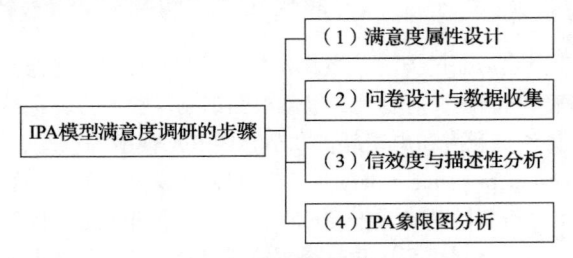

图 12-14　IPA 模型满意度调研的步骤

（1）满意度属性设计。从研究目的出发，结合满意度的影响因素或来源，设计出满意度属性，可以是成体系的，也可以是基于某些维度的，还可以是具体的满意度评价指标。

（2）问卷设计与数据收集。IPA 模型满意度调研通过调查问卷来获取数据，根据满意度属性合理设计调查问卷，主要调查重要性与满意度表现，以及受访者一般背景信息。通过李克特五级量表来对受访者的重要性与满意度表现进行评价，重要性选项 1～5 依次对应"非常不重要""较不重要""一般""较重要""非常重要"；满意度表现选项 1～5 依次对应"非常不满意""较不满意""一般""较满意""非常满意"。在录入数据时应注意，有多少个属性或指标则录入两倍的变量列。例如，若设计 14 个问卷题，则需要收集和录入14 列重要性评价数据，以及 14 列满意度表现评价数据，共 28 列数据。

（3）信效度与描述性分析。对有效样本进行信效度分析，一般针对文件中的满意度表现评价数据进行分析，可报告 α 系数以反映问卷的可靠性，如果是自编量表类问卷，那么在必要时需要通过 EFA 来进行结构效度分析。对满意度属性进行描述性分析，主要报告指标的重要性和满意度表现的平均值、标准差等数据。注意，需要把各属性重要性和满意度表现的平均值重新录入到一个数据文件中。

（4）IPA 象限图分析。依据满意度属性重要性和满意度表现的平均值，绘制 IPA 模型散点图。在此基础上，以重要性和满意度表现的平均值为交叉点绘制四象限图，并观察和分析绘制的四象限图，识别出需要改进的领域。

12.2.6　NPS 模型满意度调研

消费者忠诚的行为表现有 3 种，包括重复购买、交叉购买和新客户推荐，可针对这 3 种行为表现来衡量忠诚度。问题"你向朋友或同事推荐使用 XX 产品或服务的可能性有多大？"可用于消费者忠诚度的测量与研究。

NPS（Net Promoter Score，净推荐值）是用于研究消费者向他人推荐某产品或服务可能性的指标，是一个常见的忠诚度指标。基于 NPS 建立的 NPS 模型将消费者分为贬损者、被动者、推荐者 3 类，通过计算推荐者所占的百分比减去贬损者所占的百分比可得出一个

NPS，用于衡量消费者的忠诚度。

NPS 模型满意度调研的步骤如图 12-15 所示。

```
NPS模型满意度调研的步骤 ─┬─ （1）问卷调查获取数据
                      ├─ （2）三大用户类型分组
                      └─ （3）计算并分析NPS
```

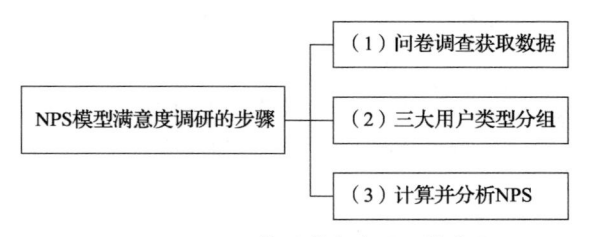

图 12-15　NPS 模型满意度调研的步骤

（1）问卷调查获取数据。设计 NPS 模型调查问卷，其形式如图 12-16 所示。其核心问题是"您向朋友或同事推荐使用我们产品或服务的可能性有多大？"，受访者需要打分，范围为 0～10 分，最低为 0 分，最高为 10 分，分值越高，表示推荐意愿越强。

> 您向朋友或同事推荐我们产品或服务的可能性有多大？
> 不可能　　0 1 2 3 4 5 6 7 8 9 10　　极有可能

图 12-16　NPS 模型调查问卷的形式

（2）类型分组。针对有效样本进行分析，根据受访者的打分数据按固定标准将受访者分为 3 类。获得 0～6 分的受访者为贬损者，该类受访者的忠诚度较低，有流失的可能；获得 7～8 分的受访者为被动者，该类受访者对产品或服务的忠诚度适中，但没有推荐意愿；获得 9～10 分的受访者为推荐者，该类受访者具有很高的忠诚度，向他人推荐的意愿突出。贬损者、被动者、推荐者的评分标准如图 12-17 所示。

贬损者							被动者		推荐者	
0	1	2	3	4	5	6	7	8	9	10

图 12-17　贬损者、被动者、推荐者的评分标准

分类完成后，统计 3 类受访者的频数，由此计算频数的百分比：贬损者%、被动者%、推荐者%。

（3）计算并分析 NPS。NPS=推荐者%-贬损者%，即 NPS 等于推荐者的占比减去贬损者的占比，显然 NPS 越大，产品或服务越可能被推荐。

使用 NPS 可以测量消费者的满意度、反映消费者的忠诚度，目前对 NPS 的评价没有固定标准。一般认为 NPS 至少应该是大于 0 的正数，即推荐者比贬损者多，说明消费者具有一定的忠诚度，通常 NPS 大于 50%被认为是一个优秀的结果。研究人员可以多次收集数据，对比 NPS 的变化，综合衡量忠诚度的动态变化，也可以在调查问卷中增加对受访者其他信息的调查，发掘相关细节的来源。

12.2.7　PSM 模型价格调研

产品定价是市场营销中的一个重要环节,定价是否妥当,一方面会影响产品在市场上的表现,另一方面也会影响产品和品牌在消费者心目中的认可度。市场调研中常用的单一因素价格测试研究模型有 Gabor Granger 模型和 PSM 模型,本书主要介绍应用较为广泛的 PSM 模型。

PSM(Price Sensitivity Measurement,价格敏感度测试)模型只考虑单一的价格因素,可用来衡量消费者对不同价格的满意度,是一种用于识别和优化产品或服务定价的实用工具,在市场调研中常用于确定产品最优价格和合理的价格区间。例如,邀请 100 位潜在消费者,对一款水杯基于"非常便宜""比较便宜""比较贵""非常贵"4 种态度测试可接受的价格,最终认为最优价格为 55 元,合理的价格区间为 40~65 元。

PSM 模型价格调研的步骤如图 12-18 所示。

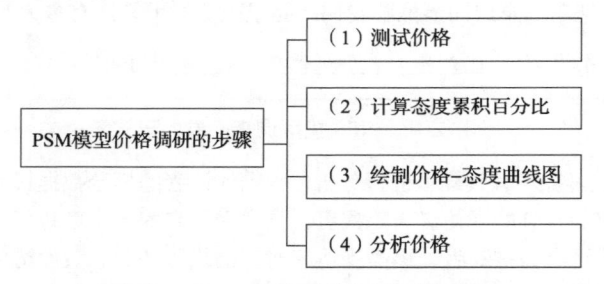

图 12-18　PSM 模型价格调研的步骤

PSM模型价格调研的步骤：
- (1)测试价格
- (2)计算态度累积百分比
- (3)绘制价格–态度曲线图
- (4)分析价格

(1)测试价格。PSM 模型通过采用调查问卷的形式询问受访者对不同价格的态度来分析其对价格的敏感程度。具体来说,首先从产品的潜在消费者总体中抽取有代表性的样本作为受访者,然后出示标记有待测试价格(某个价格范围内)的价格牌或卡片,请受访者回答以下 4 个问题(填空题形式):

Q1:____价格,您认为非常便宜。
Q2:____价格,您认为比较便宜。
Q3:____价格,您认为比较贵。
Q4:____价格,您认为非常贵。

在测试过程中不宜向受访者过多介绍竞品和产品信息。让受访者尽可能在自然响应状态下完成问卷测试,录入数据。PSM 模型价格测试数据录入格式如表 12-10 所示。

表 12-10　PSM 模型价格测试数据录入格式

被试者 ID	非常便宜	比较便宜	比较贵	非常贵
1	20 元	30 元	50 元	70 元
2	30 元	50 元	70 元	80 元

续表

被试者 ID	非常便宜	比较便宜	比较贵	非常贵
…	…	…	…	…
n	…	…	…	…

表 12-10 中后 4 列的列标题是 4 个属性名,将这种格式的数据暂且称为态度数据。除此之外,在实际调研中,有些研究会询问受访者对各价格的 4 种态度,受访者对出示的各价格回答出"非常便宜""比较便宜""比较贵""非常贵"4 种态度中的 1 种,4 种态度依次按数字 1、2、3、4 来对应录入,此时录入数据的列标题是具体的价格,将这种格式的数据暂且称为价格数据。对于这两种调查方式,本书的观点认为,态度数据测试适用于价格范围大且价格较多的情况,而价格数据测试适用于价格较少的情况。具体如何选择,读者可结合所在研究领域查阅资料综合确定。

另外,在史伟的研究中对价格范围和价格的设定进行了说明。

(2)计算态度累积百分比。以价格为行,以 4 种态度为列,交叉形成频数列联表,汇总价格不同时受访者处于 4 种态度的频数,在此基础上计算态度累积百分比。应特别注意,先由最高价向最低价向上累积"非常便宜"和"比较便宜"两种态度的总频数;然后由最低价向最高价向下累积"比较贵"和"非常贵"两种态度的总频数。PSM 模型态度累积百分比的计算框架如表 12-11 所示。

表 12-11　PSM 模型态度累积百分比的计算框架

价格	非常便宜	比较便宜	比较贵	非常贵	向上累积		向下累积		累积百分比			
					非常便宜	比较便宜	比较贵	非常贵	非常便宜	比较便宜	比较贵	非常贵
最低价					总频数	总频数			100%	100%	…	…
…	频数列联表						↓	↓	…	…	…	…
…					↑	↑			…	…	…	…
最高价							总频数	总频数	…	…	100%	100%

4 种态度的累积百分比是 PSM 模型价格调研中重要的中间环节结果,可以手动完成计算,也可以基于 Excel、SPSSAU 等工具完成计算。具体计算过程的示范将在后面的案例解读中介绍。

(3)绘制价格-态度曲线图。基于上一步 4 种态度的累积百分比,绘制"非常便宜""比较便宜""比较贵""非常贵"4 条价格-态度曲线,组成价格-态度曲线图,在具体操作上,可以将累积百分比录入进行绘制。价格-态度曲线图如图 12-19 所示。

(4)分析价格。4 条价格-态度曲线两两交叉形成 4 个交叉点,沿交叉点垂直绘制直线与横坐标相交,确认 PMC(可采纳的最低价格)、PME(可采纳的最高价格)、OPP(最优价格)、IPP(既不贵又不便宜的价格)4 个交叉点的价格。由此可判断和分析最优价格或合理的价格区间。

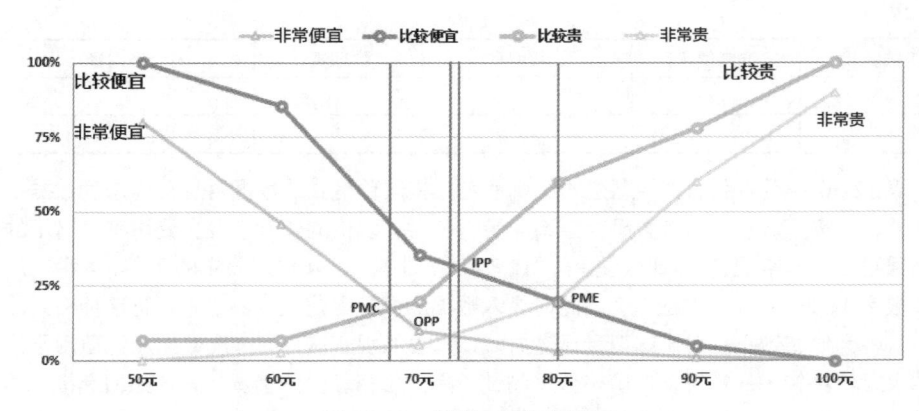

图 12-19 价格-态度曲线图

4 个交叉点的价格及其说明如表 12-12 所示。

表 12-12　4 个交叉点的价格及其说明

价格	说明
PMC	是"非常便宜"和"比较贵"两条价格-态度曲线交叉点的价格，产品定价低于此价格就会认为非常便宜
PME	是"比较便宜"和"非常贵"两条价格-态度曲线交叉点的价格，产品定价高于此价格就会认为非常贵
OPP	是"非常便宜"和"非常贵"两条价格-态度曲线交叉点的价格，是让受访者既认为占了便宜又认为有价值的价格
IPP	是"比较便宜"和"比较贵"两条价格-态度曲线交叉点的价格，与比较贵和比较便宜均相近，是模棱两可的价格

在使用 PSM 模型解决实际问题时，一般以 PMC～PME 为合理的价格区间，以 OPP 为最优价格，也可结合 PMC、PME、OPP 进行综合分析及判断。

12.3　案例解读

本节以案例的形式，进一步解读市场调研类问卷研究的分析思路和分析方法。

12.3.1　汉堡店消费者评论词云分析案例

一家汉堡店现开展市场调查了解消费者对店内产品的看法，邀请进店消费的消费者对产品进行点评，共获得 120 条评论。汉堡店前 10 条消费者评论如表 12-13 所示。

表 12-13　汉堡店前 10 条消费者评论

编号	评论
1	这汉堡的口味简直绝了，每一口都是满满的幸福感
2	牛肉饼烤得恰到好处，外焦里嫩，超级好吃
3	酱料调配得十分均衡，甜咸适中，让人回味无穷
4	蔬菜新鲜脆嫩，为汉堡增添了清新的口感
5	芝士融化得完美，与汉堡融为一体，味道层次丰富
6	汉堡的口味偏咸，吃多了有点腻
7	牛肉饼有点干，缺少汁水
8	酱料味道过重，掩盖了其他食材的味道
9	蔬菜不够新鲜，吃起来软绵绵的
10	芝士放得太少，几乎感受不到它的存在

　　本案例主要研究消费者评论的情感倾向，以了解消费者对产品的态度；同时识别评论中的高频词汇和主题，以帮助了解消费者关注的问题和需求。

　　因这里仅获得消费者的评论，没有一般背景信息等其他数据，故总体上就是针对文本进行分析的。首先，进行分词、词云清洗与分析，剔除符号和停用词，添加符合实际的新词，以提高分词的准确性和效率。其次，绘制普通词云图和 TF-IDF 词云图，提取总结消费者评论的高频词汇，初步了解消费者关注的问题和需求。接下来，尝试对评论的高频词汇进行聚类分析，以及对 120 条评论按行进行聚类分析，分析消费者反映的问题类型并细分不同群体的评论类型。最后，判断评论正向、负向及中性情感倾向，从总体上把握消费者对产品的情感色彩。以下分析结果均由 SPSSAU 中的"文本分析"模块实现，相关操作请参考本书第 19 章的内容。

1．分词、词云清洗与分析

　　结合餐饮行业的特点及实际分词效果，在分词过程中添加"吃得放心""缺少汁水""优惠活动""力度不大""免费 Wi-Fi""超级好吃""轻柔悦耳""赚多了""钱花得很值"等共 13 个词汇。经过清洗并计算 TF-IDF 值。汉堡店消费者评论高频词汇（词频≥5）如表 12-14 所示。

表 12-14　汉堡店消费者评论高频词汇（词频≥5）

词汇	词频	词汇	词频
汉堡	53	价格	9
店家	16	特色	7
口感	12	独特	6
酱料	11	服务员	6
食材	11	牛肉饼	5
品质	11	蔬菜	5

续表

词汇	词频	词汇	词频
味道	10	感受	5
感觉	10	新鲜	9
用餐	10	性价比	5
口味	9	每次	5

其中,"汉堡"一词的词频最大,为53,说明消费者对汉堡本身的品质非常关注。其他词频较大的词汇有"店家""口感""酱料""食材""品质""味道""用餐""新鲜"等,这些高频词汇反映出消费者对店家的总体用餐服务表现、产品口感等主观体验,以及酱料等食材的新鲜度和品质比较关注。口感是产品最直接的主观感受,而食材等是否新鲜是快餐行业需要重点注意的。

2. 绘制普通词云图和 TF-IDF 词云图

表 12-14 中使用词频展示了词汇在文本中的局部重要程度,还应该使用 TF-IDF 值展示词汇在文本中的全局重要程度。汉堡店消费者评论 TF-IDF 值排名为前 20 的词汇如表 12-15 所示。

表 12-15 汉堡店消费者评论 TF-IDF 值排名为前 20 的词汇

词汇	TF-IDF 值	词汇	TF-IDF 值
海鲜	0.832129	吸引	0.611635
钱花得很值	0.797725	物有所值	0.601446
缺少汁水	0.786707	宝藏	0.595199
偏咸	0.784381	值得	0.584027
软绵绵	0.692641	吃得放心	0.583622
偏低	0.621234	一目了然	0.583062
黄斑	0.618304	太吵	0.580853
放久	0.618304	源头	0.574816
层次感	0.614471	超高	0.569906
力度不大	0.611635	耳目一新	0.566401

"海鲜""钱花得很值""缺少汁水""偏咸""软绵绵""偏低""黄斑""力度不大""物有所值"等词汇的含义鲜明,具有明显的区分性和市场营销指导意义。

词云图是进行文本分析十分基础、直观和重要的手段,一般可绘制普通词云图和 TF-IDF 词云图。

对词云图进行分析后可以发现,普通词云图反映了消费者评论的出发点,如从汉堡自身、服务、口感、食材等方面入手进行评论,这是消费者关注的宏观方面。TF-IDF 词云图则抛开宏观角度,从评论的稀缺性入手,反映出本次市场调研应特别注意的细节。

汉堡店消费者评论普通词云图和 TF-IDF 词云图如图 12-20 所示。

（a）普通词云图　　　　　　　　　　（b）TF-IDF 词云图

图 12-20　汉堡店消费者评论普通词云图和 TF-IDF 词云图

（1）产品正面评价：消费者普遍认为在这家汉堡店消费"钱花得很值"且感觉"物有所值"，表明他们对汉堡感到满意；"值得"和"宝藏"等词汇反映出消费者对店铺的认可和推荐意愿；"吃得放心"表明消费者对产品安全有很高的信任度；"一目了然"表明店铺布局或菜单清晰，这是对产品的正面评价。

（2）产品改进空间：“偏咸”"软绵绵""缺少汁水"表明汉堡在调味和口感新鲜度上可能存在的问题，提示店家注意调整烹饪方法和调料配比；"放久"和"黄斑"表明部分消费者对产品新鲜度的担忧，店家应加强对食材的管理和对库存的控制。

（3）服务方面：“太吵”表明店内环境在噪声控制方面有待改善，店家应当为消费者提供更舒适的用餐环境；"力度不大"表明消费者对店铺日常的促销活动有一些期盼；"耳目一新"表明店铺在某些方面（产品、服务、环境等）给消费者带来了新颖的感受，店家可以进一步挖掘和强化这些独特卖点。

12.3.2　汉堡店消费者评论聚类与情感分析案例

本节继续对汉堡店消费者评论进行分析，尝试对消费者评论的高频词汇进行聚类分析，以及对 120 条评论按行进行聚类分析，分析消费者反映的问题类型并细分不同群体的评论类型；判断评论正向、负向及中性情感倾向，从总体上把握消费者对产品的情感色彩。

1. 聚类分析

可以基于分词后高频词汇形成的共词矩阵进行聚类分析，也可以对各条文本的术语-文档矩阵按行进行聚类分析。本案例分别对消费者评论的高频词汇进行聚类分析，以及对 120 条评论按行进行聚类分析。汉堡店消费者评论聚类类别与共词矩阵如表 12-16 所示。

表 12-16　汉堡店消费者评论聚类类别与共词矩阵

聚类类别	词汇	汉堡	店家	口感	酱料	食材	品质	味道	感觉	用餐	口味	新鲜	价格	特色	独特	服务员	牛肉饼	蔬菜	感受	性价比	每次
2	汉堡	53	3	8	5	1	4	5	3	0	5	6	5	6	6	0	0	2	1	2	1
3	店家	3	16	0	2	3	2	2	1	1	2	0	0	2	0	1	0	0	1	0	2
1	口感	8	0	12	0	2	2	0	0	0	0	3	2	1	2	0	0	3	0	0	0
3	酱料	5	2	0	11	1	0	4	0	0	1	0	2	2	0	0	0	0	0	0	0
3	食材	1	3	2	1	11	3	2	1	0	0	0	0	0	0	0	0	0	0	0	2
4	品质	4	2	2	0	3	11	0	0	0	0	4	0	0	0	0	0	0	0	0	0
1	味道	5	2	0	4	2	0	10	1	0	1	0	0	1	0	0	0	0	0	0	0
1	感觉	3	1	0	0	1	1	1	10	1	0	1	0	0	2	1	0	0	0	0	1
3	用餐	0	1	0	0	0	0	0	1	10	0	0	0	0	0	0	0	0	0	0	0
1	口味	5	2	0	1	0	0	0	0	0	9	0	0	0	0	0	0	0	0	0	1
3	新鲜	6	0	3	1	2	0	1	1	0	0	9	0	0	0	0	0	1	3	0	0
4	价格	5	0	0	2	0	4	0	0	0	0	0	9	0	0	0	0	0	0	2	0
3	特色	6	2	1	2	0	0	0	0	0	0	0	0	7	1	1	0	0	1	0	0
3	独特	6	0	0	0	0	0	0	0	0	0	0	0	1	6	0	0	0	0	0	0
3	服务员	0	1	0	0	0	0	0	2	1	0	0	0	0	0	6	0	0	2	0	0
3	牛肉饼	0	0	0	0	0	0	0	0	0	0	0	0	0	0	0	5	0	1	0	0
3	蔬菜	2	0	3	0	0	0	0	0	3	0	0	0	0	0	0	0	5	0	0	0
3	感受	1	1	0	0	0	0	0	0	0	0	0	0	0	0	2	1	0	5	0	0
4	性价比	2	0	0	0	0	0	0	0	0	0	0	2	0	0	0	0	0	0	5	1
3	每次	1	2	0	0	2	0	0	0	1	0	0	0	0	0	0	0	0	0	1	5

表 12-16 中的第 1 列是聚类类别，剩余列则是此次聚类分析使用的共词矩阵。第 1 类包括的词汇有：口感、味道、感觉、口味，可以概括为"口感"；第 2 类仅包括"汉堡"一词，可以概括为"产品"；第 3 类包括的词汇有：店家、酱料、食材、用餐、新鲜、特色、独特、服务员、牛肉饼、蔬菜、感受，可以概括为"体验"；第 4 类包括的词汇有：品质、价格、性价比，可以概括为"价格"。这家汉堡店的消费者对口感、产品、体验、价格 4 类话题比较关注，店家也可以从这 4 个方面入手去改进和提升经营服务理念，最终提高消费者的满意度。

在本案例中对消费者评论的高频词汇进行聚类分析，如果聚成 3 类，那么无法全面反映消费者的态度，如果聚成 5 类么又不足以明确个别类别的特征，因此本案例综合判断聚成 4 类比较合理。为了提高聚类结果的可视化程度，可基于聚类类别与共词矩阵，绘制聚类分布图。汉堡店消费者评论词汇聚成 4 类的气泡图如图 12-21 所示。

对 120 条评论按行进行聚类分析，经多个方案的对比，本案例认为 120 条评论可聚成 5 类。汉堡店消费者评论按行聚成 5 类——各类规模如图 12-22 所示。

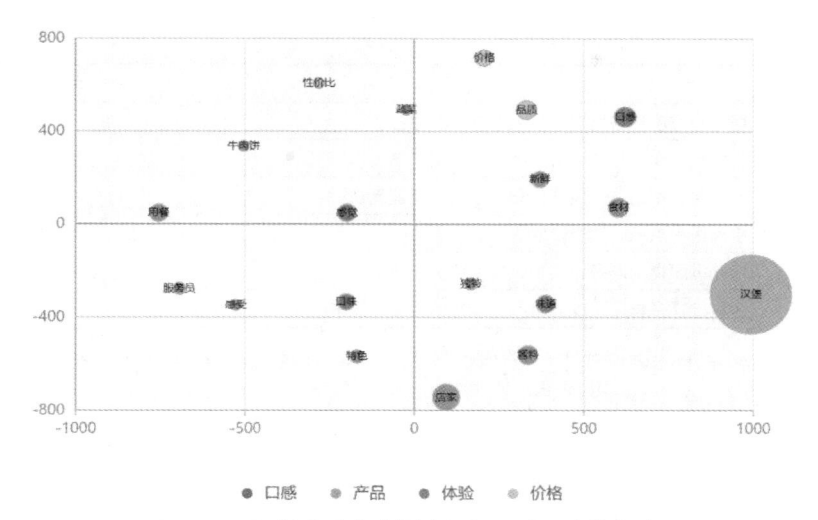

图 12-21　汉堡店消费者评论词汇聚成 4 类的气泡图

聚类类别	频数	百分比
1	49	41%
2	19	16%
3	22	18%
4	12	10%
5	18	15%

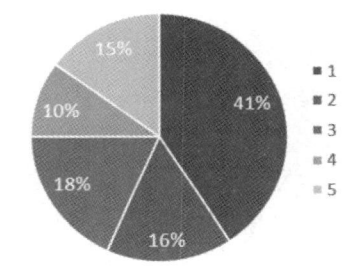

图 12-22　汉堡店消费者评论按行聚成 5 类——各类规模

限于篇幅，下面仅列出各类典型评论，以便读者理解 5 类的特征和含义。汉堡店消费者评论按行聚成 5 类——各类典型评论与消费者类型如表 12-17 所示。

表 12-17　汉堡店消费者评论按行聚成 5 类——各类典型评论与消费者类型

聚类类别	典型评论	消费者类型
1	店家还提供免费 Wi-Fi 和充电服务，非常贴心	品质体验追求者
	考虑到食材的新鲜度和口感，这个价格真的很合理	
	肉类在烹饪过程中保持了原有的汁水和营养，品质上乘	
2	餐厅环境幽雅舒适，让人心情愉悦	环境体验追求者
	背景音乐轻柔悦耳，营造出良好的用餐氛围	
	座位宽敞，不会觉得拥挤，适合家庭聚餐或朋友小聚	
3	特色的酱料和配料让汉堡更具辨识度，成为店铺的招牌	汉堡美食评论家
	汉堡里的每层都透露着店家对品质的重视	
	这款汉堡的配料搭配非常独特，让人耳目一新	

续表

聚类类别	典型评论	消费者类型
4	服务员态度热情周到，让人感觉宾至如归	性价比服务体验者
	性价比超高，物超所值，每次来都觉得赚到了	
	服务员会主动询问用餐体验，让人感到被重视	
5	牛肉饼有点干，缺少汁水	口感品鉴挑剔者
	酱料调配得刚刚好，甜中带酸，完美衬托了肉香	
	酱料选择多样，可以满足不同口味消费者的需求	

根据归于各类的消费者评论，由研究人员从专业和经验的角度归纳各类的特征，最终将5类消费者概括为：品质体验追求者、环境体验追求者、汉堡美食评论家、性价比服务体验者、口感品鉴挑剔者。通过精准识别并服务于这5类的消费者，根据消费者的特征进行有针对性的营销和服务，如提供高性价比的汉堡产品和服务，满足对产品品质有极高要求的消费者，吸引更多的消费者前来品尝，增强消费者的整体用餐体验，吸引更多注重用餐环境的消费者。

2．情感分析

店家除会关注消费者评论的要点及消费者类型之外，还会关注消费者的情感倾向，希望了解这些发表评论的人当中，有多少人给出正面评论，又有多少人给出负面评论。因此，本案例主要有针对性地按行对文本进行情感分析。以下分析结果均由SPSSAU中的"文本分析"→"文本情感分析"模块实现。汉堡店消费者前10条评论的情感得分及情感倾向如表12-18所示。

表12-18 汉堡店消费者前10条评论的情感得分及情感倾向

编号	评论	情感得分	情感倾向
1	这汉堡的口味简直绝了，每一口都是满满的幸福感	−0.331	偏负向
2	牛肉饼烤得恰到好处，外焦里嫩，超级好吃	0.66	正向
3	酱料调配得十分均衡，甜咸适中，让人回味无穷	0.994	正向
4	蔬菜新鲜脆嫩，为汉堡增添了清新的口感	0.998	正向
5	芝士融化得完美，与汉堡融为一体，味道层次丰富	0.858	正向
6	汉堡的口味偏咸，吃多了有点腻	−0.859	负向
7	牛肉饼有点干，缺少汁水	−0.524	负向
8	酱料味道过重，掩盖了其他食材的味道	−0.033	偏负向
9	蔬菜不够新鲜，吃起来软绵绵的	0.797	正向
10	芝士放得太少，几乎感受不到它的存在	−0.506	负向

汉堡店消费者评论情感分析如图12-23所示。

其中，88位消费者的情感倾向为正向，6位消费者的情感倾向为偏正向，26位消费者的情感倾向为负向或偏负向，即正向、偏正向占比达78%，接近八成的消费者对汉堡店的产品或服务给出了正向和偏正向的评价，剩余消费者则存在负向或偏负向的情感倾向。研究人员可具体分析负向情感倾向的内容，也可结合前面按行进行聚类的结果，综合研究和分析负向情感倾向的消费者的特征，以便提出有针对性的营销策略。

情感倾向	频数	百分比
正向	88	73%
偏正向	6	5%
负向	13	11%
偏负向	13	11%

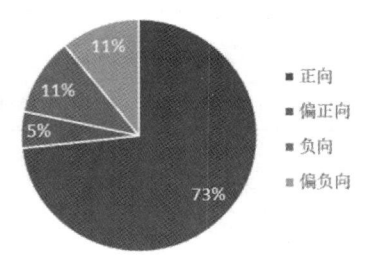

图 12-23　汉堡店消费者评论情感分析[①]

12.3.3　儿童手机颜色 Turf 模型案例

某企业正在研发一款儿童手机，经研究确定该手机的 10 种备选颜色。现拟从 10 种备选颜色中选择若干种颜色，要求选择的颜色能最大化地触达覆盖目标人群的颜色偏好，且希望其能突出产品本身的独特风格，符合品牌定位。该企业组织相关部门进行市场调研分析，计划采用 Turf 模型完成此项任务。

调查问卷包括 10 个问题，问题格式为"您喜欢**颜色吗？"，按颜色种类划分，共有 10 个这样的问题，每个问题均有"喜欢""不喜欢"两个选项，该企业邀请目标人群参与调研，最终收集到有效样本 99 个。在录入数据时为每个问题都创建一个变量，若受访者选择"喜欢"选项，则录入数字 1；若受访者选择"不喜欢"选项，则录入数字 0。儿童手表颜色 Turf 模型问卷数据录入格式（前 5 行）如表 12-19 所示。

表 12-19　儿童手机颜色 Turf 模型问卷数据录入格式（前 5 行）

受访者	颜色 1	颜色 2	颜色 3	颜色 4	颜色 5	颜色 6	颜色 7	颜色 8	颜色 9	颜色 10
受访者 1	1	1	0	1	1	0	0	0	1	0
受访者 2	1	0	1	1	1	1	0	1	1	0
受访者 3	0	1	0	1	0	1	1	0	0	1
受访者 4	1	0	0	1	0	1	1	0	0	0
受访者 5	1	0	1	0	1	1	0	0	0	1

（1）分析思路。先采用 Turf 模型算法自动寻优提供一个可供参考的组合数，然后结合专业经验，以及实际市场或营销需要综合确定一个可行的组合数，最后基于指定组合数寻找最优组合。

---

① 百分比按四舍五入计算，百分比之和若不为 100%，则系四舍五入所致。本书的部分图、表中均存在类似问题，可忽略。

（2）结果分析。从组合 C(n,k) 的角度来看，在本案例中备选选项数 n=10，从研究目的来看，需要确定选择几种颜色，即确定组合数（k 值），且从所有组合内按到达率选择最优组合。由于目前专业领域中并未提供一个指定的组合数，因此考虑采用算法自动寻优的思路，具体计算过程由 SPSSAU 中的"问卷研究"→"Turf 组合模型"模块实现。儿童手机颜色 Turf 模型最优组合结果如表 12-20 所示。

表 12-20　儿童手机颜色 Turf 模型最优组合结果

组合	组合数	触达数	触达率（%）	新增触达率（%）	频数	频率（%）
颜色 4	1	60	60.61	60.61	60	12.42
颜色 4+颜色 5	2	86	86.87	26.26	116	24.02
颜色 4+颜色 5+颜色 6	3	95	95.96	9.09	164	33.95
颜色 4+颜色 5+颜色 6+颜色 3	4	98	98.99	3.03	210	43.48
颜色 4+颜色 5+颜色 6+颜色 3+颜色 7	5	99	100	1.01	257	53.21
颜色 4+颜色 5+颜色 6+颜色 3+颜色 7+颜色 10	6	99	100	0	306	63.35
颜色 4+颜色 5+颜色 6+颜色 3+颜色 7+颜色 10+颜色 2	7	99	100	0	353	73.09
颜色 4+颜色 5+颜色 6+颜色 3+颜色 7+颜色 10+颜色 2+颜色 1	8	99	100	0	399	82.61
颜色 4+颜色 5+颜色 6+颜色 3+颜色 7+颜色 10+颜色 2+颜色 1+颜色 8	9	99	100	0	445	92.13
颜色 4+颜色 5+颜色 6+颜色 3+颜色 7+颜色 10+颜色 2+颜色 1+颜色 8+颜色 9	10	99	100	0	483	100

备注：样本量=99，总触达数=483，触达率=触达数/样本量，频率=频数/总触达数，基于 1 进行计算。

经统计可知，本案例的样本量（有效参与人数）为 99，总触达数为 483。按照 Turf 模型算法自动寻优的原理，首先分别计算 10 种颜色各自的触达率，结果发现 99 人中有 60 人喜欢颜色 4，频数是最多的，它的触达率为 60.61%，频率为 12.42%。也就是说，单色方案中颜色 4 是最优选择。但只生产 1 种颜色的手机显然无法满足广大消费者的偏好，需要增加更多种颜色。在颜色 4 被选定的基础上，从剩余 9 种颜色中选择 1 种和颜色 4 进行组合，这轮计算结果发现，将颜色 4 和颜色 5 组合后，触达率为 86.87%，比单色方案中颜色 4 的触达率增加了 26.26%，颜色 5 是与颜色 4 组合后触达率增长最大的颜色，因此第 2 轮选定颜色 5。此时，已经选定颜色 4+颜色 5 组合，下面从剩余 8 种颜色中选择 1 种进行第 3 轮组合，会发现颜色 4+颜色 5+颜色 6 组合的触达率比颜色 4+颜色 5 组合的触达率增加了 9.09%。以此类推，进行计算，直到所有颜色都被选定，此时触达率和频率均为 100%。实际上从组合数为 6 这一轮开始，已经没有增加触达率了，总体上来说，最优组合没有必要超过 6 个，这是因为增加更多的颜色并不能继续增加触达率。

触达率与频率随组合数变化的曲线图如图 12-24 所示。

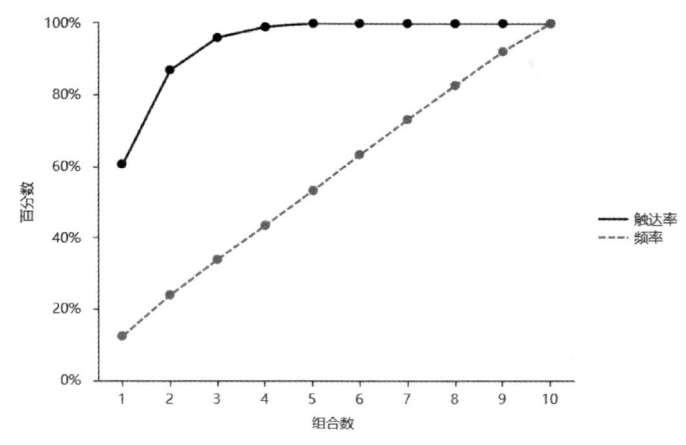

图 12-24 触达率与频率随组合数变化的曲线图

可以看出，当组合数为 1~3 时，触达率的变化幅度较大，从组合数为 4 开始，触达率开始变化缓慢。由表 12-20 可知，当组合数为 4 时，颜色 4+颜色 5+颜色 6+颜色 3 组合的触达率为 98.99%。本案例结合市场上儿童手机颜色分布的实际情况，最终认为最优组合有 4 个，即从 10 种颜色中选择 4 种，具体是哪 4 种进行组合呢？算法自动寻优的结果是选择颜色 4、颜色 5、颜色 6、颜色 3 进行组合。注意，在实际分析时颜色不区分前后顺序，即该儿童手机颜色可考虑为颜色 3+颜色 4+颜色 5+颜色 6。

由于算法自动寻优结果是局部最优解，为防止遗漏更优秀的组合，也可以从专业领域寻优的思路出发，重点考察组合数为 4 时，即指定 k 值为 4 时所有 C(10,4)=210 种组合中有无触达率更优秀的组合。再次进入 SPSSAU 中的"问卷研究"→"Turf 组合模型"模块进行分析，并人为指定组合数为 4。儿童手机颜色 Turf 模型组合数为 4 时的组合结果（前 5 行）如表 12-21 所示。

表 12-21 儿童手机颜色 Turf 模型组合数为 4 时的组合结果（前 5 行）

编号	组合	触达数	触达率（%）	频数	频率（%）
1	颜色 3+颜色 4+颜色 6+颜色 8	99	100	200	41.41
2	颜色 3+颜色 4+颜色 5+颜色 6	98	99	210	43.48
3	颜色 4+颜色 5+颜色 6+颜色 8	98	99	210	43.48
4	颜色 4+颜色 5+颜色 6+颜色 9	98	99	202	41.82
5	颜色 2+颜色 3+颜色 4+颜色 6	98	99	201	41.61

备注：样本量=199，总触达数=483，触达率=触达数/样本量，频率=频数/总触达数，基于 1 进行计算。提示：当前组合数总共为 210，这里仅展示触达率排名前 5 的组合结果。

前面算法自动寻优的最优组合颜色 4+颜色 5+颜色 6+颜色 3 在指定组合数的 210 种具体组合中触达率不是最高的，排在第 2 名，比之更优秀的组合是颜色 3+颜色 4+颜色 6+颜色 8，二者相同的是均有颜色 3、颜色 4 和颜色 6。两种组合中最后选择哪个，主要由颜色

5 和颜色 8 决定。根据算法自动寻优的原理，单色方案中触达率最高的是颜色 4，选定颜色 4 后在新增的颜色中，颜色 5 的新增触达率最高。根据触达率来看，最优组合仍然是颜色 4+颜色 5+颜色 6+颜色 3。

当然，专业领域认为颜色 8 比颜色 5 更能凸显品牌调性和儿童手机的特点。本案例认为，从这个角度可以考虑选择的最优组合是专业领域的最优组合，即颜色 3+颜色 4+颜色 6+颜色 8。

12.3.4 智能锁 KANO 模型案例

某家庭智能锁企业正在设计一款新产品，通过研究团队与设计团队头脑风暴总结出 7 种功能需求：NFC 开锁、低电量提示、关门自动上锁、门铃、门未关提示、远程网络开锁、可视猫眼。基于这些功能需求的重要性和紧急程度不同，考虑到产品更新迭代及企业实际开发能力，本次新产品的研发并不能全部落实这 7 种功能需求。本节计划采用 KANO 模型对上述 7 种功能需求进行研发上的优先级排序。

下面开展功能需求问卷调查，为分析 KANO 模型准备数据。针对上述 7 种功能需求设计"一正一反"两个题，共 14 个问卷题。例如，"远程网络开锁"功能需求的正向题为："对一款具备'远程网络开锁'功能的智能锁，您的满意度态度是？"；反向题为："对一款不具备'远程网络开锁'功能的智能锁，您的满意度态度是？"。正向题与反向题的备选选项均为：A 不喜欢、B 能忍受、C 无所谓、D 理应如此、E 喜欢。

研究人员共邀请到 100 位受访者，每位受访者均对上述 7 种功能需求的 14 个问卷题进行回答。在录入数据时，备选选项 A 不喜欢、B 能忍受、C 无所谓、D 理应如此、E 喜欢依次对应数字 1、2、3、4、5。智能锁 KANO 模型问卷数据录入格式（前 5 行）如表 12-22 所示。

表 12-22　智能锁 KANO 模型问卷数据录入格式（前 5 行）

编号	NFC开锁（正）	NFC开锁（负）	低电量提示（正）	低电量提示（负）	关门自动上锁（正）	关门自动上锁（负）	门铃（正）	门铃（负）	门未关提示（正）	门未关提示（负）	远程网络开锁（正）	远程网络开锁（负）	可视猫眼（正）	可视猫眼（负）
1	3	2	5	1	5	2	2	2	4	3	3	2	4	3
2	4	1	3	2	5	4	4	3	4	1	1	5	3	2
3	5	5	4	5	3	2	2	1	2	2	2	3	5	3
4	2	2	5	2	2	1	5	3	4	1	2	3	5	4
5	1	4	5	3	4	1	3	2	3	1	2	3	1	2

具体计算过程由 SPSSAU 中的"问卷研究"→"KANO 模型"模块实现。首先进行 KANO 模型属性分类的判断，不同类型的属性有不同的优先级。智能锁 KANO 模型分析结果如表 12-23 所示。

表 12-23　智能锁 KANO 模型分析结果

功能需求	A	O	M	I	R	Q	分类结果	Better系数	Worse系数
NFC 开锁（正）和 NFC 开锁（负）	11.0%	38.0%	3.0%	31.0%	17.0%	0.0%	期望属性	59.0%	-49.4%
低电量提示（正）和低电量提示（负）	67.0%	21.0%	3.0%	4.0%	2.0%	3.0%	魅力属性	92.6%	-25.3%
关门自动上锁（正）和关门自动上锁（负）	72.0%	17.0%	2.0%	5.0%	1.0%	3.0%	魅力属性	92.7%	-19.8%
门铃（正）和门铃（负）	54.0%	6.0%	11.0%	12.0%	14.0%	3.0%	魅力属性	72.3%	-20.5%
门未关提示（正）和门未关提示（负）	16.0%	2.0%	37.0%	23.0%	22.0%	0.0%	必备属性	23.1%	-50.0%
远程网络开锁（正）和远程网络开锁（负）	12.0%	4.0%	40.0%	17.0%	27.0%	0.0%	必备属性	21.9%	-60.3%
可视猫眼（正）和可视猫眼（负）	17.0%	3.0%	12.0%	45.0%	23.0%	0.0%	无差异属性	26.0%	-19.5%

备注：A 表示魅力属性，O 表示期望属性，M 表示必备属性，I 表示无差异属性，R 表示反向属性，Q 表示可疑属性。

根据 KANO 模型 6 个属性的百分比，按最大隶属度原则，在哪个属性上的百分比最大，即判定该功能需求属于对应属性。显然，"NFC 开锁"功能需求属于期望属性，"低电量提示"功能需求、"关门自动上锁"功能需求、"门铃"功能需求属于魅力属性，"门未关提示"功能需求、"远程网络开锁"功能需求属于必备属性，"可视猫眼"功能需求属于无差异属性。根据属性类型的优先级可知：必备属性>期望属性>魅力属性>无差异属性，可见"门未关提示"功能需求和"远程网络开锁"功能需求应当优先得到满足，作为第 1 梯队的功能需求；之后是属于期望属性的"NFC 开锁"功能需求，这是第 2 梯队的功能需求；接下来是"低电量提示"功能需求、"关门自动上锁"功能需求、"门铃"功能需求，这是第 3 梯队的功能需求；第 4 梯队的功能需求是"可视猫眼"功能需求。

属于相同属性的多种功能需求处于同一梯队，如"关门自动上锁""低电量提示""门铃"3 种功能需求，该如何安排它们的优先级呢？基于 KANO 模型，接下来进行 Better-Worse 系数图分析，进一步探究相同属性的优先级。在表 12-23 中，最右侧两列数据为 Better 系数和 Worse 系数。

智能锁 KANO 模型分析 Better-Worse 系数图如图 12-25 所示。通过图 12-25 中各圆点的位置，可直观地观察和判断各功能需求的属性类别归属及优先级安排。

第 1 象限代表的是期望属性，包括"NFC 开锁"功能需求。

第 2 象限代表的是魅力属性，包括"门铃"功能需求、"关门自动上锁"功能需求、

"低电量提示"功能需求。

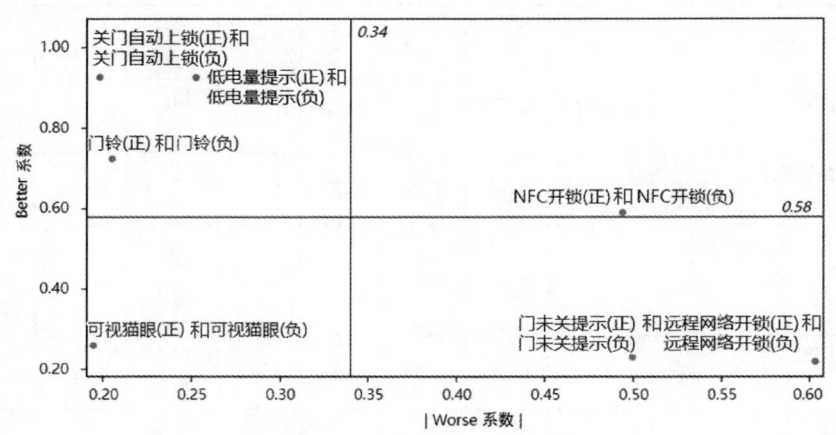

图 12-25　智能锁 KANO 模型分析 Better-Worse 系数图

第 3 象限代表的是无差异属性，包括"可视猫眼"功能需求。

第 4 象限代表的是必备属性，包括"门未关提示"功能需求、"远程网络开锁"功能需求。

在同一个象限内可优先消减不满意程度，即优先选择 Worse 系数的绝对值偏大的功能需求。例如，对于本案例中第 1 梯队的"门未关提示"功能需求和"远程网络开锁"功能需求，由于"远程网络开锁"功能需求的 Worse 系数的绝对值大于"门未关提示"功能需求的 Worse 系数的绝对值，因此应优先选择"远程网络开锁"功能需求。

以此类推，本案例中 7 种功能需求的优先级顺序为："远程网络开锁"功能需求>"门未关提示"功能需求>"NFC 开锁"功能需求>"低电量提示"功能需求>"门铃"功能需求>"关门自动上锁"功能需求>"可视猫眼"功能需求。

12.3.5　智能手机联合分析模型案例

某企业希望面向市场推出一款适合老年人使用的智能手机，研究团队通过焦点小组访谈及实际调研确定老年人使用的智能手机的属性和水平，最终确定 4 个关键属性：价格、屏幕大小、电池容量、运行内存。智能手机联合分析模型属性及水平如表 12-24 所示。

表 12-24　智能手机联合分析模型属性及水平

水平	属性			
	价格	屏幕大小	电池容量	运行内存
1 水平	1000 元以下	5 英寸	4000 毫安	8GB
2 水平	1000～1500 元	5.5 英寸	5000 毫安	16GB
3 水平	1500 元以上	6.5 英寸	6000 毫安	32GB

从市场角度来看，企业研究人员希望了解消费者偏好并确定产品属性的相对重要性。例如，对于这款适合老年人使用的智能手机，该企业很关心消费者如何在不同产品属性之间进行权衡。联合分析模型可以用于解决类似市场问题，它通过模拟产品特征组合，让消费者对这些虚拟产品进行评价，从而量化各属性及对应水平的效用值，最终设计出符合市场需求的产品。

联合分析模型需求调研共分 5 步进行，现在已经从研究目的上设计了属性及水平，接下来要模拟产品的特征组合，准备好产品轮廓，通过正交实验筛选轮廓。本案例设计 4 个属性，每个属性均为 3 个水平，对这 4 个属性的特征进行组合，将产生 3×3×3×3=81 个轮廓。参与调查的受访者对 81 个轮廓进行评价，如此大的数量这显然不太现实，这里通过正交实验选择有代表性的产品轮廓进行下一步的产品评价。

这一步由 SPSSAU 中的"实验/医学研究"→"正交实验"模块实现。由于本案例中的属性是等水平的，因此正交试验的设计较为简单，选择 3 水平常用的 $L.9.3.4$ 即可，该正交表有 9 种组合，其中的数字表示属性水平的编号。也就是说，本来有 81 种组合，但是经过正交试验的筛选后，只需要操作其中具有代表性的 9 种组合，这样便于调查受访者对具有组合特征的产品进行喜欢程度的评分。

为便于调查，这里将正交试验设计的 9 种组合模拟成不同的产品轮廓，邀请 20 位受访者对所模拟的智能手机特征组合进行喜好程度的评分。依次向受访者出示 9 种组合的适合老年人使用的智能手机的轮廓，由受访者根据自己的喜好对各轮廓在[1,9]分内评分，评分越高，表示越倾向购买或喜好该轮廓产品，最终收集到 20×9=180 行数据。$L.9.3.4$ 组合方案及评分数据（第 1 位受访者）如表 12-25 所示。

表 12-25　$L.9.3.4$ 组合方案及评分数据（第 1 位受访者）

编号	价格	屏幕大小	电池容量	运行内存	评分
1	1000 元以下	5 英寸	4000 毫安	8GB	6
2	1000 元以下	5.5 英寸	6000 毫安	16GB	8
3	1000 元以下	6.5 英寸	5000 毫安	32GB	4
4	1000～1500 元	5 英寸	6000 毫安	32GB	6
5	1000～1500 元	5.5 英寸	5000 毫安	8GB	7
6	1000～1500 元	6.5 英寸	4000 毫安	16GB	9
7	1500 元以上	5 英寸	5000 毫安	16GB	5
8	1500 元以上	5.5 英寸	4000 毫安	32GB	3
9	1500 元以上	6.5 英寸	6000 毫安	8GB	1

有了产品轮廓的评分数据，接下来基于评分数据采用 SPSSAU 中的"问卷研究"→"联合分析"模块构建联合分析模型。以价格、屏幕大小、电池容量、运行内存 4 个属性为自变量，以轮廓评分为因变量进行多元线性回归分析。智能手机联合分析模型属性分析结果如表 12-26 所示。

表 12-26 智能手机联合分析模型属性分析结果 1

属性	水平	回归系数	标准误	t 值	P 值
—	const	6.050	0.373	16.241	0
价格	价格_1000 元以下（参考项）				
	价格_1000～1500 元	-0.383	0.304	-1.26	0.209
	价格_1500 元以上	-2.433	0.304	-8	0
屏幕大小	屏幕大小_5 英寸（参考项）				
	屏幕大小_5.5 英寸	0.283	0.304	0.932	0.353
	屏幕大小_6.5 英寸	-0.100	0.304	-0.329	0.743
电池容量	电池容量_4000 毫安（参考项）				
	电池容量_5000 毫安	-0.250	0.304	-0.822	0.412
	电池容量_6000 毫安	-0.617	0.304	-2.027	0.044
运行内存	运行内存_8GB（参考项）				
	运行内存_16GB	1.733	0.304	5.699	0
	运行内存_32GB	-0.250	0.304	-0.822	0.412
模型公式	评分=6.050-0.383×价格_1000～1500 元-2.433×价格_1500 元以上+0.283×屏幕大小_5.5 英寸-0.100×屏幕大小_6.5 英寸-0.250×电池容量_5000 毫安-0.617×电池容量_6000 毫安+1.733×运行内存_16GB-0.250×运行内存_32GB				
方差分析	平方和	自由度	均方	F 值	显著性
回归	474.600	8	2.775	16.291	0.000
残差	622.721	171	3.642		
总计	1097.321	179			
OLS 回归模型拟合度	R 值	R^2	调整后的 R^2	标准误	
	0.658	0.433	0.406	6.724	
联合分析模型拟合度	Pearson 相关系数	P 值	Kendall 协调系数	P 值	
	0.658	0	0.504	0	

表 12-26 中"模型公式"行下方是回归模型显著性、拟合情况的结果。由方差分析可知，$F=16.291$，$P<0.001$，认为回归模型总体上具有统计学意义，回归模型成立，即建立的 4 属性联合分析模型有效；由 OLS 回归模型拟合度可知，调整后的 R^2 为 0.406，回归方程可解释偏好倾向评分总变异的 40.6%，模型有一定的解释能力。

联合分析模型的评价还可采用内部效度，即受访者实际评分与模型预测值之间的相关程度。联合分析模型中常用 Pearson 相关系数、Kendall 协调系数进行衡量。在本案例中，Pearson 相关系数为 0.658，Kendall 协调系数为 0.504，且 $P<0.05$，均具有统计学意义，可认为联合分析模型的内部效度或拟合度良好。如果 $P>0.05$，那么意味着联合分析模型的拟合优度较差，无法使用联合分析模型。

表 12-26 中需要重点解读的是上方的回归系数结果，由各属性的 t 值可知，价格、电池容量、运行内存的哑变量 $P<0.05$，说明这 3 个属性对购买倾向评分的影响是显著的，具

有统计学意义,而屏幕大小对购买倾向评分的影响不显著。

这里需要强调,属性自变量均为多分类自变量,在进行线性回归分析时是以哑变量形式参与回归的,一般以第 1 个水平为参照水平,通过线性回归对水平的效用值进行估计。

因此,构建的联合分析模型是有效的,拟合度可接受。现在基于回归模型属性水平的效用值进行偏好分析,结果如表 12-27 所示。

表 12-27 智能手机联合分析模型属性分析结果 2

属性	重要性值	重要性占比	水平	效用值
价格	5.250	50.40%	价格_1000 元以下	2.817
			价格_1000~1500 元	-0.383
			价格_1500 元以上	-2.433
屏幕大小	0.467	4.48%	屏幕大小_5 英寸	-0.183
			屏幕大小_5.5 英寸	0.283
			屏幕大小_6.5 英寸	-0.100
电池容量	1.483	14.24%	电池容量_4000 毫安	0.867
			电池容量_5000 毫安	-0.250
			电池容量_6000 毫安	-0.617
运行内存	3.217	30.88%	运行内存_8GB	-1.483
			运行内存_16GB	1.733
			运行内存_32GB	-0.250

对于评分数据来说,效用值越大,说明该水平越重要,效用值的正负表示效用是正向的还是负向的。

本案例针对"价格"属性的 3 个水平,其效用值依次为 2.817、-0.383、-2.433,效用值由大到小排序,显然"价格"属性各水平的偏好顺序为"价格_1000 元以下>价格_1000~1500 元>价格_1500 元以上"。同理,可分析和解释其他属性各水平的效用值及排序。如果研究人员希望了解某个轮廓组合的效用值,以考察具体轮廓的购买倾向,那么可以将属性水平的效用值相加。例如,"价格_1000 元以下+屏幕大小_5.5 英寸屏幕+电池容量_6000 毫安电池+运行内存_16GB 内存"这个轮廓组合的效用值为 2.817+0.283-0.617+1.733=4.216,其他轮廓组合的效用值的计算方法同此。

某属性的重要性值等于该属性各水平的效用值的最大落差,最大落差即极差。例如,"价格"属性的 3 个水平的效用值的极差为 2.817-(-2.433)=5.250,即"价格"属性的重要性值。重要性占比是对各属性重要性值的归一化处理结果,即各属性重要性值除以所有属性重要性值的和。例如,本案例中 4 个属性重要性值的和为 5.250+0.467+1.483+3.217=10.417,"价格"属性的重要性占比为 5.250/10.417=0.504,即 50.40%。

根据重要性值和重要性占比(值越大越重要),可以确认各属性的相对重要性,可绘制重要性图加以可视化解释。基于重要性占比可知,本案例中各属性对购买偏好的重要性排名为:价格>运行内存>电池容量>屏幕大小。综上所述,智能手机联合分析模型分析的关键结果如表 12-28 所示。

表 12-28　智能手机联合分析模型分析的关键结果

属性	价格	运行内存	电池容量	屏幕大小
重要性占比	50.40%	30.88%	14.24%	4.48%
属性重要性排序	价格>运行内存>电池容量>屏幕大小			
价格水平重要性	1000 元以下>1000～1500 元>1500 元以上			
运行内存水平重要性	5.5 英寸>6.5 英寸>5 英寸			
电池容量水平重要性	4000 毫安>5000 毫安>6000 毫安			
屏幕大小水平重要性	16GB>32GB>8GB			
模型总体检验	F=16.291，P<0.001			
模型效度	Pearson 相关系数为 0.658；Kendall 协调系数为 0.504			

12.3.6　在线英语学习网站 IPA 模型案例

本节基于第 5 章介绍的在线英语学习网站课程购买意愿量表信效度分析案例，对该案例和数据进行适当调整（删除 Q6），以示范和解读 IPA 模型分析在满意度调研中的应用。考虑到通过 IPA 模型分析可以客观评价在线英语学习网站满意度影响因素的重要性和满意度表现，研究人员将设计在线英语学习网站满意度影响因素调查量表，并采用 IPA 象限图评价满意度表现，以及分析提升满意度的策略。

1．满意度属性设计

研究人员希望从产品、促销、渠道推广、价格、个性化服务和隐私保护 6 个维度进行重要性和满意度表现的分析。由于并不能直接对这 6 个维度进行测量以获取数据，因此需要设计出量表，对这 6 个维度进行测量。

2．问卷设计与数据收集

为了全面分析受访者对在线英语学习网站的满意度情况，量表设计了 14 个题，测量产品、促销、渠道推广、价格、个性化服务和隐私保护 6 个维度，进行重要性和满意度表现的分析。在线英语学习网站满意度量表如表 12-29 所示。

表 12-29　在线英语学习网站满意度量表

维度	题号	题内容
产品	Q1	该网站提供多元化的针对性课程
	Q2	每门课程都详细介绍了该课程的特点及学习目的
	Q3	该网站提供的课程具有顶尖的教学质量
促销	Q4	该网站向注册用户免费发送电子报，并定期发送学习资料
	Q5	我经常在其他网络平台上看到该网站的广告
渠道推广	Q7	该网站能在搜索引擎中被很容易地找到，如位于搜索结果的第一页
	Q8	我可以在一些主流相关行业网站上找到该网站的链接

续表

维度	题号	题内容
价格	Q9	我可以在该网站上通过输入课程价格范围搜索到相应的课程
	Q10	该网站上的课程价格会根据购买课程的数量有较大调整
个性化服务	Q11	当我再次登录该网站时,它能显示我之前的课程访问记录
	Q12	当我再次登录该网站时,它会根据我感兴趣的课程类型向我推荐相关的新课程
	Q13	该网站会根据我感兴趣的课程类型,向我推荐受到一致好评的相关课程或授课老师
隐私保护	Q14	当我填写个人信息时,该网站会有"关于个人信息保密"的标识
	Q15	该网站有严格的隐私保密制度,且很容易找到该信息

注意,在具体调查时,每位受访者都应先对 14 个题基于网站的重要性进行评价,再对 14 个题基于满意度表现给出评价。通过李克特五级量表对受访者的重要性与满意度表现进行评价,重要性选项 1~5 依次对应"非常不重要""较不重要""一般""较重要""非常重要";满意度表现选项 1~5 依次对应"非常不满意""较不满意""一般""较满意""非常满意"。经组织调查问卷投放与回收,最终收集到 300 个有效样本,数据录入格式为 300 行 28 列,前 14 列是重要性评价数据,后 14 列是满意度表现评价数据。

3. 信效度与描述性分析

本案例中的量表由研究人员综合分析功能需求和行业研究成果设计而成,并未直接应用成熟量表。获得重要性与满意度表现评价数据后,在开始分析 IPA 模型前可基于满意度表现数据考察量表的效度和信度。可采用 EFA 研究量表的结构效度,采用 α 系数分析信度,相关知识请参考本书第 5 章,本节不再赘述。

接下来需要按维度与题的对应关系,计算出各受访者 6 个维度的重要性与满意度表现数据。具体来说,前 14 列数据计算各维度内题的平均值作为 6 个维度的重要性值,后 14 列数据同样计算各维度内题的平均值作为 6 个维度的满意度表现值。此时数据被转换为 300 行 12 列(6 列重要性值和 6 列满意度表现值),本案例目前拥有的数据即这一步的数据。现在研究人员需要对 6 个维度进行描述性分析,以初步了解满意度属性的情况。在线英语学习网站 6 个维度重要性与满意度表现统计结果如表 12-30 所示。

表 12-30　在线英语学习网站 6 个维度重要性与满意度表现统计结果

维度	样本量	重要性值		满意度表现值	
		平均值	标准差	平均值	标准差
产品	300	3.504	0.856	3.657	0.844
促销	300	2.640	0.918	3.204	0.889
渠道推广	300	3.362	0.955	3.497	0.938
价格	300	3.395	0.901	4.100	0.779
个性化服务	300	3.458	0.835	3.721	0.811
隐私保护	300	4.167	0.989	3.443	0.936

备注:6 个维度重要性平均值的均值为 3.42,满意度表现平均值的均值为 3.6。

由表 12-30 可知，6 个维度重要性平均值的均值为 3.42，满意度表现平均值的均值为 3.6。6 个维度重要性的排序为：隐私保护>产品>个性化服务>价格>渠道推广>促销；满意度表现的排序为：价格>个性化服务>产品>渠道推广>隐私保护>促销。从满意度表现方面来看，只有价格超过 4 分，个性化服务和产品接近 4 分，反映出受访者对价格、个性化服务及产品是较满意的，对其他维度不太满意。

比较有意思的是，受访者虽认为价格的重要性的平均值为 3.395≈3，接近于"一般"重要的程度，但认为价格的满意度表现的平均值为 4.100，大于"较满意"的程度；受访者认为隐私保护"较重要"，但是在线英语学习网站在隐私保护的满意度表现上差强人意，接近"一般"满意的程度。

4．IPA 象限图分析

为细分受访者对 6 个维度重要性与满意度表现的差异，接下来重点进行 IPA 象限图分析，将表 12-30 中各维度重要性的平均值、满意度表现的平均值重新编辑整理为一个新的数据文件，包括维度、重要性值、满意度表现值 3 列数据，上传至 SPSSAU 中，由 SPSSAU 中的"可视化"→"象限图"模块绘制 IPA 象限图，从而对满意度表现进行评分。其具体设计为：将重要性作为 IPA 象限图的横轴标题、将满意度表现作为 IPA 象限图的纵轴标题，将重要性平均值的均值 3.42 和满意度表现平均值的均值 3.6 分别作为横坐标与纵坐标的分界值，划分出 4 个象限，分别对应优势区、维持区、低优先改进区和重点优先改进区。IPA 象限图如图 12-26 所示。

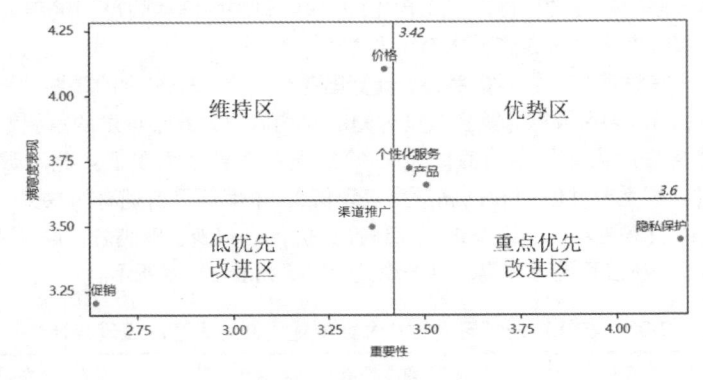

图 12-26　IPA 象限图

由图 12-26 可知，重点优先改进区中的隐私保护应优先被重视，受访者认为隐私保护比较重要但是遗憾的是最终满意度表现一般，建议采用重点优先改进的策略；而低优先改进区中的渠道推广和促销也应引起网站研究人员或管理者的重视，且建议采用积极拓展的策略；优势区中的产品和个性化服务建议采用继续提升的策略；对于维持区中的价格，虽然受访者对价格不太看重，但仍然对现行价格较满意，满意度仍有提升空间，可采取维持或提升的策略。

12.3.7　图片软件 NPS 模型案例

某公司研发了一款图片软件，市场部欲研究消费者对该产品的忠诚度情况。在该产品发布满 1 年后通过互动画面对部分消费者（即受访者）进行 NPS 调查。受访者需要对问题"您向朋友/同事推荐使用 XX 产品或服务的可能性有多大？"在 0～10 分范围内进行打分，最低为 0 分，最高为 10 分，分值越高表示推荐意愿越强，最终收集到男性、女性各 116 位的有效样本。图片软件 NPS 模型问卷数据录入格式如表 12-31 所示。

表 12-31　图片软件 NPS 模型问卷数据录入格式

男性 NPS 打分	女性 NPS 打分
9 分	9 分
8 分	7 分
8 分	6 分
10 分	6 分
9 分	9 分

使用 NPS 模型调查获取的数据变量少，数据较为规范，数据分析过程也比较简单。首先根据打分数据对各受访者进行分组，打分数据介于 0～6 分为贬损者，介于 7～8 分为被动者，介于 9～10 分为推荐者，并计算贬损者、被动者、推荐者各自的占比；其次计算 NPS，NPS=推荐者%-贬损者%，即推荐者占比减去贬损者占比。由 SPSSAU 中的"问卷研究"→"NPS"模块完成以上计算过程。贬损者、被动者、推荐者占比情况及 NPS 如表 12-32 所示。

表 12-32　贬损者、被动者、推荐者占比情况及 NPS

指标	贬损者%（0～6 分）	被动者%（7～8 分）	推荐者%（9～10 分）	NPS
男性 NPS 打分	14.66%	45.69%	39.66%	25.00%
女性 NPS 打分	13.79%	19.83%	66.38%	52.59%

下面举例说明计算过程。经统计，男性受访者中 22 人打 9 分、24 人打 10 分，即推荐者共有 22+24=46 人，占 116 人的比例为 39.66%，即推荐者占比为 39.66%，同理，计算出被动者占比和贬损者占比，其中贬损者占比为 14.66%，进而计算出男性受访者的 NPS 为 25.00%。

从忠诚度角度分析，希望推荐者占比高一些而贬损者占比低一些。在本案例中，对于推荐者占比，明显女性高于男性；而对于贬损者占比，明显女性低于男性。这与该图片软件的定位有一定的关系。

下面计算 NPS。男性 NPS 为 25.00%，女性 NPS 为 52.59%，显然与男性相比，女性更愿意将产品推荐给他人。单就女性来说，NPS 为 52.59%，超过了 50%，表明女性对该图片软件有较高的忠诚度。

严格来说，对于 NPS 目前并没有明确的评价标准，一般认为大于 50%是一个被期望出现的结果。此外，在分析 NPS 模型时，可根据研究需求决定是否增加其他问题，如受访者的一般背景信息，或其他调查数据。在多数情况下，分析 NPS 模型只包括问题"您向朋友/同事推荐 XX 产品或服务的可能性有多大？"。

12.3.8 产品定价 PSM 模型案例

以下为虚拟案例，仅用于应用示范。某品牌市场部正在对一款 500 毫升的新饮料的价格进行调研，首先通过定性研究确认 6 种价格，分别是 2 元、3 元、4 元、5 元、6 元和 7 元。该市场部以调查问卷的形式邀请新饮料的 35 位目标人群参与价格测试。现将制作好的价格牌出示给受访者，每位受访者均要依次回答"在什么价格时认为非常便宜""在什么价格时认为比较便宜""在什么价格时认为比较贵""在什么价格时认为非常贵"4 个问题，给出 4 个问题中可接受的价格，获得 PSM 模型价格敏感度测试数据，这种测试形式是以态度为标题录入数据的。PSM 模型价格敏感度测试部分结果如表 12-33 所示。

表 12-33　PSM 模型价格敏感度测试部分结果

编号	非常便宜	比较便宜	比较贵	非常贵
1	2 元	4 元	5 元	6 元
2	3 元	5 元	6 元	7 元
3	2 元	4 元	6 元	7 元
…	…	…	…	…
35	2 元	4 元	5 元	7 元

表 12-33 后 4 列中的数字代表的是具体的价格，如第 1 位受访者认为非常便宜的价格是 2 元，认为比较便宜的价格是 4 元，认为比较贵的价格是 5 元，认为非常贵的价格是 6 元。根据实际情况研究录入数据的情况，此处既可以像本案例一样直接录入具体价格，又可以录入数字标签，直接录入具体价格更容易理解。

本案例主要用于解读 PSM 模型的应用，本案例中的问卷中只涉及价格测试的题和数据。在实际市场调研分析时，价格测试的题可单独作为问卷主体，也可作为问卷中的一部分，如在进行问卷调查时会包括受访者的一般背景信息，认知、行为特征的题，以及专门用于测试价格的题。本案例中仅提供了 2~7 元共 6 种价格，该范围从实践角度来看偏窄，样本量较少。在实际研究中，建议根据可能的市场价格适当放宽价格范围及包含的具体样本量，或查阅行业论文及资料综合设定。

假设在同一态度下的价格具有可比性，基于此，统计价格与态度的交叉频数，进而计算非常便宜、比较便宜、比较贵、非常贵 4 种态度下价格的累计频数百分比，具体由 SPSSAU 中的"问卷研究"→"PSM"模块实现。PSM 计算汇总表如表 12-34 所示。

表 12-34　PSM 计算汇总表

价格	非常便宜	比较便宜	比较贵	非常贵	向上累积		向下累积		累积百分比			
					非常便宜	比较便宜	比较贵	非常贵	非常便宜	比较便宜	比较贵	非常贵
2元	26	4	1	0	35	35	1	0	100.0%	100.0%	2.9%	0.0%
3元	6	12	5	1	9	31	6	1	25.7%	88.6%	17.1%	2.9%
4元	3	12	9	5	3	19	15	6	8.6%	54.3%	42.9%	17.1%
5元	0	5	12	9	0	7	27	15	0.0%	20.0%	77.1%	42.9%
6元	0	2	6	11	0	2	33	26	0.0%	5.7%	94.3%	74.3%
7元	0	0	2	9	0	0	35	35	0.0%	0.0%	100.0%	100.0%

表 12-34 中的第 2~5 列为 4 种态度下不同价格的频数，各列的频数和均为本次价格测试的总受访者人数。第 6~9 列为汇总累积频数，"非常便宜"和"比较便宜"这两列是从最高价向最低价向上累积频数的，"比较贵"和"非常贵"这两列是从最低价向最高价向下累积频数的。先以"比较便宜"态度举例，35 人认为比较便宜的价格分布在 2~6 元，其中 4 人认为比较便宜的价格是 2 元，12 人认为比较便宜的价格是 3 元，12 人认为比较便宜的价格是 4 元，5 人认为比较便宜的价格是 5 元，另有 2 人认为比较便宜的价格是 6 元，没有人认为比较便宜的价格是 7 元，总频数（向上累加）=0+2+5+12+12+4=35。再以"非常贵"态度举例，35 人认为非常贵的价格分布在 3~7 元，其中没有人认为 2 元时非常贵，1 人认为 3 元时非常贵，5 人认为 4 元时非常贵，9 人认为 5 元时非常贵，11 人认为 6 元时非常贵，9 人认为 7 元时非常贵，总频数（向下累加）=0+1+5+9+11+9=35。

第 10~13 列为在累积频数的基础上计算的累积百分比，"非常便宜"和"比较便宜"这两列从下向上计算，累积到最低价时达到 100%，而"比较贵"和"非常贵"这两列从上向下计算，累积到最高价时达到 100%。例如，"非常便宜"列从 7 元累积到 3 元的总频数是 0+0+0+3+6=9，累积占比是 25.7%；而"非常贵"列从 2 元累积到 6 元的频数是 0+1+5+9+11=26，累积占比是 74.3%。其他计算过程类推，此处不再赘述。

将表 12-34 第 10~13 列中 4 种态度的累积百分比整理录入，可通过绘图工具绘制价格-态度曲线图，并由 SPSSAU 中的"问卷研究"→"PSM"模块直接输出该曲线图。价格-态度曲线图如图 12-27 所示。

其中，"非常便宜"和"比较贵"两条曲线的交叉点对应的是 PMC，约为 3.2 元；"比较便宜"和"非常贵"两条曲线的交叉点对应的是 PME，约为 4.6 元；"比较便宜"和"比较贵"两条曲线的交叉点对应的是 IPP，约为 4.2 元；"非常便宜"和"非常贵"两条曲线的交叉点对应的是 OPP，约为 3.8 元。

简单来说，一般以 PMC~PME 为合理的价格区间，以 OPP 为最优价格。因此，本案例中合理的价格区间是 3.2~4.6 元，最优价格为 3.8 元。也就是说，如果这款产品的定价低于 3.2 元，那么消费者会认为其非常便宜；如果这款产品的定价高于 4.6 元，那么消费者会认为其非常贵；如果这款产品的定价为 3.8 元，那么消费者购买这款产品会认为有优惠且非常值。新产品最终的定价，可以价格敏感度测试结果为重要决策依据，同时结合市场中其他同类产品的价格和营销策略，综合决定是否定价为 3.8 元。

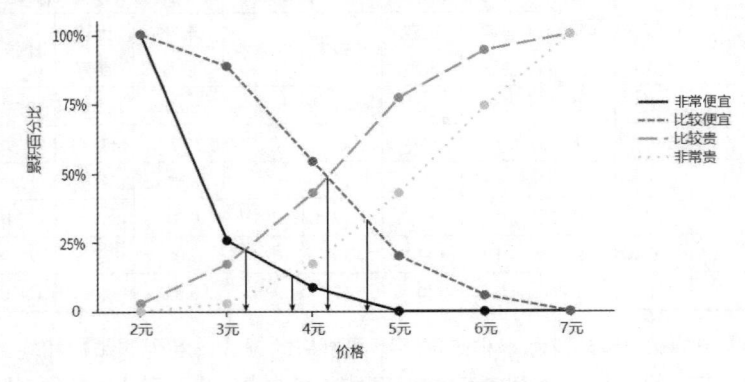

图 12-27　价格-态度曲线图

第三部分
数据分析方法在 SPSSAU 中的操作

本部分对数据分析方法在 SPSSAU 中的操作进行解读。首先对 SPSSAU 基础操作进行说明；然后讲解多种不同的分析方法在 SPSSAU 中的操作，分析方法包括频数分析和描述性分析、德尔菲法与信效度分析、变量关系研究、差异性研究、聚类与因子分析和权重计算，以及市场调研。

第 13 章

SPSSAU 基础操作说明

　　SPSSAU 是一款数据科学分析软件。其作为一款图形菜单驱动的数据科学分析软件，界面极其简单、友好，输出结果全部采用规范化三线表格，且提供分析建议和智能分析功能。SPSSAU 于 2016 年 6 月 18 日上线，历经多个版本迭代，截至本书出版时，最新的版本为 SPSSAU 24.0。当前，SPSSAU 已被广泛应用于自然科学、技术科学和社会科学的各个领域，包括教育、师范、心理、管理、经济、金融等。

　　本章主要介绍在问卷研究中常用的 SPSSAU 基础操作功能。首先对如何使用 SPSSAU 进行说明，然后分别对生成变量、数据编码、筛选样本、无效样本设置和问卷分析模块速览进行说明。

13.1 SPSSAU 使用

SPSSAU 使用步骤简单，首先登录账号，然后上传数据，选择分析方法或功能，并选择分析项（包括设置参数），之后单击"开始分析"按钮得到分析结果，最后将分析结果导出。SPSSAU 操作界面如图 13-1 所示。其默认打开的是系统数据，用户可上传自己的数据并进行分析。

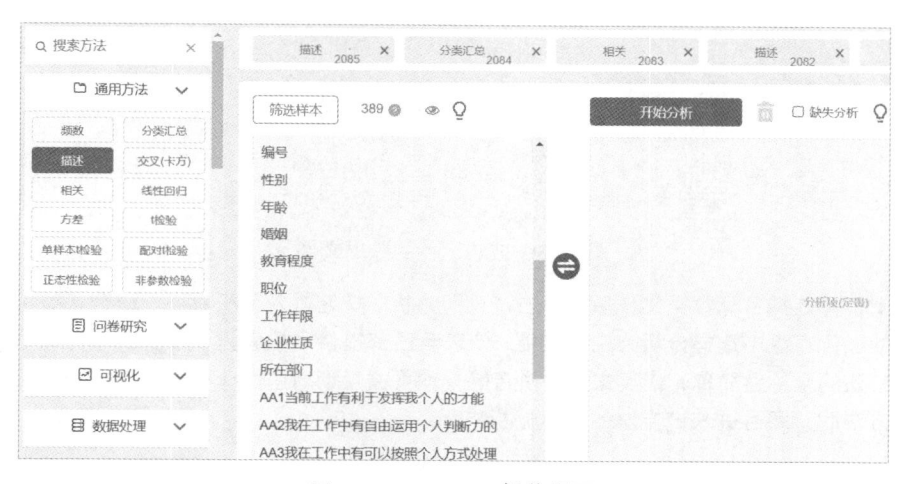

图 13-1 SPSSAU 操作界面

SPSSAU 操作界面左侧为仪表盘，包括各大模块（各类分析方法）功能按钮；中间为标题框，这里的标题指的是变量名称，其能显示数据文档中的所有变量名称；右侧为分析框，将标题框中的变量名称拖动到右侧的分析框中，简单设置参数后即可进行分析。

单击 SPSSAU 操作界面右上角的"上传数据"按钮，进入上传数据界面，如图 13-2 所示。

图 13-2 上传数据界面

SPSSAU 当前支持 Excel、SPSS、SAS 等格式的数据，具体数据文件后缀有 xls、xlsx、csv、sav、dta 等。读取 Excel 格式的数据比较常见，需要确保不能出现合并单元格的情况，且第 1 行为变量名称，不能缺失，需要将数据放到 Excel 的第 1 个工作表中。成功上传的数据文件（见图 13-3）可以通过选择上传数据界面右上角的"我的数据"选项查找，以及进行查看、备份、下载、删除、分享、立即分析等操作。

图 13-3　成功上传的数据文件

上传并选择目标数据文件后，单击"立即分析"按钮进入分析界面，研究人员可按研究目的在仪表盘中选择分析方法或功能。仪表盘顶部提供了搜索框，如图 13-4 所示。输入统计方法的全称、简称，或英文名、拼音等，均可搜索到对应的分析方法，选择搜索到的分析方法后，即可进入该方法的具体分析界面。

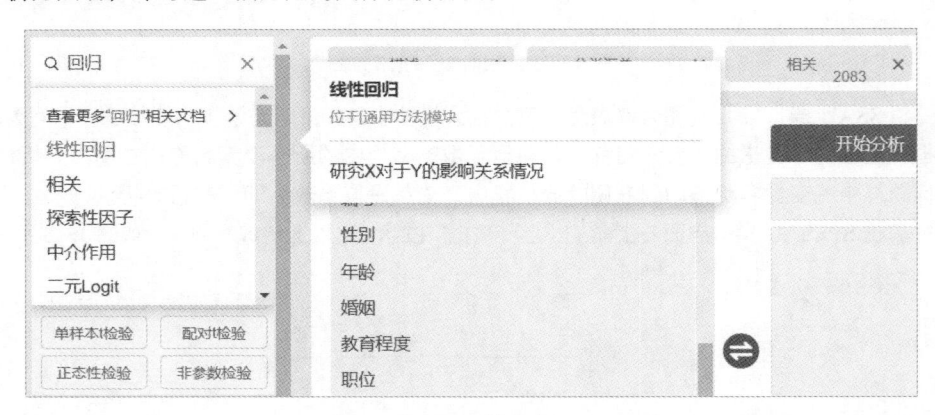

图 13-4　搜索框

在具体分析界面中，结合研究目的，将标题框中的变量名称拖动到分析框中，个别分析方法需要简单设置参数，单击"开始分析"按钮，即可得到分析结果。拖动变量名称及设置参数如图 13-5 所示。

分析结果包括统计表、统计图等，且在统计表或统计图下方会展示"分析建议"和"智能分析"，可通过单击"复制"按钮对内容进行复制。分析结果如图 13-6 所示。

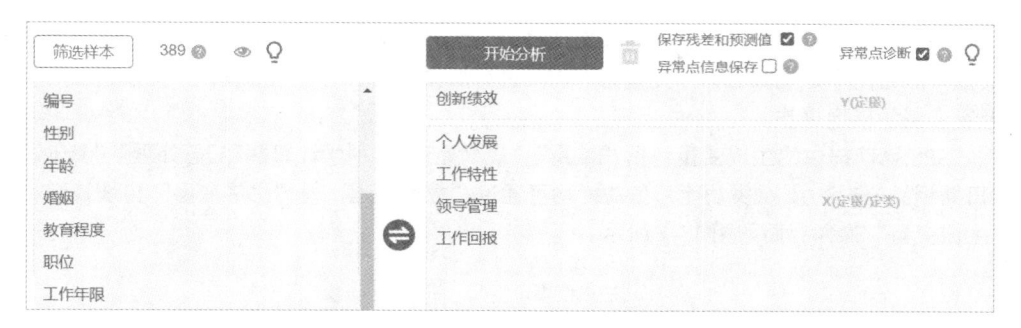

图 13-5　拖动变量名称及设置参数

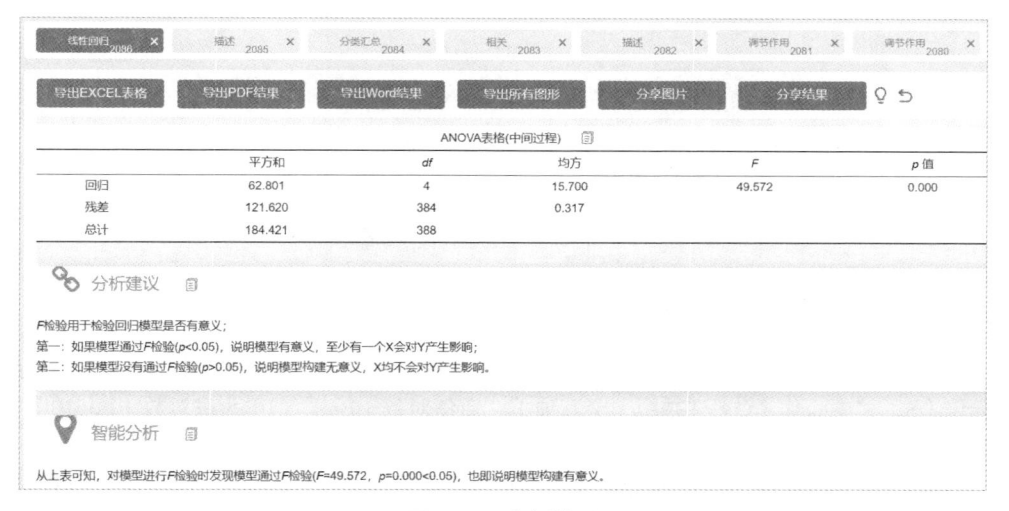

图 13-6　分析结果

值得强调的是，SPSSAU 提供的表格均为三线表格，其提供的统计量符合学术规范，表格标题右侧均提供"复制"按钮，可用于将表格内容复制到其他文本文档或表格文档中进行二次编辑，大多数表格可直接在科研论文中进行报告。

除可以直接复制统计表外，在分析结果上方还提供了"导出 EXCEL 表格"、"导出 PDF 结果"、"导出 Word 结果"、"导出所有图形"、"分享图片"和"分享结果"等结果导出按钮。其中，"分享图片"按钮用于将分析结果存储为云端图片，且得到分享链接，使用该分享链接可查看图片化的分析结果。"分享结果"按钮用于生成分享链接，并设置密码，打开该链接即可在线查看所有分析结果。

13.2　生成变量

生成变量在问卷数据中通常指的是在现有题的基础上进行的数学变换，另外在对数据取对数,以及进行题或变量之间的加减计算时,均需要使用生成变量来实现。注意,生成变量一般适用于定量数据,分类数据不需要进行加减、取平均值等处理,分类数据主要涉及哑变量的转换操作。

SPSSAU 提供的生成变量包括"常用""量纲处理""科学计算""汇总处理""其他""日期相关处理"共 6 类功能,各功能均可通过"数据处理"→"生成变量"模块找到。"生成变量"操作界面如图 13-7 所示。

图 13-7 "生成变量"操作界面[①]

对问卷研究来说,"常用"功能中包括的"平均值""求和""虚拟(哑)变量""Z 标准化(S)""中心化(C)""乘积(交互项)""自然对数(Ln)""10 为底对数(Log10)"基本够用。

例 1:平均值和求和,先在标题框中选择目标标题选项,然后在"生成变量"模块中选择"常用"→"平均值"选项,并给新变量(计算后的结果)设置合适的标题。"平均值"操作界面如图 13-8 所示。

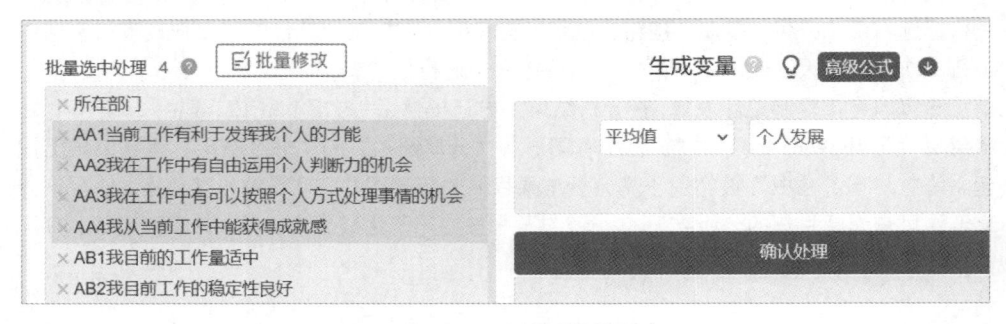

图 13-8 "平均值"操作界面

图 13-8 中的"个人发展"即 AA1~AA4 测量的维度变量名称,表示将 4 个题的平

---

① 图 13-7 中"其它"的正确写法为"其他"。

均值作为个人发展维度的数据来源，单击"确认处理"按钮后计算结果将被自动保存到数据文件中，并展示在标题框中，以便下一步用于描述分析、差异分析、相关或影响关系研究。其他功能的使用方式与此操作类似，先在标题框中选择目标标题选项，然后在"生成变量"模块中选择相应的计算方法，并给新变量命名，最后进行计算，从而获得计算结果。

例 2：对于 11.3 节介绍的大学生理财情况研究案例中收集的受访者的专业信息，"专业"变量为无序多分类数据，有"理工类""文科类""艺术类""体育类"4 个分类水平，在线性回归分析中将其作为自变量时，应该以哑变量形式参与。选择"数据处理"→"生成变量"模块，先在标题框中选择"专业"选项，然后在"生成变量"模块中选择"常用"→"虚拟（哑）变量"选项，最后单击"确认处理"按钮，获取计算结果。"虚拟（哑）变量"操作界面如图 13-9 所示。

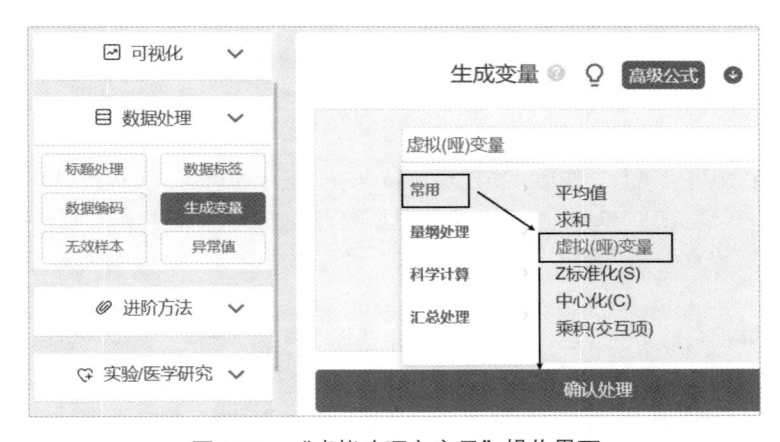

图 13-9　"虚拟（哑）变量"操作界面

在数据文件中此时会新增"专业_理工类""专业_文科类""专业_艺术类""专业_体育类"4 个哑变量，每个哑变量均按照数字 0 和 1 进行编码。数字 1 表示对应的分类水平，数字 0 表示其他分类水平。如果在回归分析中以"专业_体育类"为参照项，那么只需要将"专业_理工类""专业_文科类""专业_艺术类"3 个哑变量纳入回归自变量即可。

需要注意"量纲处理"功能，量纲处理是指将数据压缩到一定的范围内。在部分量纲处理时，还可以对数据的方向进行统一。在问卷研究中，会使用的处理方式有归一化、Z 标准化、中心化、正向化、逆向化、适度化等。在市场调研中涉及权重计算时，可能需要将各指标数据进行归一化、正向化等处理。

另外，需要注意"其他"功能中的"非负平移"，其是指若数据小于或等于 0，则全部加上一个平移值，该平移值=数据最小值的绝对值+参数（参数默认为 0.01），其意义为让数据全部大于 0，且大于或等于参数。在进行权重计算时会使用该功能。

13.3 数据编码

生成变量适用于定量数据,而数据编码既适用于分类数据,又适用于定量数据(将定量数据分组转换为分类数据)。通常情况下,在问卷研究中使用数据编码的场景主要有 3 种,第 1 种是重新组合分类选项,如在学历选项的高中、大专、本科和研究生中,高中样本过少,现在希望将高中和大专合并为"本科以下";第 2 种是分组,如希望将身高以 1.6 米为划分标准,分成"低身高"和"高身高"两组;第 3 种是反向题处理,有些研究刻意设计了反向题,在分析前需要对其进行正向数据编码,如李克特五级态度量表将 1~5 重新倒置过来编码为 5~1,将 1 编码为 5,将 2 编码为 4,将 3 编码为 3,将 4 编码为 2,将 5 编码为 1。

需要强调的是,在编码过程中,可以选择创建新变量,也可以选择直接对旧变量进行覆盖,从不破坏原始数据或数据备份的角度出发,建议在进行数据编码的同时创建新变量,而非覆盖旧变量。

SPSSAU 中提供了数字编码、范围编码和自动分组 3 种功能,具体由"数据处理"→"数据编码"模块实现。例如,上面介绍的重新组合学历选项、正向编码反向题可使用数字编码完成,身高分组可使用范围编码完成,也可使用自动分组按平均值、百分位数进行分组。

下面以身高分组为例介绍。先在标题框中选择"身高"选项,然后在编码方式下拉列表中选择"范围编码"选项,设置"范围介于"为"0 到 1.6"、"编码数字"为"1"、"标签[可选]"为"低身高",即用数字 1 表示低身高;之后单击编码数字右侧的 + 按钮,在下方新增范围编码设置项,设置"范围介于"为"1.6 到 2.5"、"编码数字"为"2"、"标签[可选]"为"高身高",单击"确认编码"按钮即可完成该过程,SPSSAU 会自动生成一个名为"New_身高"的变量。范围编码的操作界面和结果如图 13-10 所示。

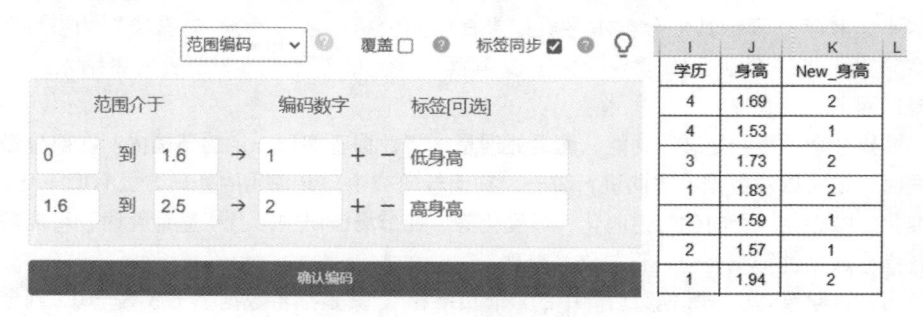

图 13-10 范围编码的操作界面和结果

又如,对定类变量的分类选项进行重新组合,可使用数字编码完成。假设将月收入水平分为 5 组("2000 元及以下""2001~4000 元""4001~6000 元""6001~8000 元"

"8000 元以上"),且分别用数字 1、2、3、4、5 表示,其中"4001~6000 元"和 6001~8000 元"的样本较少,现在希望将这两组进行合并重新编码。在编码方式下拉列表中选择"数字编码"选项,在原编码的基础上重新编码,此时应先将原来的 3 和 4 重新编码为 3,然后将原来的 5 按顺序编码为 4,原来的 1 和 2 保持不变,"数字编码"操作界面如图 13-11 所示。

图 13-11 "数字编码"操作界面

如果勾选"覆盖"复选框,那么会在原始数据的基础上进行替换而不会生成新变量,一般不建议勾选"覆盖"复选框。

重新编码后,将生成"New_月收入水平"变量,注意还需要对编码的标签进行相应的调整。例如,本案例中的编码 1 和 2 的标签保持不变,将编码 3 的标签调整为"4001~8000 元",将"8000 元以上"作为编码 4 的标签,具体操作在"数据处理"→"数据标签"模块中完成。"数据标签"操作界面如图 13-12 所示。

图 13-12 "数据标签"操作界面

对于经常遇到的反向题处理操作,都需要先重新编码,然后对其标签进行相应的调整。

13.4 筛选样本

在问卷研究中经常会用到筛选样本的处理功能。例如，仅需分析女性样本，但是数据中有男性样本，就需要对性别进行筛选；又如，问卷中存在逻辑跳转题，此时很可能需要对样本进行筛选。筛选样本需要在分析方法开始前进行，具体操作如下。

第 1 步，按分析目的进入某个分析方法模块，如"线性回归"模块，在标题框的上方有"筛选样本"按钮（任意分析方法均提供该按钮），此时会看到数据文件的样本量，如本案例显示为 300，单击"筛选样本"按钮，如图 13-13 所示。

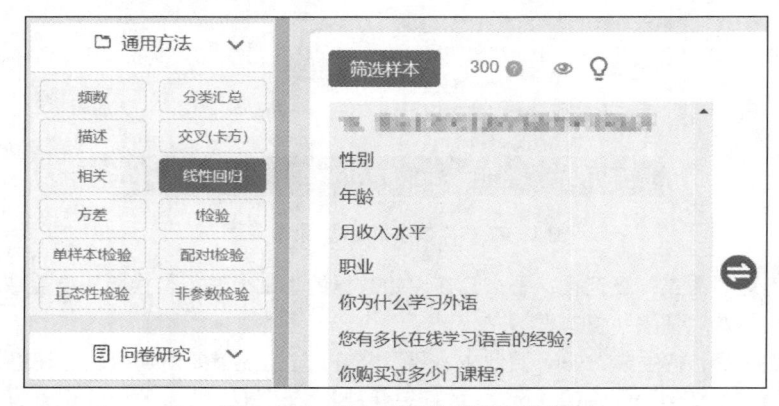

图 13-13　单击"筛选样本"按钮

第 2 步，弹出"筛选条件"操作界面，设置具体的筛选条件，如图 13-14 所示。

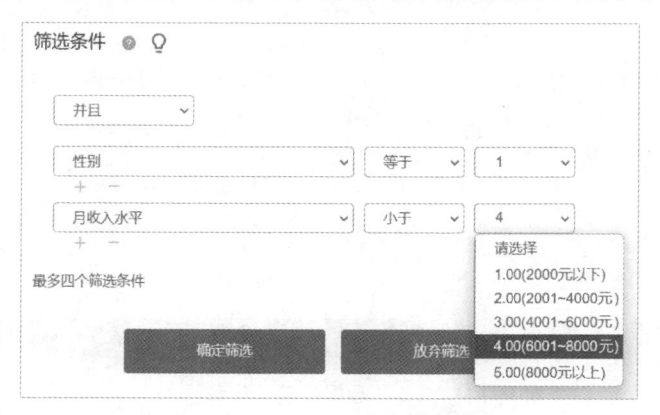

图 13-14　"筛选样本"操作界面

例如，现在希望筛选出性别为男（数字 1）且收入不高于 6000 元（数字≤3 或<4）的样本，这是两个条件同时均满足的情况，先选择"并且"选项，然后设置第 1 个条件为"性

别""等于""1",表示第 1 个条件的性别为男,接下来单击下方的+按钮,设置新增的第 2 个条件为"月收入水平""小于""4",表示第 2 个条件为收入不高于 6000 元,最后单击"确定筛选"按钮,完成筛选。本案例按条件筛选后,符合条件的样本量为 48,在标题框上方的"筛选样本"按钮右侧可以看到这个结果。

如果希望改变筛选条件,那么重复上述步骤;如果希望删除筛选条件,那么重复第 2 步操作,单击"放弃筛选"按钮。

13.5 无效样本设置

在使用 SPSSAU 进行问卷研究时,值得关注的基础操作有无效样本设置。分析数据前需要先查看数据,包括查看数据中是否有无效样本、异常值等,若有则需要对其进行处理;然后进行分析。无效样本会干扰研究和分析,扭曲数据结论等,因而分析数据前先对无效样本进行标识显得尤为必要。

例如,一位受访者对 30 个李克特五级量表题的选项均为同一数字,或同一作答选项响应的比例超过一定比例,一般以 70%为标准,这样的数据认为客观性差,可认定其为无效样本。又如,根据受访者填写题时的缺失情况进行判断,若超过 70%的题没有填写则认定其为无效样本;基于填写问卷的时间进行判断,对一份平均需要 3 分钟填写完成的问卷,某受访者仅用 30 秒就填写完成,或用 1 小时才填写完成,这些也可以被认定为无效样本。

SPSSAU 可通过"数据处理"→"无效样本"模块来完成这一过程。先选择问卷题,如基于李克特五级量表题按"相同数字"或"缺失比例"进行判断。"无效样本设置"操作界面如图 13-15 所示。

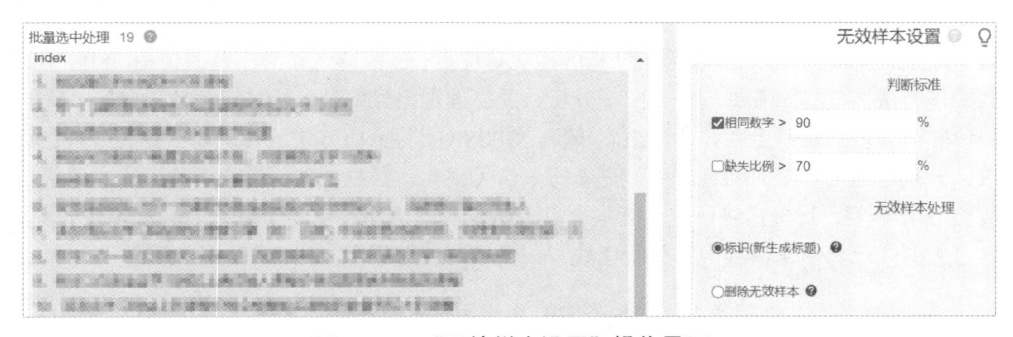

图 13-15 "无效样本设置"操作界面

研究人员也可根据对问卷填写质量的具体要求定义无效样本的判断标准,而具体判断标准并不是固定的,如超过 70%缺失定义为无效样本,或超过 70%相同数字选项定义为无效样本,对于这些标准,研究人员可自行把握。

筛选出无效样本后,通常有两种方式进行处理,其一是直接删除,其二是进行标识,后续在进行数据分析时可采用该标识筛选有效样本进行分析。推荐使用后一种方式，也就是进行标识而不是直接删除。这里所谓的标识，指的是 SPSSAU 会生成一个新变量，变量名称类似于"Invalid_****_1 表示有效 0 代表无效"，后续的数据分析需要筛选出有效样本进行分析，即对变量名称先筛选出数字 1 然后进行分析。按无效样本的标识进行筛选，如图 13-16 所示。

图 13-16　按无效样本的标识进行筛选

在上述案例中，标识无效样本后，单击"筛选样本"按钮，筛选出有效样本。经过标识无效样本和筛选有效样本，最后能参与后续数据分析的样本量为 284（标识前的样本量为 300）。

13.6　问卷分析模块速览

SPSSAU 是一个网页版数据科学分析平台。与 SPSS 相比，SPSSAU 具有操作简单、易于上手、界面友好、图形美观、分析智能化等优点，已经得到较为广泛的使用。SPSSAU 的操作方法为"左右拖动，点一下"，分析结果整理规范且附带分析建议和智能分析，易于统计知识薄弱的读者上手，学习成本较低。SPSSAU 将分析方法及各功能罗列为 13 个模块，分别是通用方法、问卷研究、进阶方法、可视化、数据处理、综合评价、文本分析、实验/医学研究、计量经济研究、机器学习、Meta 荟萃分析、空间计量和 Power 功效分析。本书主要介绍其中常用的问卷分析模块，以便读者快速掌握，如表 13-1 所示。

表 13-1　SPSSAU 中常用的问卷分析模块

通用方法	问卷研究	进阶方法
频数	信度	聚类
分类汇总	效度	探索性因子
描述	多选题	主成分
交叉（卡方）	单选 – 多选	分层回归

续表

通用方法	问卷研究	进阶方法
相关	项目分析	逐步回归
线性回归	验证性因子分析	二元 Logit
方差	路径分析	多分类 Logit
t 检验	结构方程模型 SEM	有序 Logit
单样本 t 检验	调节作用	事后多重比较
配对 t 检验	中介作用	双因素方差
正态性检验	调节中介	三因素方差
非参数检验	KANO 模型	多因素方差
	NPS	协方差
	PSM	判别分析
	联合分析	分层聚类
	Turf 组合模型	共线性分析
	内容效度	
可视化	数据处理	综合评价
散点图	标题处理	AHP 层次分析
直方图	数据标签	熵值法
词云	数据编码	模糊综合评价
P-P/Q-Q 图	生成变量	灰色关联法
象限图	无效样本	TOPSIS
	异常值	CRITIC 权重
		独立性权重
		信息量权重
		综合指数
		德尔菲法
文本分析	实验/医学研究	
词云分析等	卡方检验	
文本情感分析	Kendall 协调系数	
文本聚类分析	正交实验	
社会网络关系图		
LDA 主题分析		

SPSSAU 提供模块按名称进行搜索的功能，通过搜索模块名称可快速定位到具体模块操作界面。如果读者对以上模块的使用有疑惑，那么建议查阅相关教程进行学习，可打开 SPSSAU 官网的"帮助手册"界面，在搜索框中输入模块名称，获取对应模块的学习资料。SPSSAU 官网的"帮助手册"界面如图 13-17 所示。

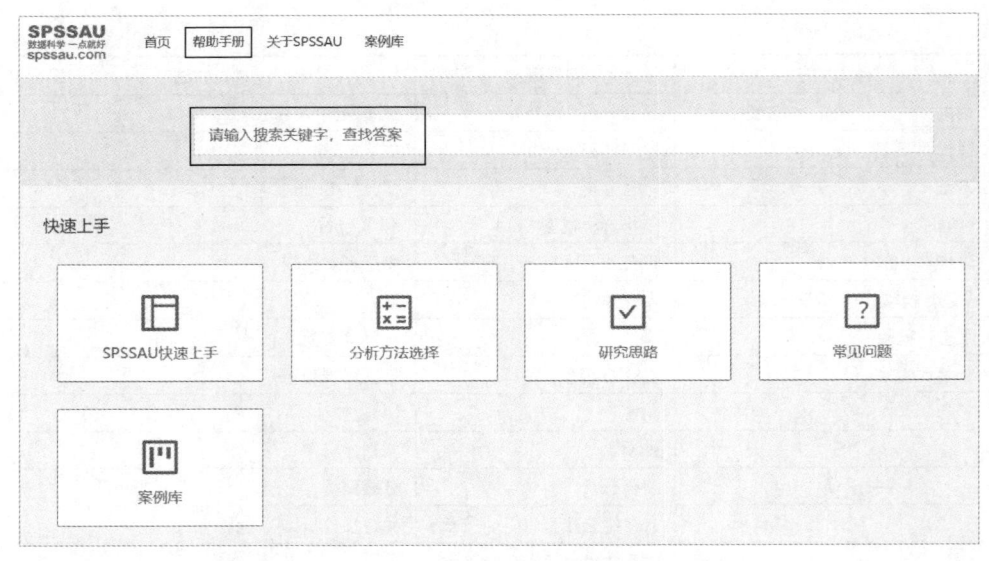

图 13-17　SPSSAU 官网的"帮助手册"界面

第 **14** 章

频数分析和描述性分析在 SPSSAU 中的操作

在第二部分中介绍分析思路时,多次提及样本背景分析,样本特征、行为分析,以及变量描述分析。样本背景分析是指对样本的背景信息,包括性别、年龄、学历等进行分析;样本特征、行为分析在多数情况下是指计算各选项的选择频数和百分比等;变量描述分析会使用频数或平均值进行统计。从数据类型上看,分类数据使用频数分析,定量数据使用描述性分析。本章主要介绍频数分析和描述性分析在 SPSSAU 中的操作。

14.1 频数分析

频数分析是指对题进行频数和百分比统计，直观地描述样本选择情况，也可以使用统计图直观地展示样本选择情况。频数分析主要用于样本的背景信息统计、样本特征信息描述等。在 SPSSAU 的问卷研究中，需要关注的有"频数"、"分类汇总"和"多选题"3 个模块。频数分析相关模块使用说明及其在 SPSSAU 中的操作路径如表 14-1 所示。

表 14-1　频数分析相关模块使用说明及其在 SPSSAU 中的操作路径

模块	使用说明	在 SPSSAU 中的操作路径
频数	一个或多个分类变量的频数、百分比统计	"通用方法" → "频数"
分类汇总	两个或多个分类变量的交叉频数、百分比统计	"通用方法" → "分类汇总"
多选题	问卷多选题多重响应的频数、百分比统计	"问卷研究" → "多选题"

频数分析的具体操作如下。

第 1 步是在仪表盘中选择相应的方法，第 2 步是从标题框中拖动要分析的变量名称到对应的分析框中，单击"开始分析"按钮即可获得分析结果。

选择"通用方法" → "频数"模块，可针对一个或多个分类变量进行频数、百分比统计。"频数"操作界面如图 14-1 所示。

图 14-1　"频数"操作界面

选择"通用方法" → "分类汇总"模块，需要指定分类项和汇总项，若希望了解不同性别受访者在职业上的频数分布情况，则应将"性别"拖动到"X（分类项）"列表框中，将"职业"拖动到"Y（汇总项）"列表框中。"分类汇总"操作界面如图 14-2 左图所示。

选择"问卷研究" → "多选题"模块，默认问卷多选题的录入方法是二分法，即将多选题的每个选项都作为一个变量，每个变量的数据取值均为数字 0 或 1，数字 0 表示未选中，数字 1 表示选中。在分析时将多选题的所有选项都拖动到"分析项（定类）"列表框中，设置计数值为默认的数字 1 即可。"多选题"操作界面如图 14-2 右图所示。

频数分析结果通常包括频数、百分比、累积百分比等，累积百分比是指选项的百分比累积值，同时包括饼图、分组或累积柱形图、帕累托图等统计图。

第 14 章　频数分析和描述性分析在 SPSSAU 中的操作

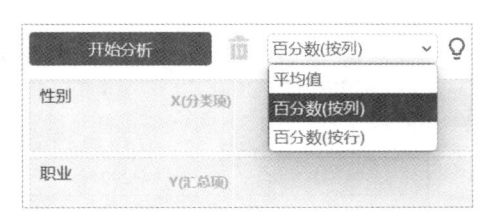

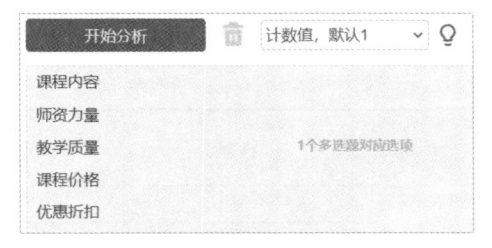

图 14-2　"分类汇总"操作界面和"多选题"操作界面

14.2 描述性分析

描述性分析是指对研究中涉及的变量或量表等定量数据进行统计，使用平均值表示样本的整体态度。描述性分析主要针对定量数据，通常用于对量表题或排序题进行分析。描述性分析使用平均值表示样本对相关题或变量的整体态度，描述样本对某个问题的排序情况。在 SPSSAU 的问卷研究中，需要关注的有"频数""分类汇总"两个模块。描述性分析相关模块使用说明及其在 SPSSAU 中的操作路径如表 14-2 所示。

表 14-2　描述性分析相关模块使用说明及其在 SPSSAU 中的操作路径

模块	使用说明	在 SPSSAU 中的操作路径
频数	一个或多个定量数据的描述性分析	"通用方法"→"频数"
分类汇总	分组描述统计，按组输出定量数据的描述性分析	"通用方法"→"分类汇总"

"频数"操作界面和"分类汇总"操作界面如图 14-3 所示。

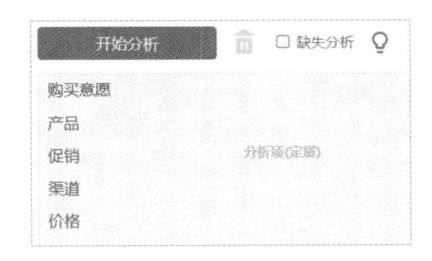

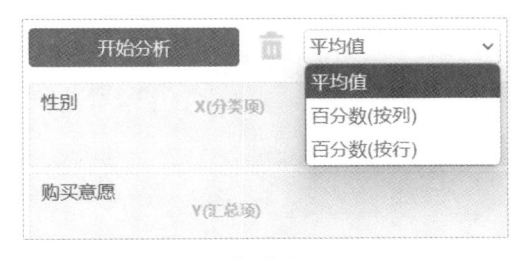

图 14-3　"频数"操作界面和"分类汇总"操作界面

描述性分析的具体操作如下。

第 1 步是在仪表盘中选择相应的方法，第 2 步是从标题框中拖动要分析的变量名称到对应的分析框中，单击"开始分析"按钮即可获得分析结果。

以分组描述性分析为例，现在希望了解两组不同性别的受访者在购买意愿上的不同表现。将"性别"拖动到"X（分类项）"列表框中，将"购买意愿"拖动到"Y（汇总项）"列表框中，并在上方的下拉表中选择"平均值"选项，单击"开始分析"按钮，获得分

267

析结果。分组描述性分析结果如表 14-3 所示。

表 14-3 分组描述性分析结果

标题	指标	性别		汇总
		男	女	
购买意愿	n	86	213	299
	平均值±标准差	3.468±0.784	3.539±0.667	3.518±0.702
	求和	298.25	753.75	1052
	最小值	1	1.5	1
	最大值	5	5	5
	中位数	3.5	3.5	3.5
	平均值 95% CI(LL)	3.302	3.449	3.439
	平均值 95% CI(UL)	3.634	3.628	3.598
	四分位间距	1	1	1
	方差	0.614	0.445	0.493
	峰度系数	1.427	0.142	0.816
	偏度系数	-0.463	0.498	0.102

备注：表 14-3 中的 CI 表示置信区间，LL 表示置信区间的上限，UL 表示置信区间的下限。

通过"频数"模块和"分类汇总"模块进行描述性分析可输出的指标包括平均值±标准差、最小值、最大值、中位数、四分位间距、峰度系数、偏度系数等。其中，平均值用于表示受访者的平均态度。峰度系数、偏度系数用于表示量表数据的正态分布情况。对于这些指标，研究人员可根据研究和分析的需要进行过滤与选择。

第 15 章

德尔菲法与信效度分析在 SPSSAU 中的操作

如果问卷研究中涉及量表,那么应该进行项目分析和信效度分析,在进行预调查和正式研究时均可以进行项目分析和信效度分析。预调查是指收集部分样本(通常为 50~100 个)进行信度预测试和效度预调查,提前发现量表中可能存在的问题,且进行修改。如果是开发编制新量表,那么还应考虑提前进行德尔菲法分析。假设问卷为非量表类问卷,该类问卷用于现状与事实情况研究,不需要进行信效度分析。本章通过具体案例,主要对德尔菲法与信效度分析在 SPSSAU 中的操作进行说明。

15.1 德尔菲法分析

德尔菲法（Delphi）是一种专家咨询的方法，广泛应用于量表的编制和开发中，通过多轮问卷调查，收集并整合专家意见，以达成对某个题的共识。在量表的编制中，德尔菲法通常用于筛选和优化量表条目，为下一步量表的信效度分析夯实基础。考虑到德尔菲法在量表的编制和开发中的重要性，本节重点介绍该方法的应用。

1．应用步骤

德尔菲法的应用步骤一般如下。

第 1 步，建立一个评估领导小组，并选择具有相关领域专业知识的专家（通常是 6～20 位）；第 2 步，以调查问卷的形式，将准备好的条目或问题呈现给专家，并要求他们进行条目重要性评分（常基于李克特五级量表）或提供增减意见；第 3 步，在第 1 轮条目的问卷结束后，研究人员整理专家反馈，形成第 2 轮条目的问卷，并再次发送给专家征集意见；第 4 步，咨询过程可能需要进行多轮重要性评分，直到达到研究人员预定的标准，此时专家对问卷中需要保留的条目或问题意见趋于一致。

2．评价指标

使用德尔菲法收集的数据需要通过一系列的指标进行评价，具体包括专家的权威程度、专家的积极程度、专家意见的集中度，以及专家意见的协调度 4 个方面。德尔菲法分析专家评价指标如表 15-1 所示。

表 15-1　德尔菲法分析专家评价指标

方面	具体指标	计算方式	使用说明
专家的权威程度	CR 值	CR=(Ca+Cs)/2，判断依据 Ca 和熟悉程度 Cs 按赋值表计算，以专家自我评价为主	一般 CR 值大于或等于 0.7 说明专家意见可靠
专家的积极程度	回收率	回收率=参与评分的专家数量/全部专家数量	反映专家对研究和条目的关心、参与程度，建议大于 70%
专家意见的集中度	平均值、满分频率	平均值是参与评分的专家评分的算术平均值；满分频率=参与评分的专家数量/给满分的专家数量	平均值越高说明对应条目的重要性越高；给满分的专家越多说明对应条目越重要
专家意见的协调度	Kendall 协调系数、变异系数	Kendall 协调系数是 W 系数，用于检验与分析专家打分一致性情况；变异系数=打分数据的标准差/平均值	Kendall 协调系数最好大于 0.2 且具有统计学意义；变异系数代表的是专家重要性评分的波动程度，该值过大说明意见一致性较差

3．条目筛选标准

通常采用平均值、变异系数和满分频率对初设的条目进行筛选，这 3 个指标的筛选标准目前并不固定,在实际研究中,习惯上采用界值法。界值以平均值、变异系数和满分频率这 3 个指标为基础。通过平均值和标准差进行加法或减法来计算界值。

其中,平均值和满分频率这 2 个指标的界值为平均值减去 1 倍标准差或 2 倍标准差,若平均值和满分频率大于界值,则条目合适,宜保留;变异系数的界值为平均值加上 1 倍标准差或 2 倍标准差,若变异系数小于界值则条目合适,宜保留。对于不满足筛选标准的条目,综合考虑后可删除。

4. 德尔菲法在 SPSSAU 中的操作

假设研究人员正在进行德尔菲法的第 2 轮专家调查,当前有 19 个题,10 位行业领域的专家对这 19 个题进行重要性评分,案例数据见"第 15 章 delphi 法.xlsx"文件。德尔菲法在 SPSSAU 中的操作如下。

第 1 步,选择"综合评价"→"德尔菲法"模块,此时会看到表格录入区域;第 2 步,将事先收集的数据直接复制并粘贴到表格中,单击"开始分析"按钮,即可获得计算结果。在复制与粘贴数据时应注意,数据格式中"1 行为 1 位专家打分,1 列为 1 个指标"。"德尔菲法"操作界面如图 15-1 所示。

图 15-1 "德尔菲法"操作界面

注意,在德尔菲法分析中不包括专家的权威程度、专家的积极程度的计算,这 2 个指标可由研究人员按表 15-1 中的公式自行计算。

需要先关注的是专家意见的协调度,总体上的分析判断主要依据 Kendall 协调系数检验结果,如表 15-2 所示。

表 15-2 Kendall 协调系数检验结果

专家数量（位）	评价数量（个）	Kendall 协调系数	χ^2 值	P 值
10	19	0.699	125.765	0.000

Kendall 协调系数的取值为 0～1，在通常情况下，Kendall 协调系数小于 0.2 说明一致性较低；Kendall 协调系数为 0.2～0.4 说明一致性一般；Kendall 协调系数为 0.4～0.6 说明一致性中等；Kendall 协调系数为 0.6～0.8 说明一致性较高；Kendall 协调系数为 0.8～1.0 说明一致性很高。在进行德尔菲法分析时，一般需要使用 Kendall 协调系数通过卡方检验，即 P 值小于 0.05 说明具有显著的一致性，反之，说明没有显著的一致性。从表 15-2 中可以看出：Kendall 协调系数检验呈现出显著性（$P=0.000<0.05$），意味着 19 位专家的评价具有一致性。同时，Kendall 协调系数为 0.699，位于 0.6～0.8 内，说明专家评价的一致性较高。

专家评价在总体上具有一致性后，接下来统计各题的平均值、标准差、变异系数、满分频率。按照界值法判断标准计算所有题的平均值、变异系值、满分频率这 3 个指标的平均值和标准差，进一步计算得到界值。本案例界值的计算结果如表 15-3 所示。

表 15-3 本案例界值的计算结果

项	平均值	标准差	界值公式	界值	指标筛选标准
平均值	4.089	0.802	平均值-标准差	3.287	若小于界值则有问题
变异系数	0.115	0.033	平均值+标准差	0.148	若大于界值则有问题
满分频率（%）	35.789	35.169	平均值-标准差	0.62	若小于界值则有问题

依据平均值、变异系数、满分频率这 3 个指标的筛选标准，依次对 19 个题进行筛选，若这 3 个指标均有问题则考虑删除；若全部通过则考虑保留；若其中 1 个或 2 个指标有问题则由研究人员综合考虑是否删除。本案例 19 个题的筛选结果（仅展示部分）如表 15-4 所示。

表 15-4 本案例 19 个题的筛选结果（仅展示部分）

条目	平均值	标准差	变异系数	满分频率（%）	平均值指标时判断	变异系数指标时判断	满分频率指标时判断	综合判断
条目 1	4.6	0.516	0.112	60	正常	正常	正常	正常
条目 2	3.3	0.483	0.146	0	正常	正常	有问题	综合取舍
条目 3	4.8	0.422	0.088	80	正常	正常	正常	正常
条目 4	3.8	0.422	0.111	0	正常	正常	有问题	综合取舍
条目 5	4.8	0.422	0.088	80	正常	正常	正常	正常
条目 6	3.0	0.471	0.157	0	有问题	有问题	有问题	有问题
…	…	…	…	…	…	…	…	…
条目 19	4.6	0.699	0.152	70	正常	有问题	正常	综合取舍

表 15-4 中条目 6 的平均值为 3.0（一般重要），在 19 个题中偏低，小于界值 3.287，此时认为该条目"有问题"；变异系数为 0.157，在 19 个题中偏高，大于界值 0.148，此时也认为该条目"有问题"；满分频率为 0%，表示没有专家认为该题可以被评为 5 分（非常重要），因 0%<0.62，故此时同样认为该条目"有问题"。经判断，平均值、变异系数、满分频数这 3 个指标均未通过，此时考虑删除该条目，不予保留。因其他条目的综合判断是正常或综合取舍，故考虑保留其他条目。

除了可以采用界值法，在实际研究中，也可以直接根据专业经验给出判断标准，如一般认为平均值大于 4，变异系数小于 0.25，满分频率大于 50%，在具体应用时研究人员可多查阅相关资料设定判断标准。

15.2 项目分析

项目分析是量表类问卷预调查阶段一种十分重要的分析方法，广义上包括项目区分度分析、题与总分相关分析等。在 SPSSAU 中选择"问卷研究"→"项目分析"模块，可进行项目区分度分析、题与总分相关分析。"项目分析"操作界面如图 15-2 所示。

图 15-2　"项目分析"操作界面

第 1 步，选择"问卷研究"→"项目分析"模块，从标题框中拖动李克特五级量表题（通常是所有量表题）到分析框中。

第 2 步，在分析框上方设置项目区分度高分组、低分组划分标准，一般选择"27/73 分位法（默认）"选项，单击"开始分析"按钮，即可获得分析结果。

分析结果包括两个表格，一个是项目区分度分析表格，报告了各题在低分组、高分组的平均值±标准差，以及 t 值和 P 值。P 值小于 0.05，说明该题在两个组之间有显著性差异，具有区分度；P 值大于 0.05，说明该题在两个组之间无显著性差异，不具有区分度，此时应考虑删除该题；另一个是题与总分相关分析表格，报告了 CR 值及相关系数。分析题与量表总分的相关系数可从另一个角度研究是否应该删除该题，如果相关系数过低，那么考虑删除。

15.3 信度分析

在通常情况下，信度分析使用 α 系数表示量表的信度质量，即样本回答的可信度。信度分析在预调查阶段更多关注的是量表质量，即是否会因量表题设计存在问题而导致信度质量不达标。如果出现问题，那么需要对题的问法进行修改，或删除题。正式调查的信度分析只需要报告 α 系数，在通常情况下，对于维度的信度，此值最好大于 0.6，有时可以将标准放宽至 0.5。信度分析在 SPSSAU 中的具体操作如下。

第 1 步，选择"问卷研究"→"信度"模块，从标题框中拖动目标维度的题或整个量表题到分析框中。"信度分析"操作界面如图 15-3 所示。

图 15-3 "信度分析"操作界面

第 2 步，在分析框上方的系数下拉列表中选择"Cronbach α 系数"选项，单击"开始分析"按钮，即可获得分析结果。除提供了"Cronbach α 系数"选项之外，还提供了"折半系数"选项、"McDonald Omega"选项及"theta 系数"选项，研究人员可根据研究和分析需求进行选择。注意，如果按维度计算 α 系数，那么有几个维度就需要重复操作几次。

例如，在图 15-3 中，假设研究人员希望通过 α 系数了解购买意愿这个维度的信度情况，只需将用来测量该维度的 4 个变量名称拖动到分析框中，并选择输出 α 系数即可。信度分析结果如表 15-5 所示。

表 15-5 信度分析结果

购买意愿	CITC 值	项已删除的 α 系数	整体 α 系数
Q16 在学习该网站的课程后，我会继续购买该网站的课程	0.724	0.817	0.861
Q17 我会向亲朋好友推荐该网站的课程	0.662	0.842	
Q18 当我需要再次参加培训时该网站是我的第一选择	0.737	0.811	
Q19 我会主动关注该网站开设的课程	0.711	0.822	

信度分析结果包括整体 α 系数、项已删除的 α 系数及 CITC 值。首先分析 α 系数，如果此值大于 0.8，那么说明信度高；如果此值为 0.7～0.8，那么说明信度较好；如果此值为

0.6~0.7，那么说明信度可接受；一般来说，建议 α 系数大于 0.6。

如果 α 系数本身已经在 0.7 以上甚至 0.8 以上，那么一般无须考虑删除题的情况。如本案例中的整体 α 系数为 0.861，大于 0.8，信度已经很高，针对项已删除的 α 系数，任意题被删除后，信度并不会有明显提高。因此，正在分析的 4 个题不应该被删除。

如果 α 系数偏小（小于 0.5），那么可以基于项已删除的 α 系数或 CITC 值删除题后，查看 α 系数是否有明显改善。如果某个题对应的 CITC 值小于 0.4，或项已删除的 α 系数明显大于整体 α 系数，那么应该考虑对该题进行修正或删除。

这里再次强调，信度分析一般是针对量表维度变量的分析，而一份量表通常会包括多个维度变量，因此需要多次重复上述步骤，且将分析结果规范整理，最终以表格报告。

15.4 CVI 分析

CVI 是评估问卷条目与测量目标之间吻合程度的重要指标。在确保量表能够全面、准确地测量所需概念时，CVI 有重要的价值。CVI 分为两个层次：I-CVI 和 S-CVI。I-CVI 用于评估各条目与测量目标的代表性，而 S-CVI 则用于综合考虑所有条目的内容效度，从而反映整个量表的内容效度。

可通过 SPSSAU 中的"问卷研究"→"内容效度"模块来实现 I-CVI 分析和 S-CVI 分析，具体操作如下。

第 1 步，打开"CVI"操作界面，如图 15-4 所示。

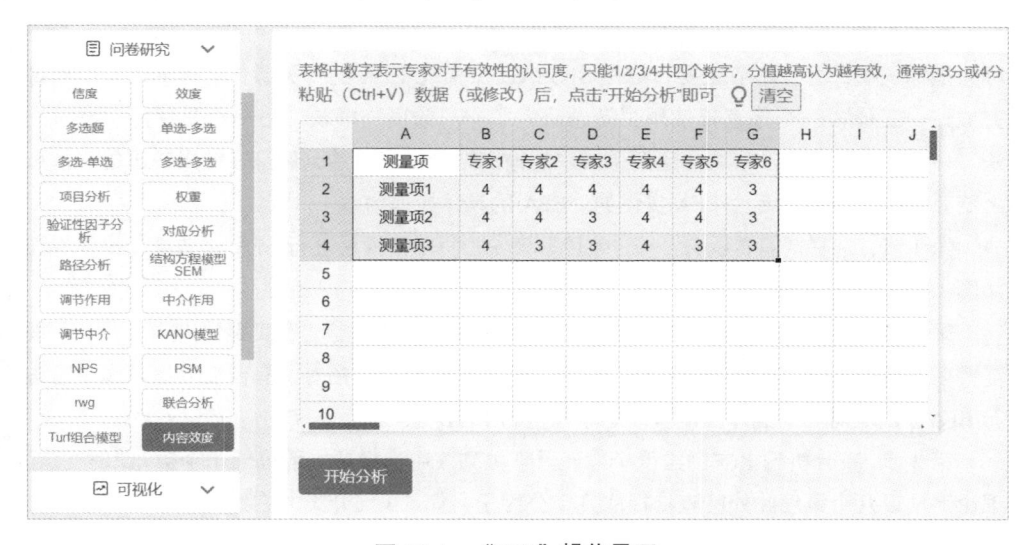

图 15-4 "CVI"操作界面

第 2 步，将提前整理好的内容效度调查数据复制并粘贴到表格中，注意表格中的数字表示专家对题内容代表性的认可度，按调查要求只能是 1、2、3、4 共 4 个数字。另外，第 1 列应是题的编号，专家打分从第 2 列开始。单击"开始分析"按钮，即可获得分析结果。

在分析结果时应注意参与内容效度调查的专家数量，当专家数量小于或等于 5 位时，I-CVI 以 1 为标准，若小于 1 则不通过，若等于 1 则通过；当专家数量大于 5 时，I-CVI 以 0.78 为标准，若小于 0.78 则不通过，反之则通过。需要注意的是，如果在 CVI 分析中发现 CVI 偏小，那么一方面表明量表或题的内容概念不清，要衡量的概念的代表性较差，另一方面不排除可能因内容效度调查时操作不当而致。

15.5 结构效度分析——EFA

结构效度分析用于分析题是否可以有效地表达对应变量的概念，且不同因子或维度的题之间有区分性。在预调查和正式调查研究时均可以进行结构效度分析，在编制与开发新量表、翻译量表、参考并对成熟量表有修改等情况下，应当进行结构效度分析（EFA 和 CFA），其中 EFA 主要对因子载荷系数归属关系与专业预期或理论结构关系进行比较，如果契合，那么说明具有良好的结构效度。如果直接引用成熟量表进行变量关系研究，那么可酌情不进行结构效度分析，以信度分析和内容效度分析为主。

1. EFA 的操作步骤

在本书中，EFA 有 3 种用途，第 1 种为探索因子分析，第 2 种为结构效度分析，第 3 种为指标权重计算。本节主要介绍在 SPSSAU 中实现 EFA 的相关操作，可通过两个模块完成这一工作，一个是直接使用"问卷研究"→"效度"模块，另一个是使用"进阶方法"→"探索性因子"模块。这两个模块的输出结果是一致的，但是在结果输出的侧重点上略有差别。前者是专为 EFA 提供的。EFA 的具体操作为以下 3 步。

第 1 步，选择"问卷研究"→"效度"模块，使用该模块进行 EFA。"效度"操作界面如图 15-5 所示。

第 2 步，将待分析的题拖动到分析框中，根据笔者的经验，在实际研究中，很有可能需要多次进行 EFA，如按变量在研究中的不同角色定位，包括对所有自变量量表题单独进行 EFA，以及对因变量涉及的量表题单独进行 EFA。

第 3 步，在分析框上方的维度个数设置下拉列表中选择要提取公因子个数，此时注意，理论上预设几个维度此处就直接提取几个公因子，如 5.3 节介绍的在线英语学习网站购买意愿量表，理论上设计 6 个自变量，此处针对自变量的 15 个题优先提取 6 个公因子来看结构效度。单击"开始分析"按钮，即可获得分析结果。

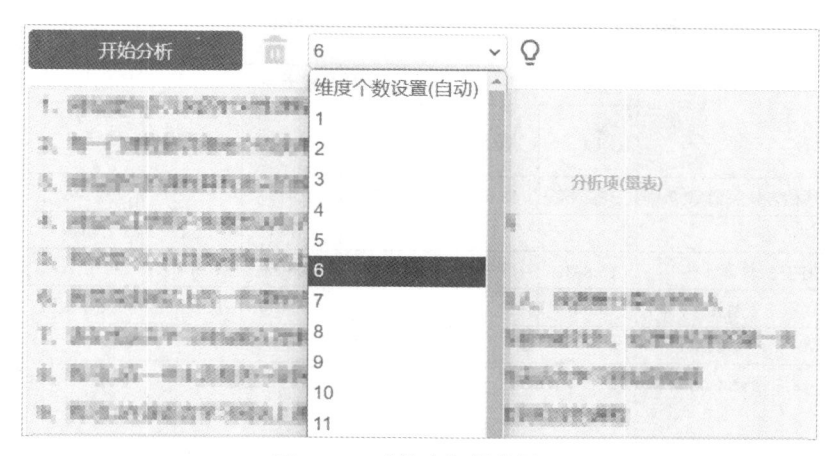

图 15-5 "效度"操作界面

需要强调的是，以上分析过程会自动执行最大方差旋转法，输出的是因子旋转后的特征值，以及因子载荷系数。因子旋转的目的是让因子载荷系数在各因子上两极分化，使大的载荷更大，小的载荷更小，以便判断题与因子的对应关系。

2. 结果分析

在分析结果中，一方面需要重点关注 KMO 值、Bartlett 球形检验（近似卡方值）、df、P 值、旋转后方差解释率、因子载荷系数；另一方面需要重点关注共同度，共同度表示题被所有因子提取的信息量，一般情况下大于 0.4 即可，共同度也可以作为项目分析的一个指标，如果小于 0.4 甚至小于 0.2，那么可考虑删除对应的项。以上结果会被自动整合到一个表格中，报告的信息比较全面，可用于评估结构效度的情况。效度分析结果（仅展示部分行）如表 15-6 所示。

表 15-6 效度分析结果（仅展示部分行）

名称	因子载荷系数						共同度（公因子方差）
	因子 1	因子 2	因子 3	因子 4	因子 5	因子 6	
Q6 内容略	0.471	0.21	0.09	0.322	0.294	0.22	0.513
Q11 内容略	0.814	0.111	0.153	0.086	−0.056	0.221	0.758
Q12 内容略	0.822	0.117	0.085	0.172	0.211	0.048	0.772
Q13 内容略	0.645	0.292	0.246	0.28	0.117	0.064	0.659
…	…	…	…	…	…	…	…
Q9 内容略	0.099	0.168	−0.004	0.262	0.07	0.836	0.81
Q10 内容略	0.3	0.151	0.354	0.013	0.132	0.685	0.725
旋转前特征值	5.739	1.552	1.141	0.93	0.869	0.829	—
旋转前方差解释率（%）	38.26%	10.34%	7.61%	6.20%	5.80%	5.52%	—

续表

名称	因子载荷系数						共同度（公因子方差）
	因子1	因子2	因子3	因子4	因子5	因子6	
旋转前累积方差解释率(%)	38.26%	48.61%	56.21%	62.41%	68.21%	73.73%	—
旋转后特征值	2.376	2.008	1.937	1.749	1.525	1.464	—
旋转后方差解释率（%）	15.84%	13.39%	12.91%	11.66%	10.17%	9.76%	—
旋转后累积方差解释率(%)	15.84%	29.23%	42.14%	53.80%	63.97%	73.73%	—
KMO 值	0.866						-
Bartlett 球形检验（近似卡方值）	1756.374						
df	105						
P 值	0.000						-

备注：表格中的单元格若有背景颜色，则表示因子载荷系数的绝对值大于 0.4、共同度（公因子方差）小于 0.4。

注意，在解释或复制该表时，建议单击表格标题右侧的"排序"按钮，该操作的目的在于让题的顺序按载荷系数的相对大小进行排序，而非按题的编号进行排序，排序后归属同一因子的题会被安排到一起，以便研究人员分析题与因子的对应关系，从而快速判断结构效度。

在表 15-6 中，研究人员需要关注三部分：①KMO 值是否大于 0.5，P 值是否小于 0.05，只有 KMO 值大于 0.5，且 P 值小于 0.05，才说明数据适合进行 EFA；②累积方差解释率能否大于 60%，以及每个因子的方差解释率是否均大于 10%，只有累积方差解释率大于 60%，且每个因子的方差解释率均大于 10%，才说明提取的因子的解释能力可接受；③根据载荷系数判断各题与因子的对应关系是否与预设的测量关系一致或契合，如果一致或契合，那么说明量表具有良好的结构效度。

3. 如何删题

当上述三部分的结果表现不佳，尤其是题与因子的对应关系和理论预设结构严重不符时，应考虑通过删除题来改善。对应关系的总原则是，因子载荷系数大于 0.4 或 0.5 时认为题与因子是对应的、相关的。如果出现以下 3 种情况，那么考虑删除题：（1）单独一个题成为一个因子；（2）"张冠李戴"，即理论上测量因子 A 的题，实际在因子 A 上的载荷系数小于 0.4，而在其他因子上有大于 0.4 或 0.5 的载荷系数；（3）"纠缠不清"，即题在两个甚至两个以上因子上均有超过 0.4 或 0.5 的载荷系数。

如果进行预调查，那么很可能出现因子与题对应关系严重不符的现象，此时应该记录下不对应的题，并对其进行修正或删除，以保证在正式研究时因子与题的对应关系良好。在正式进行效度分析时，需要多次进行 EFA，这可能会涉及删除题等操作，以确保最终使用的数据具有良好的效度。

15.6 结构效度分析——CFA

在变量影响关系研究中，如果采用结构方程模型进行验证，那么原则上应该在结构方程模型之前通过 EFA 和 CFA 进行严格的结构效度分析。如果直接引用成熟量表，那么进行 CFA 可以酌情不进行分析和报告。通常在编制或开发新量表、翻译量表、参考并对成熟量表有修改等情况下，应当进行 CFA。

与 EFA 不同，CFA 更强调先有理论上的测量关系，然后进行验证，若验证通过则说明根据理论预设的变量可以被准确测量，或者说，量表这个测量工具是准确、有效的。CFA 属于结构方程模型的一部分，在具体分析时要对模型与理论的适配度或拟合度进行评价。如果遇到模型拟合不良的情况，那么需要对模型进行修正。因此，进行 CFA 往往并不是一蹴而就的，可能需要反复操作和分析。此外，如果一阶因子之间存在较高的相关性，那么可能涉及需要拟合高阶的 CFA 模型。高阶的 CFA 模型在结果分析上和一阶模型类似。

可通过在 SPSSAU 中选择"问卷研究"→"验证性因子分析"模块来完成分析过程，具体操作如下。

第 1 步，选择"问卷研究"→"验证性因子分析"模型，根据理论预设的测量关系，将题——拖动到对应的分析框中，完成测量关系的设定。例如，研究人员预设 Factor1 为产品因子，由 Q1～Q3 测量，先在标题框中选择这 3 个题，将其拖动到对应的"Factor1（量表题）"框中，然后对 Factor1 进行命名（可选，建议命名），其他因子的操作类似。例如，Factor2 为价格因子，由 Q9 和 Q10 测量；Factor3 为服务因子，由 Q11～Q13 测量；Factor4 为购买意愿因子，由 Q16～Q19 测量。"验证性因子分析"操作界面如图 15-6 所示。

图 15-6 "验证性因子分析"操作界面

第 2 步，在"因子名称【可选】"栏上方的 MI 指标下拉列表中默认选择"输出 MI>5"选项，当然也可根据研究需求进行适当的调整，一般选择"输出 MI>5"选项即可。此时，将输出修正的内容。如果模型拟合不佳，那么可考虑按提示进行适当的修正（非必须）。其他选项暂时默认不动，单击"开始分析"按钮，获取首次分析结果。

注意，分析界面中的"二阶模型"选项通常不用设置，如果后面发现因子之间存在较高的相关性，且研究的理论上也认为存在高阶因子，那么返回此处进行设置。分析界面中的"测量项协方差关系【结合 MI 指标设置】"选项在首次进行 CFA 时不用设置，待后面出现模型拟合不佳，且有合适的修正项目时再返回此处进行设置即可。如果模型拟合良好，那么无须进行协方差关系的修正。

第 3 步，进行模型拟合评价。

单击"开始分析"按钮，对模型中的参数进行估价，研究人员需要对模型的总体契合度进行拟合评价。SPSSAU 将诸多模型拟合评价指标汇总到一个表格中，如表 15-7 所示。

表 15-7 模型拟合评价指标

常用指标	χ^2	df	P 值	χ^2/df	GFI	RMSEA	RMR	CFI	NFI	NNFI
判断标准	—	—	>0.05	<3	>0.9	<0.10	<0.05	>0.9	>0.9	>0.9
值	114.014	48	0	2.375	0.941	0.068	0.04	0.954	0.924	0.937
其他指标	TLI	AGFI	IFI	PGFI	PNFI	PCFI	SRMR	RMSEA 90% CI		
判断标准	>0.9	>0.9	>0.9	>0.5	>0.5	>0.5	<0.1	—		
值	0.937	0.904	0.955	0.579	0.672	0.694	0.043	0.052～0.084		

备注：在默认模型中，$\chi^2(66) = 1499.142$，$P = 1.000$。

表 15-7 中提供了多个常用指标及判断标准，研究人员可选择其中的若干个指标进行报告，如 RMSEA、SRMR、GFI、CFI、NFI 等。应特别注意，通常不以单独指标判断模型拟合质量。

第 4 步，综合考虑是否进行模型的修正。

结合 CFA 输出的因子载荷系数和模型拟合指标等结果，决定是否对模型进行修正。具体来说，可以考虑的修正项目包括：①在因子载荷系数方面，如果某个题呈现出显著性，且标准因子载荷系数大于 0.7，那么说明该题与因子有较强的相关关系；如果某个题没有呈现出显著性，或标准因子载荷系数较小，那么说明该题与因子的关系弱，可考虑删除该题。②在 MI 值方面，建议参考测量项之间 MI 值表格进行恰当的修正，如同一个因子内测量项的残差间考虑协方差相关的修正，从最大的 MI 值开始。测量项之间 MI 值（仅展示部分结果）如表 15-8 所示。

表 15-8　测量项之间 MI 值（仅展示部分结果）

测量项 1	关系	测量项 2	MI 值	参数改变量
Q19 内容略	↔	Q18 内容略	42.155	0.155
Q13 内容略	↔	Q11 内容略	16.833	−0.181
…	…	…	…	…
Q17 内容略	↔	Q13 内容略	5.582	0.057

备注：表格中的 MI 值均大于 5。

在使用测量项之间 MI 值表格时，建议按 MI 值进行降序排列，从最大的 MI 值开始分析，如表 15-8 中的 MI 值最大时，对应的修正项目是建立 Q19 和 Q18 的残差相关关系，这两个题属于同一个因子，可考虑按此进行修正。在对模型进行修正时，建议逐一操作，且各修正项目应理论上可解释，不违反结构方程模型的基本规范。

第 5 步，修正模型。

如果研究人员认为需要修正，那么可返回分析界面，通过设置"测量项协方差关系【结合 MI 指标设置】"选项创建修正项目，并重新进行分析，直到模型拟合通过。测量项协方差关系修正操作界面如图 15-7 所示。

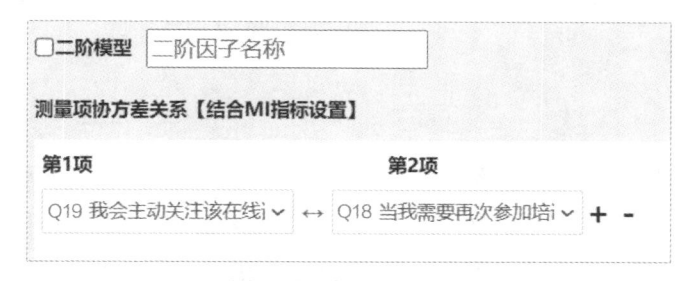

图 15-7　测量项协方差关系修正操作界面

在图 15-7 中，只需要将 Q19 和 Q18 任意放入第 1 项或第 2 项，单击右侧的+按钮，平台会新增修正项目。

第 6 步，聚合效度和区分效度。

在通常情况下，AVE 值大于 0.5 且 CR 值大于 0.7，说明聚合效度较好。如果某因子的 AVE 平方根大于该因子与其他因子的相关系数的绝对值，且所有因子均呈现出这样的结论，那么说明具有良好的区分效度。这些结果可以直接读取模型的 AVE 值和 CR 值表格、区分效度：Pearson 相关系数与 AVE 平方根表格的结果。具体分析可回顾第 5 章的相关内容，此处不再赘述。

第16章

变量关系研究在 SPSSAU 中的操作

在多数情况下,变量关系研究是问卷研究的核心。变量关系研究包括相关分析、线性回归分析、分层线性回归分析、结构方程模型分析、路径分析、中介效应分析、调节效应分析等内容。如果因变量是分类数据,那么还会涉及 Logistic 回归分析。相关分析用于研究变量之间的相关关系;线性回归分析和 Logistic 回归分析均用于研究变量之间的影响关系,它们的区别在于,线性回归分析的因变量是定量数据,而 Logistic 回归分析的因变量是分类数据;结构方程模型分析或路径分析用于总体上研究模型中变量之间的复杂关系;中介效应分析和调节效应分析用于研究更深入的影响关系。本章主要讲解变量关系研究在 SPSSAU 中的操作。

16.1 相关分析

相关分析用于研究变量之间的相关关系，其衡量标准为相关系数。常用的相关系数有 3 种，分别是 Pearson 相关系数、Spearman 相关系数及 Kendall 相关系数（同 Kendall 协调系数），在问卷研究中，通常使用 Pearson 相关系数。本节使用第 7 章介绍的案例数据进行说明。相关分析在 SPSSAU 中的具体操作如下。

第 1 步，选择"通用方法"→"相关"模块，一般将需要进行相关分析的变量名称从标题框中拖动到"分析项 Y（定量）"框中即可，也可以按变量角色的不同，将自变量拖动到"分析项 X（定量）"框中，将因变量拖动到"分析项 Y（定量）"框中。如果希望获得含平均值、标准差及相关系数的矩阵，那么使用前一种操作。"相关"操作界面如图 16-1 所示。

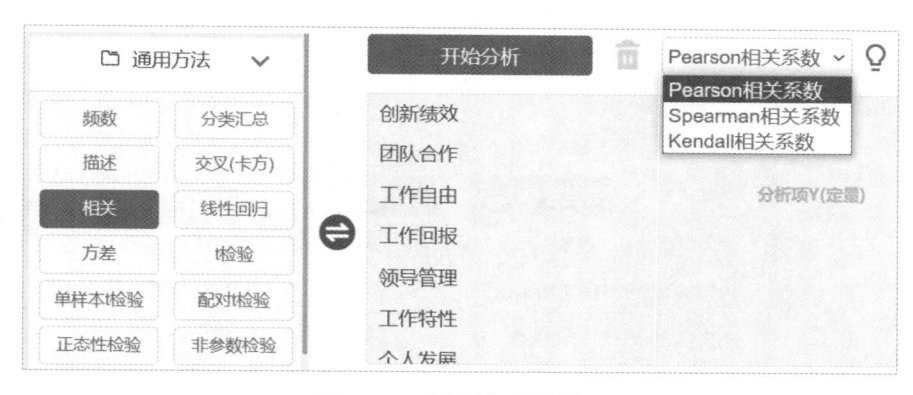

图 16-1 "相关"操作界面

第 2 步，在"分析项 Y（定量）"框上方的相关系数下拉列表中选择"Pearson 相关系数"选项，单击"开始分析"按钮，即可获得分析结果。

SPSSAU 默认选择"Pearson 相关系数"选项。如果需要使用 Spearman 相关系数，那么可以选择"Spearman 相关系数"选项。无论是 Pearson 相关系数还是 Spearman 相关系数，其衡量标准基本一致。在一般研究中基本上都使用 Pearson 相关系数，但是当数据不服从正态分布时，使用 Spearman 相关系数更为合适。Kendall 协调系数的应用范围相对较小。

SPSSAU 会输出相关系数矩阵的三线表格，相关系数用"**"进行显著性标记，一般先看相关性是否具有显著性，然后看相关系数的方向，最后看相关系数绝对值的大小。

16.2 线性回归分析

线性回归分析用于研究变量之间的影响关系。其与 Logistic 回归分析有明显的区别：

如果因变量是定量数据，那么应该使用线性回归分析；如果因变量是分类数据，那么应该使用 Logistic 回归分析。线性回归分析需要关注的指标较多，接下来会详细说明。在进行线性回归分析之前，需要进行相关分析。

在 SPSSAU 中有多个模块可实现线性回归，其中"线性回归"模块使用的是"进入法"，即将自变量全部纳入模型；"逐步回归"模块使用的是"逐步法"，即由回归模型自动筛选和剔除不显著的自变量；"分层回归"模块使用的是"分层法"，常用于研究中存在区分研究变量和控制变量的情况，同时可用于中介效应分析时传统的 Sobel 检验。本节主要介绍前两个模块的使用。本节使用第 7 章的案例数据进行说明。线性回归分析在 SPSSAU 中的操作如下。

第 1 步，根据研究中自变量的多少，以及研究目的和分析需求，可使用"进入法"或"逐步法"进行线性回归分析。若使用"进入法"，则选择"通用方法"→"线性回归"模块；若使用"逐步法"，则选择"进阶方法"→"逐步回归"模块，如图 16-2 所示。

图 16-2 选择"通用方法"→"线性回归"模块与"进阶方法"→"逐步回归"模块

"进入法"和"逐步法"仅在自变量进入模型的方式上有区别，线性回归分析的原理以及结果分析等均是一致的。在量表类问卷研究中，通常进行普通的线性回归分析，即使用"纳入法"，选择"通用方法"→"线性回归"模块。

第 2 步，在"线性回归"操作界面中，将一个或多个自变量放入"X（定量/定类）"框，将因变量放入"Y（定量）"框，在一般研究中基本都使用"进入法"。"线性回归"操作界面如图 16-3 所示。

如果希望模型自动找出对因变量有显著影响的自变量（保留模型中对因变量有影响的自变量，把对因变量没有影响的自变量移出模型），那么可以使用"逐步法"。在"逐步回归"操作界面中，同样是将一个或多个自变量放入"X（定量/定类）"框，将因变量放入"Y（定量）"框，区别是，在"Y（定量）"框上方的回归方法下拉列表中应选择具体的回归方法，"逐步法"是向前逐步与向后逐步的综合，通常选择"逐步法"选项即可。"逐步回归"操作界面如图 16-4 所示。

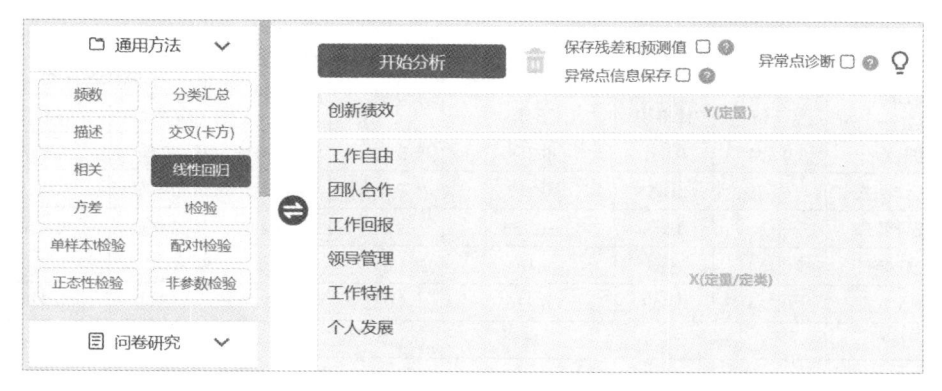

图 16-3 "线性回归"操作界面

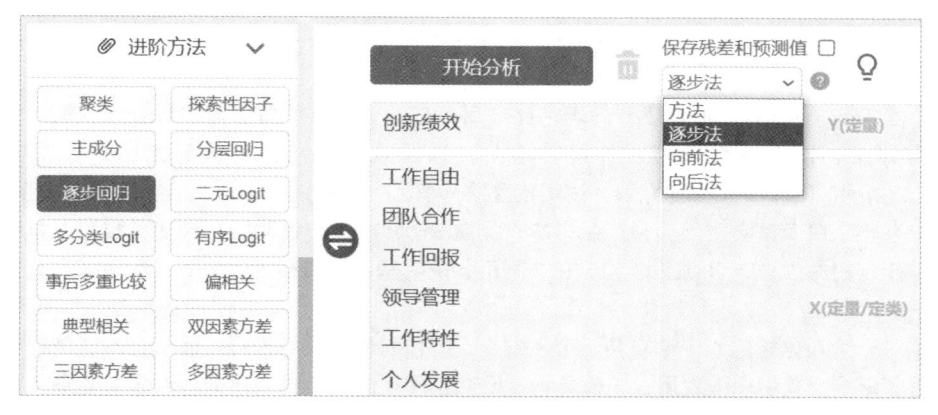

图 16-4 "逐步回归"操作界面

至于"保存残差和预测值"复选框、"异常点信息保存"复选框、"异常点诊断"复选框等，主要用于回归残差诊断和异常值分析，在量表类问卷的实际研究中应用较少，当研究上需要时勾选对应的复选框即可。单击"开始分析"按钮，即可获得分析结果。

在线性回归分析的输出结果中，有整合后的线性回归分析结果表格（总表），也有中间环节的表格，包括模型汇总表（R^2 等用于拟合评价）、方差分析表（F 检验，用于模型总体的显著性检验）及回归系数表（t 检验，用于各自变量的显著性检验），研究人员在使用时可根据需要选择对应的表格。为了便于展示，本案例报告的线性回归分析结果（$n=389$）如表 16-1 所示。

表 16-1 线性回归分析结果（$n=389$）

项	非标准化回归系数		标准化回归系数	t 值	P 值	共线性诊断	
	B 值	标准误	$β$ 值			VIF 值	容忍度
常数	1.36	0.203	—	6.706	0.000**	—	—
工作自由	−0.022	0.041	−0.023	−0.546	0.586	1.091	0.917

续表

项	非标准化回归系数		标准化回归系数	t 值	P 值	共线性诊断	
	B 值	标准误	β 值			VIF 值	容忍度
团队合作	0.324	0.061	0.359	5.356	0.000**	2.8	0.357
工作回报	0.088	0.05	0.112	1.783	0.075	2.441	0.41
领导管理	−0.11	0.053	−0.136	−2.061	0.040*	2.692	0.371
工作特性	0.154	0.05	0.163	3.097	0.002**	1.727	0.579
个人发展	0.214	0.053	0.226	4.082	0.000**	1.909	0.524
R^2	0.387						
调整 R^2	0.377						
F 值	$F(6,382)=40.131$, $P=0.000$						
D-W 值	1.72						

备注：因变量 = 创新绩效；*表示 $P<0.05$，**表示 $P<0.01$。

表 16-1 是由多个中间环节的表格整理后形成的，涵盖模型总体的显著性检验、模型拟合评价、回归系数检验、共线性诊断，以及残差独立性检验等的结果。其中，$F(6,382)=40.131$，$P=0.000<0.01$，说明模型总体有效，具有统计学意义，在所有自变量中，至少有一个自变量会对因变量产生影响；调整 R^2 为 0.377，说明所有自变量都可以解释因变量变化的原因；D-W 值为 1.72，在 2 附近，说明基本无自相关性，即样本之间没有影响关系。

对于纳入分析的 6 个自变量，个人发展、工作特性、领导管理、团队合作对创新绩效有显著影响，其中个人发展、工作特性、团队合作正向影响创新绩效，而领导管理负向影响创新绩效；工作回报和工作自由对创新绩效无显著影响，无统计学意义。

表 16-1 中还列出了 VIF 值，该值的判断标准是小于 5（不严格的判断标准为小于 10），6 个自变量的 VIF 值最大为 2.692，小于 5，说明没有多重共线性问题或无须关注多重共线性的影响。

如果采用逐步线性回归分析，那么模型将逐个引入自变量，并在引入新的自变量后对前面已入选的自变量再次进行检验，剔除不再显著的自变量，重复这个过程，直到没有新的自变量可以被纳入或没有自变量可以被剔除，最终模型中的每个自变量均具有统计学意义。SPSSAU 通过"进阶方法"→"逐步回归"模块执行上述过程。逐步回归分析结果（$n=389$）如表 16-2 所示。

表 16-2　逐步回归分析结果（$n=389$）

项	非标准化回归系数		标准化回归系数	t 值	P 值	共线性诊断	
	B 值	标准误	β 值			VIF 值	容忍度
常数	1.324	0.173	—	7.656	0.000**	—	—
团队合作	0.333	0.052	0.368	6.458	0.000**	2.01	0.497
工作特性	0.134	0.047	0.142	2.855	0.005**	1.531	0.653

续表

项	非标准化回归系数		标准化回归系数	t 值	P 值	共线性诊断	
	B 值	标准误	β 值			VIF 值	容忍度
个人发展	0.19	0.05	0.2	3.774	0.000**	1.745	0.573
R^2	0.377						
调整 R^2	0.372						
F 值	$F(3,385)=77.765$, $P=0.000$						
D-W 值	1.734						

备注：因变量 = 创新绩效；**表示 $P<0.01$。

结果分析和上面的使用"进入法"进行的线性回归分析的结果分析一致。从表 16-2 中可以发现，在原本研究人员要考察的 6 个自变量中，只有个人发展、工作特性及团队合作对创新绩效的影响具有统计学意义。

16.3 分层线性回归分析

本节简要介绍使用"进阶方法"→"分层回归"模块进行分层线性回归分析。"进阶方法"→"分层回归"模块常用于研究中存在区分研究变量和控制变量的情况，同时可用于中介效应分析时传统的 Sobel 检验。

假设研究人员希望探究创新绩效和团队合作的相关关系，考虑到性别可能会干扰二者的关系，这里将性别作为控制变量进行研究。分层线性回归分析在 SPSSAU 中的具体操作如下。

第 1 步，选择"进阶方法"→"分层回归"模块。"分层回归"操作界面如图 16-5 所示。

图 16-5　"分层回归"操作界面

第 2 步，将因变量放入"Y（定量）"框，把混杂的控制变量放入"分层 1（定量/定类）"框，把待研究的研究变量放入"分层 2（定量/定类）"框，总的原则即把控制变量放入首层或较低的层，而把研究变量放入末层。如果想采用传统的 Sobel 检验进行中介效应分析,那么单击"Y(定量)"框上方的"Sobel 检验"按钮,平台会跳转至专用的公共网站界面(版权归 Kristopher J. Preacher)。单击"开始分析"按钮,即可获得分析结果。分层线性回归分析结果(n=389)如表 16-3 所示。

表 16-3 分层线性回归分析结果(n=389)

项	分层 1					分层 2				
	B 值	标准误	t 值	P 值	$β$ 值	B 值	标准误	t 值	P 值	$β$ 值
常数	3.272**	0.103	31.768	0.000	—	1.592**	0.151	10.523	0.000	—
性别	0.363**	0.068	5.303	0.000	0.26	0.248**	0.057	4.343	0.000	0.178
团队合作						0.498**	0.037	13.439	0.000	0.551
R^2	0.068					0.365				
调整 R^2	0.065					0.362				
F 值	F(1,387)=28.119,P=0.000					F(2,386)=110.889,P=0.000				
ΔR^2	0.068					0.297				
ΔF 值	F(1,387)=28.119,P=0.000					F(1,386)=180.609,P=0.000				

备注:因变量 = 创新绩效;**表示 P<0.01。

上述操作中有 2 个分层,对应生成 2 个模型,分层 1 模型只包括控制变量,即性别,单独来说,性别对创新绩效的影响具有统计学意义。引入重点变量,即团队合作后,看分层 2 模型的结果,此时 R^2 为 0.365,远大于模型 1 的结果,ΔR^2 为 0.365-0.068=0.297,新引入的团队合作可以单独解释创新绩效变化的约 30%,足见团队合作对创新绩效的影响之明显。模型有效,在控制了性别的影响后,团队合作正向影响创新绩效。

16.4 结构方程模型分析

针对量表数据,使用量表题测量待研究的变量,应该优先进行潜变量的结构方程模型分析,从而实现考虑测量误差后研究变量之间的影响关系。为了区分,本书约定在提及结构方程模型时,指的是基于潜变量的数据,应考虑变量的测量误差,即先通过 EFA、CFA 确认信效度,再研究变量之间的影响关系。

下面使用 6.3 节介绍的在线英语学习网站各种因素对课程购买意愿的影响案例,介绍结构方程模型分析的操作过程,具体操作如下。

第 1 步,通过"信度"、"效度"及"验证性因子分析"等模块对研究假设涉及的量表进行信效度及验证性因子分析,相关操作见第 15 章的对应内容,结果分析见 6.3 节的对应内容。

第 2 步,选择"问卷研究"→"结构方程模型 SEM"模块,如图 16-6 所示。

第 **16** 章 　 变量关系研究在 SPSSAU 中的操作

图 16-6　选择"问卷研究"→"结构方程模型 SEM"模块

第 3 步，在"结构方程模型 SEM"操作界面中先设定待分析的因子变量。本案例中涉及 3 个因子，将 Q1~Q3 的标题拖动到"Factor1（量表题）"框中，用来测量产品因子，并在"设置名称【可选】"栏中将"Factor1"修改为"产品"（为便于理解影响关系，建议修改因子名称）；将 Q16~Q19 的标题拖动到"Factor2（量表题）"框中，用来测量购买意愿因子，并在"设置名称【可选】"栏中将"Factor2"修改为"购买意愿"；将 Q9 和 Q10 的标题拖动到"Factor3（量表题）"框中，用来测量价格因子，并在"设置名称【可选】"栏中将"Factor3"修改为"价格"。"结构方程模型 SEM"操作界面如图 16-7 所示。

图 16-7　"结构方程模型 SEM"操作界面

第 4 步，在"设置模型关系"栏中，按照研究假设设置好影响关系。默认只有 1 条影响关系，在"第 1 项"中选择"Factor1"，在"第 2 项"中选择"Factor2"，中间默认使用"影响→"，表示产品影响购买意愿的假设；单击右侧的+按钮，向下新增第 2 条影响关系，在"第 1 项"中选择"Factor1"，在"第 2 项"中选择"Factor3"，表示产品影响价格因子的假设；采用同样的操作，单击右侧的+按钮，向下新增第 3 条影响关系，在"第 1 项"中选择"Factor3"，在"第 2 项"中选择"Factor2"，表示价格影响购买意愿的假设。在实际操作中，单击 - 按钮，即可删除对应的影响关系。

第 5 步，在 MI 指标下拉列表中选择"输出 MI>5"选项。该选项用于要求平台输出 MI 值，一般建议 MI 值大于 5 或 10，即希望关注 MI 值大于 5 或 10 的修正项目。如果是二阶模型，那么可在"设置量表二阶结构【高级设置，可选】"栏中设置，本案例仅考虑一阶模型。

第 6 步，单击"开始分析"按钮，即可获得分析结果，主要包括模型拟合指标汇总表、模型回归系数汇总表、协方差关系-MI 指标汇总表、影响关系-MI 指标汇总表、残差项估计值汇总表及模型图等。一般需要重点报告的是模型拟合指标汇总表、模型回归系数汇总表，以及模型图。本案例中的表格、图形，以及结果分析详见 6.3.8 节。

如果模型拟合不佳，那么可考虑通过调整路径的影响关系，或添加测量残差的相关关系等进行修正。修正模型的有关操作如图 16-8 所示。

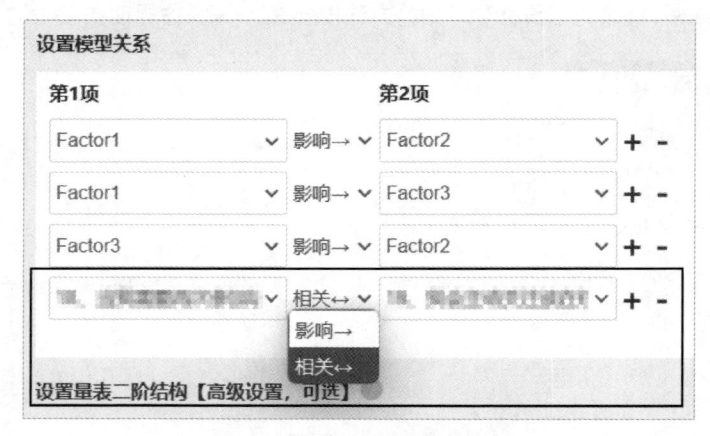

图 16-8 修正模型的有关操作

在图 16-8 中，如果需要删除某条影响关系，那么直接单击对应关系右侧的 - 按钮即可；如果希望添加测量残差的相关关系，以改善模型拟合质量，那么单击+按钮即可，如要建立 Q18 和 Q19 测量残差的相关关系，在"第 1 项"中选择"Q18"，在"第 2 项"中选择"Q19"，将中间关系修改为"相关↔"，表示 Q18 与 Q19 的测量残差相关。

16.5 路径分析

结构方程模型对数据质量、样本量的要求较高。当该模型较为复杂时，会出现拟合不佳的情况。此外，还有一些研究主要关注变量之间的影响关系。在进行研究时，假设变量可以被准确测量而不考虑测量误差。在以上情况下，可将潜变量转换为显变量，用显变量路径分析的方法进行变量之间影响关系的研究。在使用该方法时，各变量的数据由所属测量题通过加总求和或计算平均值来获得，直接假设变量概念没有测量误差，此时即显变量的数据。

下面使用第 6.3.7 节中关于性别、月收入水平、购买意愿 3 个变量的研究假设，介绍路径分析的操作过程，具体操作如下。

第 1 步，若待研究的自变量是分类数据，则需要提前进行哑变量的转换；若待研究的因变量是量表题，则需要提前进行显变量的转换。如果各变量均为连续型分类数据，则直接开始进行路径分析。例如，本案例中以 Q16～Q19 的平均值为购买意愿数据，以性别_男为参照项，研究性别_女对月收入水平和购买意愿的影响。

第 2 步，选择"问卷研究"→"路径分析"模块。

第 3 步，在"路径分析"操作界面中按研究假设设定影响关系的路径。默认只有 1 条影响关系，如先输入女性正向影响月收入水平这条影响关系，在"自变量 X"中选择"性别_女"，在"因变量 Y"中选择"月收入水平"，中间默认使用"影响→"，表示女性正向影响月收入水平的假设；单击右侧的＋按钮，向下新增第 2 条影响关系，在"自变量 X"中选择"月收入水平"，在"因变量 Y"中选择"购买意愿"，表示月收入水平影响购买意愿的假设；单击右侧的＋按钮，向下新增第 3 条影响关系，在"自变量 X"中选择"性别_女"，在"因变量 Y"中选择"购买意愿"，表示女性影响购买意愿的假设。在实际操作中，单击－按钮即可删除对应的影响关系。"路径分析"操作界面如图 16-9 所示。

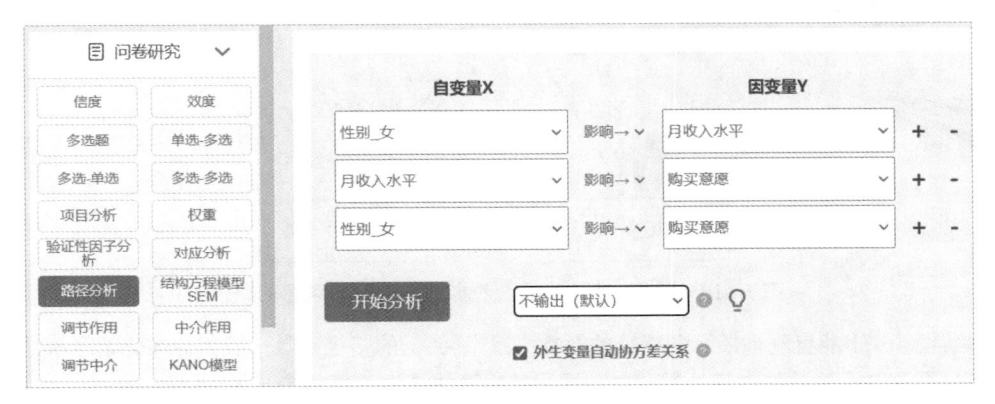

图 16-9 "路径分析"操作界面

第 4 步，在 MI 指标下拉列表中选择"不输出（默认）"选项，同时勾选"外生变量自动协方差关系"复选框，外生变量可以被通俗地理解为模型中的自变量。"外生变量自动协方差关系"复选框用于设置是否自动考察多个自变量（如果有）之间的相关关系。

第 5 步，单击"开始分析"按钮，即可获得分析结果，主要包括模型回归系数汇总表、模型拟合指标汇总表、R^2 汇总表、协方差汇总表、残差项估计值汇总表及模型图等。一般需要重点报告的是模型回归系数汇总表、R^2 汇总表及模型图。

因为假设变量无测量误差，所以路径分析结果可以不关注模型拟合指标，重点放在模型回归系数的显著性检验上，分析各研究假设是否被验证通过。模型回归系数汇总表如表 16-4 所示。

表 16-4　模型回归系数汇总表

X	→	Y	非标准化路径系数	标准误	CR 值	P 值	标准化路径系数
性别_女	→	月收入水平	−0.568	0.201	−2.824	0.005	−0.161
月收入水平	→	购买意愿	0.079	0.025	3.128	0.002	0.18
性别_女	→	购买意愿	0.116	0.089	1.299	0.194	0.075

备注：→表示路径的影响关系。

通常使用标准化路径系数表示影响关系，表 16-4 主要关注回归系数的显著性检验 P 值和回归系数的正、负号，显然性别_女负向影响月收入水平（标准化路径系数=−0.161，P=0.005<0.01），月收入水平正向影响购买意愿（标准化路径系数=0.18，P=0.002<0.01），而性别_女对购买意愿的影响不显著（标准化路径系数=0.075>0.05）。3 个研究假设中有 2 个验证通过，1 个验证未通过。

如果需要进一步通过可视化图形直观地表述研究假设被验证的情况，那么可报告模型图。性别_女通过月收入水平影响购买意愿的路径如图 16-10 所示。

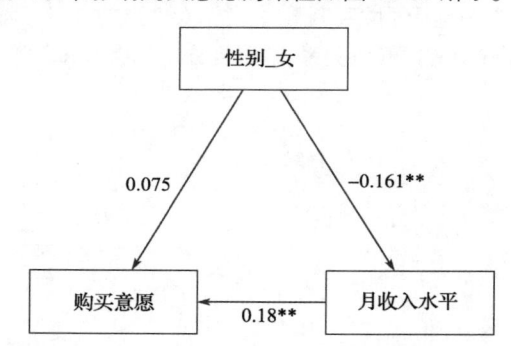

图 16-10　性别_女通过月收入水平影响购买意愿的路径

图 16-11 能直观地展示各路径的影响关系，箭头上的路径系数一般为标准化路径系数，在标准化路径系数的右肩处用"**"标记其显著性检验 P 值的情况。

16.6 中介效应分析

传统上采用依次回归法检验中介效应，目前推荐采用 Bootstrap 置信区间法检验中介效应。而整个中介效应分析过程为，先按中介效应的原理建立三大回归方程（详见第 7 章），对回归系数 c、a、b、c' 进行报告和分析，然后基于温忠麟和叶宝娟总结的流程进行中介效应检验。

选择 SPSSAU 中的"问卷研究"→"中介作用"模块可独立实现线性回归分析和 Bootstrap 置信区间法检验，具体操作如下。

第 1 步，选择"问卷研究"→"中介作用"模块，将因变量拖动到"因变量 Y"框中，将一个或多个自变量拖动到"自变量 X"框中（对应产生一条或多条中介路径），将一个或多个中介变量拖动到"中介变量 M"框中（对应简单中介或多重中介）。"中介作用"操作界面如图 16-11 所示。

图 16-11 "中介作用"操作界面

值得注意的是，当多个自变量或中介变量同时存在时，模型会变得非常复杂，结果分析的难度增加，同时对量表类问卷数据的质量、样本量也将有更高的要求。因此，在遇到复杂模型时，研究人员可根据研究的实际情况梳理分析思路，必要时可对模型进行简化或拆分。

第 2 步，在分析框上方设置中介类型，当有一个中介变量时即简单中介，当有多个中介变量时即多重中介，多重中介又包括平行中介和链式中介，根据研究假设进行设定。由于 SPSSAU 默认会采用 Bootstrap 置信区间法检验，因此还需要设定放回抽样的次数，一般为 1000～5000 次。Bootstrap 置信区间法目前有两种用法，常规来说，默认采用普通的百分位 Bootstrap 置信区间法即可，另一种偏差校正 Bootstrap 置信区间法被越来越重视，研究人员可根据实际情况选择。Bootstrap 置信区间法类型的设置如图 16-12 所示。

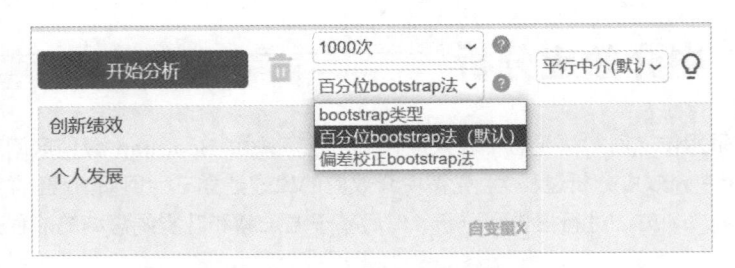

图 16-12 Bootstrap 置信区间类型的设置

单击"开始分析"按钮,即可获得分析结果。第 1 个表格用于展示中介效应分析结果,该表主要报告中介效应三大回归方程中的回归系数 c、a、b、c' 及其显著性检验 P 值,可以据此报告各影响路径的显著性,这部分结果也是检验中介效应的基础,一般使用线性回归系数表进行报告。

就 Bootstrap 置信区间法来说,中介效应分析的核心结果是接下来的第 2 个表格,即中介效应检验结果汇总表,如表 16-5 所示。

表 16-5 中介效应检验结果汇总表

项	c 总效应系数	a	b	ab 中介效应值	ab (标准误)	ab (Z 值)	ab (P 值)	ab (95% BootCI)	c' 直接效应系数	检验结果
个人发展 ≥ 团队合作 ≥ 创新绩效	0.48**	0.67**	0.39**	0.26	0.04	6.35	0.00	0.20~0.35	0.21**	部分中介

备注:**表示 $P<0.01$;Bootstrap 类型 = 百分位 Bootstrap 置信区间法。

表 16-5 中的回归系数 c、a、b、c' 均来自中介效应分析结果,而乘积项 ab,即间接效应,此时也就是中介效应、标准误,以及 95% BootCI 均来自 Bootstrap 置信区间法抽样计算结果。可以直接分析 ab 的显著性。本案例中 Bootstrap 95%的百分位置信区间为(0.2,0.35),区间内不包括 0,说明 ab 不为 0,即中介效应是成立且存在的。反之,若区间内包括 0,则说明中介效应不成立。按照温忠麟和叶宝娟中介检验流程,继续分析 c'。因为表 16-5 中的 c' 显著,属于部分中介,即创新绩效直接受到个人发展的影响,同时受到个人发展通过团队合作产生的影响,团队合作产生了部分中介效应。接下来可以按照中介效应检验结果汇总表报告中介效应占总效应的比例。SPSSAU 提供了多种用于检验中介效应的表格,研究人员可根据需要进行选择。

在解释中介效应分析结果时,需强调,如果研究人员期望报告标准化回归系数,那么需要在开始中介效应分析之前先对原始数据进行标准化操作,通常可针对自变量、中介变量进行,也可针对自变量、中介变量及因变量统一进行。该过程可使用 SPSSAU 中的"数据处理"→"生成变量"模块实现，具体操作如下。

第 1 步，先选择"数据处理"→"生成变量"模块，再选择"常用"→"Z 标准化（S）"选项。"生成变量"操作界面如图 16-13 所示。

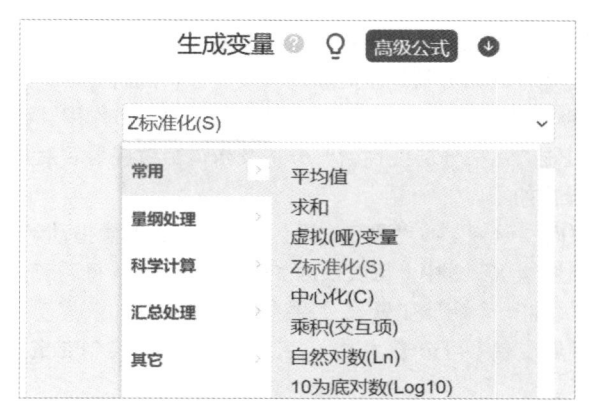

图 16-13 "生成变量"操作界面

第 2 步，在左侧的标题框中选择待标准化的变量名称，如自变量、中介变量及因变量，单击右侧底部的"确认处理"按钮，即可获得结果。"Z 标准化"操作界面如图 16-14 所示。

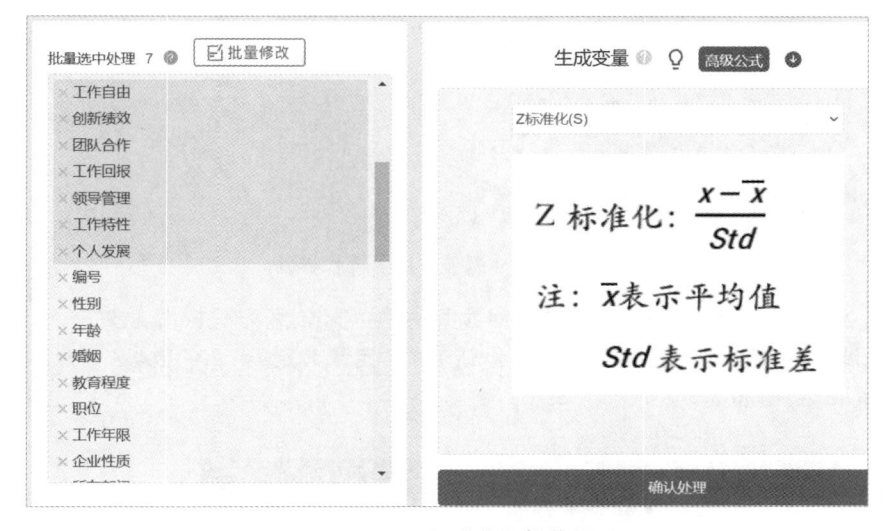

图 16-14 "Z 标准化"操作界面

标准化后的数据被自动保存到数据文件中，变量名称以"S_"开头。使用标准化后的数据进行中介效应分析，即可获得标准化回归系数 c、a、b 及 c'。

16.7 调节效应分析

根据自变量和调节变量数据类型的不同，调节效应包括 4 种，总体来说，主要涉及多因素方差分析和分层线性回归分析。在实际调节效应分析的研究中，分层线性回归分析的应用较多且较为常见。SPSSAU 提供了"问卷研究"→"调节作用"模块，专门用于实现调节效应分析的全过程，包括分层线性回归分析及当调节效应显著后的简单斜率分析。调节效应分析的具体操作如下。

第 1 步，选择"问卷研究"→"调节作用"模块，将因变量拖动到"Y（定量）"框中，将自变量拖动到"自变量 X"框中（每次仅添加一个自变量），将调节变量拖动到"调节变量 Z"框中（每次仅添加一个调节变量），如果在研究中期望加入控制变量，那么可直接将控制变量拖动到"控制变量【可选】"框中（每次可加入多个控制变量）。"调节作用"操作界面如图 16-15 所示。

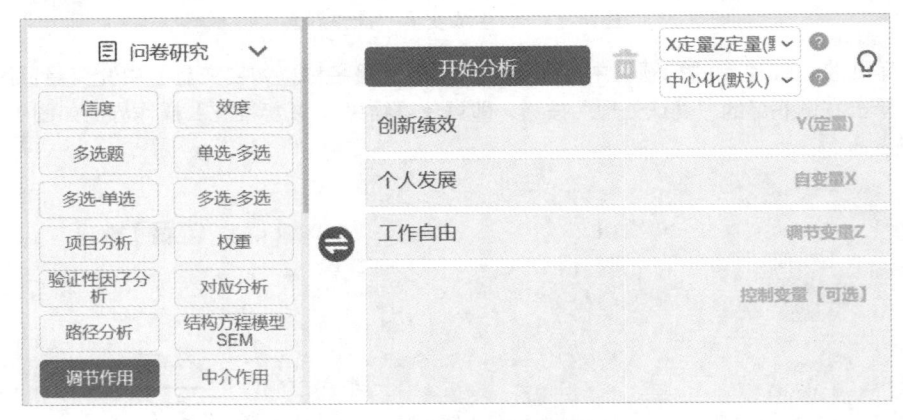

图 16-15　"调节作用"操作界面

第 2 步，设置调节类型，以及是否对数据进行中心化或标准化操作。首先，设置调节类型，调节类型包括"X 定量 Z 定量（默认）""X 定量 Z 定类""X 定类 Z 定量"3 种，如图 16-16 左图所示。

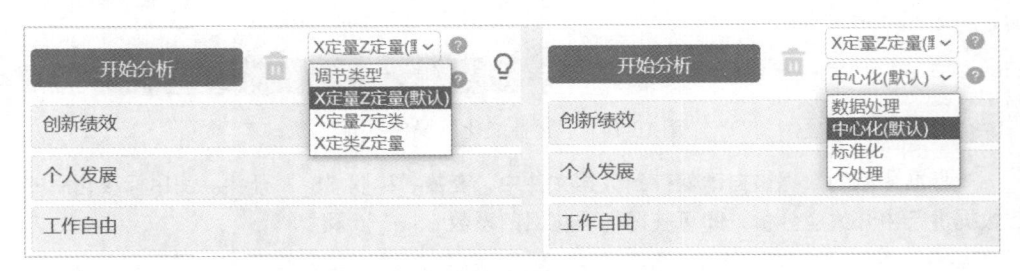

图 16-16　调节类型和相关的数据处理方式

调节类型主要依据研究的实际情况设定，"X 定量 Z 定量（默认）"选项用于设置自变量和调节变量均为连续型定量数据。当自变量或调节变量为分类数据时，平台会对分类数据自动进行哑变量转换，以哑变量形式进行分析。

其次，设置是否对数据进行中心化或标准化操作。相关的数据处理方式如图 16-16 右图所示。"中心化（默认）"选项用于设置定量数据统一减去其平均值后进行调节效应分析。如果期望获得标准化结果，那么可指定数据处理方式为标准化。单击"开始分析"按钮，即可获得分析结果。

在操作时需要注意，研究人员不需要自行生成自变量和调节变量的交互项，该过程及数据的中心化、标准化均由"问卷研究"→"调节作用"模块自动完成。

调节效应分析结果可以总结为"两表一图"，两个表格包括调节效应分析表格（分层线性回归分析结果）及简单斜率分析表格（不提供"X 定量 Z 定类"调节类型），一个图指的是简单斜率图。

调节效应分析表格主要报告分层线性回归模型的情况，重点解读的是自变量与调节变量的交互项 $X*Z$ 的显著性检验 P 值，或 R^2 的显著性检验 P 值。一般来说，这两个 P 值的结果是等价的。当 P 值小于 0.05 时，交互项显著，说明调节效应成立或存在；当 P 值大于 0.05 时，交互项不显著，说明调节效应不存在。该表的展示和分析详见 7.3.4 节，此处不再赘述。

当调节效应显著时，简单斜率分析表格如表 16-6 所示。

表 16-6　简单斜率分析表格

调节水平	回归系数	标准误	t 值	P 值	95% CI	
平均值	0.471	0.043	10.977	0.000	0.387	0.555
高水平（+1SD）	0.545	0.053	10.311	0.000	0.441	0.648
低水平（-1SD）	0.397	0.055	7.192	0.000	0.289	0.505

调节效应显著仅回答了研究中纳入调节变量的合理性，既然调节变量是有意义的，那么接下来需要回答的问题是，调节变量如何发挥调节效用，此时需要进行简单斜率分析。进行简单斜率分析能深入研究调节变量在不同水平上自变量对因变量的影响情况。SPSSAU 提供了选点法，用于进行简单斜率分析，具体是指调节变量在低水平、中等水平、高水平时，自变量对因变量的影响情况，即回归系数显著性及大小变化等。低水平、中等水平、高水平分别是平均值减 1 个标准差、平均值、平均值加 1 个标准差。在实际研究中，通常习惯直接使用调节的低水平和高水平进行分析。例如，表 16-6 中在低水平时，自变量对因变量的影响是显著的（$P<0.05$），简单斜率为 0.397（表中的回归系数）；在高水平时，自变量对因变量的影响也是显著性的（$P<0.05$），简单斜率为 0.545。从绝对值上来看，当调节水平增加时，对应的简单斜率提高，有一个正向调节的过程，即工作自由在个人发展对创新绩效的影响中起到了正向调节的作用。

如果期望进一步直观了解调节效应，那么可继续报告简单斜率图。使用 SPSSAU 绘制的简单斜率图如图 16-17 所示。

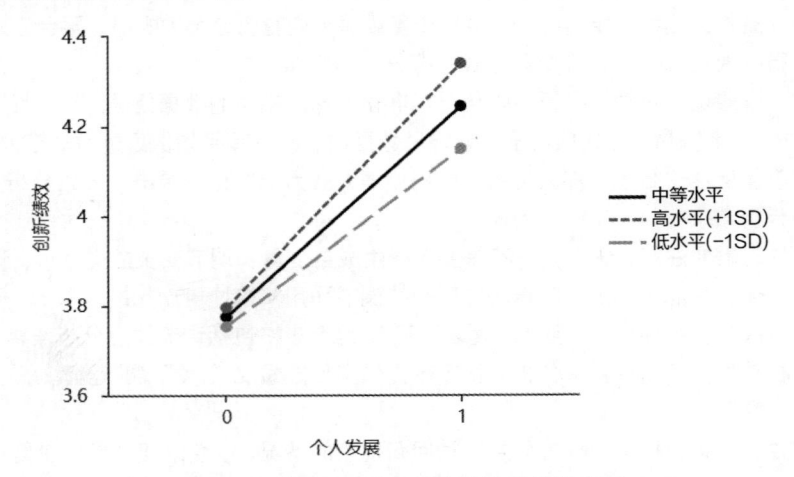

图 16-17　使用 SPSSAU 绘制的简单斜率图

处于高水平的简单斜率图明显比处于低水平的简单斜率图更倾斜，反映了调节变量为正向调节。

16.8　Logistic 回归分析

线性回归分析中的因变量为定量数据，而 Logistic 回归分析中的因变量为分类数据。结合因变量的具体情况，Logistic 回归分析分为 3 种，分别是二元 Logistic 回归分析、多元无序 Logistic 回归分析和多元有序 Logistic 回归分析。如果因变量仅有两个选项，如"有"和"无"，那么使用二元 Logistic 回归分析；如果因变量有多个选项，且各选项不可以比较大小，那么使用多元无序 Logistic 回归分析；如果因变量有多个选项，且各选项可以比较大小，如因变量有 3 个选项，分别是"不愿意"、"无所谓"和"愿意"，其中的各选项可以比较大小，那么使用多元有序 Logistic 回归分析。

在问卷研究中，二元 Logistic 回归分析的使用频率最高。本节使用 4.2.2 节介绍的案例中的数据进行说明。本节主要研究性别、年龄、专业和月生活费对"您未来是否有愿意购买理财产品"的影响情况。二元 Logistic 回归分析在 SPSSAU 中的操作如下。

第 1 步，准备数据，主要针对分类变量的需要提前进行哑变量的转换。例如，对于有序分类变量可根据实际情况考虑是否进行哑变量的转换，一部分研究人员会将有序分类变量视为定量数据参与二元 Logistic 回归分析，通过先选择"数据处理"→"生成变量"模块，再选择"常用"→"虚拟（哑）变量"选项来实现。先选择待转换的定类变量（每次选择并处理一个定类变量），然后选择"常用"→"虚拟（哑）变量"选项，最后单击底部的"确认处理"按钮，即可获得哑变量转换结果。哑变量转换操作界面如图 16-18 所示。

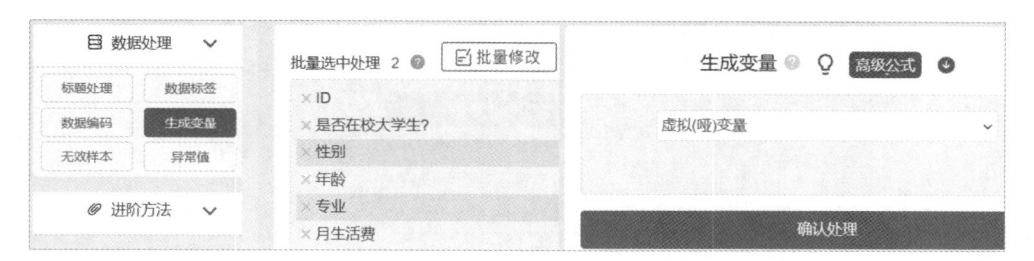

图 16-18　哑变量转换操作界面

第 2 步，选择"进阶方法"→"二元 Logit"模块，将自变量拖动到"X（定量/定类）"框中，针对性别和专业这两个定类变量，以女性、体育类专业为参照项，将性别_男、专业_理工类、专业_文科类、专业_艺术类几个哑变量拖入，另外将被视为定量数据的年龄和月生活费作为自变量。将因变量拖动到"Y（定类，Y 包括数字只能 0 和 1）"框中，此处应注意 SPSSAU 要求因变量是 0 和 1 编码的二分类变量。如果编码方式不妥，那么需要通过"数据处理"→"数据编码"模块来重新编码。"二元 Logit"操作界面如图 16-19 所示。

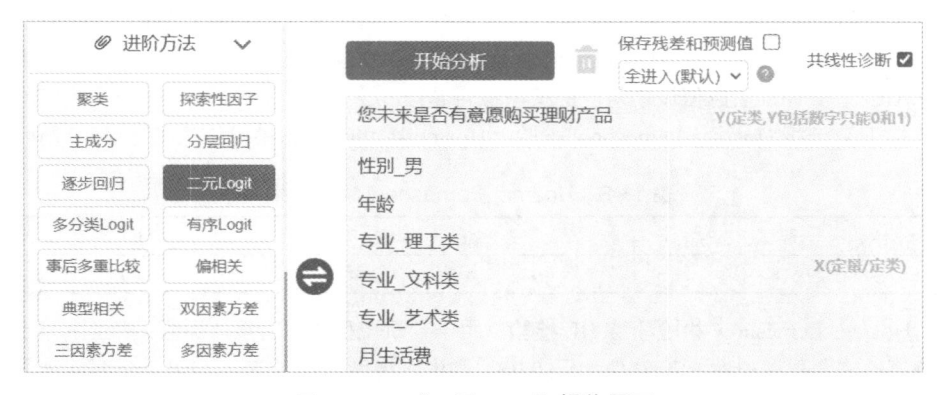

图 16-19　"二元 Logit"操作界面

第 3 步，设置分析框上方的选项。将自变量纳入回归模型的方法包括"全进入（默认）""逐步法（基于 wald p）""向前法（基于 wald p）""向后法（基于 wald p）"，如图 16-20 所示。其中，"全进入（默认）"，即将所有自变量纳入回归模型，这种方法在问卷研究中较为常用；"逐步法（基于 wald p）"，是向前逐步和向后逐步的综合。如果希望由模型自动筛选显著自变量，那么建议此处选择"逐步法（基于 wald p）"选项。

此外，SPSSAU 默认对自变量进行多重共线性诊断，在研究上也建议进行，即 SPSSAU 默认勾选"共线性诊断"复选框。至于是否勾选"保存残差和预测值"复选框，研究人员可视研究需求决定，在研究中一般不需要问卷的研究关系。单击"开始分析"按钮，即可获得分析结果。

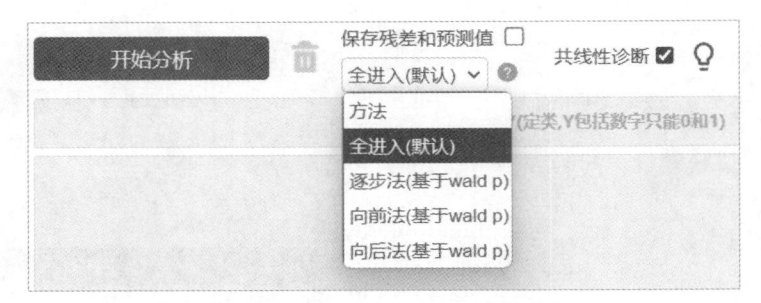

图 16-20　将自变量纳入回归模型的方法

在诸多输出结果中，可以先分析模型总体是否有效，具体依据模型似然比检验。二元 Logit 回归模型似然比检验结果如表 16-7 所示。

表 16-7　二元 Logit 回归模型似然比检验结果

模型	−2 倍对数似然值	卡方值	df	P 值	AIC 值	BIC 值
仅截距	537.05					
最终模型	489.261	47.789	6	0.000	503.261	532.3

模型似然比检验用于对模型总体有效性进行分析。如果该检验的 P 值小于 0.05，那么说明模型有效；反之，则说明模型无效。AIC 值和 BIC 值用于多次分析后对多个模型对比。AIC 值和 BIC 值越低说明对应的模型拟合越佳。

接下来分析 Hosmer-Lemeshow 检验。Hosmer-Lemeshow 检验结果如表 16-8 所示。

表 16-8　Hosmer-Lemeshow 检验结果

χ^2	df	P 值
29.678	8	0.000

Hosmer-Lemeshow 检验简称 HL 检验，用于判断模型的拟合度。原假设模型拟合值和观测值的吻合程度一致，若 P 值大于 0.05，则说明模型通过了 Hosmer-Lemeshow 检验；反之，则说明模型没有通过 Hosmer-Lemeshow 检验，模型拟合度差。需要注意的是，相对来说，似然比检验从总体上来看具有统计学意义，更有价值。因此，如果模型总体有效但未通过 Hosmer-Lemeshow 检验，那么认为可继续读取其他结果并进行分析和报告。未通过 Hosmer-Lemeshow 检验并不意味着模型一无是处，实际上在进行影响关系研究时，研究人员更关注模型是否总体有效，以及哪些自变量具有统计学意义。有时在进行分析时，也可不关注此检验结果。

对于其他结果，如二元 Logit 回归预测准确率汇总表，主要报告模型的预测能力，用于判断模型总体的拟合质量。共线性诊断表主要报告 VIF 值，用于判断自变量之间是否存在多重共线性，其解读和线性回归的解读一致，VIF 值小于 5 或 10 可认为不存在多重共线性问题。

二元 Logit 回归分析结果如表 16-9 所示。

表 16-9　二元 Logit 回归分析结果

项	回归系数	标准误	Z 值	wald χ^2	P 值	OR 值	OR 值 95% CI
性别_男	0.279	0.243	1.148	1.317	0.251	1.322	0.821～2.128
年龄	0.38	0.104	3.637	13.229	0.000	1.462	1.191～1.794
专业_理工类	-2.139	0.553	-3.868	14.963	0.000	0.118	0.040～0.348
专业_文科类	-1.475	0.559	-2.638	6.958	0.008	0.229	0.076～0.685
专业_艺术类	-2.521	0.576	-4.374	19.134	0.000	0.08	0.026～0.249
月生活费	-0.01	0.129	-0.076	0.006	0.94	0.99	0.770～1.274
截距	1.865	0.632	2.95	8.704	0.003	6.454	1.870～22.273

备注：因变量 = 您未来是否有意愿购买理财产品；

McFadden R^2 = 0.089；

Cox & Snell R^2 = 0.097；

Nagelkerke R^2 = 0.142。

Logistic 回归分析中的 R^2 被称为伪 R^2，意义和线性回归分析中 R^2 的意义一致，但是应用并不广泛，一般报告即可（也可以不报告），无须过多解释。重点结果主要是自变量的显著性，当 P 值小于 0.05 时，说明对应自变量的影响是显著的。在表 16-9 中，年龄、专业_理工类、专业_文科类、专业_艺术类均具有统计学意义，它们对是否购买理财产品这个问题的结果有显著影响。而性别_男的 P=0.251>0.05，月生活费的 P=0.94>0.05，即相对女性来说，男性对是否购买理财产品无显著影响，月生活费对是否购买理财产品也无显著影响。SPSSAU 还提供了其他汇总表，详见第 11 章。

除了二元 Logistic 回归分析，Logistic 回归分析还有两种，分别是多元无序 Logistic 回归分析和多元有序 Logistic 回归分析。SPSSAU 提供了对应的"多分类 Logit"模块和"有序 Logit"模块，用于实现多元无序 Logistic 回归分析和多元有序 Logistic 回归分析。其操作步骤和二元 Logit 回归分析的操作步骤基本一致，根据定类因变量的水平选择相应的模块，将自变量、因变量拖动到对应的分析框中，在多数情况下按默认设置即可输出有效分析结果。

在使用"有序 Logit"模块时应注意两点，一是平台默认使用 Logit 连接函数，若模型没有特殊要求，一般使用 Logit 连接函数即可；二是假设数据满足平行性，作为一个条件，需要在有序 Logistic 回归分析时进行检验和判断，在操作时应选择"进行检验"选项，如图 16-21 所示。

若 P>0.05，则说明数据满足平行性；若 P<0.05，则说明数据不满足平行性。在数据不满足平行性时，可考虑将有序因变量视为无序多分类数据，改用"多分类 Logit"模块。

多元无序 Logistic 回归分析和多元有序 Logistic 回归分析的使用频率相对较低，且其操作与二元 Logistic 回归分析的操作类似。

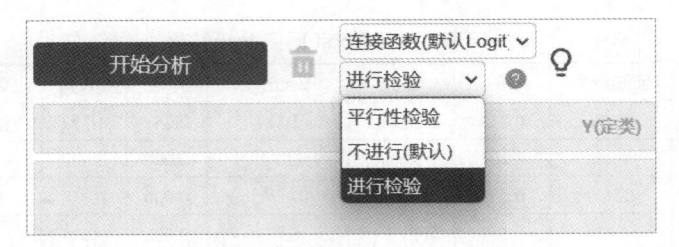

图 16-21 选择"进行检验"选项

第 17 章

差异性研究在 SPSSAU 中的操作

差异性研究包括方差分析、t 检验和卡方分析等。根据自变量的个数,可以将方差分析分为单因素方差分析和多因素方差分析。单因素方差分析的自变量仅为 1 个,而多因素方差分析的自变量超过 1 个。t 检验可以分为独立样本 t 检验、配对样本 t 检验和单样本 t 检验。独立样本 t 检验用于检验分类数据与定量数据的关系,配对样本 t 检验用于实验或"类实验"类问卷研究,单样本 t 检验仅能判断定量数据是否等于某个数字。方差分析、t 检验均用于研究分类数据和定量数据的差异关系,而卡方分析用于研究不同分类数据之间的差异关系。本章分别对方差分析、t 检验和卡方分析在 SPSSAU 中的操作进行说明。

17.1 方差分析

17.1.1 单因素方差分析

单因素方差分析用于研究分类数据和定量数据的多组平均值差异关系，一般要求各组数据服从正态分布且方差齐。如果分类数据超过两组，如将专业分为"市场营销"、"心理学"、"教育学"和"管理学"共 4 个，那么在总体差异显著后可以对其进行事后检验，即对比两两专业的差异关系。本节使用第 6 章的案例数据进行说明，单因素方差分析在 SPSSAU 中的操作涉及"通用方法"→"方差"模块、"进阶方法"→"事后多重比较"模块。"通用方法"→"方差"模块用于进行方差齐性检验和单因素方差分析；"进阶方法"→"事后多重比较"模块用于进行组间差异两两比较，以及差异的字母标记等，具体操作如下。

第 1 步，选择"通用方法"→"方差"模块，将"月收入水平"拖动到"X（定类）"框中，将"购买意愿"拖动到"Y（定量）"框中。"方差"操作界面如图 17-1 所示。

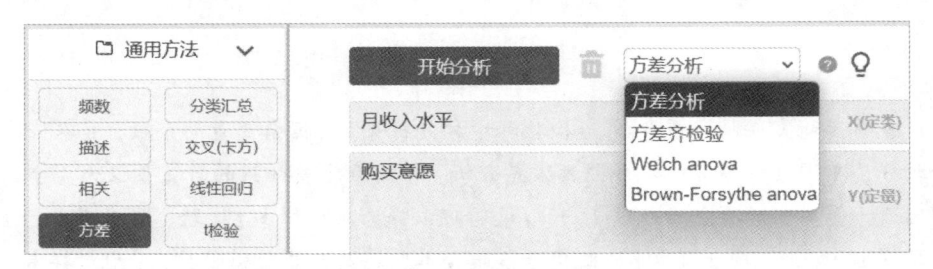

图 17-1 "方差"操作界面

第 2 步，正态分布与方差齐性条件判断。针对量表类问卷数据，研究人员一般认为数据近似正态分布，可以提前通过"通用方法"→"正态性检验"及"可视化"→"直方图"等模块进行具体的正态分布条件判断。方差齐性条件判断需要通过"通用方法"→"方差"模块来实现。在如图 17-1 所示的"X（定类）"框上方的方法下拉列表中选择"方差齐检验"选项，单击"开始分析"按钮，即可获得方差齐性检验结果，如表 17-1 所示。

表 17-1 方差齐性检验结果

项	月收入水平（标准差）				F 值	P 值
	2000 元及以下 (n=110)	2001～4000 元 (n=54)	4001～8000 元 (n=67)	8000 元以上 (n=69)		
购买意愿	0.636	0.792	0.647	0.752	1.075	0.36

方差齐性检验原假设各组数据的方差齐，在表 17-1 中，$F=1.075$，$P=0.36>0.05$，接受原假设，即说明方差齐。在实际研究中有时会出现方差不齐的现象，$P<0.05$ 时方差不齐，在遇到该问题时应考虑将方差分析替换为 Welch 检验、Brown-Forsythe 检验或非参数检验。出于对现实情况的综合考虑，在进行方差分析时即使有时方差不齐，也会继续进行。

第 3 步，重复第 2 步，在图 17-1 中的方法下拉列表中选择"方差分析"选项，单击"开始分析"按钮，即可获得分析结果。SPSSAU 将输出多种形式的方差分析结果，方差分析结果主要报告各组数据的平均值±标准差、F 值、P 值。方差分析结果（简化纵向格式）如表 17-2 所示。

表 17-2　方差分析结果（简化纵向格式）

月收入水平（平均值±标准差）	购买意愿
2000 元及以下（$n=110$）	3.400±0.636
2001~4000 元（$n=54$）	3.468±0.792
4001~8000 元（$n=67$）	3.560±0.647
8000 元以上（$n=69$）	3.696±0.752
F 值	2.723
P 值	0.045*

备注：*表示 $P<0.05$。

在表 17-2 中，$F=2.723$，$P=0.045<0.05$，说明不同月收入水平的受访者在购买意愿上存在差异，具有统计学意义。从各组的平均值来看，随着月收入水平的提高，购买意愿也随之提高。

除可以进行显著性检验之外，目前也推荐附加报告自变量对因变量影响的效应，方差分析一般采用偏 Eta 方。深入分析-效应量指标如表 17-3 所示。

表 17-3　深入分析-效应量指标

项	SSB（组间差）	SST（总离差）	偏 Eta 方（Partial η2）	Cohen's f 值
购买意愿	3.962	147.487	0.027	0.166

在进行方差分析时，使用偏 Eta 方表示效应量（差异大小），该值越大说明差异越大。通常采用的标准是效应量小、中、大的区分临界点分别为 0.01、0.06 和 0.14。在表 17-3 中，因为偏 Eta 方=0.027<0.06，所以月收入水平对购买意愿的影响是小效应。

第 4 步，选择"进阶方法"→"事后多重比较"模块，将"月收入水平"拖动到"X（定类）"框中，将"购买意愿"拖动到"Y（定量）"框中。"事后多重比较"操作界面如图 17-2 所示。

在分析框上方的方法下拉列表中选择合适的方法，在方差齐时较为常见的方法有"LSD 方法""Bonferroni 校正""Duncan 检验""Scheffe""Tukey"等，在方差不齐时可用的方法为"Tamhane T2"。冯国双指出，如果比较组数不是很多，如 3 组，那么"Tukey"

和"Bonferroni 校正"均可作为首选。如果比较的组较多，如 4 组以上，那么建议首选"Tukey"（包括各组例数不等的情况，因为大多数软件在例数不等时给出的是"Tukey-Kramer"）。

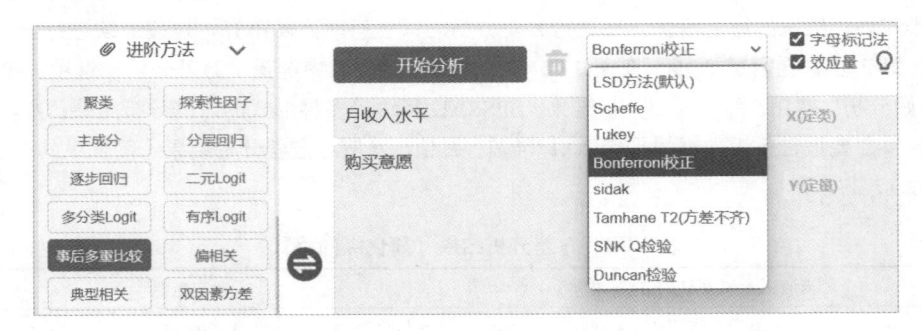

图 17-2 "事后多重比较"操作界面

第 5 步，在分析框上方勾选"字母标记法"复选框和"效应量"复选框，要求平台输出差异对比的字母标记，以及方差分析效应量指标。单击"开始分析"按钮，即可获得分析结果。

下面来看事后多重比较结果，本案例选择的方法是"Bonferroni 校正"，如表 17-4 所示。

表 17-4 事后多重比较结果

项	（I）名称	（J）名称	（I）平均值	（J）平均值	差值 (I-J)	P 值	Cohen's d 值
购买意愿	2000 元及以下	2001～4000 元	3.400	3.468	−0.068	1.000	−0.097
	2000 元及以下	4001～8000 元	3.400	3.56	−0.16	0.84	−0.229
	2000 元及以下	8000 元以上	3.400	3.696	−0.296	0.036*	−0.425
	2001～4000 元	4001～8000 元	3.468	3.56	−0.092	1.000	−0.132
	2001～4000 元	8000 元以上	3.468	3.696	−0.228	0.435	−0.328
	4001～8000 元	8000 元以上	3.56	3.696	−0.136	1.000	−0.195

备注：*表示 $P<0.05$。

月收入水平共有 4 个分类水平，若两两比较，则共需比较 6 次，表 17-4 中对应有 6 个结果。例如，对 2000 元及以下水平和 8000 元以上水平的购买意愿进行比较，二者的平均值差值是 3.400−3.696=−0.296，即 2000 元及以下水平的购买意愿低于 8000 元以上水平的购买意愿，且这个差异具有统计学意义。而将其他 5 组两两进行比较的结果是购买意愿无差异。SPSSAU 为两两比较提供了效应量，具体采用 Cohen's d 值，研究人员可根据需求决定是否报告。

研究人员如果期望进行事后多重比较输出差异对比的字母标记，那么可继续读取和报告字母标记法结果，如表 17-5 所示。

表 17-5　字母标记法结果

项	名称	平均值	字母标记（0.05 水平）	字母标记（0.01 水平）
购买意愿	2000 元及以下	3.4	b	A
	2001～4000 元	3.468	ab	A
	4001～8000 元	3.56	ab	A
	8000 元以上	3.696	a	A

备注：0.05 水平时使用小写字母标记，0.01 水平时使用大写字母标记。

字母标记法使用字母标记多组平均值两两之间是否存在显著性差异，是第 4 步多重比较结果的另一种表达方式。如果以 0.05 水平为标准，那么一般以小写字母 a、b、c、d 等进行标记；如果以 0.01 水平为标准，那么一般以大写字母 A、B、C、D 等进行标记。如果某两组包含相同的字母，如 a 和 ab，那么说明该两组在 0.05 水平上没有显著性差异；如果某两组包含的字母完全不同，如 a 和 b，那么说明该两组在 0.05 水平上有显著性差异。在表 17-5 中，仅 2000 元及以下和 8000 元以上这两组购买意愿的差异在 0.05 水平上是显著的（标记的是不同的字母，即 a 和 b）。

在多数情况下，问卷研究并不重视进行事后多重比较，以及对应的差异字母标记，研究人员可根据研究的实际需求进行选择。

17.1.2　多因素方差分析

多因素方差分析用于研究多个（两个及两个以上，常见的是两个）自变量对因变量的影响关系。研究两个自变量对因变量的影响关系又称双因素方差分析。本节使用第 9 章的案例数据，研究产品有无背景音乐和涉入度高低对品牌态度的影响关系。双因素方差分析在 SPSSAU 中的操作如下。

第 1 步，选择"进阶方法"→"双因素方差"模块，将"品牌态度"拖动到"Y（定量）"框中，将"有无背景音乐"和"涉入度高低"拖动到"X（定类，仅为 2 个）"框中。"双因素方差"操作界面如图 17-3 所示。

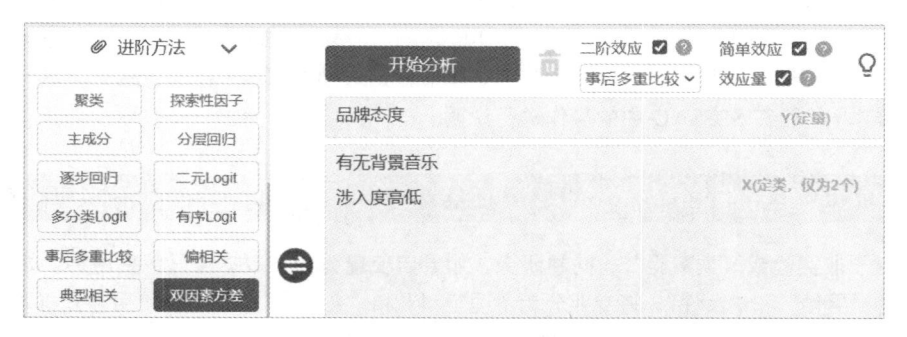

图 17-3　"双因素方差"操作界面

第 2 步，分析框上方的"二阶效应"复选框，用于交互项或交互作用分析，通常需要勾选；"简单效应"复选框用于交互项显著后继续进行的简单效应分析，也可以通俗地理解为交互项的多重比较分析；"效应量"复选框用于输出方差分析自变量的效应量，根据研究的实际需求勾选即可。以上 3 个复选框可以先勾选，对于是否读取相应的结果，应根据研究需求或研究目的决定。单击"开始分析"按钮，即可获得分析结果。

第 3 步，如果交互项不显著，那么其中有一个或多个自变量显著时，返回分析界面，重新执行第 1 步和第 2 步，并在分析框上方的方法下拉列表中选择合适的多重比较方法，其目的在于针对显著的自变量进行事后多重比较。"事后多重比较"操作界面如图 17-4 所示。

图 17-4 "事后多重比较"操作界面

本案例进行的是双因素方差分析，分析结果主要包括双因素方差分析表、简单效应分析表、事后多重比较表，以及交互作用图。总体来说，当进行双因素分析考察交互项时，应该先分析交互项是否显著。若交互项显著，则继续进行简单效应分析；若交互项不显著但自变量显著，则继续对显著的自变量进行事后多重比较。具体结果分析可参考 9.3 节。

17.2 t 检验

t 检验可以分为独立样本 t 检验、配对样本 t 检验和单样本 t 检验。在问卷研究中，通常使用独立样本 t 检验；如果是实验或"类实验"类问卷研究，那么使用配对样本 t 检验。独立样本 t 检验和配对样本 t 检验只能对两组数据进行比较。例如，男性和女性的差异对比应该使用独立样本 t 检验，而实验前和实验后的差异对比应该使用配对样本 t 检验。单样本 t 检验用于研究数据是否为某个数字。本节分别对独立样本 t 检验、配对样本 t 检验和单样本 t 检验在 SPSSAU 中的操作进行说明。

17.2.1 独立样本 t 检验

对于非实验或"类实验"类问卷研究，如果自变量为分类数据且只包括两种，如将性别分为"男性"和"女性"，将专业分为"理工科"和"文科"，那么可以使用独立样本 t 检验进行分析。本节使用第 6 章的案例数据进行说明，研究不同性别受访者在态度上的差异。独立样本 t 检验在 SPSSAU 中的操作如下。

第 1 步，选择"通用方法"→"t 检验"模块，"t 检验"操作界面如图 17-5 所示。

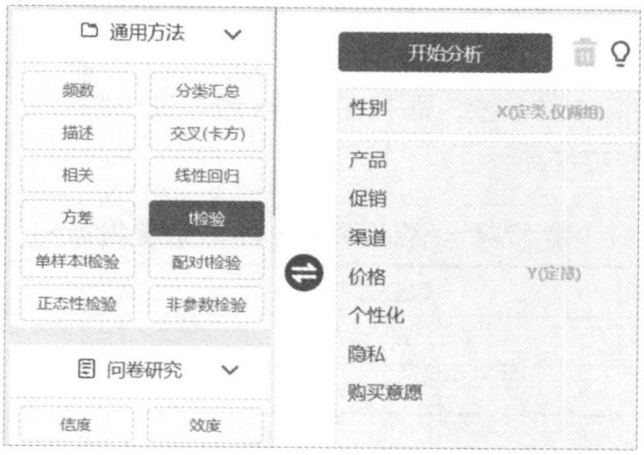

图 17-5　"t 检验"操作界面

第 2 步，将"性别"拖动到"X（定类，仅两组）"框中，将一个或多个因变量拖动到"Y（定量）"框中，单击"开始分析"按钮，即可获得分析结果。

独立样本 t 检验在原则上要求两组数据服从正态分布且方差齐，对于量表类问卷研究，研究人员一般会按数据服从或近似正态分布来进行检验，也可以通过 SPSSAU 中的"通用方法"→"正态性检验"、"可视化"→"直方图"和"可视化"→"P-P/Q-Q 图"等模块进行检验。而针对方差齐性检验，若方差齐则继续进行 t 检验，若方差不齐则自动输出经过校正后的 t 检验结果。使用"通用方法"→"t 检验"模块将自动完成方差齐性检验。当遇到方差不齐的情况时会自动输出经过校正后的 t 检验结果。因此，研究人员可直接读取结果进行分析。t 检验分析结果如表 17-6 所示。

表 17-6　t 检验分析结果

项	性别（平均值±标准差）		t 值	P 值
	男（n=86）	女（n=213）		
产品	3.477±1.013	3.520±0.787	-0.352	0.726
促销	2.564±0.894	2.671±0.930	-0.914	0.362
渠道推广	3.372±0.986	3.357±0.946	0.125	0.901
价格	3.256±0.954	3.451±0.877	-1.695	0.091
个性化服务	3.380±0.960	3.490±0.782	-1.029	0.304
隐私保护	3.791±1.141	4.324±0.876	-3.894	0.000**
购买意愿	3.468±0.784	3.539±0.667	-0.788	0.431

备注：**表示 $P<0.01$。

表 17-6 中提供了各因变量在男性组和女性组的样本量、平均值和标准差，是常见的需要报告的结果。其中，需要重点注意的是 t 检验的 t 值和 P 值。当 P 值小于 0.05 时，说明因变量在两个组之间是存在显著性差异的，或两个组之间的显著性差异具有统计学意义；当 P 值大于 0.05 时，说明因变量在两个组之间不存在显著性差异。例如，男性组和女性组

基于产品的态度平均水平分别为 3.477、3.520，两个组之间不存在显著性差异（t=-0.352，P=0.726>0.05）；男性组和女性组基于隐私保护的态度平均水平分别为 3.791、4.324，两个组之间存在显著性差异（t=-3.894，P=0.000<0.01）。

如果研究人员希望报告效应量，那么在进行 t 检验时一般使用 Cohen's d 值。t 检验深入分析-效应量指标如表 17-7 所示。

表 17-7　t 检验深入分析-效应量指标

项	联合方差	Cohen's d 值
产品	0.735	0.05
促销	0.846	0.117
渠道推广	0.917	0.016
价格	0.81	0.217
个性化服务	0.7	0.131
隐私保护	0.92	0.556
购买意愿	0.494	0.101

Cohen's d 值=差值的绝对值/标准差，标准差=Sqrt（联合方差），通常效应量小、中、大的区分临界点分别是 0.20、0.50 和 0.80。例如，表 17-7 中的隐私保护在男性组与女性组之间存在显著性差异（P<0.01），Cohen's d 值为 0.556，表示中等效应。对于是否需要报告效应量，研究人员可根据研究的实际情况，以及学术要求进行选择。

17.2.2　配对样本 t 检验

配对样本 t 检验在研究设计上区别于独立样本 t 检验，两个组不再是独立的关系，而具有配对特征，如同一批受访者有前测和后测数据。在录入数据时，需要按宽型数据录入，即配对性质的指标按配对 1 变量（如前测）和配对 2 变量（如后测）依次录入，每行都对应一位受访者。配对样本 t 检验在 SPSSAU 中的操作如下。

第 1 步，选择"通用方法"→"配对 t 检验"模块。"配对 t 检验"操作界面如图 17-6 所示。

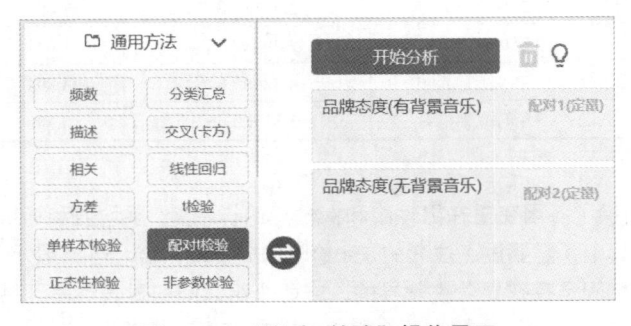

图 17-6　"配对 t 检验"操作界面

第 2 步，本案例按有无背景音乐进行配对，将"品牌态度（有背景音乐）"拖动到"配对 1（定量）"框中，将"品牌态度（无背景音乐）"拖动到"配对 2（定量）"框中。如果一次要分析多对指标，那么注意配对关系需要一一对应。

配对样本 t 检验分析结果如表 17-8 所示。

表 17-8 配对样本 t 检验分析结果

项	配对（平均值±标准差）		差值 (配对 1-配对 2)	t 值	P 值
	配对 1	配对 2			
品牌态度（有背景音乐） 配对 品牌态度（无背景音乐）	3.376±0.962	2.998±1.059	0.379	4.794	0.000**

备注：**表示 $P<0.01$。

本案例主要研究的是在有背景音乐和无背景音乐时受访者的品牌态度有无差异，有背景音乐时的态度值为 3.376，无背景音乐时的态度值为 2.998，配对平均值差值为 3.376-2.998=0.379，t=4.794，P=0.000<0.01。当 P 值小于 0.05 时，表明配对组间存在显著性差异，具有统计学意义，或者说差异显著；当 P 值大于 0.05 时，表明无差异。显然，本案例的分析结果是，在有背景音乐和无背景音乐时受访者的品牌态度差异显著。

配对样本 t 检验同样使用 Cohen's d 值表示效应量，研究人员如果希望报告效应量，那么需要关注表 17-9。

表 17-9 配对样本 t 检验深入分析-效应量指标

项	平均值差值	差值 95% CI	df	差值标准差	Cohen's d 值
品牌态度（有背景音乐） 配对 品牌态度（无背景音乐）	0.379	0.223～0.534	203	1.128	0.336

表 17-9 中的 Cohen's d 值为 0.336，表明在有背景音乐和无背景音乐时受访者对品牌态度的影响为中等。

17.2.3 单样本 t 检验

单样本 t 检验在问卷研究中的使用频率非常低，其目的是研究某个变量或题的平均值是否明显等于某个数字。在量表研究中，如果研究对象为李克特五级量表（1 代表"非常不满意"，2 代表"比较不满意"，3 代表"中立"，4 代表"比较满意"，5 代表"非常满意"），那么可以将变量或题的平均值与 3 进行比较，如果变量或题的平均值明显不等于 3，那么说明样本态度并非中立，且有明显的态度偏好。

本节使用第 6 章的案例数据进行说明。单样本 t 检验在 SPSSAU 中的操作如下。

第 1 步，选择"通用方法"→"单样本 t 检验"模块，将一个或多个待研究的指标拖动到"分析项（定量）"框中。"单样本 t 检验"操作界面如图 17-7 所示。

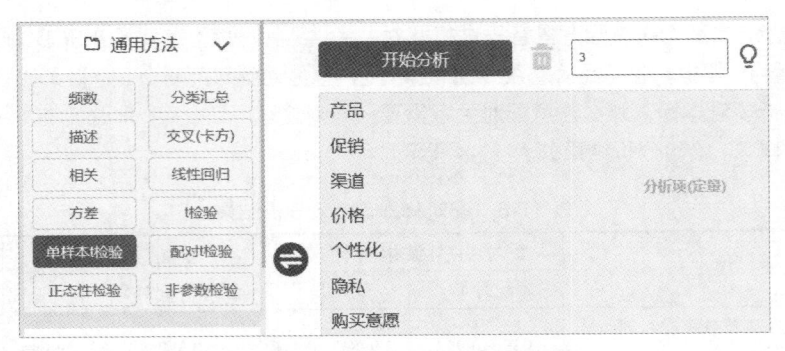

图 17-7 "单样本 t 检验"操作界面

第 2 步，在分析框上方的文本框中手动输入"3"，表述各指标的平均水平。单击"开始分析"按钮，即可获得分析结果。

表 17-10 中列出了样本量、平均值和标准差等，如本案例中购买意愿的平均值是 3.516，大于 3。

表 17-10 单样本 t 检验分析结果

项	样本量	最小值	最大值	平均值	标准差	t 值	P 值
产品	300	1	5	3.504	0.856	10.204	0.000**
促销	300	1	5	2.64	0.918	−6.79	0.000**
渠道推广	300	1	5	3.362	0.955	6.562	0.000**
价格	300	1	5	3.395	0.901	7.59	0.000**
个性化服务	300	1	5	3.458	0.835	9.491	0.000**
隐私保护	300	1	5	4.167	0.989	20.442	0.000**
购买意愿	300	1	5	3.516	0.702	12.721	0.000**

备注：**表示 $P<0.01$。

表 17-10 中的每行都是一个指标的一个分析结果，可以直接读取 t 检验的 t 值和 P 值。当 P 值小于 0.05 时，表明该指标平均水平与 3 有差异；反之，则表明无差异。例如，本案例中购买意愿的平均值是 3.516，对比的检验值为 3，$t=12.721$，$P=0.000<0.01$，说明购买意愿的平均水平与 3 有差异，也就是说，和中立态度存在显著性差异，即在态度上有明显的倾向。如果研究人员希望报告效应量，那么可以继续读取和分析 Cohen's d 值。

17.3 卡方分析

卡方分析是一种研究不同分类数据之间差异关系的方法，在量表类问卷研究中共分为两种，分别是单选题卡方分析和多选题卡方分析。本节使用第 11 章的案例数据进行说明。

17.3.1 单选题卡方分析

单个单选题一般进行频数分析，如果是两个单选题交叉那么可通过卡方分析获得它们的关系，如希望了解是否使用过理财产品，以及性别之间有无关系。单选题卡方分析在 SPSSAU 中的操作如下。

第 1 步，选择"通用方法"→"交叉（卡方）"模块，将"性别"作为自变量拖动到"X（定类）"框中，将一个或多个单选题拖动到"Y（定类）"框中，如此处拖入"您是否使用过理财产品""您使用过哪种互联网理财产品"。"交叉（卡方）"操作界面如图 17-8 所示。

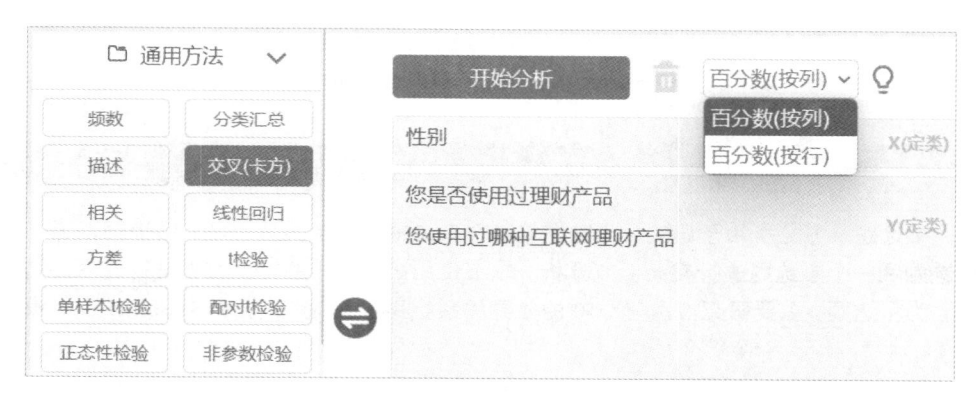

图 17-8 "交叉（卡方）"操作界面

第 2 步，在分析框上方的百分数下拉列表中选择"百分数（按列）"选项或"百分数（按行）"选项，因为 SPSSAU 在分析时是将分组变量作为列的，所以通常采用默认设置，即选择"百分数（按列）"选项即可。如果希望了解按行计算的百分数，那么研究人员可选择"百分数（按行）"选项。单击"开始分析"按钮，即可获得分析结果。

本案例中的数据用于研究不同性别（Q2）的样本在 Q9（您是否使用过理财产品）和 Q11（您使用过哪种互联网理财产品）上的差异情况。其核心结果是交叉（卡方）分析结果表，可直接依据卡方分析的 P 值判断两个单选题有无关系或不同分组变量下目标变量的各分类水平分布的差异，对本案例的解读具体可参考 11.3.2 节。

除可以报告交叉（卡方）分析结果表外，研究人员也可以考虑报告频数分布的堆积柱形图，如用于描述不同性别样本使用过哪些互联网理财产品频数分布的堆积柱形图，如图 17-9 所示。

从比例分布来看，男性样本与女性样本基于互联网理财产品的分布基本一致，具体是否有差异可通过卡方分析的 P 值进行判断。本案例的分析结果是不同性别样本对互联网理财产品的使用分布无差异（$\chi^2=6.778$，$P=0.148>0.05$）。

图 17-9 频数分布的堆积柱形图

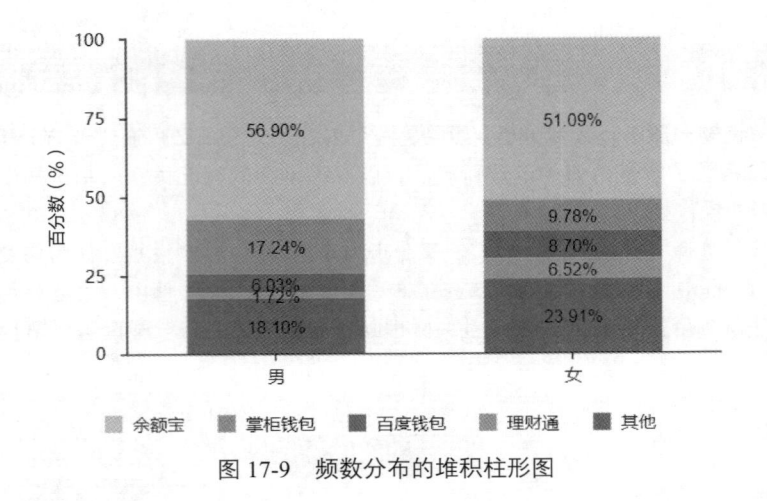

17.3.2 多选题卡方分析

多选题卡方分析用于研究分类数据与某个多选题的差异关系，可通俗地理解为一个单选题和一个多选题进行交叉卡方分析。本节使用第 11 章的案例数据进行说明，其中 Q10 为多选题，主要研究性别与 Q10 的差异关系。多选题卡方分析在 SPSSAU 中的操作如下。

第 1 步，选择"问卷研究"→"单选-多选"模块，将"性别"拖动到"X（定类）【可选】"框中，将多选题的全部选项拖动到"1 个多选题对应选项"框中，因为本案例中的 Q10 由 6 个选项组成，所以拖动上述 6 个选项。"单选-多选"操作界面如图 17-10 所示。

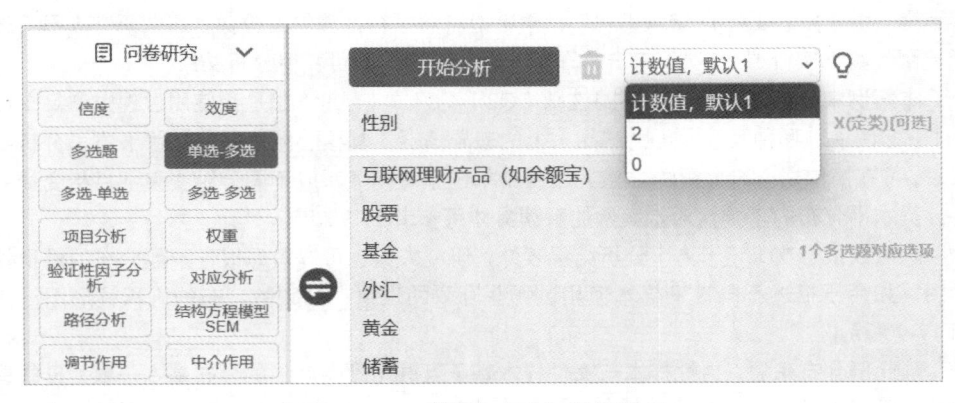

图 17-10 "单选-多选"操作界面

第 2 步，分析框上方的计数值下拉列表中默认选择"计数值，默认 1"选项，一般来说，在录入问卷多选题数据时采用二分法，有几个选项就录入几个变量，每个变量都只有 0 和 1 两种编码，数字 1 表示选中，数字 0 表示未选中。如果有些研究在录入数据时不按数字 1 进行编码，如数字 2 或数字 0 表示选中，那么在计数值下拉列表中选择"2"选项或"0"选项即可。单击"开始分析"按钮，即可获得分析结果。

  SPSSAU 会先建立多重响应集，然后统计多选题的频数，最后和多选题进行交叉卡方分析。分析结果主要包括交叉汇总表、响应率和普及率汇总表，在交叉汇总表底部会展示交叉卡方分析的卡方统计量与 P 值，依据 P 值判断不同样本的选择是否差异显著。当 P 值小于 0.05 时，说明不同组的样本在某个指标的分布上差异显著。本案例的交叉汇总表可参考 11.3.2 节的相应内容。

第 18 章

聚类与因子分析和权重计算在 SPSSAU 中的操作

18.1 节主要介绍 K-prototype 聚类分析、K-均值聚类分析、分层聚类分析在 SPSSAU 中的操作；18.2 节主要介绍因子分析的探索因子功能与指标权重计算功能；18.3 节和 18.4 节主要介绍常用的主观赋权方法——层次分析法权重计算方法，以及常用的客观赋权方法——熵值法权重计算方法。18.5 节主要介绍 CRITIC 权重计算方法、信息量权重计算方法、独立性权重计算方法。

18.1 聚类分析

在 SPSSAU 中，聚类分析共有 3 种，分别是 K-prototype 聚类分析、K-均值聚类分析和分层聚类分析。这 3 种聚类分析各有应用场景，对样本聚类推荐使用 K-prototype 聚类分析、K-均值聚类分析。分层聚类分析本身是一种既可以对样本聚类又可以对变量聚类的方法。需要强调的是，SPSSAU 的分层聚类分析主要用于对变量聚类。关于聚类分析思路，读者可参考第 10 章。本节使用第 10 章的案例数据，分别对 K-prototype 聚类分析、K-均值聚类分析和分层聚类分析在 SPSSAU 中的操作进行说明。

18.1.1 K-prototype 聚类分析

K-prototype 聚类分析属于划分聚类的方法，适用于定量数据和分类数据混合的情况，扩展了 K-means 聚类的适用范围。在第 10 章对旅游消费者的类别特征分析中，已经通过 EFA 提取到"分享""关注""便捷性""从众效应""负面评论"5 个因子，并按各因子对应的题计算各因子的平均值。现在研究人员希望基于这 5 个因子，以及受访者的年龄段来尝试对样本进行聚类，这 5 个因子均为定量数据，年龄段是分类数据，由于参与聚类的变量同时存在定量数据和分类数据，因此采用 K-prototype 聚类分析（仅用于方法介绍，不讨论聚类依据的理论）。K-prototype 聚类分析在 SPSSAU 中的操作如下。

第 1 步，选择"进阶方法"→"聚类"模块，将"分享""关注""便捷性""从众效应""负面评论"拖动到"分析项（定量）【可选】"框中，将"年龄段"拖动到"分析项（定类）【可选】"框中。"聚类"操作界面如图 18-1 所示。

图 18-1 "聚类"操作界面

K-prototype 聚类的优势是在定量数据和分类数据混合的情况下进行聚类。在"进阶方法"→"聚类"模块中，默认只要纳入分类数据，就自动执行 K-prototype 聚类；如果没有纳入定量数据，那么自动执行 K-均值聚类。

第 2 步，在分析框上方的"聚类个数"下拉列表中选择具体的聚类个数，系统默认聚成 3 类，研究人员需要根据专业经验对聚类个数有所预期，主动设置聚类个数，如果不太确定，那么可以采用遍历的形式，即多次聚类，每次设定不同的聚类个数。例如，分 3 次测试聚成 3 类、4 类、5 类的聚类结果，根据聚类结果的评价决定最终的类别。本案例设置聚成 3 类。

第 3 步，如果定量数据单位不一致，那么需要对其进行标准化处理，一般建议勾选"标准化"复选框。对于"保存类别"复选框，如果对聚类个数确定，那么可以直接勾选；如果需要反复遍历讨论，那么可以在最后讨论清晰后再勾选，以输出聚类结果。单击"开始分析"按钮，即可获得分析结果。

聚类类别基本情况如表 18-1 所示。

表 18-1 聚类类别基本情况

聚类类别	频数	百分比
cluster_1	102	24.06%
cluster_2	164	38.68%
cluster_3	158	37.26%
合计	424	100%

表 18-1 中列出了聚成 3 类的频数和百分比，展示的是各类的规模。其中，3 类的百分比依次为 24.06%、36.68%、37.26%，为相对均衡的情况，即没有过大或过小的类别，过大或过小的类别可能不符合现实情况。可基于类别规模数据（频数、百分比）绘制可视化图，用于直观展示、观察。聚成 3 类的百分比环形图如图 18-2 所示。

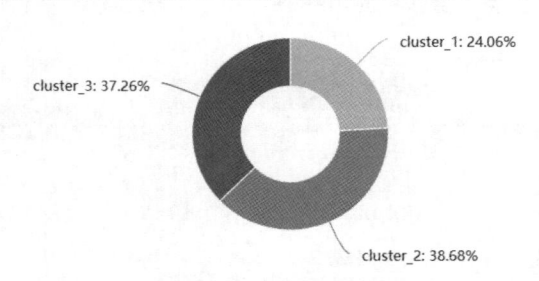

图 18-2 聚成 3 类的百分比环形图

获得聚类结果后，研究人员可将聚类结果作为分组变量，反过来研究不同类别聚类变量的差异。如果差异显著，那么认为该变量在聚类结果中存在鉴别或区分能力；反之，认为该变量对聚类的意义较小。这样的分析，也可以反映和总结各类别的特征。

本案例中针对 5 个因子采取的是方差分析，聚类类别方差分析差异对比结果如表 18-2 所示。

表 18-2 聚类类别方差分析差异对比结果

项	聚类类别方差分析差异对比结果（平均值±标准差）			F 值	P 值
	cluster_1（n=102）	cluster_2（n=164）	cluster_3（n=158）		
分享	2.553±0.509	2.920±0.484	3.620±0.450	172.067	0.000**
关注	3.120±0.697	2.933±0.578	3.940±0.492	132.207	0.000**
便捷性	3.895±0.487	3.105±0.541	4.057±0.470	160.316	0.000**
从众效应	4.015±0.591	2.799±0.621	3.835±0.627	164.95	0.000**
负面评论	3.853±0.643	2.963±0.633	3.392±0.752	54.334	0.000**

备注：**表示 $P<0.01$。

表 18-2 中的 5 个因子在 3 类中的差异均具有统计学意义（P=0.000<0.01），说明 5 个因子在聚类过程中存在区分能力。

聚类类别交叉（卡方）分析结果如表 18-3 所示。

表 18-3 聚类类别交叉（卡方）分析结果

年龄段	Cluster_Kprototype_136624			总计	χ^2	P 值
	cluster_1	cluster_2	cluster_3			
31 岁以下	35(34.314)	59(35.976)	72(45.570)	166(39.151)	10.02	0.040*
31～50 岁	60(58.824)	93(56.707)	84(53.165)	237(55.896)		
50 岁以上	7(6.863)	12(7.317)	2(1.266)	21(4.953)		
总计	102	164	158	424		

备注：*表示 $P<0.05$。

在表 18-3 中，χ^2=10.02，P=0.040<0.05，3 类在不同年龄段的分布差异具有统计学意义，反映出年龄段在聚类过程中存在区分能力。将表 18-3 中的类别与年龄段的交叉频数、百分比绘制成堆积柱形图，如图 18-3 所示。

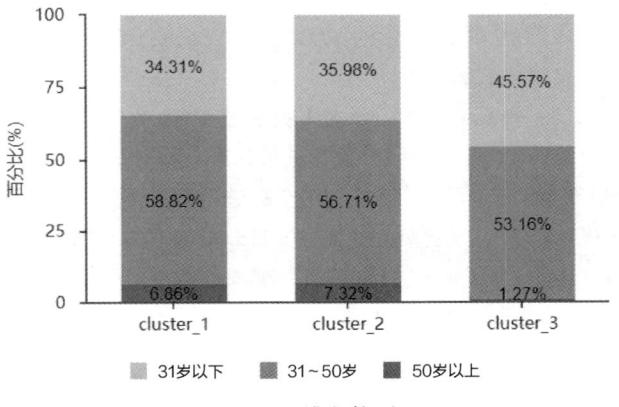

图 18-3 堆积柱形图

可以发现，cluster_3 主要是 50 岁以上的样本，另外两类的年龄分布相对接近。

此外，值得研究人员关注的结果是平均轮廓系数，它出现在聚类中心表底部。本次聚类的平均轮廓系数为 0.294，单独显示一个轮廓系数意义较小，其一般用于多次聚类结果的比较上。若轮廓系数接近 1 则表示聚类结果相对较好，可在多个聚类结果的轮廓系数之间进行比较，辅助评价聚类结果。

而类特征的总结和类的命名主要由研究人员依据上述分析结果主观完成。感兴趣的读者可针对本案例的分析结果进行尝试，暂且将 cluster_1 命名为"意见敏感旅游者"，将 cluster_2 命名为"随和自在旅游者"，将 cluster_3 命名为"旅游达人"。

18.1.2　K-均值聚类分析

K-均值聚类分析的优点是适合大样本数据，缺点是无法自动判定最优聚类类别个数，必须由研究人员提前指定，且无法对分类数据进行聚类分析。K-均值聚类分析和 K-prototype 聚类分析共用一个"进阶衣服"→"聚类"模块，二者在操作上是一致的，唯一的区别在于 K-均值聚类分析不支持定类变量。

例如，18.1.1 节中案例的第 1 步操作是选择"进阶方法"→"聚类"模块，将"分享""关注""便捷性""从众效应""负面评论"拖动到"分析项（定量）【可选】"框中，K-均值聚类分析除不支持定类变量外，其他操作与 K-prototype 聚类分析的操作完全一致。二者的分析结果也是类似的，相关解读可参考 10.3.3 节、10.3.4 节，此处不再赘述。

18.1.3　分层聚类分析

分层聚类分析，又称系统聚类分析，可以分别对样本和变量进行聚类分析，此处强调 SPSSAU 默认的分层聚类是针对变量进行聚类分析的。在问卷研究中，对变量进行聚类分析的需求是比较少见的。当涉及变量降维分析时，通常会采用 EFA、主成分分析、对应分析等方法。鉴于此，本节使用第 10 章的案例数据，仅简要介绍分层聚类分析的操作，不涉及案例分析本身的合理性或科学性。

在旅游消费者的类别特征分析中，研究人员通过 EFA 探究出"分享""关注""便捷性""从众效应""负面评论"5 个因子，且在进行效度分析时删除了 Q13、Q23、Q29，最终使用 17 个题测量 5 个因子。下面针对该 17 个题进行分层聚类分析，尝试从分层聚类分析的角度了解这些题的类别。分层聚类分析在 SPSSAU 中的操作如下。

第 1 步，选择"进阶方法"→"分层聚类"模块，将待分析的量表题拖动到"分析项（定量）"框中。"分层聚类"操作界面如图 18-4 所示。

第 2 步，在"分析项（定量）"框上方的"聚类个数"文本框中输入指定的聚类个数。和 K-prototype 聚类分析、K-均值聚类分析类似，分层聚类分析也是由研究人员根据理论，结合专业经验先指定一个预期的聚类个数，如果专业上说不清楚聚成几类，那么考虑采用遍历的形式，多次聚类，每次聚类均指定一个具体的聚类个数，如遍历 3～5 类，对聚类结果进行讨论，最终确定聚类个数。本案例直接输入"5"，即检验分层聚类分析的聚类结果是否与因子分析结果有某种关系。单击"开始分析"按钮，即可获得分析结果。

图 18-4　"分层聚类"操作界面

分层聚类分析结果包括聚类项描述分析表、聚类类别分布表、聚类树状图等。聚类项描述分析表主要输出聚类变量的统计信息，包括最小值、最大值、平均值、标准差及中位数；聚类类别分布表则具体报告聚类变量的类别归属，列出各聚类变量及其所属的类别编号。

聚类树状图如图 18-5 所示。

图 18-5 直观地展示了聚类过程。图 18-5 中有一条竖线与横线垂直相交，左右移动竖线可观察不同的聚类结果。例如，图 18-5 中竖线所处的位置在约 0.13 的距离尺度下，17 个题聚成 5 类（与横线产生 5 个交叉点），显然 Q14～Q17 为一类，刚好对应前面 EFA 的关注因子；Q18、Q19、Q22、Q24、Q25 为一类，对应分享因子；Q20、Q21 为一类，对应负面评论因子；Q11、Q12 为一类，对应从众效应因子；剩余的题为一类，对应便捷性因子。

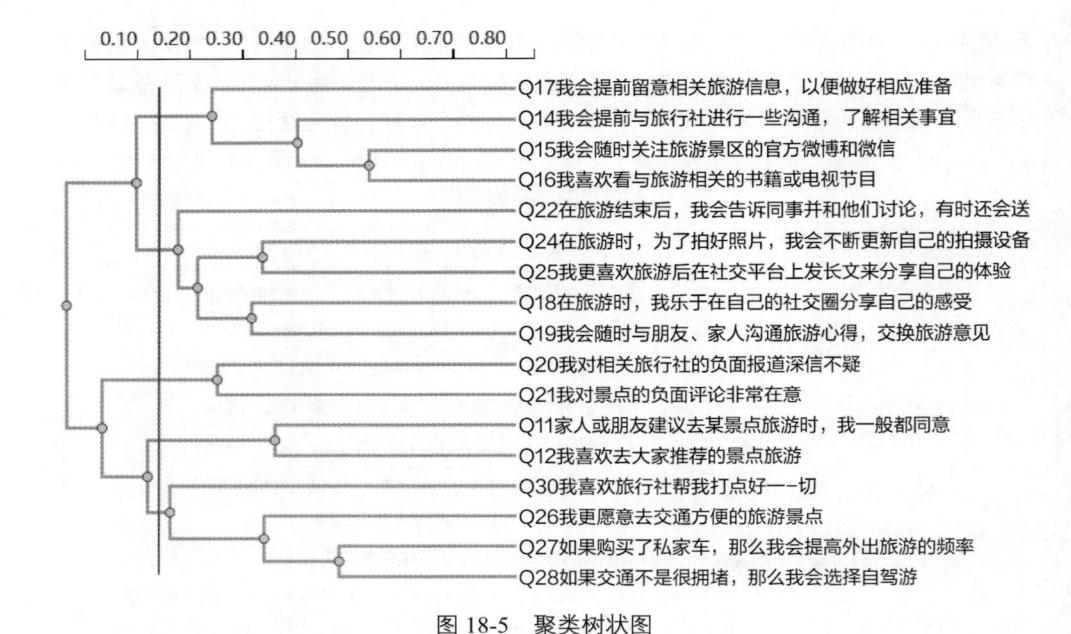

```
    0.10  0.20  0.30  0.40  0.50  0.60  0.70  0.80
```

                                    Q17我会提前留意相关旅游信息，以便做好相应准备
                                    Q14我会提前与旅行社进行一些沟通，了解相关事宜
                                    Q15我会随时关注旅游景区的官方微博和微信
                                    Q16我喜欢看与旅游相关的书籍或电视节目
                                    Q22在旅游结束后，我会告诉同事并和他们讨论，有时还会送
                                    Q24在旅游时，为了拍好照片，我会不断更新自己的拍摄设备
                                    Q25我更喜欢旅游后在社交平台上发长文来分享自己的体验
                                    Q18在旅游时，我乐于在自己的社交圈分享自己的感受
                                    Q19我会随时与朋友、家人沟通旅游心得，交换旅游意见
                                    Q20我对相关旅行社的负面报道深信不疑
                                    Q21我对景点的负面评论非常在意
                                    Q11家人或朋友建议去某景点旅游时，我一般都同意
                                    Q12我喜欢去大家推荐的景点旅游
                                    Q30我喜欢旅行社帮我打点好一一切
                                    Q26我更愿意去交通方便的旅游景点
                                    Q27如果购买了私家车，那么我会提高外出旅游的频率
                                    Q28如果交通不是很拥堵，那么我会选择自驾游

图 18-5 聚类树状图

从聚类的角度来看，聚类树状图可以辅助研究人员评价和判断题的结构。在实际问卷研究中，较少对变量进行聚类。读者如果对变量聚类感兴趣，可参考其他专业书籍或资料。

18.2 因子分析探索因子与指标权重计算

因子分析共有 3 种功能，分别是探索因子、结构效度分析和指标权重计算，这 3 种功能在 SPSSAU 中的操作涉及"进阶方法"→"探索性因子"模块和"问卷研究"→"效度"模块，二者在原理上是一样的，只是在操作及分析目的上略有侧重。本节使用第 8 章的案例数据，分别对探索因子与指标权重计算在 SPSSAU 中的操作进行说明。

18.2.1 探索因子功能

当使用因子分析的探索因子功能时，需要结合主观上对因子的判断，且多次重复操作，删除不合理的题，最终找到因子与题的对应关系，对因子命名。因子分析的探索因子功能在 SPSSAU 中的操作如下。

第 1 步，选择"进阶方法"→"探索性因子"模块。

第 2 步，将标题框中的量表题拖动到"分析项（定量）"框中。"探索性因子"操作界面如图 18-6 所示。

图 18-6 "探索性因子"操作界面

第 3 步，在"分析项（定量）"框上方的"因子个数"下拉列表中选择希望提取的因子个数，也可以由 SPSSAU 按因子分析的原理自动确认因子个数。一般在量表研究中，研究人员在设计量表之初已经结合理论或专业知识对因子个数有过思考，此时可直接选择理论因子个数，如本案例选择因子个数为 4。单击"开始分析"按钮，即可获得分析结果。

对于一些研究，如从国外首次引进新量表，鉴于国内与国外的文化差异，建议对理论因子个数及实际因子个数范围进行探究。例如，原量表中包括 5 个因子，考虑到国内与国外的文化差异，可能会出现 2 个因子合并的情况，或 1 个因子可拆分为 2 个因子的情况。因此，可由算法自动提取因子个数或在 4～6 个因子之间进行结果的对比和探究。

默认旋转方法是最大方差旋转法，该方法可使因子载荷系数更接近 0 和 1，有助于判断题和因子的对应关系；可根据分析需求决定是否输出相关系数矩阵，一般不输出；因子得分和综合得分一般在综合评价类问卷研究中使用，在量表类问卷研究中较少使用，可以不输出。

因子分析结果较多，针对探索因子功能，主要涉及 KMO 值和 Bartlett 球形检验、方差解释率、旋转后因子载荷系数等结果。

KMO 值和 Bartlett 球形检验如表 18-4 所示。

表 18-4　KMO 值和 Bartlett 球形检验

KMO 值		0.833
Bartlett 球形检验	近似卡方值	913.723
	df	66
	P 值	0.000

KMO 值为 0.833，大于 0.7（最低标准应大于 0.5），且 Bartlett 球形检验对应的 P 值为 0.000，小于 0.05，说明数据适合进行 EFA。

方差解释率（仅展示部分行）如表 18-5 所示。

表 18-5 方差解释率（仅展示部分行）

因子编号	特征值			旋转前方差解释率			旋转后方差解释率		
	特征值	方差解释率（%）	累积方差解释率（%）	特征值	方差解释率（%）	累积方差解释率（%）	特征值	方差解释率（%）	累积方差解释率（%）
1	5.130	42.749	42.749	5.130	42.749	42.749	2.809	23.409	23.409
2	1.803	15.028	57.777	1.803	15.028	57.777	2.295	19.126	42.535
3	1.250	10.413	68.190	1.250	10.413	68.190	2.051	17.088	59.623
4	0.982	8.180	76.370	0.982	8.180	76.370	2.010	16.747	76.370
…	…	…	…	…	…	…	…	…	…
12	0.191	1.593	100.000	—	—	—	—	—	—

本案例共提取 4 个因子（自行设置的因子个数为 4），且总累积方差解释率为 76.370%，各因子的旋转后方差解释率均在 10% 以上，说明 EFA 结果良好。如果本案例不指定因子个数为 4，那么仅能输出 3 个因子。其原因在于第 4 个因子的旋转前特征值（初始特征值）为 0.982（软件通常以旋转前特征值大于 1 为标准输出因子个数）。

旋转后因子载荷系数如表 18-6 所示。

表 18-6 旋转后因子载荷系数

名称	因子载荷系数				共同度
	因子1	因子2	因子3	因子4	
A1 休假制度	0.875	0.115	-0.086	0.075	0.792
A2 资金制度	0.784	0.087	0.272	0.203	0.738
A3 工资水平	0.753	0.024	0.356	0.311	0.791
A4 晋升制度	0.721	0.262	0.355	-0.067	0.719
B1 领导风格	0.108	0.903	0.064	0.166	0.858
B2 领导管理水平	0.097	0.875	0.159	0.105	0.811
B3 管理制度	0.191	0.624	0.347	0.315	0.645
C1 员工建议采纳情况	0.399	0.114	0.772	-0.202	0.809
C2 员工参与管理情况	0.269	0.346	0.689	0.224	0.717
C3 工作才能充分发挥情况	0.015	0.14	0.675	0.477	0.703
D1 工作挑战性	0.099	0.166	-0.018	0.877	0.808
D2 工作趣味性	0.204	0.235	0.199	0.798	0.773

备注：灰色背景色表示因子载荷系数的绝对值大于 0.4。

旋转方法：最大方差旋转法。

表 18-6 为探索因子分析的核心结果,探索到的 4 个因子对应的题个数分别为 4、3、3 和 2。依据因子载荷系数大于 0.4 或 0.5 的标准来判断题的代表性归属关系,未发现"张冠李戴"和"纠缠不清"的题(本案例数据已进行处理,不需要删除题)。此外,表 18-6 中还报告了共同度,最小为 0.645,均大于 0.6,说明因子可以很好地提取各题的信息。共同度通常以大于 0.4 为标准,如果小于 0.4,那么说明因子不能很好地提取题的信息。除了可以以因子载荷系数绝对值的大小和因子与题的对应关系为删除题的标准,还可以结合共同度删除题。如果要分析的题非常多,且可能一次性删除多个题,那么以共同度为删除题的标准较为方便。

依据题与因子载荷系数的情况,结合理论或专业知识,可分别将 4 个因子命名为"福利待遇"、"管理及制度"、"员工自主性"和"工作性质",具体分析可参考 8.3.1 节和 8.3.2 节。

18.2.2 指标权重计算功能

因子分析的指标权重计算功能主要用于计算各因子的权重,其在 SPSSAU 中的操作与前面介绍的因子分析的探索因子功能在 SPSSAU 中的操作一致,本节基于表 18-5,利用因子的方差解释率,以及累积方差解释率介绍如何计算因子权重。

基于 18.2.1 节可知,共探索出 4 个因子,分别是"福利待遇"、"管理及制度"、"员工自主性"和"工作性质"。为了便于理解,现在将 4 个因子的旋转后方差解释率、累积方差解释率等数据重新编辑进行汇总展示,如表 18-7 所示。

表 18-7 旋转后方差解释率、累积方差解释率及因子权重

因子编号	因子名称	旋转后方差解释率(%)	累积方差解释率(%)	因子权重(%)
1	福利待遇	23.409	76.370	30.652
2	管理及制度	19.126		25.044
3	员工自主性	17.088		22.375
4	工作性质	16.747		21.929

需要强调的是,在提取因子的过程中,如果有因子旋转,那么在计算权重的过程中使用旋转后的结果。在表 18-7 中,4 个因子的旋转后方差解释率分别是 23.409%、19.126%、17.088% 和 16.747%,这 4 个因子的累积方差解释率为 76.370%,因子权重即旋转后方差解释率占累积方差解释率的百分比。4 个因子的权重分别为 30.652%、25.044%、22.375%、21.929%,这 4 个因子的权重可以直接对比大小。

18.3 层次分析法权重计算

在量表类问卷权重研究中，可使用层次分析法对指标体系的各层指标权重进行计算。在实际研究中，考虑到专家打分的复杂性和积极性，建议针对指标个数较少的情况选择层次分析法计算权重，指标个数过多，可能造成重要性打分困难、一致性差等问题。基于 8.3.3 节的案例数据，在 SPSSAU 中使用层次分析法计算权重的操作如下。

第 1 步，一般邀请多位专家进行重要性打分。首先将多位专家的判断矩阵合并为一个判断矩阵，通常采用几何平均值的方式进行计算，具体计算过程可以采用 Excel 表格完成。例如，邀请 3 位专家对 4 个因子进行重要性打分，获得 3 个 4 阶的判断矩阵，使用几何平均值方式，将 3 位专家的看法合并为一个 4 阶的判断矩阵。合并后的 3 位专家的判断矩阵如表 18-8 所示。

表 18-8 合并后的 3 位专家判断矩阵

指标	因子 1	因子 2	因子 3	因子 4
因子 1	1.00	5.24	6.00	1.26
因子 2	0.19	1.00	0.89	0.23
因子 3	0.17	1.13	1.00	0.24
因子 4	0.79	4.38	4.22	1.00

第 2 步，选择"综合评价"→"AHP 层次分析"模块，如图 18-7 所示。

图 18-7 选择"综合评价"→"AHP 层次分析"模块

第 3 步，图 18-8 所示为"AHP 层次分析"操作界面，有两种录入数据的方式，默认为手动录入。

选择"计算方式"为"和积法（默认）"，根据实际情况选择具体的判断矩阵阶数，如本案例选择"判断矩阵阶数"为"4"。在底部的白色单元格区域中录入数据，录入数据后，SPSSAU 会自动根据倒数计算矩阵中对称的其他数据。此时应注意，小数点取舍的不同会导致计算结果出现细微差异。

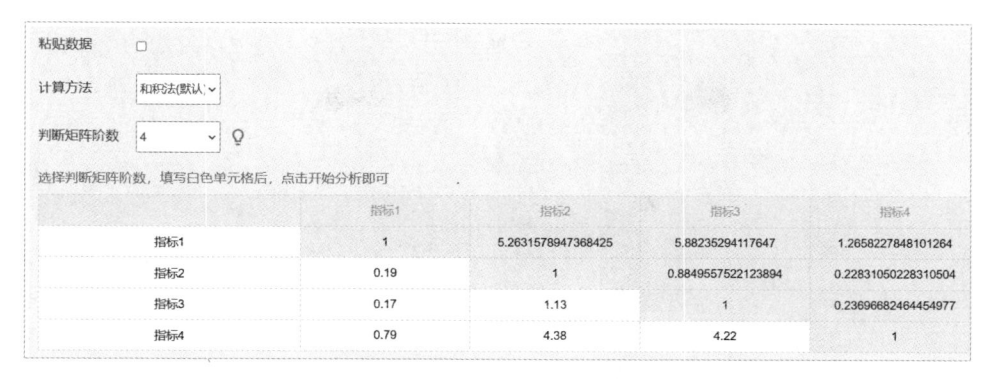

图 18-8 "AHP 层次分析"操作界面

另一种录入数据的方式是将提前准备好的判断矩阵复制并粘贴到 SPSSAU 的单元格区域中，需要勾选"粘贴数据"复选框以进行界面的切换，如图 18-9 所示。

图 18-9 勾选"粘贴数据"复选框

仍然选择"计算方式"为"和积法（默认）"，把判断矩阵从 Excel 表格中复制并粘贴到图 18-9 的白色单元格区域中。在复制与粘贴数据时需注意，只复制指标的数据，若为 k 阶矩阵，则只复制 k 列数据即可。

第 4 步，采取以上两种方式的其中一种录入数据后，单击"开始分析"按钮，即可获得分析结果。

分析结果包括 AHP 层次分析结果表（用于报告权重）、一致性检验结果表（用于检验一致性）。对本案例这两个表格结果的展示和分析，详见 8.3.3 节。分析结果除了可以包括表格，还可以包括根据指标的权重绘制的权重柱形图，以便直观地观察和进行对比与分析。权重柱形图如图 18-10 所示。

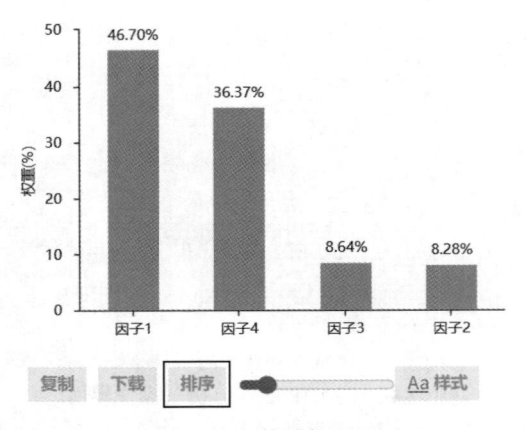

图 18-10 权重柱形图

单击图 18-10 中的"排序"按钮，即可基于权重降序或升序排列。

18.4 熵值法权重计算

熵代表不确定性或离散程度，一个指标的熵值越大，其不确定性越高，有效信息量越少，相应赋予较低的权重；反之，一个指标的熵值越小，其不确定性越低，有效信息量越大，相应赋予较高的权重。在原理上需要对数据进行预处理和非负平移，计算信息熵值、计算信息效用值等多个步骤。在 SPSSAU 中使用熵值法计算权重的操作如下。

第 1 步，选择"综合评价"→"熵值法"模块，将待计算权重的指标拖动到"分析项（定量）"框中。"熵值法"操作界面如图 18-11 所示。

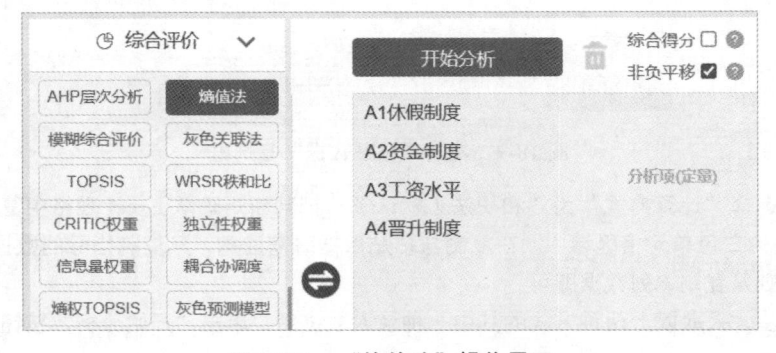

图 18-11 "熵值法"操作界面

在问卷指标体系研究中，使用熵值法可针对因子进行权重计算，也可针对量表题进行权重计算。图 18-11 中展示的是对"福利待遇"因子下 4 个量表题进行权重计算。需要注意，应提前对指标进行预处理，如正向化、适度化等操作。

第 2 步，在"分析项（定量）"框上方勾选"非负平移"复选框。这是因为在计算权重的过程中需要对数据进行对数函数的变换，要求指标大于 0，非负平移即给观测指标统一加一个平移值，从而使该指标的所有数据不为负，由 SPSSAU 自动完成。一般不勾选"综合得分"复选框。单击"开始分析"按钮，即可获得计算结果。

熵值法权重计算结果如表 18-9 所示。

表 18-9　熵值法权重计算结果

名称	信息熵值	信息效用值	权重（%）
A1 休假制度	0.986	0.014	22.98
A2 资金制度	0.9848	0.0152	25.07
A3 工资水平	0.9787	0.0213	34.98
A4 晋升制度	0.9897	0.0103	16.97

表 18-9 中的信息熵值、信息效用值均为中介结果，主要应关注权重，A1～A4 的权重依次为 22.98%、25.07%、34.98%、16.97%。另一个结果是针对权重绘制的柱形图，可根据实际情况选择。

18.5　CRITIC 权重计算及其他权重计算

使用熵值法计算权重的应用较为广泛，此外 SPSSAU 还提供了"综合评价"→"CRITIC 权重"、"信息量权重"及"独立性权重"等模块，用于客观地计算权重的方法。进行 CRITIC 权重计算时在考虑指标变异性大小的同时应兼顾指标之间的相关性；信息量权重计算是指利用观测指标的变异系数这一单一依据计算权重；独立性权重计算是指利用观测指标之间的相关性计算权重。在选择方面，这 3 种权重计算方法各有优劣，详见 8.2.4 节。

这 3 种权重计算的操作基本相同，具体操作如下。

第 1 步，选择"综合评价"→"CRITIC 权重"模块、"信息量权重"模块或"独立性权重"模块，将待计算权重的指标拖动到"分析项（定量）"框中。这里以选择"综合评价"→"CRITIC 权重"模块为例进行介绍，"CRITIC 权重"操作界面如图 18-12 所示。

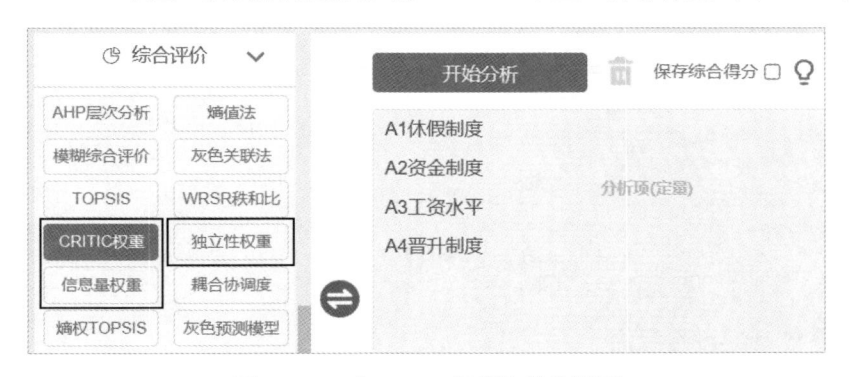

图 18-12　"CRITIC 权重"操作界面

第 2 步，一般不勾选"保存综合得分"复选框。单击"开始分析"按钮，即可获得计算结果。

本案例将上述权重计算结果重新编辑进行汇总展示，如表 18-10 所示。

表 18-10 CRITIC 权重、信息量权重和独立性权重

名称	CRITIC 权重（%）	信息量权重（%）	独立性权重（%）
A1 休假制度	26.07	24.20	27.00
A2 资金制度	23.30	25.09	22.95
A3 工资水平	27.30	30.10	23.14
A4 晋升制度	23.34	20.61	26.90

针对"福利待遇"因子的 A1～A4 可知，3 种权重总体上分布较为均衡，但在细节上存在差异，在选择方面没有固定的标准，研究人员可根据专业经验进行选择。

第 19 章

市场调研在 SPSSAU 中的操作

从分析方法来看,常见的文本分析包括词云分析、情感分析、聚类分析、社会网络分析、LDA 主题分析等。市场调研方法涉及多个方面,如需求调研中的 Turf 模型、KANO 模型、联合分析模型,满意度调研中的 IPA 模型、NPS 模型,价格调研中的 PSM 模型等。本节主要介绍市场调研在 SPSSAU 中的操作。

19.1 文本分析

在 12.2.1 节有介绍，文本分析属于自然语言处理技术，在 SPSSAU 中的具体操作将由"文本分析"模块完成，本节以第 12 章的案例数据介绍该模块的使用。

19.1.1 分词、词云清洗与分析

文本分析中最基础的操作是对文本进行分词，将文本分成一个一个的词汇，在分词过程中还需要进行词云清洗，剔除符号和停用词，加入新词等，具体操作如下。

第 1 步，选择"文本分析"模块，将会打开一个新的专用网页，核心区域界面如图 19-1 所示。

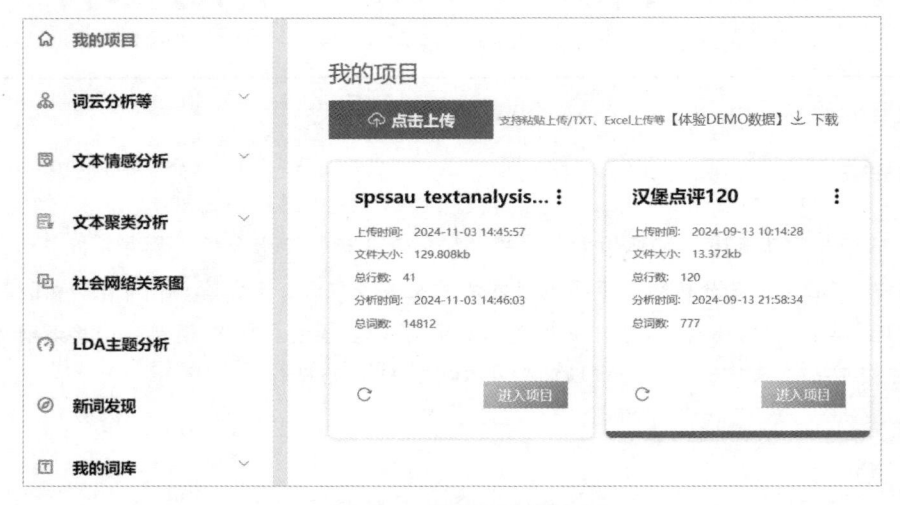

图 19-1　核心区域界面

在图 19-1 中，左侧为具体分析方法及词库，右侧为"我的项目"区域，用于展示研究人员历史和当前处理过的分析项目，单击"进入项目"按钮，即可打开项目分析和结果展示界面。

第 2 步，在"我的项目"区域中单击"点击上传"按钮，打开文本上传界面，如图 19-2 所示。

SPSSAU 支持两种数据上传方式，一种是直接将整理好的文本复制并粘贴到"或粘贴文本进行上传"框中，如先将文本整理为 TXT 格式，再将文本复制并粘贴到"或粘贴文本进行上传"框中；另一种是单击上方的"点击上传"按钮，从计算机端读取 TXT、XLS、XLSX、CSV 等格式的数据文件，一般整理为 TXT 文档或 Excel 表格即可。对于文本文件

的原始格式，一般一行是一条文本，只需要一列，即文本按行录入。

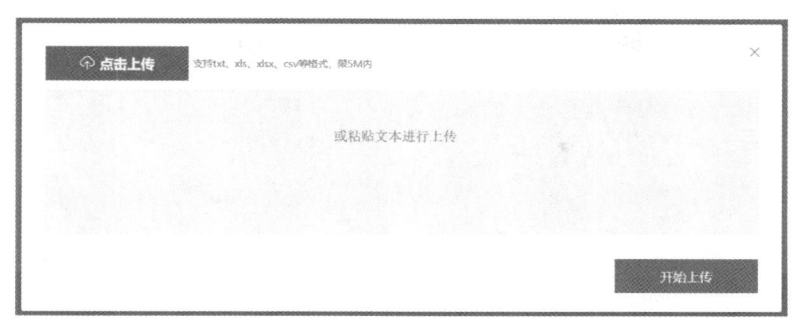

图 19-2　文本上传界面

第 3 步，数据上传成功后，将作为一个项目自动出现在核心区域界面的"我的项目"区域中，如本案例中的"汉堡点评 120"。建立项目后，会记录文本的上传时间、文本大小、总行数等基本信息。SPSSAU 会自动进行分词，也可以单击"开始分析"按钮进行分词，显示"正在分析中请等待"，一般分词会在 10 分内完成，分词完成后，"开始分析"将显示为"进入项目"。分词操作界面如图 19-3 所示。

图 19-3　分词操作界面

值得注意的是，当分词过多（通常大于 50 万个）时，SPSSAU 会提示"一键处理"，即删除部分行（通常在 30%左右），此时应先删除一部分数据再次自动分析。就量表类问卷研究来说，基本上不会因分词过多而出现类似的情况。

第 4 步，单击"进入项目"按钮，第 3 步分词的效果往往并不是最佳的，还需要进行分词清洗，添加一些停用词。其具体操作是选择"词云分析"模块，观察分词列表和词云图的预览效果，检查有无对研究无意义的词汇作为停用词，如图 19-4 所示。

在图 19-4 中，中间是分词列表，读者可直接在平台上浏览，也可单击右上角的"下载"按钮，将分词导出到本地详细查阅；右侧是高频词汇的词云图，可设定和调整高频词汇的个数,以及调整词云图的展示效果。在本步骤中,研究人员需要检查在分词列表中有无停用词。

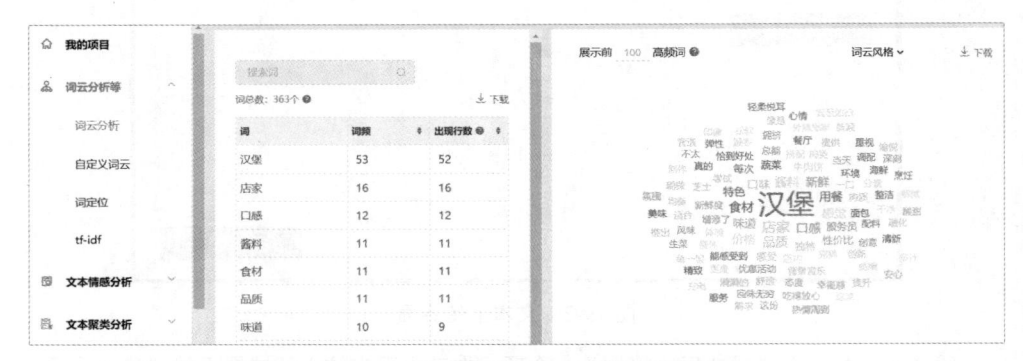

图 19-4 分词列表与词云图的预览效果

第 5 步,结合研究需求,从主观上考虑添加一些对研究有针对性的新词。在左侧选择"新词发现"模块,SPSSAU 会提供一些词汇,如果研究人员认定某些词汇对研究有针对性、有研究的价值,那么可将其确定为新词。"新词发现"操作界面如图 19-5 所示。

图 19-5 "新词发现"操作界面

第 6 步,在左侧选择"新词词库"模块,将第 4 步、第 5 步中确认的一些停用词和新词添加到"新词词库"词库和"停用词"词库中,也可根据实际情况添加一些情感词。"我的词库"操作界面如图 19-6 所示。

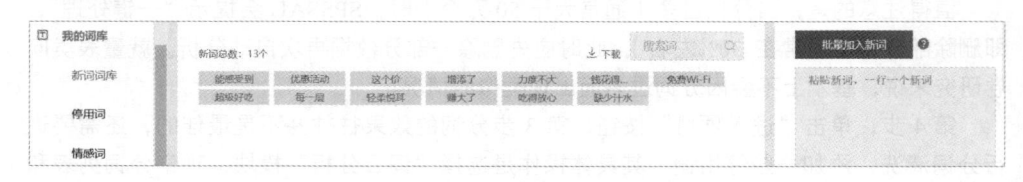

图 19-6 "我的词库"操作界面

由研究人员指定的停用词将被自动从分词结果中剔除,而新词、情感词出现的频次则会被自动统计。通过以上操作,即可获得经过清洗后具有研究价值的分词结果,之后开始其他基于清洗后词汇的研究，如 SPSSAU 会自动完成 TF 词云图及 TF-IDF 词云图的绘制。研究人员可基于词汇与词云图进行词云分析。TF 词云图和 TF-IDF 词云图如图 19-7 所示。

（a）TF 词云图　　　　　　　　　　　（b）TF-IDF 词云图

图 19-7　TF 词云图和 TF-IDF 词云图

19.1.2　情感分析

SPSSAU 提供了两种情感分析方法，分别是按词分析和按行分析。按词分析是指针对提取的词汇进行情感分析；按行分析是指针对原始文本以行为单位或按条进行情感分析。进行分词及词云清洗后，文本情感分析在 SPSSAU 中的操作如下。

第 1 步，进入项目后，选择"文本情感分析"模块。

第 2 步，选择"按词"选项或"按行"选项进行情感分析，二者的应用是有区别的。按行分析适用于分析整篇文本，如一篇新闻稿、一整份专业报告，甚至一整本小说。而在问卷研究中，主要以受访者为基础研究对象，通过问卷收集的文本反映的是受访者的态度或观点。另外，在进行舆情等分析时，主要聚焦的也是受访者的态度或观点。一位受访者的文本在录入时对应的是一行或一条文本。因此，笔者经验上认为按行进行情感分析在问卷研究中更有实际意义。这里选择"按行"选项进行情感分析。按行进行情感分析的操作界面如图 19-8 所示。

图 19-8　按行进行情感分析的操作界面

第 3 步，单击"开始分析"按钮，即可获得分析结果。

每行或每条文本的情感得分与情感倾向如图 19-9 所示。

图 19-9 每行或每条文本的情感得分与情感倾向

使用情感词典可以计算情感得分并判断情感倾向。图 19-9 中出现的情感得分被压缩在 $-1\sim1$ 范围内。当情感得分为负数时，表示情感倾向为负向或偏负向；当情感得分为正数时，表示情感倾向为偏正向或正向。

另外，要对全部文本按行统计情感倾向，可以使用情感倾向分布表和对应的饼图，可以看到各行文本的正向/偏正向、负向/偏负向的情感词。按行进行情感分析的结果如图 19-10 所示。

图 19-10 按行进行情感分析的结果

可以发现,在 120 行文本中,88 行为正向情感语句,6 行为偏正向情感语句,13 行为负向情感语句、13 行为偏负向情感语句,正向/偏正向情感语句占总情感语句的百分比为 73.333%+5.000%=78.333%,可以认为这 120 行文本的情感倾向总体上为正向/偏正向。

19.1.3 聚类分析

和情感分析类似,对于聚类分析,SPSSAU 也提供了按词分析和按行分析两种分析方法。针对高频词汇进行聚类,研究的是词汇是否具有不同的类型;针对每行或每条文本进行聚类,研究的是具体对象是否为不同的类型。在量表类问卷研究中,按词聚类意味着研究文本的不同主题类型,而按行聚类则意味着研究对受访者进行个案的聚类,即聚成几类。研究人员可根据研究需求和研究目的进行选择,按词分析与按行分析的操作如下。

1. 按词分析

进行分词及词云清洗后,按词进行聚类分析主要包括以下步骤。

第 1 步,进入项目后,先选择"文本聚类分析"模块,然后选择"按词"选项。此时 SPSSAU 会默认将前 20 个高频词汇聚成 3 类,并输出聚类结果。按词进行聚类分析的操作与结果输出界面如图 19-11 所示。

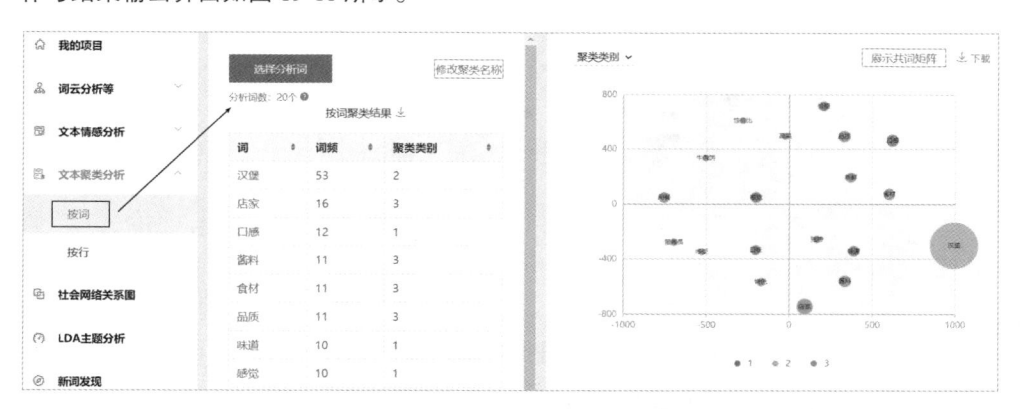

图 19-11 按词进行聚类分析的操作与结果输出界面

第 2 步,根据研究需求调整高频词汇的个数与聚类个数。在图 19-11 中,单击"选择分析词"按钮,在打开的界面中,重新调整高频词汇的个数,目前支持 10～50 个词汇聚类。调整聚类个数,默认聚成 3 类,研究人员可依据专业或理论上对文本的理解设置合理的聚类个数,也可采用遍历的形式多次聚类,每次聚类测试不同的聚类个数,通过讨论、对比等方式决定最终的聚类个数。高频词汇的个数与聚类个数的调整界面如图 19-12 所示。

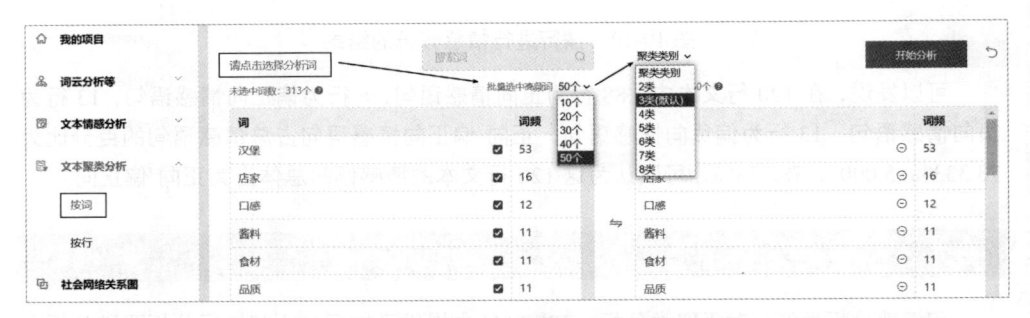

图 19-12　高频词汇的个数与聚类个数的调整界面

第 3 步，单击图 19-12 中右上角的"开始分析"按钮，即可获得分析结果。按词进行聚类分析的可视化图如图 19-13 所示。

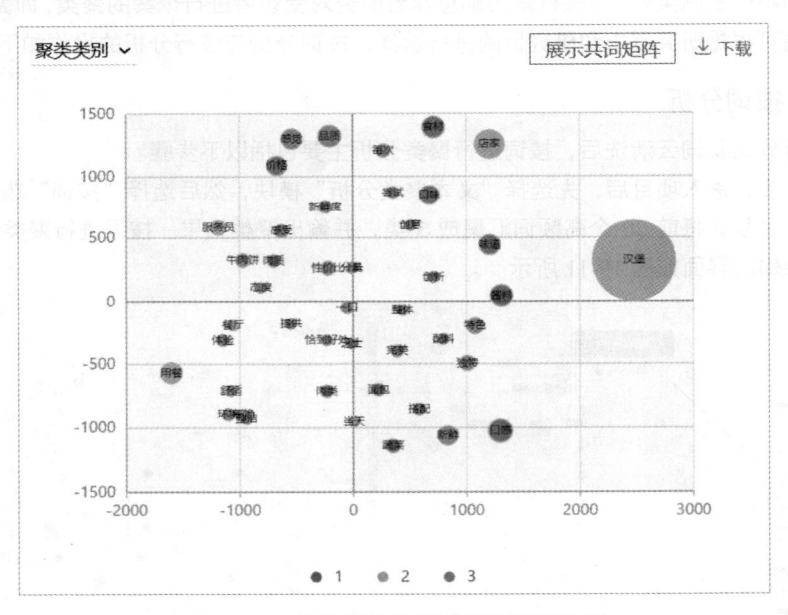

图 19-13　按词进行聚类分析的可视化图

从图 19-13 中可直接地观察各类别的主题特征，也可先单击"展示共词矩阵"按钮，再单击"下载"按钮，将共词矩阵下载到本地 Excel 表格中，浏览并归纳按词聚类的主题特征，也就是研究与分析这些高频词汇可分为哪些不同的主题类型。

2．按行分析

进行分词及词云清洗后，按行进行聚类分析主要包括以下步骤。

第 1 步，进入项目后，先选择"文本聚类分析"模块，然后选择"按行"选项，按行进行聚类分析的操作界面如图 19-14 所示。

第 2 步，默认聚成 3 类，研究人员可输入具体的聚类个数，或采用遍历的形式进行不同聚类结果的对比。

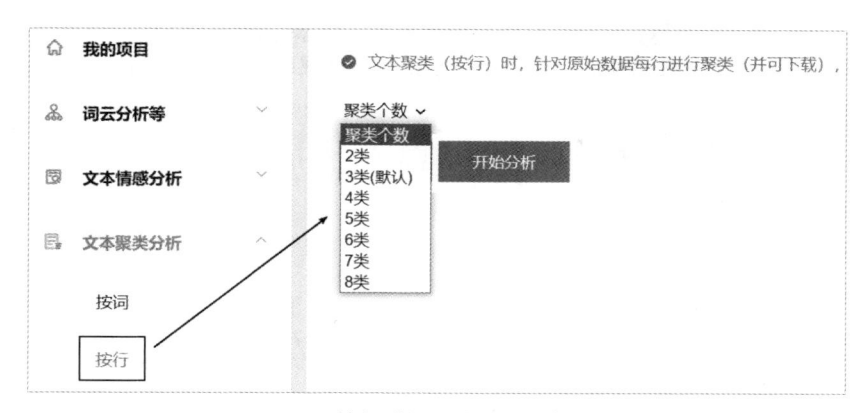

图 19-14　按行进行聚类分析的操作界面

第 3 步，单击"开始分析"按钮，即可获得聚类结果。

按行进行聚类分析的结果输出界面如图 19-15 所示。

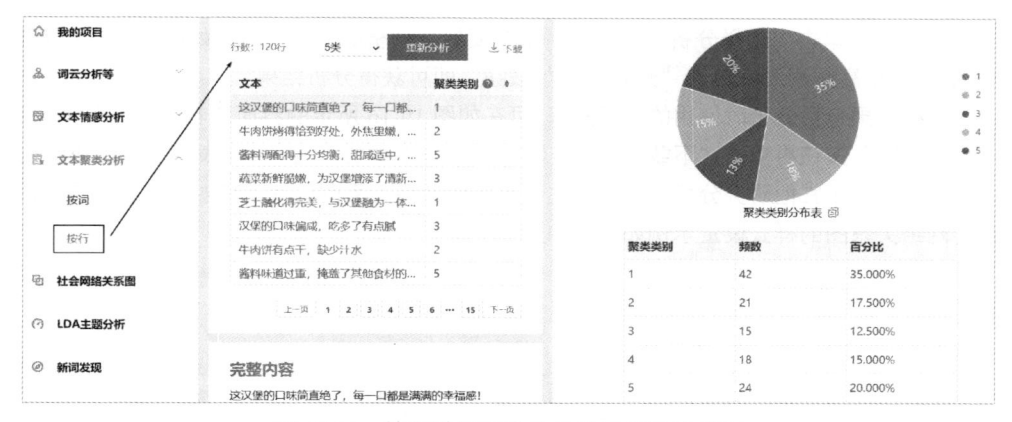

图 19-15　按行进行聚类分析的结果输出界面

支持下载聚类结果，由研究人员对受访者各类别的代表性语句进行归纳总结，分析受访者各类别的特征，该过程类似于第 10 章介绍的聚类分析的过程。如果对聚类结果不满意，那么可在重新设置聚类个数后，直接单击"重新分析"按钮，获得新的聚类结果。

19.1.4　社会网络分析

社会网络分析主要通过网络图展示高频词汇之间的共词关系，共词指的是两个词汇一起出现的情况。在进行社会网络分析时，应先针对词汇计算共词矩阵，然后将共词矩阵的信息通过可视化图的方式表达出来。进行社会网络分析能够揭示高频词汇之间的隐藏关联和关系模式，这些模式在传统的数据分析中可能难以发现。

进行分词及词云清洗后,进行社会网络分析主要包括以下步骤。

第 1 步,进入项目后,选择"社会网络关系图"模块,此时 SPSSAU 会默认对前 20 个高频词汇进行社会网络分析,社会网络分析操作与结果输出界面如图 19-16 所示。

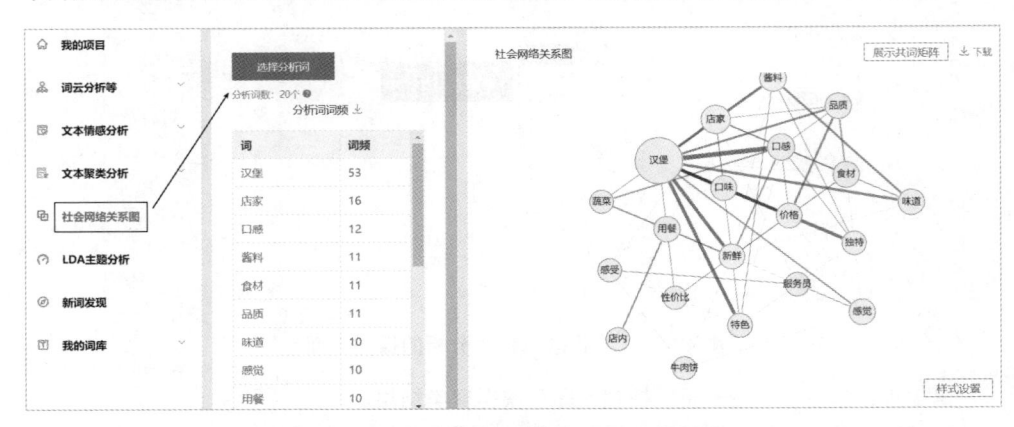

图 19-16 社会网络分析操作与结果输出界面

第 2 步,单击"选择分析词"按钮,指定要参与分析的高频词汇,如前 20 个高频词汇或前 50 个高频词汇。单击"开始分析"按钮,即可获得分析结果。

分析结果包括分析时使用的共词矩阵,可在如图 19-16 所示的界面的右上角先单击"展示共词矩阵"按钮再单击"下载"按钮,将共词矩阵下载到本地 Excel 表格中,以便研究人员阅读或用于其他研究分析。输出的主要是社会网络关系图,其支持对样式进行设置。社会网络关系图的样式设置示例如图 19-17 所示。

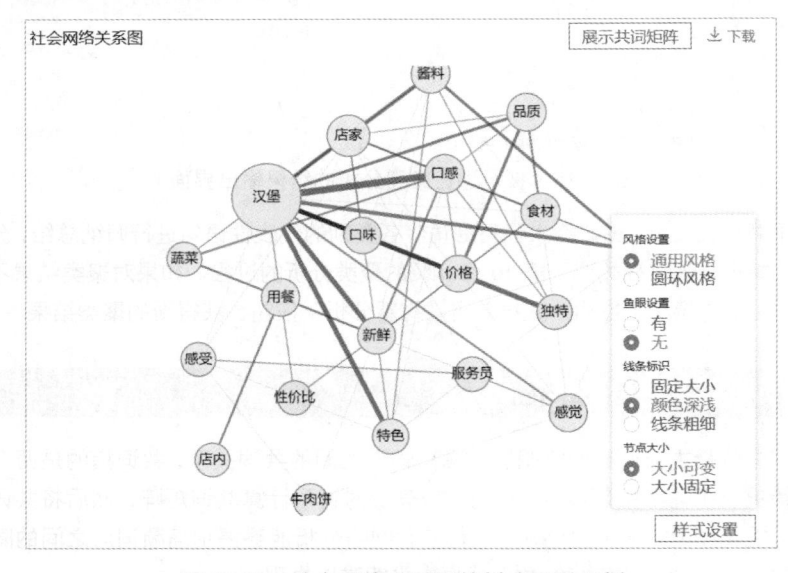

图 19-17 社会网络关系图的样式设置示例

社会网络关系图本质上是由节点和边线组成的。一个节点代表一个分析对象，本节中的节点指的是具体的高频词汇，连接各节点的边线代表关系，可以是直接关系也可以是间接关系。通过选择具体的节点可观察和分析该节点与哪些节点具有直接关系或间接联系，从而尝试发现高频词汇之间隐藏的关系模式。

19.1.5 LDA 主题分析

通过高频词汇的聚类可以发现主题类型，通过社会网络关系图可以探索高频词汇之间隐藏的关系模式。除此之外，还可以直接进行文本的 LDA 主题分析。LDA 主题分析通常用于从文本中发现隐藏的主题信息。它将文本视为由多个主题组成，而主题又由不同的词汇组成。LDA 主题分析通过优化 LDA 算法的模型参数来进行文本的分类和主题的可视化分析。

在实际研究中，LDA 主题分析主要用于整篇文本，如一篇新闻稿、一篇发言稿、一整份专业报告。这里以 SPSSAU 自带的一篇新闻稿为例进行介绍。进行分词及词云清洗后，进行 LDA 主题分析主要包括以下步骤。

第 1 步，进入项目后，选择"LDA 主题分析"模块。

第 2 步，设置 LDA 主题个数。在进行 LDA 主题分析时提取出分析词的主题，抽取整个文本的主题信息，并结合主题与分析词之间的权重理解主题的实际意义，主题通常为 2~8 个。"LDA 主题分析"操作界面如图 19-18 所示。

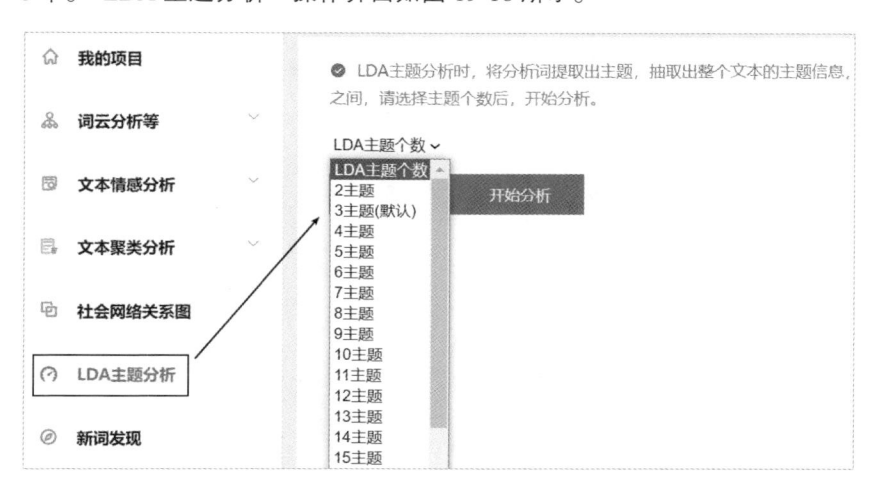

图 19-18　"LDA 主题分析"操作界面

第 3 步，选择主题个数后，单击"开始分析"按钮，即可获得分析结果。LDA 主题分析操作与结果输出界面如图 19-19 所示。

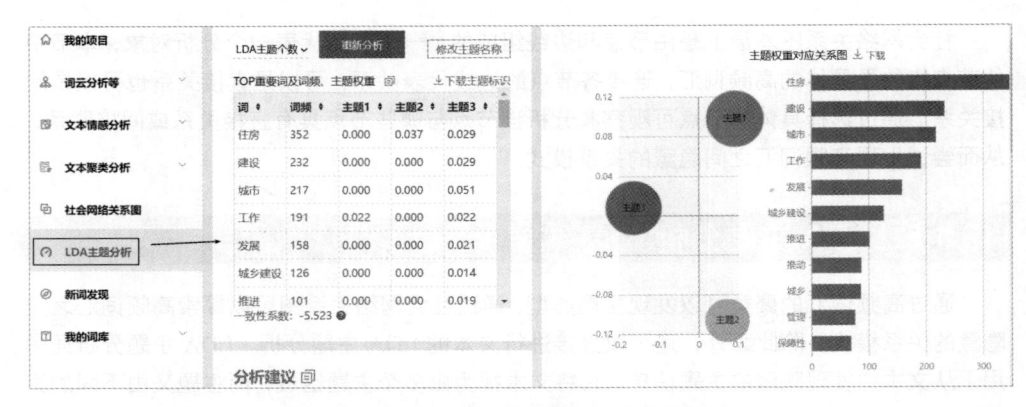

图 19-19　LDA 主题分析操作与结果输出界面

分析结果包括主题分布表和分布图，TOP 重要词、词频和主题权重表，主题权重对应关系图，以及主题与 TOP 重要词-权重可视化图。

通过查阅主题与 TOP 重要词-权重可视化图（见图 19-20）可以对主题进行命名，此处的命名也可以被通俗地理解为"分析主题的特征，总结主题的含义"。

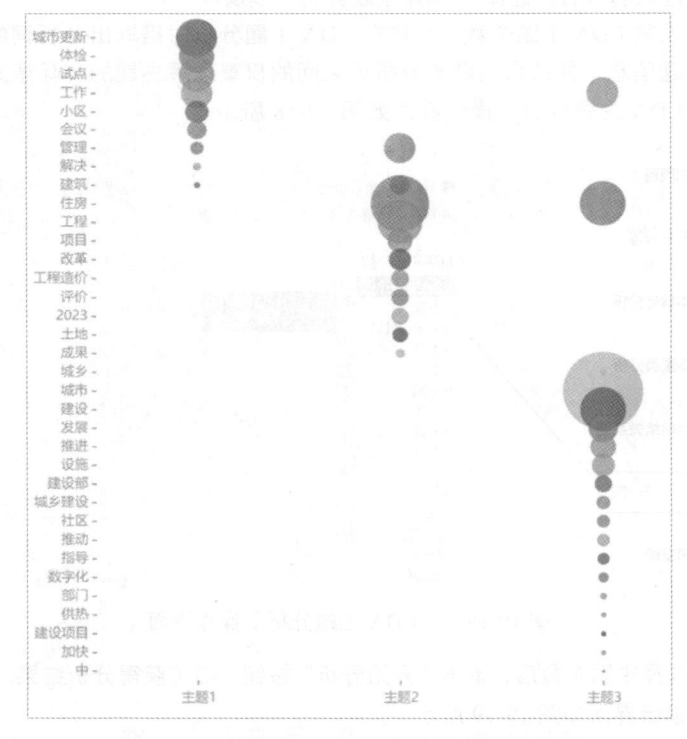

图 19-20　主题与 TOP 重要词-权重可视化图

在图 19-20 中纵坐标表示重要词汇，横坐标表示主题，气泡大小表示词汇在主题上的权重,权重较大,表示重要词汇与主题的关系密切,这些重要词汇在该主题下具有代表性,可据此完成主题分析。

19.2 需求调研方法

在市场调研中,需求调研方法比较多,本节主要介绍如何在 SPSSAU 中用 Turf 模型、KANO 模型及联合分析模型进行需求调研。

19.2.1 Turf 模型

Turf 模型是一种需求的优化技术,其宗旨是用尽可能少的需求属性来触达尽可能多的人群,并不是组合的选项越多越好。在市场调研的分析思路中,组合内选项的个数可根据实际情况而定,综合到达率、频率,结合需求开发成本等判断最优的选项组合。

对于 Turf 模型寻优的思路,笔者的经验是先通过算法自动寻优,给研究人员提供一定的参考,然后研究人员结合专业经验和市场营销的需求确定最优组合。本节使用 12.3.3 节的案例数据介绍 Turf 模型分析步骤。

第 1 步,选择"问卷研究"→"Turf 组合模型"模块,从标题框中将待组合的所有选项拖动到"1 个多选题对应选项"框中。"Turf 组合模型"操作界面如图 19-21 所示。

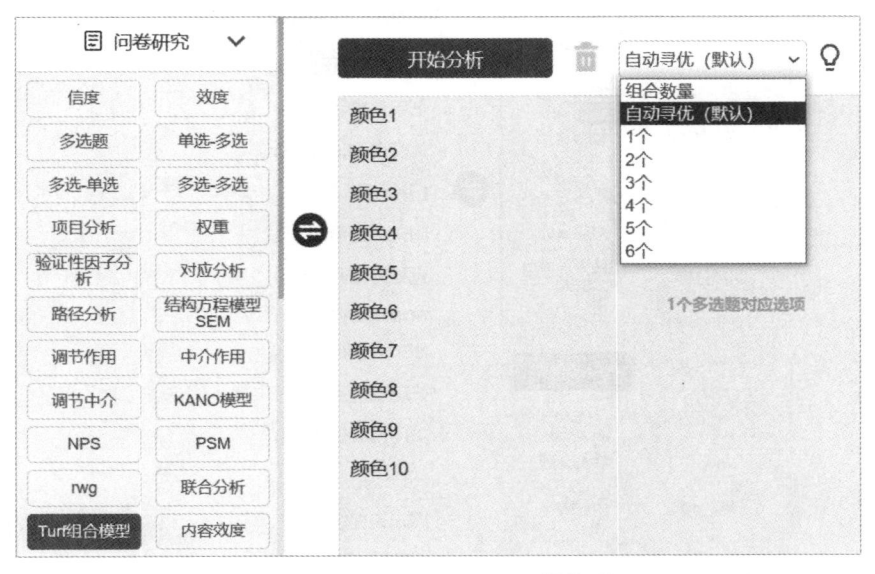

图 19-21 "Turf 组合模型"操作界面

第 2 步,先在"组合数量"下拉列表中选择"自动寻优(默认)"选项,由算法自动计算最优组合,然后单击"开始分析"按钮,获得分析结果。在分析结果中,依据 Turf 模型最优组合表、组合数量与触达率曲线图，结合专业经验和市场营销的需求，综合判断最优组合数量。假设认为从所有选项中选择 k 种组合可触达尽可能多的人群。

第 3 步，重复执行第 2 步，这次直接指定 k 种组合，如直接选择"4 个"选项。单击"开始分析"按钮，获得分析结果。对比两次最优组合分析结果，结合专业经验，确定最优组合。当然，如果根据专业经验可直接确定 k 种组合，那么也可以直接执行第 2 步，而不经过第 1 步的算法自动寻优。

12.3.3 的案例采取的即算法自动寻优结合专业经验决定最优组合。具体分析结果可参考 12.3.3 节。

19.2.2　KANO 模型

KANO 模型用于分析需求的分类及优先顺序，如优先开发必备属性和期望属性的需求，因为如果没有这两种产品或服务的需求，那么消费者的满意度会下降。本节使用 12.3.4 节的案例数据介绍 KANO 模型分析步骤。

第 1 步，选择"问卷研究"→"KANO 模型"模块，从标题框中将正、反问卷题分别拖动到对应的"正向题"框中和"反向题"框中。"KANO 模型"操作界面如图 19-22 所示。

图 19-22　"KANO 模型"操作界面

值得注意的是，进行 KANO 模型分析的问卷比较特殊，同一种功能需求有两种数据，"正向题"框中的需求顺序和"反向题"框中的需求顺序一一对应，不能错行。

第 2 步，单击"开始分析"按钮，即可获得分析结果，主要包括两个重要结果，一个是 KANO 模型分析结果汇总表，报告了各功能需求在魅力、期望、必备、无差异、反向、可疑 6 个属性上的百分比、隶属的属性类型，以及 Better 系数和 Worse 系数；另一个是 Better-Worse 系数图，它是对 KANO 模型分析结果汇总表的可视化，以便研究人员快速判断各需求属性的类型，以及优先顺序。

具体分析结果可参考 12.3.4 节。

19.2.3　联合分析模型

联合分析模型是一种用于了解产品属性偏好的多元统计模型，其数学原理是以轮廓的评分为因变量，各属性以哑变量形式进行回归，回归系数即属性水平的效用值。该值用于衡量不同属性水平对偏好选择的相对重要程度。各属性水平的效用值的和则构成轮廓的效用值，反映了对轮廓的偏好程度。使用 SPSSAU 进行联合分析主要涉及产品属性水平设计（由研究内容决定）、正交实验与回归建模等环节。本节主要介绍后面两个环节，具体操作如下。

第 1 步，选择"实验/医学研究"→"正交实验"模块，一般建议单击"自动生成正交表"按钮。"正交实验"操作界面如图 19-23 所示。

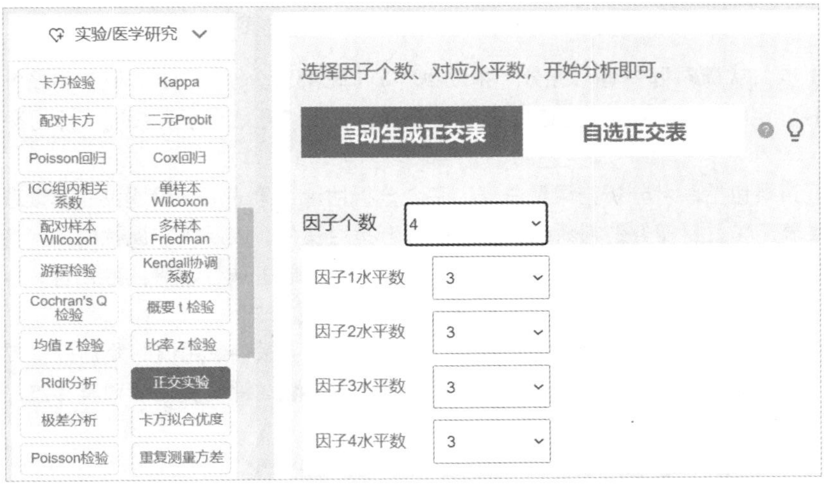

图 19-23　"正交实验"操作界面

第 2 步，首先，在"因子个数"下拉列表中指定因子个数，这里的因子即联合分析中由研究主题确定的属性，有几个产品属性就指定几个因子，如此处指定"因子个数"为"4"。其次，为各属性指定水平个数，水平个数就是属性的取值个数，不同属性的水平个数可以相等也可以不相等，根据经验来看，所有水平个数的差距不能过大。例如，某个属性的水平个数为 2，而另一个属性的水平个数为 8，这种情况应尽量避免出现。总体来看，属性和水平个数应合理设置，不宜过多。

第 3 步，单击"开始分析"按钮，即可获得正交表。将正交表复制到 Excel 表格或 Word 文档中备用，主要采用正交表中的组合方案，设计出联合分析调查问卷涉及的产品卡片，经过问卷调查后获得受访者的评分，应注意每位受访者都需要对正交表中的各组合方案给出倾向性评分，录入数据的第 1 列一般是正交表的组合编号，中间列是产品属性，末尾列是受访者的评分数据。

第 4 步，下面开始进行联合分析。选择"问卷研究"→"联合分析"模块。"联合分析"操作界面如图 19-24 所示。

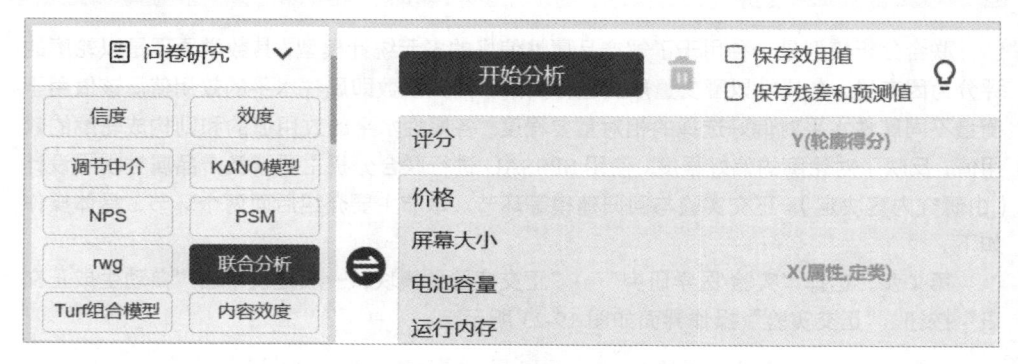

图 19-24 "联合分析"操作界面

第 5 步，从标题框中将"评分"拖动到"Y（轮廓得分）"框中，将产品属性拖动到"X（属性,定类）"框中，其他选项不需要设置，单击"开始分析"按钮，即可获得分析结果。

分析结果包括联合分析结果汇总表、联合分析估计结果表。一般建议先解读联合分析估计结果表，其主要任务是判断回归模型的拟合是否良好，以及哪些属性的自变量具有显著性；然后解读联合分析结果汇总表，其主要任务是了解各属性水平的效用值，以及各属性的重要性值，从而综合判断受访者对属性和水平的倾向性。

如果在研究上有需要，那么可以在第 4 步中勾选"保存效用值"复选框，要求使用 SPSSAU 计算正交表筛选到的不同组合方案的轮廓效用值，评价受访者对具体产品轮廓的偏好。

19.3 满意度调研方法

本节将重点介绍两种实用性强且易于操作的满意度调研模型：IPA 模型和 NPS 模型。其中，IPA 模型通过构建二维象限图，直观识别服务或产品改进的关键领域；NPS 模型则通过计算 NPS，有效评估消费者的满意度和忠诚度水平。这两种模型为管理者提供了切实可行的决策支持。

19.3.1　IPA 模型

IPA 模型通过绘制象限图进行分析，常应用于旅游、教育、农业等领域，这种方法着重展示各属性在重要性和满意度表现两个维度上的相对位置，从而帮助决策者识别出需要优先改进的领域。

在 SPSSAU 中要进行 IPA 模型分析，涉及"数据处理"→"生成变量"、"通用方法"→"描述"和"可视化"→"象限图"等模块，在"数据处理"→"生成变量"模块中计算题的平均值作为维度的得分，在"通用方法"→"描述"模块中计算各维度的平均值、标准差，重新录入重要性和满意度表现数据，在"可视化"→"象限图"模块中绘制象限图并进行分析。对于得分的计算、描述性分析可参考第 13 章、第 14 章的相关内容，本节主要介绍"可视化"→"象限图"模块的操作。需要准备好的数据是满意度属性，即量表各维度的重要性值和满意度表现值共 3 列数据。

第 1 步，选择"可视化"→"象限图"模块。

第 2 步，从标题框中将"满意度表现"拖动到"Y（定量）"框中，将"重要性"拖动到"X（定量，仅一项）"框中，将"维度"拖动到"标签项 Z【可选】"框中。"象限图"操作界面如图 19-25 所示。

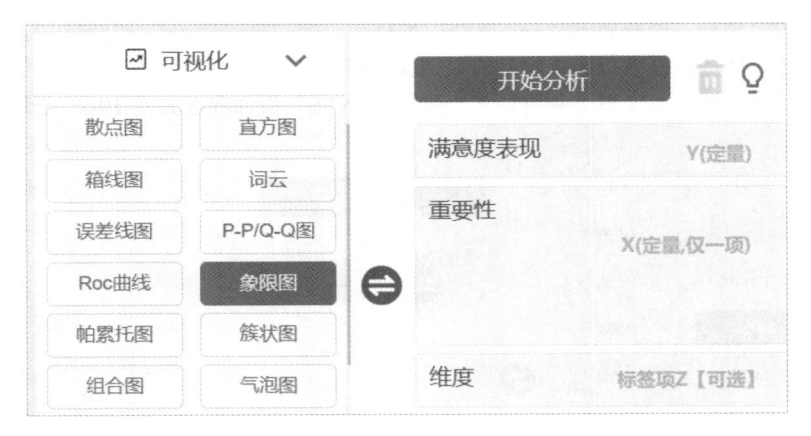

图 19-25　"象限图"操作界面

单击"开始分析"按钮，即可获得分析结果。

分析结果主要为象限图，4 个象限默认按横坐标与纵坐标的平均值进行划分。研究人员也可以综合专业经验自行设定交叉点，并通过单击"坐标值"按钮，在弹出的界面中进行相应的设置，如希望指定交叉点横坐标以 3.0 进行分割。重要性与满意度表现象限图及象限交叉点设置如图 19-26 所示。

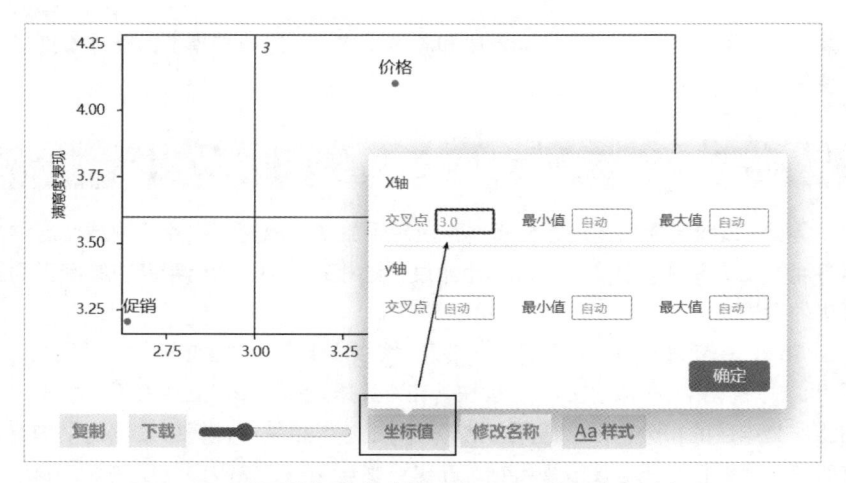

图 19-26　重要性与满意度表现象限图及象限交叉点设置

19.3.2　NPS 模型

NPS 模型将消费者分为 3 类：贬损者、被动者和推荐者。其核心计算逻辑是通过推荐者在总消费者中的占比减去贬损者的占比得出 NPS。该值能够有效衡量消费者的忠诚度及其向他人推荐的意愿。将使用问题"您向朋友或同事推荐使用 XX 产品或服务的可能性有多大？"收集到的数据读入 SPSSAU，在 SPSSAU 中的操作如下。

第 1 步，选择"问卷研究"→"NPS"模块。

第 2 步，从标题框中将调查问卷的数据变量拖动到"NPS 测量项"框中，可以是一列数据，也可以是针对不同群体获得的多列数据。"NPS"操作界面如图 19-27 所示。

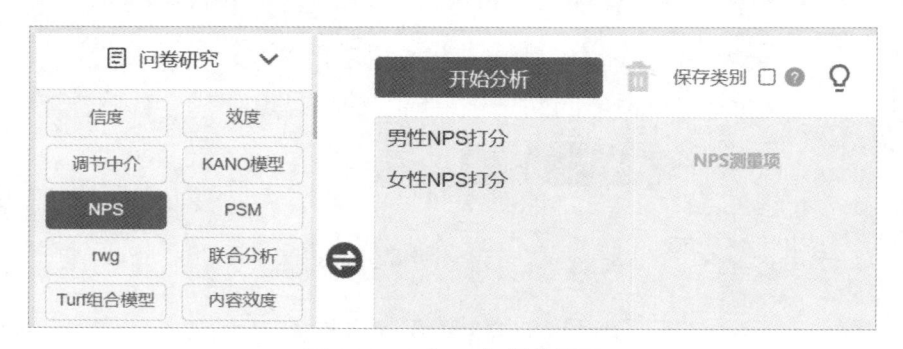

图 19-27　"NPS"操作界面

第 3 步，如果在研究时需要使用贬损者、被动者、推荐者 3 种数据，那么勾选"保存类别"复选框，后续可使用该类型变量研究不同受访者的特征，以便"知己知彼"，针对满意度或忠诚度不高的贬损者、被动者提供相应的对策，以提升满意度和忠诚度。单击"开始分析"按钮，即可获得分析结果。

SPSSAU 会提供整个计算过程。如图 19-28 所示，上方表格用于展示 0～10 分的频数数字和百分比（通过表格标题右侧的下拉列表可切换）；下方表格用于展示贬损者、被动者、推荐者的频数数字和百分比；由推荐者和贬损者的百分比计算出 NPS。例如，这里的女性 NPS 打分的 NPS 为 52.59%。

各分数段占比情况

项	0分	1分	2分	3分	4分	5分	6分	7分	8分	9分	10分
男性NPS打分	0	0	0	0	0	2	15	15	38	22	24
女性NPS打分	0	0	0	0	0	8	8	8	15	48	29

各类型占比情况

项	贬损者（0~6分）	被动者（7~8分）	推荐者（9~10分）	NPS
男性NPS打分	14.66%	45.69%	39.66%	25.00%
女性NPS打分	13.79%	19.83%	66.38%	52.59%

图 19-28　各分数段频数数字与各类型频数百分比表

如果研究人员希望从可视化角度观察和分析，那么可以输出对应的百分比柱形图，如图 19-29 所示。

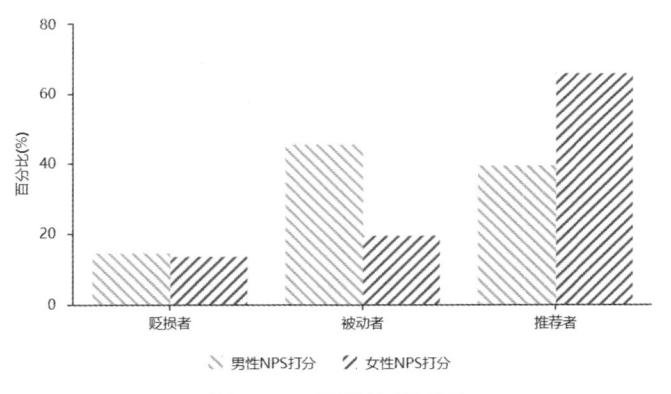

图 19-29　百分比柱形图

目前，NPS 尚无统一评价标准，通常大于 0 表示推荐者多于贬损者，若超过 50%则为优秀。研究人员可通过多次数据对比，动态评估忠诚度的变化情况，并结合受访者的背景信息，挖掘消费者忠诚或不满的具体原因。

19.4　价格调研方法

PSM 模型用于衡量购买者对不同价格的满意或接受程度，是一种用于识别和优化产品或服务定价的实用模型，在市场调研中常用于确定产品的最优价格和合理的价格区间。PSM 模型的分析思路依次为测试价格、计算态度累积百分比、绘制价格-态度曲线图、分析价格。本节结合 12.3.8 节中的案例数据介绍 PSM 模型分析过程，在 SPSSAU 中的操作如下。

第 1 步，选择"问卷研究"→"PSM"模块。

第 2 步，将态度数据或价格数据的标题拖动到"分析项"框中，SPSSAU 支持态度数据和价格数据两种不同的 PSM 测试数据。例如，在 12.3.8 节案例中使用的是态度数据，此时将"非常便宜""比较便宜""比较贵""非常贵"4 种态度数据的标题拖动到"分析项"框中即可。"PSM"操作界面如图 19-30 所示。

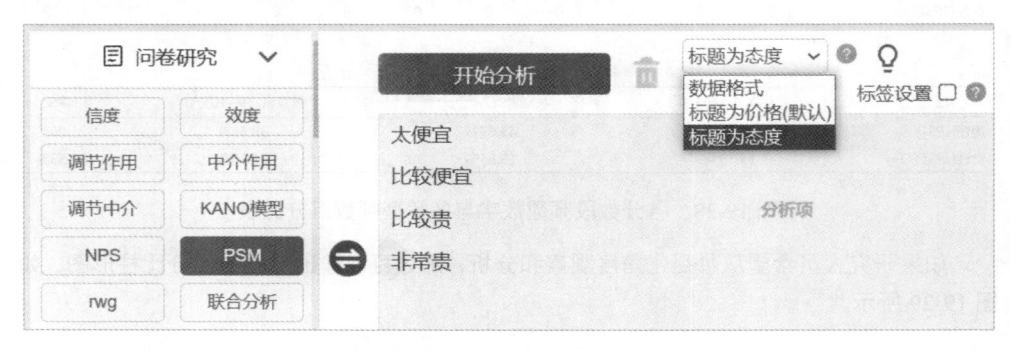

图 19-30　"PSM"操作界面

如果是价格数据，那么标题为具体的价格，如 50 元、55 元等。

第 3 步，在"数据格式"下拉列表中选择"标题为态度"选项或"标题为价格（默认）"选项，如本案例选择"标题为态度"选项。勾选"标签设置"复选框，在弹出的界面中输入数字对应的标签。对于态度数据，录入的数字表示具体的价格，故这里输入的标签可以是具体的价格。"标签设置"界面如图 19-31 所示。

第 4 步，单击"开始分析"按钮，即可获得分析结果。

分析结果包括 PSM 计算汇总表、价格-态度曲线图等。其中，PSM 计算汇总表列出了"非常便宜""比较便宜""比较贵""非常贵"4 种态度下不同价格的频数、百分比，以及累积百分比。将 4 种态度下不同价格的累积百分比绘制价格-态度曲线图。具体结果分析可参考 12.3.8 节。

PSM 模型分析的核心是 PMC、PME、OPP、IPP，由此可判断和分析最优价格与合理的价格区间。在使用 PSM 模型解决实际问题时，一般以 PMC～PME 为合理的价格区间，以 OPP 为最优价格，也可结合 PMC、PME、OPP 进行分析及判断。

图 19-31　"标签设置"界面

第四部分

答疑解惑

第 20 章

常见分析思路和分析方法问题

在实际问卷研究过程中，理论与操作会有较大的"差距"，本章对问卷分析思路，以及在分析过程中可能遇见的实际问题进行说明，且提供对应的解决方法。本章分别对问卷研究问题、研究方法选择、描述性方法、信度分析和效度分析、变量关系研究方法、差异性研究方法、因子分析和聚类分析共七部分进行说明，剖析常见分析思路和分析方法问题，并提供解决问题的建议。

20.1 问卷研究问题

笔者结合研究经验,总结出问卷研究中的常见问题及解决方法。问卷研究中的常见问题汇总如表 20-1 所示。

表 20-1 问卷研究中的常见问题汇总

问题类型	问题编号	问题描述
基本统计	(1)	当分析结果显示 P 值为 0.05 或 0.01 时如何处理
	(2)	当绝大多数 P 值大于 0.05,但有个别 P 值小于 0.01 时如何处理
	(3)	是否 P 值小于 0.05 才算良好
问卷设计	(4)	如何开展问卷设计
	(5)	问卷中有多少个题合适
	(6)	样本量为多少合适
	(7)	是否一定要实施预调查
统计软件	(8)	SPSSAU 的结果是否可信
	(9)	SPSSAU 与 SPSS 有何区别

(1)当分析结果显示 P 值为 0.05 或 0.01 时如何处理?

P 值是统计分析的核心概念,理论上 P 值是指当拒绝原假设时,统计犯错的概率。其常见标准为 0.05 和 0.01。如果 P 值小于 0.01,那么说明在 0.01 水平上显著;如果 P 值小于 0.05(且大于或等于 0.01),那么说明在 0.05 水平上显著;如果 P 值刚好为 0.05,那么说明不显著(以 0.05 为判断标准时)。在实际研究中,P 值刚好为 0.05 的可能性非常小。如果出现这种情况,那么很可能是因小数位保留问题所致,建议可以保留更多的小数位。

(2)当绝大多数 P 值大于 0.05,但有个别 P 值小于 0.01 时如何处理?

在多数情况下,P 值以 0.01 和 0.05 为判断标准。如果在研究时发现绝大多数 P 值大于 0.05,但有个别 P 值小于 0.01,那么建议考虑以 0.01 为判断标准。

(3)是否 P 值小于 0.05 才算良好?

在多数情况下,P 值小于 0.05 是研究希望的结果。但在两种情况下 P 值需要大于 0.05,分别是方差齐性检验和二元 Logistic 回归分析的 Hosmer-Lemeshow 检验。另外,如果 P 值大于 0.05,那么说明不显著,没有相关关系,有时这也是有意义的结论。

(4)如何开展问卷设计?

问卷设计是分析思路的具体体现,如果完全不知道如何开展问卷设计,那么建议先厘清分析思路是什么,分别涉及多少变量,以及每个变量对应的题是什么。

(5)问卷中有多少个题合适?

问卷中题的数量并没有严格要求,在通常情况下样本多于 200 个为好。如果是量表类问卷,那么通常样本量最少为问卷中题的数量的 5 倍。如果样本收集困难,那么可以考虑适当减少问卷中题的数量。

（6）样本量为多少合适？

对于量表类问卷，样本量的常见标准是问卷中题的数量的 5 倍或 10 倍；对于非量表类问卷，样本通常应多于 200 个。如果在收集样本时存在现实困难，那么需要提前做好应对措施，防止因样本量问题而引发后续分析不达标的问题。

（7）是否一定要实施预调查？

如果量表题没有良好的参考量表，或量表是直接由英文翻译而来的，那么最好进行预调查，以免在后续正式进行分析时出现信效度不达标的问题。如果是非量表类问题，无法对其进行信效度分析，那么最好经过专业人士认可后再收集数据。

（8）SPSSAU 的结果是否可信？

SPSSAU 于 2016 年上线，目前已被广泛应用于自然科学、技术科学和社会科学的各个领域，包括教育、师范、心理、医学、管理等。在中国知网有大量引用，已有使用 SPSSAU 进行数据分析并将研究成果发表在 SCI、EI、北大核心、CSSCI 等学术期刊上的科技论文。使用 SPSSAU 进行数据分析的结果可靠，与使用当前国际通用的 SAS、SPSS 等统计软件进行数据分析的结果一致。

（9）SPSSAU 与 SPSS 有何区别？

SPSS 是传统分析方法最具国际声誉和影响力的统计工具之一，SPSSAU 是中国国内自主知识产权的一个在线数据科学分析平台。在功能上，SPSSAU 比 SPSS 更加全面，目前包括十三大模块，分别是通用方法、问卷研究、可视化、数据处理、进阶方法、实验/医学研究、综合评价、计量经济研究、机器学习、Meta 荟萃分析、文本分析、空间计量、Power 功效分析。在操作上，SPSSAU 同样是模块菜单化操作，不用编写代码，通过拖动模块、勾选复选框等方式完成操作，且提供具有学术规范的统计图表。

20.2 研究方法选择

研究方法选择常见问题汇总如表 20-2 所示。

表 20-2 研究方法选择常见问题汇总

问题类型	问题编号	问题描述
相关分析	（1）	相关系数如何选择
回归分析	（2）	线性回归分析和多元有序 Logistic 回归分析如何选择
	（3）	因变量不服从正态分布怎么办
方差分析	（4）	因变量不服从正态分布怎么办
	（5）	方差不齐怎么办
t 检验	（6）	t 检验和方差分析的区别是什么
多选题卡方分析	（7）	多选题如何分析

（1）相关系数如何选择？

相关系数分为两种，分别是 Pearson 相关系数和 Spearman 相关系数。在问卷研究中通常使用 Pearson 相关系数。如果数据不服从正态分布，那么建议使用 Spearman 相关系数。在通常情况下，二者的结果一致。

（2）线性回归分析和多元有序 Logistic 回归分析如何选择？

线性回归分析和多元有序 Logistic 回归分析的区别在于因变量是否服从（准确地说是接近）正态分布。如果因变量服从正态分布，那么优先考虑使用线性回归分析；如果因变量不服从正态分布，那么优先考虑使用多元有序 Logistic 回归分析。

在实际研究中，如果因变量的选项较少，如分为 3 个，分别是"不愿意"、"无所谓"和"愿意"，那么选择多元有序 Logistic 回归分析较为适合；如果因变量的选项较多，如分为 5 个，分别是"非常不愿意"、"不愿意"、"无所谓"、"愿意"和"非常愿意"，那么选择线性回归分析较为合适。在具体研究时，可以使用上述两种方法进行，并对比结果，进而选择合适的分析方法。

（3）因变量不服从正态分布怎么办（回归分析）？

在进行回归分析时，其中一个前提为因变量服从正态分布，但是完美的正态分布并不存在，实际数据很难具有正态分布特质。如果因变量不服从正态分布，那么建议研究人员对因变量进行处理，如取对数、开根号。如果处理后的数据接近正态分布，那么使用处理后的数据继续研究。也可以考虑先对因变量进行分组，然后使用 Logistic 回归分析进行研究。

（4）因变量不服从正态分布怎么办（方差分析）？

在进行方差分析时，其中一个前提条件为因变量服从正态分布，但实际数据很难满足这个前提条件。如果数据接近正态分布，那么可以继续使用方差分析，也可以改用非参数检验进行研究。

（5）方差不齐怎么办？

在进行方差分析时，其中一个前提条件为方差齐。如果方差不齐，那么可以改用非参数检验进行研究。

（6）t 检验和方差分析的区别是什么？

t 检验和方差分析均可进行差异对比。二者的区别在于，t 检验仅能对比两组数据的差异，如自变量为性别（性别仅分为"男性"和"女性"）；方差分析可以对比多组（包括两组）数据的差异，如自变量为专业（专业分为"理科"、"工科"和"文科"）。

（7）多选题如何分析？

针对多选题，研究人员可对各选项的选择百分比情况进行差异对比。如果需要对比各选项的选择百分比是否有显著性差异，那么还需要进一步进行分析（但通常意义较小，其原因在于研究人员直接对比各选项选择百分比即可）。

20.3 描述性方法

描述性方法常见问题汇总如表 20-3 所示。

表 20-3 描述性方法常见问题汇总

问题类型	问题编号	问题描述
基本统计	（1）	如何处理缺失值
	（2）	累积百分比是什么
	（3）	如何将一个变量对应的多个题处理成一个
SPSSAU 操作	（4）	如何输出中位数、P_{25} 和 P_{75} 百分位数
	（5）	在进行频数分析时希望输出统计图，如何处理

（1）如何处理缺失值？

在问卷研究中存在缺失值的问题较为常见。如果样本较多，那么可以直接将存在缺失值的样本处理为无效样本；如果样本较少且缺失值不多，那么可以不用处理；如果缺失值较多且不能删除样本，那么可以取中位数或平均值代替缺失值。

（2）累积百分比是什么？

累积百分比是指多个选项百分比的累积。例如，若选择收入为"1000 元以下"的样本百分比是 10%，选择收入为"1000～2000 元"的样本百分比是 20%，则二者的累积百分比为 30%。

（3）如何将一个变量对应的多个题处理成一个？

在多数情况下，当一个变量对应多个题时，通常可以计算对应题的平均值，使用平均值代表此变量，即可将多个题处理成一个。

（4）如何输出中位数、P_{25} 和 P_{75} 百分位数？

对于定量数据，通常使用平均值和标准差来表示整体数据分布情况，有时也使用中位数、P_{25} 和 P_{75} 百分位数表示整体数据分布情况。在 SPSSAU 中的具体操作为：选择"通用方法"→"描述"模块，将待研究的变量名称拖动到"分析项（定量）"框中，在输出的基础指标表中读取中位数，或在深入指标表中读取中位数，以及 P_{25} 和 P_{75} 百分位数。

（5）在进行频数分析时希望输出统计图，如何处理？

使用 SPSSAU 中的"通用方法"→"频数"模块在输出频数分析结果时，会自动绘制饼状图、圆环图、柱形图、条形图等，可根据需要选择其中之一进行报告。统计图支持按频数或百分比进行排序，也支持修改配色。

20.4 信效度分析

信效度分析常见问题汇总如表 20-4 所示。

表 20-4 信效度分析常见问题汇总

问题类型	问题编号	问题描述
信度分析	（1）	是否需要实施预调查
	（2）	预调查发现不达标，如何处理题
	（3）	信度系数小于 0.6 如何处理
	（4）	信度系数为负数如何处理
效度分析	（5）	结构效度分析的原理是什么
	（6）	结构效度分析不达标如何处理
	（7）	因子载荷系数为负如何处理
	（8）	因子载荷系数的绝对值小于 0.4 如何处理
	（9）	没有输出 KMO 值如何处理
	（10）	CFA 中的标准化系数大于 1 怎么办

（1）是否需要实施预调查？

预调查是指使用少量数据（通常样本不超过 100 个）对问卷质量进行判断，发现问题并修正问题，以减少在正式进行问卷分析时可能出现的问题。如果量表是直接由英文翻译而来的，或参考多个量表，或量表没有充足的参考依据，那么应该进行预调查。通过预调查可以发现量表的潜在问题，并进行修正（通常预调查不删除题，仅进行修正）。

（2）预调查发现不达标，如何处理题？

如果预调查发现相关指标不达标，如信度不达标或效度较差，那么应该找出导致问题产生的题，并进行修正。在通常情况下，预调查不需要删除题。如果在正式进行问卷分析时依然发现题有问题，那么应该删除题。在预调查中发现问题值得"庆幸"，因为这样可以降低在正式进行问卷分析时出现问题的概率。

（3）信度系数小于 0.6 如何处理？

信度系数的常见标准为大于 0.6。在实际研究中，当某个变量对应的题较少，且样本量较少时，即使真实回答样本，也可能出现信度系数小于 0.6 的情况。其最好的解决方法是提前预防，在设计问卷时，一个变量应尽可能对应 3 个或更多的题。如果在正式进行问卷分析时出现信度系数小于 0.6 的情况，那么只能综合说明原因，并证明信度不高但可以接受。

（4）信度系数为负数如何处理？

如果有反向题，那么可能出现信度系数小于 0 的情况，此时应该对反向题进行反向处理，并重新进行信度分析。

（5）结构效度分析的原理是什么？

常见的结构效度分析方法是 EFA。在使用 EFA 时，SPSSAU 会输出因子载荷系数表，用来展示题与因子（维度或变量）的对应关系，研究人员可以将因子载荷系数表中的对应关系与专业预期的对应关系比较，如果二者基本吻合，那么说明具有良好的结构效度。

（6）结构效度分析不达标如何处理？

结构效度分析不达标有多种类型，包括题与因子的对应关系出现问题，因子载荷系数的绝对值过低，因子输出数量与预期不一致，等等。其处理方法为，首先删除不合理的题，包括对应关系出现严重偏差，或因子载荷系数的绝对值过低的题。删除题后，如果软件输出的因子个数与预期依然不一致，那么应该强制设置软件输出的因子个数，删除不合理的题，并多次重复比较，找出最优结果作为最终结果，论证得到良好的结构效度。

（7）因子载荷系数为负数如何处理？

如果题中有反向题，那么可能出现因子载荷系数小于 0 的情况。由于因子载荷系数应该以绝对值为标准进行解读，因此出现负数并不影响结果。

（8）因子载荷系数的绝对值小于 0.4 如何处理？

在通常情况下，如果因子载荷系数的绝对值小于 0.4，那么应该删除题。如果将因子载荷系数的绝对值小于 0.4 的题删除后出现其他指标（信度等）不达标的情况，那么可以综合说明，对该题进行保留处理。

（9）没有输出 KMO 值如何处理？

在进行 EFA 时，SPSSAU 默认输出 KMO 值和 Bartlett 球形检验结果。如果提示出现"奇异矩阵"或"非正定矩阵"，且没有输出 KMO 值，那么在通常情况下有以下 3 个原因及解决方法。第一，因样本量太少而分析项过多，故需要加大样本量或减少分析项；第二，因分析项之间的相关性极强导致共线性严重，建议使用相关分析，先把相关系数非常大的项移除，再进行分析；第三，分析项之间的相关性极弱，建议使用相关分析先把相关系数非常小的项移除，再进行分析。

（10）CFA 中的标准化系数大于 1 怎么办？

在 CFA 中通常标准化系数应该小于 1。如果标准化系数大于 1，那么很可能是因共线性问题所致，建议进行相关分析，先将相关关系非常大的项移除，再进行分析。

20.5 变量关系研究方法

变量关系研究方法常见问题汇总如表 20-5 所示。

表 20-5 变量关系研究方法常见问题汇总

问题类型	问题编号	问题描述
基本统计	（1）	当一个变量对应多个量表题时，如何进行相关分析或回归分析
相关分析	（2）	是否需要分析散点图
	（3）	相关分析应该选择 Pearson 相关系数还是 Spearman 相关系数
	（4）	相关分析结果与线性回归分析结果矛盾，如何处理

续表

问题类型	问题编号	问题描述
线性回归分析	（5）	当自变量为分类数据时如何进行线性回归分析
	（6）	当因变量为分类数据时如何进行线性回归分析
	（7）	回归模型没有通过 F 检验，但回归系数呈现出显著性，如何处理
	（8）	在进行线性回归分析时，VIF 值大于 10，如何处理
	（9）	在进行线性回归分析时，某个变量没有呈现出显著性，但是其理论上应该呈现出显著性，如何处理
	（10）	R^2 很小，小于 0.4，如何处理
	（11）	调整 R^2 为负数，如何处理
	（12）	控制变量是什么，其用处是什么
	（13）	EFA 的因子得分是否可以作为自变量
二元 Logistic 回归分析	（14）	Hosmer-Lemeshow 检验对应的 P 值小于 0.05，如何处理
	（15）	整体预测准确率低于 70%，如何处理
	（16）	分析结果中某项不显示 P 值，如何处理
中介效应分析	（17）	标准化和中心化是什么，什么时候进行
	（18）	Sobel 检验是什么，如何进行
调节效应分析	（19）	分层回归分析是什么，其目的是什么
	（20）	如何使用多因素方差分析进行调节效应分析

（1）当一个变量对应多个量表题时，如何进行相关分析或回归分析？

在多数情况下，当一个变量对应多个量表题时，应该先计算多个量表题的平均值，使用平均值代表此变量，并用于后续相关分析或回归分析等，具体可参考 13.2 节。

（2）是否需要分析散点图？

散点图可以直观地展示两个变量的关系，在通常情况下需要先分析散点图，然后进行相关分析，最后进行线性回归分析。

（3）相关分析应该选择 Pearson 相关系数还是 Spearman 相关系数？

相关系数分为两种，分别是 Pearson 相关系数和 Spearman 相关系数。在多数情况下，问卷研究使用 Pearson 相关系数。如果在研究时发现数据严重不服从正态分布，那么使用 Spearman 相关系数较为合适。

（4）相关分析结果与线性回归分析结果矛盾，如何处理？

当相关分析结果与线性回归分析结果矛盾时，如没有相关关系，但是呈现出显著的影响关系；或变量之间为显著正相关关系，但是出现负向影响关系，此时应该以相关分析结果为准。出现此类问题的原因很可能是遮掩效应。

（5）当自变量为分类数据时如何进行线性回归分析？

如果希望将分类数据作为自变量放入模型，那么应该先对分类数据进行哑变量处理，然后将其放入模型，具体可参考 6.2.7 节。

（6）当因变量为分类数据时如何进行线性回归分析？

如果因变量为分类数据，那么应该使用 Logistic 回归分析，应该选择哪种 Logistic 回归分析具体可参考 11.2.3 节。

（7）回归模型没有通过 F 检验，但回归系数呈现出显著性，如何处理？

如果回归模型没有通过 F 检验，那么说明所有自变量均不会对因变量产生影响，即回归模型没有意义。此时，即使回归系数呈现出显著性，也应该以 F 检验结果为准，即自变量不会对因变量产生影响。

（8）在进行线性回归分析时，VIF 值大于 10，如何处理？

如果在进行线性回归分析时，VIF 值大于 10，那么说明该问卷具有严重的多重共线性问题，此时的结果不可信。针对多重共线性问题，最佳处理方法是对题进行 EFA，根据得到的因子得分重新进行线性回归分析；也可以对自变量进行相关分析，找出相关关系最紧密的变量，将该变量移出回归模型后重新进行分析；还可以考虑采用逐步回归法，由回归模型自动判断和剔除变量。

（9）在进行线性回归分析时，某个变量没有呈现出显著性，但是其理论上应该呈现出显著性，如何处理？

如果在进行线性回归分析时，某个变量没有呈现出显著性，但是其理论上应该呈现出显著性，那么可以考虑对样本进行筛选，并将样本的背景信息作为控制变量加入回归模型，重新进行分析。

（10）R^2 很小，小于 0.4，如何处理？

R^2 表示模型的解释程度，即模型拟合度，其取值范围为 0～1。R^2 越大，说明模型拟合度越高。在通常情况下，R^2 越大越好。在实际研究中，R^2 的意义相对较小，且没有绝对参考标准，即使 R^2 小于 0.4 也没有关系。

（11）调整 R^2 为负数，如何处理？

调整 R^2 可以为负数。当调整 R^2 为负数时，在通常情况下 R^2 会非常小，接近 0，模型基本上没有意义。

（12）控制变量是什么，其用处是什么？

控制变量实质上就是自变量。通常，控制变量并非研究的核心变量，但是可能会对模型产生干扰。因此，需要将其放入模型。在通常情况下，控制变量为样本的背景信息，如性别、学历、年龄、收入等。将控制变量放入模型的目的在于防止其对研究带来干扰。如果控制变量为性别、学历等分类数据，那么需要进行哑变量处理。

（13）EFA 的因子得分是否可以作为自变量？

如果一个变量对应多个题，那么常见的做法是计算多个题的平均值，并以平均值代表整体变量。如果对变量进行 EFA，且保存因子得分，那么可以使用因子得分代表对应变量进行相关分析或线性回归分析。

（14）Hosmer-Lemeshow 检验对应的 P 值小于 0.05，如何处理？

在进行二元 Logistic 回归分析时，如果 Hosmer-Lemeshow 检验对应的 P 值小于 0.05，那么说明模型的拟合情况与实际情况有较大出入，模型并不理想。可以考虑对自变量进行重新组合，或对因变量进行重新组合，以便找出最优结果。另外，如果研究主要关注自变量的显著性而不在乎模型的预测能力，那么可以不对 Hosmer-Lemeshow 检验的结果进行解释和报告。

（15）整体预测准确率低于 70%，如何处理？

如果二元 Logistic 回归分析结果显示整体预测准确率较低，低于 70%，那么说明模型的整体情况不佳。可以考虑对自变量进行重新组合，或删除个别无意义的自变量等，可以对比多种处理方法，找出最优结果。

（16）分析结果中某项不显示 P 值，如何处理？

如果在二元 Logistic 回归分析中有分类数据，那么模型会以其中某项为参照项，参照项不会输出 P 值等指标。

（17）标准化和中心化是什么，什么时候进行？

在进行中介效应分析时，可能会涉及数据标准化和中心化处理。问卷研究中数据标准化和中心化处理的方法具体可参考 7.2.2 节。

（18）Sobel 检验是什么，如何进行？

Sobel 检验是在进行中介效应分析时，检验中介效应是否显著的一种检验方法。SPSSAU 不直接进行 Sobel 检验，研究人员需要通过专用的网页自行计算。

（19）分层回归分析是什么，其目的是什么？

分层回归分析常用于调节效应分析。其实质依然是线性回归分析，具体可参考 7.2.3 节。

（20）如何使用多因素方差分析进行调节效应分析？

多因素方差分析可用于差异对比、交互作用分析和调节效应分析，具体可参考 9.3.1 节。

20.6 差异性研究方法

差异性研究方法常见问题汇总如表 20-6 所示。

表 20-6　差异性研究方法常见问题汇总

问题类型	问题编号	问题描述
单样本 t 检验	（1）	什么是单样本 t 检验
独立样本 t 检验	（2）	SPSSAU 在进行独立样本 t 检验时有方差齐性检验的结果吗
配对样本 t 检验	（3）	配对样本 t 检验和独立样本 t 检验的区别是什么

续表

问题类型	问题编号	问题描述
单因素方差分析	（4）	单因素方差分析结果中显示方差不齐，如何处理
	（5）	如何进行单因素方差分析
	（6）	是否一定要进行事后检验
多因素方差分析	（7）	如果因变量是分类数据，那么是否可以进行多因素方差分析
	（8）	多因素方差分析的单个变量不显著，但是交互项显著，如何处理
卡方分析	（9）	在进行卡方分析时有多个 P 值，应该选择哪一个
	（10）	卡方分析如何进行解释

（1）什么是单样本 t 检验？

单样本 t 检验用于检验某个题的平均值是否等于某个数字（自行设定），分析样本整体态度是否偏离中立态度。例如，某个题数字 3 代表"中立"，可以利用单样本 t 检验研究样本对该题打分的平均值是否为 3。如果呈现出显著性，那么说明样本对该题打分的平均值明显不为 3，即明显偏离中立态度。

（2）SPSSAU 在进行独立样本 t 检验时有方差齐性检验的结果吗？

独立样本 t 检验在使用条件上要求两组数据服从正态分布且方差齐，SPSSAU 在"通用方法"→"t 检验"模块中直接按方差齐性检验的不同情况输出对应的 P 值，中间并未提供关于方差齐性检验的结果。如果需要关于该检验的结果，可选择"通用方法"→"方差"模块，并在"方差"操作界面上方的方法下拉列表中选择"方差齐检验"选项获得对应的检验结果。

（3）配对样本 t 检验和独立样本 t 检验的区别是什么？

配对样本 t 检验和独立样本 t 检验均可用于对比两组数据的差异性，但二者有明显的区别。配对样本 t 检验用于实验研究中，且在进行配对样本 t 检验和独立样本 t 检验时，SPSSAU 输出的数据不一致。

（4）单因素方差分析结果中显示方差不齐，如何处理？

从理论上讲，单因素方差分析中应显示方差齐，但在实际研究过程中，通常数据会出现方差不齐的情况。对于 SPSSAU 来说，此时可使用"通用方法"→"非参数检验"模块进行分析，或继续使用"通用方法"→"方差"模块，并选择"Welch anova"选项或"Brown-Forsythe anova"选项进行分析。相对而言，在方差不齐时选择"Welch anova"选项进行分析的情况比较常见。

（5）如何进行单因素方差分析？

单因素方差分析是在问卷研究中进行差异对比常用的分析方法。在进行单因素方差分析时，应该先分析表示因变量的题是否呈现出显著性。如果呈现出显著性，那么可以深入对比各组数据平均值的差异。

（6）是否一定要进行事后检验？

如果在进行单因素方差分析时呈现出显著性，那么可能涉及具体两两组别数据的差异对比。如果研究希望深入分析，那么可以进行事后检验。在多数情况下，研究人员可以直接对比各组数据的平均值，进行差异说明，并不需要进行事后检验。

（7）如果因变量是分类数据，那么是否可以进行多因素方差分析？

多因素方差分析的因变量为定量数据。如果需要分析分类数据之间的关系，那么可以使用卡方分析。

（8）多因素方差分析的单个变量不显著，但是交互项显著，如何处理？

在进行多因素方差分析时，如果交互项显著，那么交互的两个主效应在多数情况下至少有一个也显著。当两个主效应均不显著，但交互项显著时，在分析结果时需谨慎。如果无法从专业角度解释，那么可考虑增加样本重新进行分析，或不进行交互项分析。

（9）在进行卡方分析时有多个 P 值，应该选择哪一个？

如果使用 SPSS 进行卡方分析，那么分析结果中一般会提供多种卡方统计量和 P 值，此时需要根据样本量、单元格理论期望频数、零频数等信息进行判断。如果使用 SPSSAU 进行卡方分析，那么分析结果中会自动根据样本量、单元格理论期望频数、零频数等信息进行判断，并直接输出对应的 P 值。也就是说，在进行卡方分析时，有 Pearson 卡方、连续校正 Yates 卡方、似然比卡方和 Fisher 卡方等统计量，需要结合交叉表（R 行 C 列）类型、样本量，以及期望频数等选择对应的统计量，这一选择过程已经被 SPSSAU 自动化处理，详细选择过程可参阅帮助手册。

（10）卡方分析如何进行解释？

卡方分析需要先进行显著性检验，如果呈现出显著性，那么应该深入分析差异性，找出选择百分比明显不一致的地方，并进行详细分析。

20.7 因子分析和聚类分析

因子分析和聚类分析常见问题汇总如表 20-7 所示。

表 20-7 因子分析和聚类分析常见问题汇总

问题类型	问题编号	问题描述
因子分析的探索因子功能	（1）	在使用因子分析的探索因子功能进行分析时，是否一定要先找出因子与题的对应关系
	（2）	什么情况下 KMO 值为 0.5
因子分析的指标权重计算功能	（3）	在计算权重时使用旋转后方差解释率还是旋转前方差解释率
聚类分析	（4）	进行聚类分析应该选择哪种方法
	（5）	没有输出 P 值，如何进行聚类分析

（1）在使用因子分析的探索因子功能进行分析时，是否一定要先找出因子与题的对应关系？

在使用因子分析的探索因子功能进行分析时，需要先找出因子与题的对应关系，再进行指标权重计算。

（2）什么情况下 KMO 值为 0.5？

在使用因子分析的探索因子功能进行分析时，如果仅有两个题，那么 KMO 值为 0.5。

（3）在计算权重时使用旋转后方差解释率还是旋转前方差解释率？

如果使用因子分析的目的在于计算权重，那么可使用旋转后方差解释率进行权重计算。或者说，只要有因子旋转的操作，那么后续各种分析过程都是基于旋转后方差解释率进行的。

（4）进行聚类分析应该选择哪种方法？

进行聚类分析共有 3 种方法，分别是 K-prototype 聚类分析、K-均值聚类分析和分层聚类分析。如果聚类变量中有分类数据，那么只能使用 K-prototype 聚类分析；如果聚类变量全部为定量数据，那么这 3 种聚类分析方法均适用。在现实研究中，K-均值聚类分析和分层聚类分析的使用频率更高。关于聚类分析步骤可参考 10.2.2 节。

（5）没有输出 P 值，如何进行聚类分析？

严格意义上讲，聚类分析并非统计假设检验分析方法，因此不会输出 P 值，研究人员也就无法结合 P 值判断聚类情况等。关于聚类分析的详细说明可参考 10.3.3 节、10.3.4 节和 10.3.5 节。